AF 125710

Hildegard Mohren
Entwicklungsfähigkeit diversifizierter Unternehmungen

Schriftenreihe
„Integrierte Logistik und Unternehmensführung"
Herausgegeben von Prof. Dr. Werner Delfmann

In dieser Reihe sind bereits erschienen:

Willi Darr
Integrierte Marketing-Logistik
ISBN 3-8244-0093-6

Sebastian Ehrensberger
Synergieorientierte Unternehmensintegration
ISBN 3-8244-0159-2

Richard Wegener
Strategische Bewertung von Prozeßinnovationen
ISBN 3-8244-0215-7

Erich Schiffers
Logistische Budgetierung
ISBN 3-8244-0225-4

Georg Schwegler
Logistische Innovationsfähigkeit
ISBN 3-8244-0275-0

Hildegard Mohren

Entwicklungsfähigkeit diversifizierter Unternehmungen

DUV Springer Fachmedien Wiesbaden GmbH

Die Deutsche Bibliothek — CIP-Einheitsaufnahme

Mohren, Hildegard:
Entwicklungsfähigkeit diversifizierter Unternehmungen /
Hildegard Mohren. — Wiesbaden : DUV, Dt. Univ.-Verl., 1996
(Schriftenreihe „Integrierte Logistik und Unternehmensführung")
Zugl.: Köln, Univ., Diss., 1995

© Springer Fachmedien Wiesbaden 1996
Ursprünglich erschienen bei Deutscher Universitäts-Verlag GmbH, Wiesbaden 1996

Lektorat: Monika Mülhausen

Das Werk einschließlich aller seiner Teile ist urheberrechtlich
geschützt. Jede Verwertung außerhalb der engen Grenzen des
Urheberrechtsgesetzes ist ohne Zustimmung des Verlags unzu-
lässig und strafbar. Das gilt insbesondere für Vervielfältigungen,
Übersetzungen, Mikroverfilmungen und die Einspeicherung und
Verarbeitung in elektronischen Systemen.

Gedruckt auf chlorarm gebleichtem und säurefreiem Papier

ISBN 978-3-8244-0279-3   ISBN 978-3-663-12090-2 (eBook)
DOI 10.1007/978-3-663-12090-2

Geleitwort

Bis zum Ende der achtziger Jahre war in den Großunternehmungen aller hochentwickelten Industriegesellschaften eine starke Tendenz zur Diversifikation erkennbar. Mit dem Ziel einer Verbreiterung der Wettbewerbsbasis unter Gewinn- und Risikogesichtspunkten wurden neue Produkt-/Marktkombinationen etablierten Geschäftsfeldern - häufig durch Akquisition - hinzugefügt. Die breit diversifizierte, nicht selten konglomerate Unternehmung läßt sich durchaus als Prototyp der Großunternehmung schlechthin charakterisieren.

Diversifikationsstrategien werden häufig mit dem Ziel der Synergierealisierung ergriffen. "Synergy at work" dient häufig genug als schlagkräftiger Werbeslogan. Doch angesichts einer großen Zahl prominenter "Diversifikationsruinen", einer Welle von Zerschlagungen diversifizierter Unternehmungen vor allem in den USA Ende der achtziger Jahre und einer zunehmenden (Re-)Konzentration auf Kernkompetenzen in den neunziger Jahren wird überdeutlich, daß die Diversifikationseuphorie endgültig verflogen ist und sich erhebliche Skepsis breit gemacht hat.

Eine Ursache für das praktische Scheitern vieler Diversifikationsbemühungen mag darin gesehen werden, daß bis heute eine überzeugende wissenschaftliche Aufarbeitung des Diversifikationsthemas aussteht, obwohl daran seit über dreißig Jahren gearbeitet wird.

Mit der vorliegenden Untersuchung versucht Frau Mohren, die Diversifikationsdiskussion auf eine neue Grundlage zu stellen. Als ein wesentliches Manko der bisher vorliegenden Diversifikationskonzepte identifiziert sie die einheitliche Mittel-Zweck-Betrachtung, die einer neutralen Beurteilung von Diversifikationsstrategien den Blick verstellt. Überdies greifen die bisher vorliegenden Konzepte insofern zu kurz, als sie die spezifische Diversifikationsdynamik außer acht lassen.

Diesem Mainstream der bisherigen Diversifikationskonzepte stellt Frau Mohren einen hochinteressanten Ansatz gegenüber, der durch zwei Kerngedanken gekennzeichnet ist: Einerseits ein ursache-wirkungsanalytisches Grundkonzept für die Erklärung und Beurteilung von Diversifikationsstrategien und andererseits eine ressourcen- und entwicklungsorientierte Ausrichtung, die auf neuesten Erkenntnissen auf dem Gebiet des Strategischen Managements aufbaut. Damit wird die Diskussion der Diversifikationsproblematik auf eine grundlegend neue Basis gestellt, die vielfältige Ansatzpunkte für eine vertiefte Auseinandersetzung mit dem Diversifikationsphänomen bietet. Ich wünsche der Arbeit eine lebhafte Resonanz in Wissenschaft und Praxis.

Werner Delfmann

Vorwort

Diversification

Diversific_tion,

What a Difference an 'a' makes

Diese kritische Feststellung Henry Mintzberg's spiegelt das Mißverhältnis zwischen der Fülle der mit einer Diversifikationsstrategie verbundenen Nutzen einerseits und zahlreichen Erfahrungen der Praxis andererseits wider.

Vor dem Hintergrund der aktuellen strategischen Rahmenbedingungen wird in der vorliegenden Arbeit ein Ansatz der Entwicklungsfähigkeit diversifizierter Unternehmungen entwickelt, der - im Gegensatz zur herrschenden Literatur - sowohl die Dynamik des Wettbewerbsumfelds einbezieht als auch den firmenspezifischen Unterschieden diversifizierter Unternehmungen Rechnung trägt. Auf der Basis einer ressourcenorientierten Betrachtung gelingt es, die häufig gestellte Frage zu beantworten, warum so viele Unternehmungen mit ihren Diversifikationsstrategien scheitern, während es anderen gelingt, langfristig höchst erfolgreich zu diversifizieren. Es wird gezeigt, daß der Erfolg diversifizierter Unternehmungen davon abhängt, ob sie in der Lage sind, sich den dynamischen Wettbewerbsbedingungen durch strategische Adaptionsprozesse fortlaufend erfolgreich anzupassen sowie durch proaktive Verhaltensweisen gestalterisch auf ihre Umwelt einzuwirken. Nur wenn sie diese Voraussetzungen erfüllen, können Diversifizierer eine langfristige Balance zwischen Stabilität und Wandel erzielen, die es ihnen ermöglicht, erfolgreich im Wettbewerb zu bestehen und ihre Identität zu erhalten.

Ich bedanke mich besonders bei meinem Doktorvater, Herrn Prof. Dr. Werner Delfmann, für die kritischen und konstruktiven Anregungen sowie den „sanften Druck" zum richtigen Zeitpunkt. Herrn Prof. Dr. Günther Sieben danke ich für die Übernahme des Korreferates. Besonderer Dank gilt der Haniel Stiftung, durch deren großzügige Förderung diese Arbeit erst ermöglicht wurde.

Mein Dank gilt darüber hinaus all denen, die mir durch ihre Toleranz, Zuversicht und vielfältige Unterstützung geholfen haben, den eingeschlagenen Weg zu Ende zu gehen. An dieser Stelle möchte ich mich besonders bei meinem Mann, meiner Schwester, den Kollegen am Seminar für Planung und Logistik der Universität zu Köln sowie Familie und Freunden bedanken.

Ich widme diese Arbeit meinem Mann.

Hilde Mohren

Inhaltsverzeichnis

Abbildungsverzeichnis

Abkürzungsverzeichnis

A

a. M.	am Main
Abb.	Abbildung
Anm.	Anmerkung
Anm. d. Verf.	Anmerkung der/die Verfasser(in)
Aufl.	Auflage

B

Bd.	Band
bearb.	bearbeitet(e)
betr.	betreffend
bzw.	beziehungsweise

C

c. p.	ceteris paribus
ca.	circa
CSG	compound sales growth
CI	Corporate Identity

D

ders.	derselbe
dgl.	dergleichen
d. h.	das heißt
dies.	dieselben
Diss.	Dissertation
dt.	deutsch
durchges.	durchgesehen(e)

E

ed.	edition (engl.); editor
eds.	editions (engl.); editors
e. d.	ex definitione
EDV	elektronische Datenverarbeitung
engl.	englisch

EoS	Economies of Scope
erg.	ergänzt(e)
erw.	erweitert(e)
et al.	et alii
etc.	et cetera
evtl.	eventuell

F

f.	folgende
ff.	fortfolgende
F&E	Forschung und Entwicklung
FN	Fußnote

G

gem.	gemäß
ggf.	gegebenenfalls

H

hrsg.	herausgegeben
Hrsg.	Herausgeber

I

i. a. R.	in aller Regel
i. d. R.	in der Regel
i. d. S.	in diesem Sinne
i.e.	id est
i. e. S.	im engeren Sinne
Ill.	Illinois (US-Bundesstaat)
insbes.	insbesondere
i. S.	im Sinne
i. V. m.	in Verbindung mit
i. w. S.	im weiteren Sinne

J

Jg.	Jahrgang

K

L

lt.	laut
Lit.	Literatur

M

Mass.	Massachusetts (US-Bundesstaat)
m. E.	meines Erachtens

N

N.J.	New Jersey (US-Bundesstaat)
no.	number
Nr.	Nummer
neubearb.	neubearbeitet(e)

O

o. ä.	oder ähnlich(e,es)
o. g.	oben genannt
o. J.	ohne Jahresangabe
o. O.	ohne Ortsangabe
o. V.	ohne Verfasser

P

p.	page
pp.	pages
PIMS	Profit Impact of Market Strategies

Q

R

R & D	research and development
ROA	return on assets
ROE	return on equity
ROI	return on investment

ROIC	return on invested capital

S

s.	siehe
S.	Seite
s. o.	siehe oben
sog.	sogenannt
Sp.	Spalte
s. u.	siehe unten
SR	Specialization Ratio
SGF	Strategische Geschäftsfelder

T

U

u. a.	unter anderem
Übers.	Übersetzung
US	United States
USA	United States of America
usw.	und so weiter
u. U.	unter Umständen

V

v.	von, vom
v. a.	vor allem
vgl.	vergleiche
verb.	verbessert(e)
vollst.	vollständig(e)

W

wg.	wegen

X

Y

Z

z. B.	zum Beispiel
z. T.	zum Teil

A. Einleitung

I. Ausgangspunkt

Bei der Diversifikation[1]) handelt es sich nicht um einen Modetrend der heutigen Zeit. Gegen Ende des 19. Jahrhunderts erlangten diversifizierte Unternehmungen im Rahmen der schnell fortschreitenden industriellen Entwicklung eine steigende Bedeutung. Eine weite Verbreitung der Diversifikationspolitik konnte zunächst vor allem in der amerikanischen Wirtschaft beobachtet werden. Eine Vielzahl europäischer Unternehmungen folgte dem Trend zunehmender Diversifikation. Heute prägen große diversifizierte Mehrproduktunternehmungen in entscheidendem Maße die ökonomische Landschaft der Industriegesellschaften.[2]) Es ist daher kaum verwunderlich, daß der Erfolg bzw. Mißerfolg solcher Großunternehmungen als wesentlich für die wirtschaftliche Situation dieser Nationen bezeichnet wird.[3]) Speziell aus strategischer Sicht erscheint eine Beschäftigung mit diversifizierten Unternehmungen vor dem Hintergrund dieser enormen Bedeutung der Mehrproduktunternehmung sowie der aus der Diversifikation resultierenden Probleme von besonderem Interesse.

Die vorliegende Untersuchung wurde angeregt durch die Beobachtung, daß diversifizierte Unternehmungen sich häufig in einem Spannungsfeld zwischen der Notwendigkeit fortlaufender Expansion und Neuorientierung auf der einen Seite und der Suche nach unternehmungsinterner Integration und Verbundenheit auf der anderen Seite, befinden. Eine Vielzahl derartiger Unternehmungen hat im Zuge ihrer umfangreichen Ex-

---

1)   Vgl. für eine Begriffsklärung BRAUCHLIN, WEHRLI [Management], 123f. sowie die Ausführungen zu Kapitel B. I. dieser Arbeit.

2)   Diversifizierte Großunternehmungen bilden heute eher die Regel als eine Ausnahme. Für sämtliche Industrieländer ist die steigende Bedeutung der Diversifikation dokumentiert. Vgl. SCHÜLE [Diversifikation], 1; 19 sowie die dort angegebene Literatur. Der Autor gibt einen Überblick über diejenigen Arbeiten, welche Ausmaß und Entwicklung der Diversifikation untersucht haben.

3)   Vgl. etwa CHANDLER [Functions], 31.

pansions- und Diversifikationsanstrengungen in relativ kurzen Zeiträumen drastische Veränderungen - sowohl bezüglich der Unternehmungsgröße als auch im Hinblick auf die ausgeübten Geschäftsaktivitäten - vollzogen, was nicht ohne Auswirkungen auf die Gesamtunternehmung blieb. Aus Sicht der Praxis werden sehr unterschiedliche Diversifikationsprobleme wahrgenommen. Einige Unternehmungen beklagen etwa, daß die durch die Diversifikationsstrategien erhofften Synergieeffekte[4] ausblieben bzw. geringer ausfielen als erwartet. Sie mußten erfahren, daß potentielle Synergieeffekte überschätzt wurden oder die Realisierung der theoretisch vielversprechenden Synergiepotentiale sich weitaus schwieriger gestaltete als im Vorfeld angenommen. Auch die erhoffte gesamtunternehmerische Integration der oft heterogenen Geschäftsbereiche eines diversifizierten Konzerns stellt sich keineswegs automatisch ein. Häufig sind diversifizierte Unternehmungen mit Identitäts- bzw. Imageproblemen konfrontiert, wobei letztere um so stärker empfunden werden, je mehr die Diversifikationspolitik die bisherigen Geschäftstätigkeiten verändert. Daneben werden von Mehrproduktunternehmungen, deren zahlreiche Subkulturen zu erheblichen Spannungen im Gesamtsystem führen können, in besonderem Maße Unstimmigkeiten in der Unternehmungskultur bzw. "corporate culture" wahrgenommen. Die Liste der Unternehmungen mit gescheiterten Diversifikationsstrategien ist lang und die diskutierten Ursachen sind äußerst vielschichtig. Dabei bemerkt KÖSTER: "Die schlechtesten Namen sind es nicht, von denen es heute und post mortem heißt, sie hätten sich verzettelt oder übernommen. Borgward, Schlicker, AEG, Dior, Herstatt u.v.a.m. Wobei hinzukommen alle die, welche dem Tod nur knapp entkamen."[5] Niedrige Eintrittskosten und die Erwartung günstiger Renditemöglichkeiten haben manchen Diversifizierer dazu verleitet, vorschnelle Entschlüsse zu treffen und schneller zu wachsen, als es in langfristiger Hinsicht sinnvoll war. Die Chance kurzfristiger Wachstumsmöglichkeiten verdeckte dabei allzu häufig langfristige Gewinnpotentiale.

Es ließe sich eine Vielzahl weiterer Diversifikationsprobleme nennen. Eine erschöpfende Problemauflistung ist schon wegen der Unterschiede in der Problemwahrnehmung seitens der betroffenen Unternehmungen nicht möglich. Die in der Praxis auftretenden Diversifikationsprobleme erscheinen um so gravierender, wenn sie im Kontext der wettbewerbsstrategischen Rahmenbedingungen betrachtet werden. Die aktuelle Konkurrenzsituation hat sich im Hinblick auf die Produktivität, die Qualität der Produkte und Leistungen sowie bezüglich der Geschwindigkeit von Produktentwicklungen in revolu-

---

4)   Vgl. für eine Erläuterung der Begriffe Synergie, Synergiepotential und Synergieeffekt
         EHRENSBERGER [Unternehmensintegration], 13ff. sowie die dort systematisierte Literatur.

5)   KÖSTER [Identitätskrisen], 349.

tionärer Weise intensiviert. Vor allem die zunehmende Globalisierung und weltweite Öffnung der Märkte haben die Wettbewerbsbedingungen erschwert und konfrontieren die einzelnen Marktteilnehmer mit ständig neuen Problemen und Anforderungen.

II. Problemstellung

Aufgrund der schwierigen Situation diversifizierter Unternehmungen wird zunehmend nach Erklärungsansätzen gesucht, die eine Antwort auf die Frage geben, warum einige Unternehmungen durchaus erfolgreich diversifizieren, während so viele andere Unternehmungen mit ihren Diversifikationsbemühungen scheitern. "If all the claimed benefits of diversification were genuine then no company could afford to remain in a single product-market."[6] In ihrer kritischen Anmerkung lassen REED und LUFFMAN bereits anklingen, daß eine Diversifikationsstrategie nicht automatisch die seitens der diversifizierenden Unternehmung erwarteten Erfolge impliziert. Demgegenüber verleitete das in der wirtschaftswissenschaftlichen Literatur zum Teil vorherrschende Denken in Zweck-Mittel Kategorien nicht zuletzt dazu, die Diversifikation als eine Art "Allheilmittel" zur Erreichung vielfältiger Nutzenpotentiale anzusehen. Tatsächlich treten derartige angestrebte Nutzen jedoch keineswegs zwangsläufig ein. Die Motive und angeblichen Nutzenpotentiale von Diversifikationsstrategien werden in der Literatur nach wie vor zahlreich diskutiert. So wird die Diversifikation etwa mit mangelnden Wachstumsraten im Kernbereich der Unternehmung begründet.[7] Daneben werden u. a. Risikostreuungseffekte, eine bessere Nutzung von Finanz-Markt-Mechanismen sowie die Möglichkeit der Erzielung von Synergieeffekten propagiert.[8] Die Auflistungen der Nutzen einer Diversifikationsstrategie sind lang und trugen nicht zuletzt dazu bei, daß Manager häufig stärker diversifizierten, als es für die von ihnen geleitete Unternehmung sinnvoll gewesen wäre.[9] Auch die Versprechungen der strategischen Planung förderten eine solche Entwicklung. Insbesondere der im sog. "professionellen Management"[10] zum Ausdruck kommende Glaube, ein guter Manager könne alles managen, wird dafür verantwortlich gemacht, daß Manager einer Überschätzung der Anwendbarkeit allge-

---

6)   REED, LUFFMAN [Diversification], 33.
7)   Vgl. CLARKE, BRENNAN [Synergy], 9; MINTZBERG [Management], 163, 170; PORTER [Wettbewerbsvorteile], 405.
8)   Vgl. hierzu etwa SCHWARZ [Diversifikation], 5.
9)   Vgl. etwa KOTTER [Managers]; CHANDLER [Scale],
10) Vgl. zu diesem Begriff MINTZBERG [Management], 163.

meiner Managementmethoden erlegen seien.[11]) Die so skizzierte Problematik der Diversifikation läßt sich durch einen Ausspruch von MINTZBERG treffend umschreiben:[12])

DIVERSIFICATION,

DIVERSIFIC_TION,

What a Difference an 'a' makes

Aufgrund des Widerspruchs zwischen den vielfältigen der Strategie der Diversifikation theoretisch zugesprochenen Nutzen auf der einen Seite und den in der Praxis beobachtbaren Mißerfolgen auf der anderen Seite drängt sich tatsächlich der Eindruck auf, als blieben viele der Diversifikationsversprechen Fiktion, die - insbesondere angesichts der derzeitigen Wettbewerbsbedingungen - nicht erreichbar ist. Einige Kritiker gehen sogar soweit, die Strategie der Diversifikation per se als ineffektiv zu beurteilen. Im Widerspruch hierzu steht die oben skizzierte Tatsache, daß die Industrielandschaft in großem Maße durch erfolgreich operierende Unternehmungen gekennzeichnet ist, die wiederum stark diversifiziert sind. Viele derartige Unternehmungen sind durch eine langjährige Firmengeschichte gekennzeichnet. Sie konnten ihre Identität erhalten und schafften es, trotz des zunehmend härter werdenden Wettbewerbs, erfolgreich zu wirtschaften.

Diese widersprüchliche Ausgangslage veranlaßt zu der Suche nach Erklärungen für die zum Teil gravierenden Erfolgsunterschiede diversifizierter Unternehmungen. Von besonderem Interesse ist die Frage, wie es diversifizierten Unternehmungen gelingen kann, eine langfristige Balance zwischen Stabilität und Wandel zu erzielen, die es ihnen ermöglicht, erfolgreich im Wettbewerb zu bestehen und ihre Identität zu erhalten. Während die vorherrschende wissenschaftliche Diskussion zum Thema Diversifikation eine Fülle von Veröffentlichungen hervorgebracht hat, dominieren diejenigen Arbeiten, denen eine statische Betrachtung zugrundeliegt. Demgegenüber mangelt es an fundierten theoretischen Konzeptionen, welche die Diversifikation in einem dynamischen Wettbewerbsumfeld erklären und somit den tatsächlichen Gegebenheiten diversifizierter Unternehmungen gerecht werden.

---

11)   Vgl. MINTZBERG [Management], 163.
12)   Es handelt sich hierbei um den Titel einer unveröffentlichten Ausarbeitung, welche der Autor im Oktober 1988 anläßlich der Jahreskonferenz der *Strategic Management Society* in Amsterdam vorstellte. Vgl. hierzu auch VERY [Stratégies], XV.

Die Wettbewerbsfähigkeit und letztlich die Überlebensfähigkeit diversifizierter Unternehmungen hängen jedoch entscheidend davon ab, ob es gelingt langfristig entwicklungsfähig zu sein. Dabei werden als entwicklungsfähig solche Unternehmungen definiert, die es schaffen, sich den dynamischen Wettbewerbsbedingungen durch strategische Adaptionsprozesse fortlaufend erfolgreich anzupassen sowie durch proaktive Verhaltensweisen gestalterisch auf ihre Umwelt einzuwirken. Das bedeutet konkret, daß die Unternehmungen lern- und innovationsfähig sein müssen, um permanente Verbesserungsprozesse zu initiieren und neue Chancen zu nutzen, ohne dabei die effiziente Bewältigung ihrer Routinetätigkeiten zu vernachlässigen.

III. Plan der Untersuchung

Vor dem Hintergrund der in der wissenschaftlichen Literatur aufgefundenen Defizite wird in der vorliegenden Arbeit der Versuch unternommen, einen erweiterten Ansatz zu entwickeln, der die Diversifikation in einem dynamischen Wettbewerbsumfeld erklärt und somit Antworten darauf liefert, wie es diversifizierten Unternehmungen gelingen kann trotz der zunehmend schwieriger werdenden Rahmenbedingungen erfolgreich zu sein bzw. zu bleiben. Besonderes Augenmerk gilt dabei den firmenspezifischen Unterschieden. Darüber hinaus soll neben einer Berücksichtigung der in einer diversifizierten Unternehmung auftretenden "weichen" Faktoren[13] gleichzeitig dem Umstand Rechnung getragen werden, daß Unternehmungen in erster Linie *ökonomische* soziale Systeme und insofern als gewinnstrebend zu charakterisieren sind.

Eine Konzeption, welche die Entwicklungsfähigkeit diversifizierter Unternehmungen betrachtet, muß zwei Fragen beantworten:

1. welche Faktoren sind für die Entwicklungsfähigkeit einer diversifizierten Unternehmung verantwortlich bzw. ermöglichen anhaltende Wettbewerbsvorteile und

2. wie kann die Entwicklungsfähigkeit diversifizierter Unternehmungen herbeigeführt werden.

---

13)   Unter den Begriff "weiche Faktoren" werden alle diejenigen Faktoren subsumiert, deren ökonomische Wirkung nicht direkt und unmittelbar gemessen werden kann, wie z. B. Leitlinien, Führungsstil, unternehmungskulturelle Aspekte u.ä.

Die in der vorliegenden Arbeit verfolgte Zielsetzung legt einen vierstufigen Aufbau nahe:

Die begrifflichen und konzeptionellen Grundlagen der Diversifikation werden in einem ersten Hauptkapitel (B) dargelegt. Zu diesem Zweck werden zunächst verschiedene Begriffstypologien der Literatur erörtert. Dabei wird deutlich, daß es nicht "die Strategie der Diversifikation" gibt, sondern vielmehr eine Vielzahl unterschiedlicher Phänomene unter den Begriff der Diversifikation subsumiert werden. Die in der Literatur auftretende Begriffsvielfalt hat nicht zuletzt in entscheidendem Maße dazu beigetragen, daß das Phänomen "Diversifikation" äußerst widersprüchlich und wenig konsistent diskutiert wird. Um ein umfassendes Verständnis der Besonderheiten diversifizierter Unternehmungen zu erlangen, werden im Anschluß zum einen die historische Entwicklung, die zu der Entstehung der Vielzahl großer Mehrproduktunternehmungen beigetragen hat und andererseits die Divisionalorganisation - als die in diversifizierten Unternehmungen vorherrschende Organisationsform untersucht. Durch die Diskussion der in der Literatur dargestellten Motive oder Nutzenpotentiale von Diversifikationsstrategien wird verdeutlicht, warum die Diversifikation in der Praxis eine derart weite Verbreitung gefunden hat. Die sich anschließenden Praxisbeispiele verdeutlichen demgegenüber, daß die Diversifikationsstrategie keineswegs ein Garant für die theoretisch vielversprechenden Erfolgspotentiale ist.

Vor dem Hintergrund der zuvor skizzierten Problematik werden in Kapitel C sodann die "Determinanten erfolgreicher Diversifikation" eingehend untersucht. Es wird versucht, den Stand der wissenschaftlichen Literatur zu diesem Thema in systematisierender Weise aufzuarbeiten und die verschiedenen Forschungsrichtungen im Hinblick auf ihren Beitrag zu den hier untersuchten Fragestellungen zu diskutieren. Zunächst wird der Beitrag der Erfolgsfaktorenforschung einer kritischen Analyse unterzogen. Im Anschluß wird die Konzeption von PORTER dargestellt und im Hinblick auf ihren Problembeitrag kritisch gewürdigt. Eine weitere Forschungsrichtung, die verspricht potentielle Ansatzpunkte zu liefern, ist die Unternehmungskulturforschung. Eine Darstellung und kritische Erörterung des aktuellen Forschungsstandes der Kulturdiskussion im Lichte der hier interessierenden Fragestellung bildet den Abschluß dieses Hauptkapitels.

In einem dritten Hauptkapitel wird aus ressourcenorientierter Perspektive ein Bezugsrahmen für einen entwicklungsorientierten Ansatz der Diversifikation abgeleitet. Neben einer Analyse der aktuellen wettbewerbsstrategischen Rahmenbedingungen wird untersucht, welche Voraussetzungen erfüllt sein müssen, um langanhaltende Wettbewerbsvorteile generieren zu können. Es wird aufgezeigt, daß eine ressourcenorientierte Sicht der Unternehmung eine bessere Fundierung der Diversifikation ermöglicht. Während die Ressourcen einer Unternehmung deren Kompetenzen determinieren, sind es die Kompetenzen, die Wettbewerbsvorteile hervorbringen. Bevor die Bausteine eines ökonomischen Ansatzes der Diversifikation vor dem Hintergrund einer ressourcenorientierten Sichtweise entwickelt werden können, bedarf es daher einer eingehenden Analyse von Kernkompetenzen, wobei drei Dimensionen von Kernkompetenzen differenziert werden: eine inhaltliche, eine politische und eine kulturelle Dimension.

Nach der Entwicklung des Bezugsrahmens erfolgt in einem vierten Hauptkapitel eine Explikation der Ansatzpunkte einer entwicklungsorientierten Konzeption diversifizierter Unternehmungen. Hierbei soll insbesondere aufgezeigt werden, wie Kernkompetenzen und unternehmungsspezifische Fähigkeiten in diversifizierten Unternehmungen (weiter)entwickelt werden können. Eine langfristige Wettbewerbs- und Überlebensfähigkeit ist davon abhängig, daß es einer Unternehmung neben einer Orientierung an der Effizienz ihrer bestehenden Produkte und Leistungen gelingt, einen flexiblen Einsatz sowie eine Entwicklung der vorhandenen Fähigkeiten und Kompetenzen zu gewährleisten. Um auch langfristig entwicklungsfähig zu bleiben, bedarf es daher einer dynamischen Perspektive; es gilt, die in einer Unternehmung vorherrschende Wissensbasis zu hinterfragen, weiterzuentwickeln und ständig nach potentiellen neuen Anwendungsmöglichkeiten für bestehende Fähigkeiten zu suchen. Im letzten Hauptteil der Arbeit werden daher - in Korrespondenz zu den im Bezugsrahmen entwickelten Dimensionen - die Ansatzpunkte einer Konzeption der Entwicklungsfähigkeit in technologischer, organisatorischer und kultureller Hinsicht expliziert.

In der vorliegenden Arbeit wird überwiegend eine unternehmungsinterne Perspektive eingenommen. Um langfristig wettbewerbs- und entwicklungsfähig zu sein, bedarf es darüber hinaus in immer stärkerem Maße der interorganisatorischen Kooperation zwischen Wettbewerbern. Die Geschwindigkeit der technologischen Entwicklung bewirkt, daß Unternehmungen häufig nicht aus eigener Kraft in der Lage sind mit den enormen Veränderungen Schritt zu halten. Aufgrund der Globalisierungstendenzen gilt es darüber hinaus, sich den Zugang zu fremden Märkten und Distributionskanälen zu erschließen sowie weltweite Beschaffungstrategien zu verfolgen. Strategische Allianzen, temporäre oder dauerhafte Partnerschaften bzw. Kooperationsbeziehungen zwischen Unternehmungen werden daher dazu benutzt, die eigene Wissensbasis zu erweitern und im globalen Wettbewerb erfolgreich zu bestehen. Derartige interorganisatorische Beziehun-

gen[14]) werden aufgrund der Komplexität der Themenstellung nur am Rande berücksichtigt.

---

14)   Vgl. zu interorganisationalen Kooperationsbeziehungen statt anderer NIELSEN [Strategy];
        PARKHE [Diversity]; SCHERMERHORN [Determinants]; OLIVER [Determinants]; LEWIS
        [Partnerships]; PERLMUTTER, HEENAN [Cooperate];

B. Begriffliche und konzeptionelle Grundlagen

I. Begriffliche Grundlagen der Diversifikation

1. Begriffskonfusion

Der Diversifikationsbegriff wird in Wissenschaft und Praxis äußerst heterogen verwendet. Aufgrund der Fülle der z.T. sehr unterschiedlichen Auffassungen bedarf es daher im folgenden einer genaueren Betrachtung der unter diesen Begriff subsumierten Sachverhalte. In der wissenschaftlichen Diskussion wird die Diversifikation[1] vielfach als unternehmerische Strategie[2] der Ausweitung des Produktprogramms auf neuartige Produkte[3] und einer Ausdehnung auf neue Märkte definiert.[4] Angelehnt an ein Schema von ANSOFF[5] stellt die Diversifikation nach dieser Begriffsauffassung eine von vier Wachstumsstrategien dar.[6]

---

1)   In der Literatur wird synonym auch der Begriff Diversifizierung verwendet. Vgl. etwa BÜHNER [Strategie], 21; LÜTTRINGHAUS [Diversifizierung], 10ff. Vgl. daneben DÖHMEN [Anlässe], 120 FN 6 sowie die von ihm angegebene Literatur.

2)   Vgl. für eine Diskussion des Strategiebegriffs MINTZBERG [Grenzen], DERS. [Structuring], DERS. [Definition], DERS. [Strategy]; Vgl. auch die Ausführungen von KLAUS [Strategie-Theorien-Dschungel].

3)   Der Begriff Produkt wird in der vorliegenden Arbeit in seiner weiten Bedeutung verwendet und beinhaltet neben materiellen Produkten auch die immateriellen Produkte bzw. Dienstleistungen.

4)   Vgl. ABELL [Business], vii; BÜHNER [Strategie], 21.

5)   Vgl. hierzu ANSOFF [Strategies], 113ff. Vgl. DERS. [Management-Strategie], 132ff.; DERS. [Corporate Strategy]. Eng angelehnt an das Schema von ANSOFF ist der Klassifizierungsansatz von JOHNSON und JONES, welcher die beiden Achsen "Marktneuheitsgrad" und "Technologieneuheitsgrad" unterscheidet. Vgl. JOHNSON, JONES [Products], 52f.

6)   Vgl. statt vieler AAKER [Market]; AGTHE [Strategie]; KOCH [Unternehmensplanung]; KOTLER [Marketing-Management]; LÜTTRINGHAUS [Diversifizierung]; NIESCHLAG, DICHTL, HÖRSCHGEN [Marketing].

Bereich \ Produkt	gegenwärtig	neu
gegenwärtig	Marktdurchdringung	Produktentwicklung
neu	Marktentwicklung	Diversifikation

Abbildung 1: Bestandteile des Wachstumsvektors nach ANSOFF

ANSOFF unterscheidet eine Produkt- und eine Marktachse[7]. Auf der Produktachse ist die Wachstumsrichtung gemäß der Definition des Autors abhängig von den technisch-physikalischen Eigenschaften der Produkte.[8] Auf der Marktachse bestimmt die ökonomisch-funktionelle Dimension der Produktart, d. h. die Möglichkeit der Bedürfnisbefriedigung durch das Produkt, die Wachstumsrichtung. Je nach der Neuheit der Produkte bzw. Märkte grenzt er anschließend folgende Strategien ab:

1) Marktdurchdringung

Bei der Marktdurchdringung handelt es sich um den Versuch einer Absatzsteigerung durch das Angebot der bisherigen Produkte auf den momentan bedienten Märkten. Der Marktanteil der Unternehmung soll auf den bisherigen Absatzmärkten vergrößert werden. Hierzu kann zum einen versucht werden, die Nachfrage nach den gegenwärtigen Produkten bei den bereits vorhandenen Kunden zu erhöhen. Daneben können u. U. Neukunden durch ein Abwerben von der Konkurrenz gewonnen werden. Schließlich bilden bisherige Nichtverwender potentielle Neukunden, die es gilt durch gezielte Maßnahmen zu akquirieren. Als Instrumente der Marktdurchdringung lassen sich die Preis- und Konditionenpolitik, verstärkte kommunikationspolitische Maßnahmen (wie v. a. Werbung) sowie eine veränderte Distributionspolitik unterscheiden.

---

7) ANSOFF benutzt den Begriff Bereich als Achsenbezeichnung, hiermit sind tatsächlich jedoch Märkte gemeint. Vgl. ANSOFF [Strategies], 113f.
8) Vgl. ANSOFF [Strategies], 113f.

2) Produktentwicklung

Mit Produktentwicklung bezeichnet ANSOFF den Versuch einer Absatzsteigerung durch den Ersatz gegenwärtiger Produkte durch neue Produkte auf bisher bedienten Märkten. Das Leistungsangebot wird in einem solchen Fall erweitert, ohne gleichzeitig einen neuen Markt bzw. eine neue Zielgruppe anzusprechen. Es werden also neue Produkte geschaffen, welche an die Stelle der bisherigen Produkte treten und im Vergleich zum gegenwärtigen Leistungsangebot ähnlich sind, wobei es unerheblich ist, ob es sich bei den neuen Produkten um Markt- oder Unternehmungsneuheiten handelt. Die alten Produkte werden im Zuge der Produktentwicklung entweder durch die neuen, verbesserten Produkte abgelöst, oder die neuentwickelten Produkte werden neben den bisherigen Produkten vertrieben. Durch ein derart verbessertes bzw. erweitertes Produktangebot soll gleichzeitig die Kundenzufriedenheit gesteigert werden.

3) Marktentwicklung

Die Marktentwicklung stellt einen Versuch der Absatzsteigerung durch die Ausdehnung des Angebotes bisheriger Produkte auf neue geographische oder zielgruppenbezogene Märkte dar. Es geht bei dieser Wachstumsstrategie darum, für die gegenwärtigen Produkte der Unternehmung neue Bedürfnisse zu wecken. Denkbar sind das Erschließen neuer Marktregionen oder das Eindringen in zusätzliche Märkte (indem z. B. neue Einsatzfelder für ein Produkt geschaffen werden). Auch der Zugang zu neuen Marktsegmenten kann der Marktentwicklung zugerechnet werden. Vergleichbar der Marktdurchdringung gelangen bei einer Strategie der Marktentwicklung ebenfalls die zuvor genannten absatzpolitischen Maßnahmen zum Einsatz.

4) Diversifikation

Im Gegensatz zu den drei zuvor erläuterten Wachstumsstrategien werden bei einer Strategie der Diversifikation größere Veränderungen bezüglich der vorherrschenden Absatzmarktorientierung vorgenommen. Die Geschäftstätigkeiten einer Unternehmung werden durch das Angebot von neuen Produkten und die Ausdehnung auf noch nicht bediente Märkte in erheblichem Umfang verändert. Durch die Ausdehnung auf neue Märkte und die Hinzunahme weiterer Produkte sollen zusätzliche Erfolgspotentiale ausgeschöpft werden, welche bei einer Beschränkung auf die Basistätigkeit ausbleiben würden.

ANSOFF beschränkt die Diversifikation in der von ihm vorgenommenen Einteilung auf die Leistungsbreite einer Unternehmung in bezug auf ihre Produkte und Märkte. Es handelt sich hierbei um eine enge Definition des Begriffes der Diversifikation.[9] Die diversifizierende Unternehmung verfolgt einen zusätzlichen, weitgehend neuen Geschäftszweck und ändert in beachtlichem Maße die bisherige geschäftliche Grundlage.

Eine weitere Begriffsfassung liegt dann vor, wenn neben den Merkmalen der Leistungs-*breite* einer Unternehmung auch vertikale Integrationssachverhalte der Leistungs*tiefe*[10] Berücksichtigung finden. Bei einer derartigen Auffassung kann bereits dann von einer Diversifikation gesprochen werden, wenn die Unternehmung eine Strategie verfolgt, bei der es sich nicht um gänzlich neue Produkte und unbekannte Märkte handelt, sondern lediglich leichte Änderungen des bestehenden Leistungsangebotes vorgenommen werden.[11] Ein in dieser Weise verwendeter Begriff schließt beispielsweise die Produktdiversifikation auf bekannten Märkten, geographische Diversifikation mit bestehenden Produkten (z. B. Auslandsdiversifikation)[12] sowie vertikale Diversifizierung durch Vor- bzw. Rückwärtsintegration neuer Produkte und/oder Märkte ein.[13]

Auch ABELL weist die zweidimensionale Produkt-Markt-Betrachtungsweise als inadäquat zurück. Er entwickelte seinerseits eine Konzeption, welche drei verschiedene Diversifikationsdimensionen unterscheidet. Wesentliche Voraussetzung einer Diversifikationsstrategie ist nach dieser Auffassung die Erweiterung des Leistungsspektrums einer Unternehmung gegenüber deren bisherigen Leistungsangebot, d. h. von Diversifikation kann gemäß der ABELLschen Spezifikation immer dann gesprochen werden, "wenn in der angewandten *Technologie*, der *Funktionserfüllung*, oder (/und, d. Verf.) der *Abnehmergruppe* neue Wege beschritten werden."[14]

---

9)   Vgl. bezüglich einer Kritik an einer derart engen Begriffsdefinition statt anderer HAINZL [Strategie], 21ff. sowie die dort angegebene Literatur.

10)   Vgl. zu der Unterscheidung zwischen Leistungs*breite* und Leistungs*tiefe* BÜHNER [Strategie], 23.

11)   Vgl. hierzu auch REED, LUFFMAN [Diversification], 32. BÜHNER stellte fest, daß die Diversifikation i. e. S. bei amerikanischen Unternehmungen durchaus verbreitet ist, während die weitere Definition eher den europäischen Gegebenheiten entspricht. Vgl. BÜHNER [Strategie], 23.

12)   Während ANSOFF den Einstieg in ausländische Märkte der Marktentwicklung zurechnet, handelt es sich in dem Begriffsverständnis von BÜHNER und einigen anderen Autoren um eine Variante der Diversifikation, welche sie als "Auslandsdiversifikation", "räumliche Diversifizierung" bzw. "international diversification" bezeichnen. Vgl. hierzu JACOBS [Erfolgsfaktoren], 8 FN 1 sowie die dort angegebene Literatur.

13)   Vgl. BÜHNER [Strategie], 23.

14)   RODENSTOCK [Diversifikationsplanung], Sp. 297.

In Abhängigkeit von dem Grad der Neuartigkeit der vorgenommenen Veränderungen wird das Gesamtkonzept einer Unternehmung durch die Diversifikationsmaßnahmen in unterschiedlichem Maße beeinflußt. Ob eine Leistung oder ein Markt "neu" sind, ist dabei aus der Sicht einer diversifizierenden Unternehmung vor dem Hintergrund der vorhandenen Wissensbestände und Erfahrung in bezug auf die eigenen Leistungen und die betreffenden Märkte zu bestimmen. Es muß sich folglich nicht um absolut neue Märkte oder Leistungen handeln. Entscheidend ist vielmehr, ob es sich um für die Unternehmung neue Produkte oder Märkte handelt. Der aus der Notwendigkeit einer solchen unternehmungsindividuellen Beurteilung resultierende Definitionsspielraum erklärt gleichzeitig die Schwierigkeit einer genauen Begriffsabgrenzung, welche in den vielfältigen in der Literatur vorherrschenden Definitions- und Abgrenzungsversuchen zum Ausdruck kommt. Die vorherrschende Begriffsvielfalt und -konfusion haben nicht zuletzt in entscheidendem Maße dazu beigetragen, daß das Phänomen "Diversifikation" äußerst widersprüchlich und wenig konsistent diskutiert wird.[15]

2. Versuch der begrifflichen Abgrenzung durch Typenbildung

Durch die Bildung verschiedener Diversifikationstypen wurde versucht, der Komplexität des Diversifikationsbegriffes besser gerecht zu werden. Nachfolgend werden einige der gängigen Klassifizierungen vorgestellt.[16] Es kann sich bei derartigen Typologien jedoch nur um grobe, nicht überschneidungsfreie Einteilungen handeln, welche die Wirklichkeit lediglich unvollständig wiedergeben. Tatsächlich finden sich in der Praxis diversifizierter Unternehmungen mehrere der genannten Elemente verschiedener Klassifizierungsversuche gleichzeitig, so daß eine eindeutige Abgrenzung, wie sie in derartigen Typologien analytisch getroffen wird, dort nicht möglich ist.

15)   Vgl. BÜHNER [Strategie], 21. Vgl. auch RAMANUJAM, VARADARAJAN [Research], 524f. sowie die von den Autoren angeführte Literatur.
16)   Weitere Einteilungen finden sich u. a. bei BÜHNER [Strategie]; GILMORE, CODDINGTON [Diversification]; STAUDT [Program].

a) Abgrenzung nach der Richtung

Nach der Richtung der Diversifikation werden in der Literatur die horizontale, vertikale und konglomerate bzw. laterale Diversifikation unterschieden.[17] Es handelt sich hierbei um eine der am häufigsten verwendeten Einteilungsformen, wobei die jeweilige Diversifikationsart gemäß der Art und dem Ausmaß der Abweichung von einem bestehenden Leistungsangebot abgegrenzt wird.

Die *horizontale* Diversifikation ist dadurch gekennzeichnet, daß zu einem bestehenden Leistungsangebot neue Produkte oder Dienstleistungen hinzugenommen werden, wobei diese in enger Beziehung hinsichtlich ihrer Herstellung, der durch sie abgedeckten Bedürfniskategorie oder ihrem Vertrieb zueinander stehen. Der bei dieser Art der Diversifikation bestehende hohe Verwandtschaftsgrad wird zugleich als Begründung für die Vorteilhaftigkeit des horizontalen Diversifikationstypes angeführt. Durch die bereits vorhandene Marktkenntnis und das in der Vergangenheit erworbene Erfahrungswissen würden eine Markteinführung erleichtert und das unternehmerische Risiko vermindert. Zudem wird v. a. die Erzielung von Synergieeffekten intendiert.[18] Ein Beispiel für eine horizontale Diversifikation ist etwa der Fall einer Brauerei, welche neben der Herstellung und dem Vertrieb ihres Primärproduktes Bier auch alkoholfreie Produkte, wie etwa Mineralwasser, Limonade oder Cola in ihre Leistungspalette aufnimmt. Auf diese Weise bietet sie ihren bestehenden Kunden die Möglichkeit, die diversen Getränke aus gleicher Hand zu beziehen. Gleichzeitig können bestehende Kundenkontakte, Distributionsorganisationen usw. eingesetzt werden. Zudem läßt sich durch die Aufnahme der neuen Produkte u. U. eine bessere Fahrzeugauslastung erzielen. Neben diesen Vorteilen besteht die nachhaltige Gefahr, daß auch Konkurrenten einen gleichen oder ähnlichen Weg einschlagen und so ein Verdrängungswettbewerb eintreten kann. Ein solcher Effekt ist besonders gravierend, wenn die Unternehmung die Diversifikation gerade aus Marktsättigungs- und Konkurrenzgründen unternommen hat. Die Möglichkeit der besseren Bedienung bestehender Kunden auf dem Wege der horizontalen Diversifikation birgt

---

17) Nachfolgend wird eine in der Literatur häufig verwendete Abgrenzung dieser Begriffe dargestellt. Vgl. statt vieler BÜHNER [Strategie], 36; RODENSTOCK [Diversifikationsplanung], Sp. 298ff. Vgl. zu einer solchen Einteilung auch die von DÖHMEN [Anlässe], 146 FN 100 angegebene Literatur.

18) ANSOFF setzte sich als erster ausführlich mit der Synergieproblematik auseinander. Vgl. ANSOFF [Corporate Strategy]. Detaillierte Untersuchungen der Synergieproblematik finden sich bei EHRENSBERGER und ROPELLA. Vgl. EHRENSBERGER [Unternehmensintegration]; ROPELLA [Synergie]. Vgl. hierzu auch KLEMM [Nutzung].

- 15 -

gleichzeitig die Gefahr der steigenden Abhängigkeit von diesem Abnehmerkreis. Durch
die engere Kundenbindung wird die Anfälligkeit der Unternehmung für Nachfragerückgänge in einem solchen Marktbereich erheblich erhöht.[19])

Werden neue Produkte oder Produktkomponenten aus vorgelagerten Produktions-
und/oder nachgelagerten Distributionsstufen in das bestehende Produktprogramm aufgenommen, so liegt der Fall der *vertikalen* Diversifikation vor. Dieser Diversifikationstyp, welcher eine Vergrößerung der Produktionstiefe bewirkt, wird auch als vertikale
Integration (vorwärts oder rückwärts) bezeichnet.[20]) Der Fall einer vorwärtsintegrierten
Unternehmung liegt etwa dann vor, wenn ein Chemikalienproduzent künftig auch nachgelagerte Fertigprodukte selber herstellt, für welche er bisher als Lieferant von Vorprodukten - wie Grundchemikalien oder Kunststoff - auftrat. Von einer vertikalen Rückwärtsintegration kann z. B. gesprochen werden, wenn eine Unternehmung, die bisher
elektronische Datenverarbeitungsanlagen hergestellt und vertrieben hat, künftig durch
die eigene Herstellung von Mikro-chips, welche sie vormals von Bauelementeproduzen-
ten bezogen hatte, in den Halbleitermarkt vordringt.[21]) Als Vorteil der vertikalen Diversifikation wird in der Literatur angeführt, daß die Marktposition der Unternehmung
i.d.R. gestärkt wird. Stand die diversifizierende Unternehmung bislang in einem Ab-
hängigkeitsverhältnis zu bestimmten ihrer Lieferanten oder Abnehmer, so soll sie durch
die vertikale Diversifikation eine größere Unabhängigkeit erlangen.[22]) Es wird etwa die
Möglichkeit einer Renditesteigerung durch die Erhöhung des eigenen Wertschöpfungs-
anteils angestrebt. Zudem schafft die vertikale Diversifikation i.d.R. die Voraussetzung
einer direkten Einflußnahme auf Absatz und Verwendung von Produkten sowie eine
höhere Versorgungssicherheit und -flexibilität bei den Vorprodukten, v. a. den Rohstof-
fen. Neben diesen Vorteilen wird jedoch in der veränderten Konkurrenzsituation - bisherige Kunden werden unter Umständen neue Konkurrenten - eine gewisse Abhängigkeit von den neuen Wettbewerbern bzw. das Risiko eines Abwanderns dieser Altkunden
zu anderen Lieferanten gesehen. Andererseits kann der Fall eintreten, daß eine vertikal

19)   Vgl. GEBERT [Diversifikation], 21f.

20)   Einige Autoren nehmen allerdings eine weitere Begriffsabgrenzung vor, wonach eine vertikale
Diversifikation nur dann vorliegt, wenn die neu in das Programm aufgenommenen Leistungen
vornehmlich an unternehmungsexterne Abnehmer abgesetzt werden. Sind die Leistungen hingegen ausschließlich für den Eigenbedarf vorgesehen, so handelt es sich nach diesen Auffassungen um die vertikale Integration. Vgl. etwa JACOBS [Erfolgsfaktoren], 11 sowie die dort
angegebene Literatur. Vgl. auch DÖHMEN [Anlässe], 151f; GORT [Diversifikation], 11f.

21)   Vgl. hierzu auch AGTHE [Strategie], 193.

22)   In der Praxis war demgegenüber in jüngster Zeit eine zunehmende Tendenz zur Verringerung
der Fertigungstiefe beobachtbar. So verstärken zahlreiche Unternehmungen ihre Outsourcin-
gaktivitäten.

diversifizierende Unternehmung mit bisherigen und bestehenden Zulieferunternehmungen in einigen Marktsegmenten konkurriert.

Eine Klassifizierung nach der Richtung der Diversifikation unterscheidet darüber hinaus die *konglomerate* oder *laterale* Diversifikation. Bei dieser Form der Diversifikation läßt sich keine Beziehung der neuen Betätigungsfelder zum bisherigen Leistungsangebot der Unternehmung herstellen. Letztere begibt sich durch die Aufnahme neuer Geschäftsbereiche auf ein sachfremdes Gebiet. In aller Regel erfolgt eine Investition in erfolgversprechende Branchen mit hohen Wachstumsraten und der Aussicht auf vielversprechende Gewinne. Im Vordergrund steht bei der lateralen Diversifikation somit das Streben nach einer größtmöglichen Verzinsung des investierten Kapitals. Begründet wird dieser Diversifikationstyp zudem mit der breiteren Streuung der Branchen- und Produktrisiken sowie zum Teil mit steuerlichen Argumenten. Gleichzeitig handelt es sich bei dieser Form der Diversifikation um die risikoreichste Variante, da den neuen Bereichen einer Unternehmung oft jeglicher Bezug zu den bestehenden Betätigungsfeldern und somit die u. U. nötige Erfahrung fehlt. Eine extreme Form lateraler Diversifikation wird in der Literatur als "Mischkonzern" bezeichnet. Es handelt sich hierbei um eine Unternehmung, welche weitverzweigte Geschäftsaktivitäten in völlig unterschiedlichen Branchen ausübt.

Eine Durchsicht der Literatur zeigt, daß eine derartige Einteilung nach der Diversifikationsrichtung zwar sehr verbreitet ist und i.d.R. die o. g. oder ähnliche[23] Begriffe Verwendung finden. Es erfolgt jedoch keineswegs eine einheitliche Benutzung dieser Begriffe; vielmehr wird deren Abgrenzung wegen der Unterschiede bezüglich der von den jeweiligen Autoren zugrundegelegten Abgrenzungskriterien mehrdeutig.[24] "These names have been taken and applied to all types of diversification regardless of the base reasons for adoption of the strategy".[25]

---

23)   So hat ANSOFF beispielsweise seine Unterscheidung von drei Diversifikationstypen um eine
        Diversifikationsalternative erweitert und unterscheidet: a) die horizontale Diversifikation, b)
        die vertikale Integration, c) die konzentrische Diversifikation und d) die kombinierte Diversi-
        fikation. Vgl. für eine Erläuterung dieser Begriffe ANSOFF [Strategies], 118. DERS.
        [Management-Strategie], 152.

24)   Vgl. hierzu etwa WITTEK [Unternehmensführung]. Vgl. daneben FRANKUS [Fusionskontrolle],
        11ff.; KITCHING [Mergers], 85; KREIKEBAUM [Unternehmensplanung], 51; LÜTTRINGHAUS
        [Diversifizierung], 44ff.; STEINER [Management], 641.

25)   REED, LUFFMAN [Diversification], 31. Eine Diskussion der angesprochenen vielfältigen denk-
        baren Motive einer Diversifikationsstrategie erfolgt an späterer Stelle.

- 17 -

b) Abgrenzung nach Art und Weise der Durchführung

Eine weitere Klassifizierung wird danach vorgenommen, auf welche Art und Weise eine Diversifikation durchgeführt wird. Hier läßt sich die externe von der internen Diversifikation abgrenzen. Weitet eine Unternehmung ihr Leistungsangebot eigenständig aus, indem sie durch interne Forschungs- und Entwicklungsaktivitäten in neue Tätigkeitsbereiche vordringt, wird die Diversifikation als *intern* bezeichnet. Demgegenüber liegt eine *externe* Diversifikation - die Diversifikation durch Unternehmungskauf, Fusion o. ä. - immer dann vor, wenn die Ausdehnung durch den externen Erwerb zusätzlicher Geschäftsbereiche erfolgt. Während die Unternehmung bei der internen Diversifikation kontinuierlich wächst und sich langsam an die veränderte Unternehmungssituation anpassen kann, handelt es sich im externen Fall um eine diskrete Veränderung und sprunghaftes Wachstum.[26]

c) Ansätze der Diversifikationsmessung

In der Literatur wird die Diversifikation zum Teil auch insofern kategorisiert, als eine Beurteilung nach ihrer Art und ihrem Umfang erfolgt. Es handelt sich hierbei um diskret-kategoriale Konzepte der Diversifikationsmessung. Solche Konzepte der Diversifikationsmessung berücksichtigen im Gegensatz zu den rein quantitativen Diversifikationsmaßen[27] zusätzlich qualitative Diversifikationsaspekte.

So unterscheidet WRIGLEY[28] aufgrund einer Spezialisierungskennzahl, dem sog. SR-Maß[29], nachfolgende Kategorien:

---

26)   Vgl. auch BÜHNER [Strategie].

27)   Vgl. für eine Übersicht quantitativer Diversifikationsmeßverfahren BÜHNER [Portfolio-Risikoanalyse], 1023ff.; DERS. [Strategie], 107ff.; GORECKI [Measurement], 399ff.; PITTS, HOPKINS [Diversity], 620ff. Verschiedene qualitative Klassifizierungsansätze unterscheidet GEBERT [Diversifikation], 18-34.

28)   Vgl. WRIGLEY [Autonomy].

29)   Das SR-Maß setzt den Umsatz der größten Produktgruppe ins Verhältnis zum Unternehmungsumsatz.

Zu der Kategorie *Single Product*[30]) zählen solche Unternehmungen, welche mit einem Produkt mindestens 95% ihres Gesamtumsatzes erreichen.

Liegt der Anteil des Umsatzes eines Produktes am Gesamtunternehmungsumsatz zwischen 70 und 95% so wird eine Unternehmung der *"Dominant Product"*-Kategorie zugeordnet.

Bei einem SR-Maß unter 0,7 fallen Unternehmungen entweder in die Gruppe *"Related Product"*, oder werden als *"Unrelated Product"* kategorisiert. Von "related products" bzw. verwandten Produkten spricht WRIGLEY, wenn zwischen den verschiedenen Produkten eines Produktprogrammes technologie- oder marktbezogene Interdependenzen bestehen. Sind derartige Interdependenzen nicht nachweisbar, so handelt es sich gemäß seiner Abgrenzung um "unrelated products" oder nicht verwandte Produkte. [31])

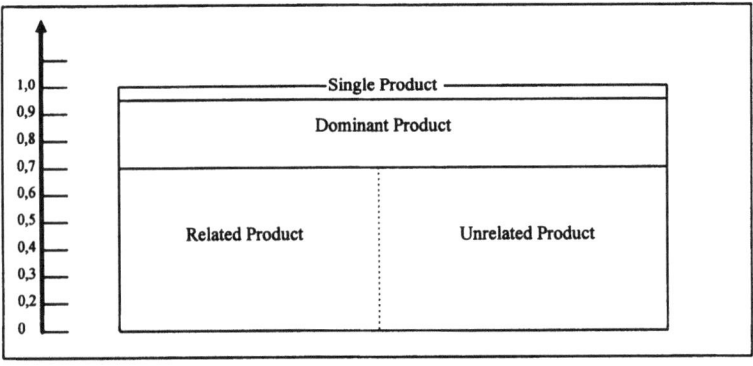

Abbildung 2: Diskret-kategoriale Diversifikationsmessung nach WRIGLEY

---

30)   SR-Maß > oder = 0,95.

31)   Die nachfolgende Abbildung wurde bei BÜHNER [Strategie], 114 entnommen.

Durch die Verwendung von drei Klassifikationskennzahlen erfuhr das WRIGLEY'sche Konzept eine weitere Differenzierung durch RUMELT.[32])

Dessen *"Spezialization Ratio"* unterscheidet sich insofern von der WRIGLEY'schen Kategorisierung als letzterer anstelle von Produkten voneinander unabhängige Geschäftsbereiche - die "Discrete Businesses" - zugrundelegt. Es handelt sich hierbei um solche Geschäftsbereiche, welche von der Unternehmung abgetrennt werden könnten, ohne daß dadurch die übrigen Geschäftsaktivitäten eine Beeinträchtigung erfahren würden.

Den Verwandtschaftsgrad kennzeichnet RUMELT durch seine *"Related Ratio"*, welche die Kategorien "Related" und "Unrelated Business" differenziert. RUMELT ordnet den "Related Businesses" solche Unternehmungen zu, die über 70% ihres Gesamtumsatzes in Geschäftsbereichen erlangen, welche marktliche oder technologische Gemeinsamkeiten aufweisen.[33]) Ist diese Voraussetzung nicht erfüllt, so spricht er von Unrelated Businesses.

Durch seine *"Vertical Ratio"* soll schließlich der Sachverhalt der vertikalen Integration nachgewiesen werden.[34])

---

32) RUMELT unterscheidet die "Specialization Ratio" (Verhältnis des Umsatzes des größten Produktbereiches zum Gesamtumsatz), die "Related Ratio" (Verhältnis des Umsatzes miteinander verwandter Produktbereiche zum Gesamtumsatz) und die "Vertical Ratio" (Verhältnis des Umsatzes vertikal verknüpfter Produktbereiche zum Gesamtumsatz). Vgl. RUMELT [Strategy], 4ff.

33) Demgegenüber wird eine Verwandtschaft in der Klassifikation von PITTS bereits dann angenommen, wenn der Anteil dieser Geschäftstätigkeiten am Gesamtumsatz mehr als 60% beträgt. Vgl. PITTS [Incentive]. Der überwiegenden Mehrzahl empirischer Studien wurden jedoch die Abgrenzungskriterien von Wrigley bzw. Rumelt zugrundegelegt. Vgl. hierzu GRANT, JAMMINE, THOMAS [Diversity], 793.

34) Hiernach gelten Unternehmen dann als vertikal integriert, wenn der Wert der Kennzahl 0,7 übersteigt. Die nachfolgende Abbildung wurde Bühner [Strategie], 116 entnommen.

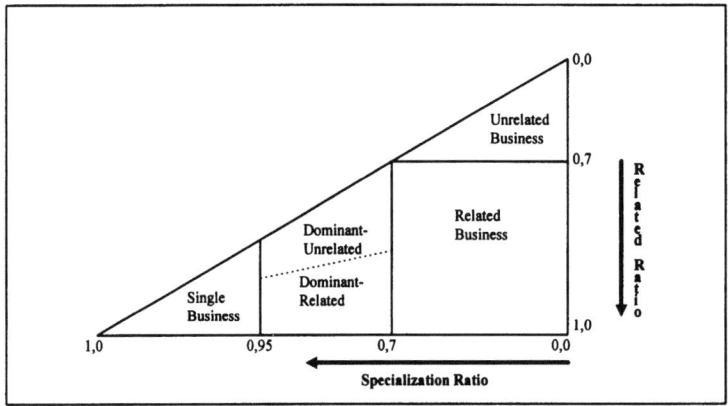

Abbildung 3: Diskret-kategoriale Diversifikationsmessung nach
RUMELT

Während WRIGLEY und RUMELT durch ihre Konzepte die Produktdiversifikation messen, versucht BÜHNER diese Ansätze durch die Einbeziehung der geographischen Diversifikation zu erweitern. Er unterteilt jede der vier Kategorien von WRIGLEY nochmals in *auslands-* und *inlandsorientierte* Unternehmungen. Dabei definiert er als auslandsorientiert solche Unternehmungen, die mehr als 40% ihrer Umsätze im Ausland erwirken, während Unternehmungen mit einem geringeren Auslandsanteil als inlandsorientiert klassifiziert werden.[35]

Auf die Subjektivität der Begriffsabgrenzung und die grundsätzliche Problematik der Klassifikation der Diversifikation wurde zu Beginn dieses Abschnittes bereits hingewiesen.[36] So wird es im praktischen Einzelfall schwierig sein, eindeutig festzustellen, welcher Kategorie eine Unternehmung zuzuordnen ist. Tatsächlich läßt sich in den meisten Unternehmungen eine Kombination verschiedener Elemente nachweisen, welche sich zudem im Zeitablauf durchaus verändert. Aus diesem Grund gehen alternative Ansätze etwa von einem Grad der Verwandtschaft aus, welcher sich permanent ändern und

---

35)   Vgl. BÜHNER [Portfolio-Risikoanalyse], 1026f.

36)   Vgl. hierzu auch die Diskussion bei REED und LUFFMAN. Vgl. REED, LUFFMAN
[Diversification], 31f.

von horizontal bis "unrelated" wechseln kann.[37] Um eine zuverlässige und allgemeingültige Meßbarkeit zu ermöglichen, müßten die Diversifikationspolitik und die der
Strategie zugrundeliegenden Motive der jeweils betrachteten Unternehmung beispielsweise eindeutig nachvollziehbar sein. Derartige Informationen sind jedoch selten offen-
kundig.[38]

Wie zuvor dargelegt bietet die Literatur zahlreiche unterschiedliche und zum Teil widersprüchliche begriffliche Abgrenzungsversuche der Diversifikation. Es existiert weder
eine allgemeingültige Begriffsabgrenzung, noch ließe sich eine solche aufstellen. Die
bisherigen Ausführungen haben verdeutlicht, daß nicht von "der Diversifikationsproblematik" gesprochen werden kann und die vielfältigen Versuche einer Zuordnung zu
engen Begriffstypologien häufig eher zu Konfusion als zu einer Klärung der Problematik geführt haben. So wird in Wissenschaft und Praxis grundsätzlich eine Unterscheidung vorgenommen in Einprodukt- oder Mehrproduktunternehmungen, wobei letztere
wiederum danach abgegrenzt werden, ob eine Unternehmung stark bzw. breit oder
schwach diversifiziert ist. Tatsächlich fällt es in konkreten Fällen schwer, die Diversifikationsbemühungen von Unternehmungen eindeutig zuzuordnen. So läßt sich ein Man-
telproduzent beispielsweise einerseits als nicht-diversifiziert charakterisieren, wenn davon ausgegangen wird, daß dieser lediglich das Produkt "Mantel" herstellt. Eine genauere Betrachtung seines Sortiments (Damenmäntel, Herrenmäntel, Kindermäntel, Som-
mermäntel, Wintermäntel, ...) ließe andererseits den Schluß zu, derselbe Hersteller sei
breit diversifiziert. Dieses Beispiel verdeutlicht bereits, daß es in der Praxis äußerst
schwierig ist, verschiedene Unternehmungen im Hinblick auf ihre Diversifikationsaktivitäten zu vergleichen. Der Aussagewert statistischer Untersuchungen bzgl. der Di-
versifikationsintensität von Unternehmungen auf der Basis der Anzahl hergestellter
Produkte ist folglich recht begrenzt, wenn genauere Informationen über die betrachteten
Produzenten unberücksichtigt bleiben.[39] "If we are told that Firm A produces 20 products and Firm B produces 4 products, can we sensibly conclude that Firm A is the more diversified? And would our judgment be changed if we knew that the 20 products of
Firm A were 20 kinds of shoes while the four of Firm B were tractors, radios, airplane
engines, and automobiles?"[40]

---

37)   Vgl. beispielsweise CAVES, PORTER, SPENCE, SCOTT [Competition]; CHATTERJEE, WER-
        NERFELT [Link]; MONTGOMERY [Measurement]; MONTGOMERY, WERNERFELT
        [Diversification].
38)   Vgl. BÜHNER [Strategie], 117. Vgl. hierzu auch HAASE [Segment-Bilanzen].
39)   Vgl. hierzu auch PENROSE [Theory], 107.
40)   Ebenda, 108.

Im Kontext der Diversifikationsthematik bedarf es daher einer differenzierten Problemanalyse, die Raum läßt für die Besonderheiten der jeweils betrachteten diversifizierten Unternehmung. In dieser Hinsicht und vor dem Hintergrund der bisherigen Begriffsdiskussion erscheint die von PENROSE verwendete Begriffsabgrenzung zweckmäßig, die auch den nachfolgenden Ausführungen der Arbeit zugrundegelegt wird:

Nach dieser Auffassung diversifiziert eine Unternehmung ihre produktiven Aktivitäten immer dann, wenn sie - ohne die bisherigen Produktlinien gänzlich aufgeben zu müssen - die Produktion neuer Produkte (einschließlich Zwischenprodukten) aufnimmt; wobei letztere sich durch veränderte Produktions- oder Distributionsprogramme von den traditionell hergestellten Produkten merklich unterscheiden. So verstanden beinhaltet die Diversifikation drei verschiedene Sachverhalte:

- die Erhöhung der Produktvielfalt

- die zunehmende vertikale Integration und

- eine Vergrößerung der Anzahl an produktiven bzw. technologischen Bereichen

Gerade der letzte Diversifikationsaspekt, die Zunahme der in einer Unternehmung vorhandenen technologischen Bereiche, unterscheidet diese Begriffsabgrenzung von gängigen Definitionsversuchen. Die Diversifikation wird in diesem dritten Fall nicht anhand der Anzahl der von einer Unternehmung hergestellten Produkte abgegrenzt. Unabhängig von der Anzahl der Endprodukte, kann eine Unternehmung über eine oder mehrere Produktions- bzw. Technologiebasen verfügen. Es handelt sich hierbei um eine produktive Aktivität "that uses machines, processes, skills, and raw materials that are all complementary and closely associated in the process of production..."[41]). Soll die bisherige Geschäftstätigkeit auf einen neuen Bereich ausgedehnt werden, so ist es erforderlich, daß die Unternehmung Kompetenzen auf dem neuen Gebiet erwirbt bzw. eine neue Technologiebasis entwickelt. Im Falle einer Diversifikation auf dem bestehenden Geschäftsgebiet, stellt die Unternehmung auf den bereits bestehenden Märkten zusätzliche, neue Produkte her, die auf der ursprünglichen Technologiebasis beruhen. Demgegenüber kann von einer Diversifikation in neue Spezialisierungsbereiche immer dann gesprochen werden, wenn

---

41)   PENROSE [Theory], 109.

- ein Eintritt in neue Märkte mit neuen Produkten erfolgt, wobei letztere auf der ursprünglichen Produktions- bzw. Technologiebasis beruhen

- eine Expansion auf den bestehenden Märkten durchgeführt wird mit solchen Neupro-
dukten, die auf der Grundlage einer neuen Technologie hergestellt werden oder

- ein Eintritt in neue Märkte erfolgt mit neuen Produkten, deren Herstellung einer neuen
technologischen Basis entspringen.[42])

Zum einen kann eine Unternehmung alle o. g. Diversifikationsstrategien anwenden, d.h.
die verschiedene Diversifikationsstrategien anwenden. Andererseits spricht man auch
dann von Diversifikation, wenn nur eine der aufgezeigten Diversifikationsvarianten gewählt wird, um das bestehende Tätigkeitsfeld zu erweitern.

II. Historische Entwicklung diversifizierter Unternehmungen

Um ein besseres Verständnis der Situation diversifizierter Unternehmungen zu erlangen,
werden nachfolgend zunächst diejenigen Prozesse und Entwicklungen einer genaueren
Betrachtung unterzogen, welche die zunehmende Diversifikation auslösten und somit zu
der Entstehung der Vielzahl großer Mehrproduktunternehmungen beigetragen haben.
Diese Diversifikationsauslöser müssen vor dem Hintergrund der historischen Entwicklung der großen Industriegesellschaften gesehen werden, welche durch revolutionäre
technologische Veränderungen, die in der Mitte des 19. Jahrhunderts einsetzten, gekennzeichnet sind. In der Folge dieser technologischen Prozesse wandelte sich die ökonomische Landschaft grundlegend und wurde zunehmend durch große diversifizierte
Unternehmungen dominiert. Nachfolgend soll zunächst diese Entwicklung kurz skizziert werden. Ein historischer Rückblick läßt darüber hinaus erkennen, daß die zunehmende Verbreitung der Diversifikation und das Entstehen großer Mehrproduktunternehmungen i.d.R. gleichzeitig mit einer organisationsstrukturellen Veränderung ein-
herging. Im Anschluß wird daher die in diversifizierten Unternehmungen vorherrschende Divisionalorganisation erläutert.

---

42)   Vgl. PENROSE [Theory], 108f.

1. Allgemeine Darstellung der historischen Entwicklung[43])

Ausgelöst durch die neuen Transport- und Kommunikationsmöglichkeiten erfuhr die Wirtschaft seit Mitte des 19. Jahrhunderts einschneidende Veränderungen. Eisenbahn[44]) und Telegraf ermöglichten, daß Güter und Informationen in bislang unvorstellbar großer Menge, enormer Geschwindigkeit sowie früher nicht gekannter Regelmäßigkeit über weite Strecken transportiert werden konnten und zogen so revolutionäre Innovationen im Produktions- und Distributionsbereich nach sich: "Tante Emma-Läden" wurden zunehmend abgelöst durch moderne Massengeschäfte wie Kaufhäuser, Versandhäuser und Einzelhandelsketten. Daneben veränderten vielfältige technologische Innovationen die bestehen Produktionsmöglichkeiten und fanden in Westeuropa und den Vereinigten Staaten eine zunehmende Verbreitung.[45])

Dabei unterschieden sich die Industriezweige, welche das Wachstum und die Transformation der Wirtschaft gegen Ende des 19. Jahrhunderts in besonderem Maße förderten, von den bisherigen, arbeitsintensiven Industrien in zweifacher Hinsicht. Zum einen wurden die Produktionsprozesse wesentlich kapitalintensiver. Auf der anderen Seite konnten sie durch die zunehmende Größe der Produktionsanlagen und die Möglichkeit der Massenproduktion[46]) enorme Kosteneffekte gegenüber den bisher vorherrschenden arbeitsintensiven kleinen Produktionsstätten erzielen. "Up to a minimum efficient size (based on the nature of technology and the size of the market) the cost per unit dropped more quickly as the volume of output increased than was the case in the labor-intensive industries."[47])

---

43) Die nachfolgende Entwicklung vollzog sich zunächst in den USA und mit einiger Verzöge-
rung auch in Europa. Amerika hatte sich während des neunzehnten Jahrhunderts zu einer In-
dustriemacht entwickelt und die Wettbewerbsfähigkeit der amerikanischen Unternehmungen
bildete bald in immer neuen Sektoren Weltstandard und Vorbild. Vgl. BEST [Competition], 29.

44) BEST beschreibt die historische Entwicklung der großen Eisenbahngesellschaften und deren
Beitrag für die Entstehung der Massenproduktion. Vgl. BEST [Competition], 29.

45) Vgl. CHANDLER [Functions], 32. Vgl. auch BEST [Competition], 29ff.

46) Vgl. zur Entwicklungsgeschichte der Massenproduktion sowie der damit einhergehenden
hierarchischen Managementorganisation BEST [Competition], 46ff. Der Autor beschreibt auch
eindrucksvoll die Entwicklung des sog. "American System of Manufacture" welches er als
Vorläufer der späteren Massenproduktion ansieht. Vgl. für die Entwicklung des "American
System of Manufacture" und eine Erläuterung des Zusammenhangs zur Massenproduktion
DERS. 29ff, insbesondere 36.

47) CHANDLER [Functions], 32.

Die gestiegene Produktivität wird in erster Linie darauf zurückgeführt, daß größere Volumina in kürzerer Zeit produziert werden konnten. Neben derartigen Größendegressionseffekten bzw. economies of scale strebten große Werke i.d.R. die Realisierung von economies of scope[48]) oder sog. Verbundvorteilen an. Letztere entstehen, wenn die Gesamtkosten einer gemeinsamen Produktion von Gütern niedriger sind als die Summe der Kosten bei getrennter Produktion. Dies ist z. B. der Fall wenn in einer Produktionsstätte auf der Basis derselben Rohmaterialien, Halbfertigerzeugnisse und Produktionsprozesse verschiedene Produkte hergestellt werden können.[49])

CHANDLER weist jedoch darauf hin, daß diversifizierende Unternehmungen neben der Investition in Produktionstechnologien gleichzeitig zwei weitere Voraussetzungen schaffen mußten, um derartige Effekte erfolgreich erzielen zu können. So bedurfte es zunächst der Schaffung adäquater nationaler und später internationaler Marketing- und Distributionsstrukturen, um eine effiziente Vermarktung der Produkte zu ermöglichen. Des weiteren galt es, fähige Manager zu rekrutieren, welche die vielfältigen Prozesse in den Unternehmungen koordinierten und planten. "To maintain and continue a high volume of flow demanded organizational innovation. It could be achieved only by creating an administrative hierarchy operated by many full-time salaried managers."[50])

Während die auf den unteren und mittleren Ebenen angesiedelten Manager mit der Koordination der Produktions- und Distributionsprozesse betraut wurden, war es den Topmanagern vorbehalten, das Unternehmungsgeschehen zu kontrollieren und die Ressourcenverteilung für zukünftige Aktivitäten zu planen und durchzuführen.

Die technologischen Veränderungen wirkten sich zwangsläufig auch auf die Struktur dieser neuen, kapitalintensiven Industrien aus. Nach kurzer Zeit wurden sie durch wenige große Managementunternehmungen dominiert, welche in oligopolistischer Konkurrenz um Marktanteile und Gewinne kämpften. Zwar sieht CHANDLER die Hauptursache für die Möglichkeit zur Produktivitätssteigerung und Erzielung von Kostendegressionseffekten wie bereits erwähnt, in der Möglichkeit, größere Mengen schneller zu pro-

---

48)   Vgl. zum Konzept der economies of scope PANZAR, WILLIG [Economies]. Eine Abgrenzung der Begriffe economies of scale und economies of scope findet sich bei BAUMOL, PANZAR, WILLIG [Markets], 47ff; 73f. Vgl. auch TEECE [Economies]; DERS. [Theory].

49)   Vgl. CHANDLER [Functions], 32.

50)   CHANDLER [Hand], 236.

duzieren. Der Autor geht jedoch davon aus, daß die zunehmende Größe der Unternehmungen eine automatische Konsequenz dieser Gegebenheiten darstellt.[51])

Während der Preis eine wichtige Waffe im Wettbewerb blieb, betont er jedoch, daß die
Effizienz einer Unternehmung in funktioneller und strategischer Hinsicht in immer stärkerem Maße über deren Stärke im Wettbewerb entschied: "... these firms competed more forcefully (...) by performing more effectively the different processes of production,
distribution, marketing, product development and the like, and by moving more quickly
into expanding markets and out of declining ones."[52])

Der vorherrschende Wettbewerb förderte die produktspezifischen Fähigkeiten der Arbeiter und Manager. Zusammen mit den zurückbehaltenen Gewinnen der neuen und
profitablen, kapitalintensiven Technologien bildeten diese Fähigkeiten die Basis für die
weitere Expansion der Managementunternehmungen. Unternehmungen wuchsen in der
Folge, indem sie sich mit anderen Unternehmungen auf gleicher Ebene zusammen-
schlossen oder vor- bzw. nachgelagerte Produktionsstufen aufnahmen.[53]) Die meisten
Unternehmungen verfolgten eine langfristige Wachstumsstrategie durch Ausdehnung
auf neue Märkte, entweder in neue geographische Gebiete oder in verwandte Produktmärkte. Dabei basierte die geographische Ausdehnung zumeist auf Wettbewerbsvorteilen durch organisatorische Fähigkeiten im Zusammenhang mit Größendegressionseffekten, während die Ausdehnung auf verwandte Produktmärkte i.d.R. auf Spezialisierungs-
vorteilen beruhte.[54])

Bereits zu Beginn der 60er Jahre stellte die Mehrproduktunternehmung die vorherrschende Unternehmungsform in den modernen kapitalintensiven, hochtechnisierten und

---

51)   Vgl. CHANDLER [Hand], 281. Vgl. demgegenüber die Ausführungen von BEST [Competition],
        48.

52)   CHANDLER [Functions], 32

53)   Vgl. hierzu auch STIGLER. Der Autor spricht im Zusammenhang mit der bis zur Depression
        der 30er Jahre anhaltenden Aquisitionswelle der späten 20er Jahre auch von "Fusionen zu Oli-
        gopolen", während er die um die Jahrhundertwende in den USA beobachtbaren Entwicklun-
        gen als "Fusionen zu Monopolen" bezeichnet hat. Vgl. STIGLER [Monopoly]. Vgl. hierzu auch
        ELLWOOD [Effects].

54)   CHANDLER hat die vorgenannte Entwicklung in seiner Untersuchung der 200 größten US-
        amerikanischen, britischen und deutschen Unternehmungen zwischen 1880 und 1940 doku-
        mentiert. Vgl. CHANDLER [Scale]. Eine Weiterentwicklung dieser Dokumentation für 1973
        unternahm der Autor zusammen mit TEDLOW. Vgl. CHANDLER, TEDLOW [Capitalism]. Vgl.
        darüber hinaus die Ausführungen von SCOTT. Der Autor hat diverse Diversifikationsstudien,
        welche die Entwicklung der größten 100 Unternehmungen in den USA, Großbritannien,
        Frankreich und Italien zwischen 1950 und 1970 darlegen, zusammengefaßt und diskutiert.
        Vgl. SCOTT [State].

komplexen Industriegesellschaften dar. Während bis dato aufgrund der beiden Welt-kriege sowie der tiefen wirtschaftlichen Depression der 30er Jahre der internationale sowie der interindustrielle Wettbewerb stark eingeschränkt war, intensivierte er sich in der Folge in enormem Maße. Größe und Anzahl diversifizierter Unternehmungen nah-men ständig zu und ebenso die Vielfalt der von ihnen bedienten Märkte. Im Verlauf der 60er Jahre wurde der Wettbewerb nicht nur härter, er wurde nun auch international. Die Expansionsbestrebungen wurden immer radikaler und die Unternehmungen dehnten ihre Geschäftsaktivitäten vermehrt aus.[55]

Hatten sich die Diversifikationsaktivitäten zunächst in der Hauptsache auf verwandte Branchen beschränkt, so lösten die Zunahme der internationalen Konkurrenz[56] sowie die aufgrund der prosperierenden Nachkriegsjahre zur Verfügung stehenden enormen Finanzmittel einen anderen Trend aus. Immer mehr Unternehmungen investierten nun in Branchen, die in bezug zu den bisherigen Geschäftstätigkeiten nur entfernt verwandt waren oder gar keine Verwandtschaft zu ihren Stammgeschäften aufwiesen. Einbehalte-ne Gewinne wurden in solche Bereiche angelegt, welche gegenüber den angestammten Geschäftsbereichen ein größeres Gewinn- und Wachstumspotential versprachen.[57] Des weiteren zeigt ein historischer Rückblick, daß auch die damalige Börsenentwicklung den Trend zunehmender Diversifikation in nicht verwandte Geschäftsbereiche unter-stützte.[58]

Aufgrund des fehlenden Know-hows in den branchenfremden Gebieten erfolgte die Di-versifikation zunehmend durch den Erwerb oder die Übernahme von Unternehmun-gen.[59] "They lacked the knowledge of their target industries' operations and they lak-ked, too, the necessary capabilities to build plants and develop personnel through direct internal investment as they had in the past."[60] Diese Entwicklung wurde zudem nicht

55) Während 1950 gut ein Drittel aller Großunternehmungen der Industrienationen diversifiziert waren, stieg deren Anteil bis 1970 auf 55-65% an. Vgl. SCHÜLE [Diversifikation], 1;19.

56) Shleifer und Vishny sehen die Ursache für die in den USA zunehmende Diversifikation in nicht-verwandte Geschäftsbereiche daneben vor allem in dem enormen Einfluß der Antitrust-Politik in den 60-er und 70-er Jahren. "Faced with this policy, a corporate manager who wan-ted to make acquisitions basically had to diversify or face a costly antitrust challenge." SHLEIFER, VISHNY [Takeovers], 52.

57) Vgl. etwa SHLEIFER, VISHNY [Takeovers], 52.

58) Vgl. MATSUSAKA [Takeover]; SHLEIFER, VISHNY [Takeovers].

59) Vgl. hierzu auch SHLEIFER, VISHNY [Takeovers], 51. Insbesondere in den USA besteht eine ausgesprochen ausgeprägte Tendenz zu Übernahmen, was sich an deren großen Anzahl able-sen läßt. Vgl. auch HAYES, ABERNATHY [Managing], 74, welche diese Neigung ironisch als "merger-mania" bezeichnen.

60) CHANDLER [Functions], 35.

- 28 -

zuletzt dadurch forciert, daß lange Zeit die Vorstellung vorherrschte, die wesentlichen Qualitäten des Managements seien deren generalistische Fähigkeiten.[61] Die Annahme, "ein guter Manager könne alles managen", verleitete demnach nicht selten dazu, die besonderen Branchenerfordernisse unberücksichtigt zu lassen.[62]

In der Folge entstand parallel zu den bisherigen diversifizierten Unternehmungen eine neue Form der Mehrproduktunternehmung, das Konglomerat.[63] Hierbei handelt es sich um eine Unternehmung, die durch die Akquisition[64] nicht verwandter Unternehmungen entstanden ist. CHANDLER unterscheidet zwei Typen von Konglomeraten. Auf der einen Seite lassen sich Unternehmungen in älteren Branchen nennen, deren in den angestammten Bereichen erworbene Fähigkeiten nicht ausreichten, um ihnen eine im Vergleich zu den großen diversifizierten Unternehmungen konkurrenzfähige Wachstumsbasis zu ermöglichen. Die meisten derartigen Unternehmungen verkauften im Zuge ihrer Diversifikationsbestrebungen ihre Stammbereiche, kauften stattdessen unterschiedliche, branchenfremde Geschäftsaktivitäten und wurden im Laufe dieser Entwicklung zu Konglomeraten. Der zweite Konglomerattyp entstand durch Neuentwurf, indem verschiedene, als lukrativ bewertete, Geschäftsbereiche aufgekauft wurden.[65] Einige dieser Unternehmungen waren erfolgreich, weil es ihnen gelang, das Management der neuerworbenen Unternehmungsbereiche zu verbessern. Anderen gelang es lediglich durch geschickte Bilanzmanipulation ein positives Bild ihrer Ertragssituation zu zeichnen. CHANDLER spricht von einem "inflated picture of (...) assets, revenues and earnings."[66] Wie stark die Diversifikationsbewegung der sechziger Jahre ausfiel, verdeutlichen die Ergebnisse einer Studie von RUMELT.[67] Der Autor stellte fest, daß der Anteil der nicht-diversifizierten *Fortune 500*[68] Unternehmungen zwischen 1959 und

61) Vgl. für eine Kritik an diesem sog. "professionellen Management" PETERS, WATERMAN [Suche], 53.

62) MINTZBERG nimmt an, daß das "professionelle Management" in den 70er Jahren seinen Höhepunkt hatte. Vgl. MINTZBERG [Management], 163.

63) Verschiedene Autoren bezeichneten die Diversifikationswelle der 60er Jahre dementsprechend als Konglomeratswelle. Vgl. beispielsweise ELLWOOD [Effects]; LYNCH [Performance]; PICINI [Mergers]; SCHERER [Structure].

64) Auch die zunehmende Diversifikation durch Akquisition wurde durch die Börsenentwicklung gefördert. Kuriorserweise bewertete die amerikanische Börse schnell größer werdende Unternehmungen höher als solche, welche sich nur langsam vergrößerten. Vgl. SHLEIFER, VISHNY [Takeovers], 52.

65) Vgl. CHANDLER [Functions], 35.

66) CHANDLER [Functions], 35.

67) Vgl. RUMELT [Strategy].

68) Es handelt sich hierbei um die 500 größten US-amerikanischen Unternehmungen. Vgl. MINTZBERG [Management], 165.

1969 von 22,8 Prozent auf 14,8 Prozent sank, während der Konglomeratanteil von 7,3 auf 18,7 Prozent anstieg.

Trotz der zunächst vielversprechenden Aussichten läßt sich festhalten, daß die Diversifikationswelle der 60er Jahre keineswegs das hielt, was sie zunächst zu ermöglichen schien.[69] Für die überwiegende Mehrzahl der Unternehmungen stellten sich nicht die erwarteten Erfolge ein und in der Folge trennten sich zahlreiche Unternehmungen wieder von ihren neu erworbenen Geschäftsbereichen.[70] So trat schon bald eine Desillusionierung bezüglich der Möglichkeiten der Diversifikation ein. Bereits in den 70er und 80er Jahren wird auf die in der Realität häufig auffindbaren Schwächen der Diversifizierung hingewiesen.[71] Eine Studie von MAC DONALD ergab, daß die Wahrscheinlichkeit, daß eine Unternehmung einen neuen Geschäftsbereich wieder veräußerte dann am größten war, wenn dieser Bereich bezüglich Forschung und Entwicklung oder Marketing keine Verwandtschaft zu den angestammten Bereichen aufwies.[72] In den 80er Jahren setzte dann eine weitere Übernahmewelle ein. Sie unterscheidet sich jedoch in vielfältiger Hinsicht von der Bewegung der 60er Jahre. Handelte es sich bei den Übernahmen der ersten Welle noch um eher kleine bis mittelgroße Objekte, so nahm deren Größe in den 80er Jahren enorm zu. Shleifer und Vishny geben an, daß bis 1989 mindestens 28 Prozent der *Fortune 500* Unternehmungen des Jahres 1980 aufgekauft worden sind.[73] Während es sich bei den Übernahmen der ersten Diversifikationswelle i.a.R. noch um freundschaftliche Transaktionen handelte, kam es in den 80er Jahren vermehrt zu sog. "feindlichen Übernahmen"[74].

---

69)   Vgl. für eine historische Überblicksdarstellung der verschiedenen Aquisitionstrends und -erfolge GOLBE, WHITE [Time]; und HASPESLAGH, BERG [Diversification]. GOLBE und WHITE grenzen in ihrer Analyse der US-amerikanischen Diversifikationsbewegungen des 20. Jahrhunderts vier große Diversifikationswellen ab: a) zur Jahrhundertwende, b) gegen Ende der 20er Jahre, c) in den späten 60er Jahren und d) während der 80er Jahre. Vgl. GOLBE,WHITE [Time]. Vgl. für eine Diskussion der vier großen Diversifikationswellen auch ELLWOOD [Effects].

70)   Vgl. hierzu etwa SHLEIFER, VISHNY [Takeovers], 52 und die dort angegebene Literatur. Vgl. auch HASPESLAGH, JEMISON [Akquisitionsmanagement], 365.

71)   Vgl. BRAUCHLIN, WEHRLI [Management] 123 sowie die dort angegebene Literatur zu dieser Problematik.

72)   Vgl. MACDONALD [R&D], 589. Vgl. auch WEISS [Extent]. Die Frage der "De-Diversifikation" diskutiert MARKIDES [Refocusing].

73)   Vgl. SHLEIFER, VISHNY [Takeovers], 53.

74)   Auf dieses auch als Zerschlagungs- oder Raiderproblematik bezeichnete Phänomen, welches vor allem in den USA auftritt, wird an späterer Stelle eingegangen. Vgl. hierzu statt anderer COFFEE, LOWENSTEIN, ROSE-ACKERMAN [Knights].

2. Divisionalorganisation als vorherrschende Organisationsform diversifizierter Unternehmungen

Die zunehmenden Diversifikationsbemühungen gingen i.a.r. gleichzeitig mit einer strukturellen Entwicklung der Unternehmung einher. CHANDLER beobachtete und dokumentierte diesen Sachverhalt - vermutlich als erster[75]) - in seiner Untersuchung amerikanischer Großunternehmungen.[76]) Ausgehend von den Ursprüngen der Diversifikation bei DuPont und General Motors in den 20er Jahren erkannte er vier Stufen einer Strategie-Strukturentwicklung welche i.d.R. in der sog. Divisionalorganisation[77]) mündeten.[78]) Nachfolgend wird diese in diversifizierten Unternehmungen vorherrschende Organisationsform einer genaueren Betrachtung unterzogen.

Aufgrund der aus der Diversifikation resultierenden Heterogenität der verschiedenen Unternehmungsaufgaben, steigt in Funktional- bzw. verrichtungsorientierten Organisationsstrukturen[79]) der Koordinationsaufwand. Die Unternehmungsleitung wird stärker mit Konflikten belastet, für deren Lösung ihr häufig sowohl die Zeit als auch die nötigen Informationen fehlen.[80]) Um diesen Koordinationsproblemen zu begegnen tendieren diversifizierte Unternehmungen zu einer divisionalisierten Organisationsstruktur.[81])

Bei der Divisionalorganisation handelt es sich um eine Organisationsstruktur, die aus mehreren teilautonomen Einheiten bzw. Divisionen[82]) besteht, welche durch eine zen-

---

75)   Der Untersuchung von CHANDLER folgten zahlreiche Studien anderer Autoren, welche die Ergebnisse CHANDLERs bestätigt bzw. weiter differenziert haben. Vgl. hierzu MINTZBERG [Context], 577ff.

76)   Vgl. CHANDLER [Strategy].

77)   Vgl. für eine Diskussion dieser Organisationsform beispielsweise ARMOUR, TEECE [Structure]; BETTIS, CHEN [Structure]; BÜHNER, MÖLLER [Information]; EZZAMEL, HILTON [Divisionalization]; HARRIS [Organization]; HILL [Organization]; HOSKISSON [Growth]; HOSKISSON, GALBRAITH [Effect]; RUMELT [Strategy]; STEER, CABLE [Organization]; TEECE [Organization]; THOMPSON [Organization].

78)   Vgl. auch ABELL [Business], 3. Vgl. zu den verschiedenen Entwicklungsstufen die Ausführungen bei CHANDLER [Strategy], 383ff.; MAYER [Divisionalisierung]; MINTZBERG [Management], 171ff.; SALTER [Stages]; SCOTT [Stages].

79)   Vgl. zur Funktional- bzw. verrichtungsorientierten Organisation etwa SCHIERENBECK [Grundzüge], 91f.

80)   Vgl. BÜHNER [Strategie], 413; CHANDLER [Functions], 33; HOSKISSON [Structure], 626; MINTZBERG [Management], 167.

81)   WILLIAMSON begründet die Überlegenheit der Divisionalorganisation für große Multiproduktunternehmen. Vgl. hierzu WILLIAMSON [Markets].

82)   In der Literatur sind auch die Begriffe "Sparte" oder "Geschäftsbereich" gebräuchlich. Vgl. etwa BÜHNER [Divisionalisierung], 1205; HARTMANN [Divisionsorganisation], 97.

trale Verwaltung - die Zentrale - locker miteinander verbunden sind.[83]) Jede Division ist nach Produkten oder Produktgruppen gegliedert[84]) und innerhalb der Divisionen herrscht zumeist eine funktionale Gliederung vor. Den verschiedenen Geschäftsbereichen steht ein Divisionsleiter oder -manager vor, welcher für den Erfolg der Division verantwortlich ist. Abgesehen von dieser Erfolgskontrolle sind die verschiedenen Geschäftsbereiche weitgehend unabhängig von einer direkten Kontrolle seitens der Zentrale. Daneben können sie ihre Aktivitäten relativ losgelöst von den anderen Geschäftsbereichen durchführen. Jede Division kann dementsprechend als annähernd selbständige Unternehmung handeln.

Durch die besondere Rolle der Zentrale grenzt sich die Divisionalorganisation dennoch von einer Ansammlung unabhängiger Unternehmungen ab.[85])

So legt die Zentrale beispielsweise die Gesamtunternehmungsstrategie[86]) fest, d. h. sie bestimmt die Bereiche, in welchen sie tätig werden will, weitet ihr Leistungsspektrum aus bzw. verkleinert es und kauft oder verkauft Divisionen. Daneben entscheidet die Zentrale über die Verwendung finanzieller Mittel, indem sie etwa die hohen Gewinne einiger Divisionen dazu benutzt, andere Geschäftsbereiche zu subventionieren.

Weiterhin kommt der Zentrale die Aufgabe zu, Maßstäbe für die angestrebte Leistung festzusetzen. Es handelt sich hierbei i.d.R. um quantitative Größen wie Vorgaben bezüglich einer angestrebten Umsatz- oder Rentabilitätsentwicklung. Am Ende einer Geschäftsperiode erfolgt dann die Erfolgskontrolle jeder Division anhand eines Vergleiches der Soll-Vorgaben mit den Ist-Ergebnissen. Insofern beschränkt sich die Koordination zwischen der Zentrale und den Divisionen überwiegend auf die Festsetzung und Kontrolle von - zumeist finanzwirtschaftlichen - Leistungsstandards.[87]) Jede Division erhält eigene Leistungsvorgaben und die Erfolgskontrolle erfolgt anhand der Betrachtung der Leistungen jedes einzelnen Geschäftsbereiches. Es besteht folglich häufig kei-

---

83)   Vgl. MINTZBERG [Management], DERS. [Structuring].

84)   Daneben ist auch eine Gliederung nach den Märkten bzw. Kundengruppen oder Regionen denkbar. In der Literatur wird die Divisionalorganisaton jedoch i.d.R. mit der Produkt-Gliederung verbunden. Vgl. hierzu BÜHNER [Spartenorganisation], 2276.

85)   Vgl. zu den Aufgaben der Zentrale auch CLARK [Hook-up], 27.

86)   Die Gesamtunternehmensstrategie wird auch als "Corporate Strategy" oder Konzernstrategie bezeichnet und betrifft die Ebene des Gesamtunternehmens. Sie grenzt sich von den Geschäftsbereichs- oder Wettbewerbsstrategien ab, welche sich auf die Divisionsebene beziehen. Vgl. zu dieser Unterscheidung PORTER [Diversifikation], 62. Vgl. auch die Unterscheidung verschiedener Strategieebenen bei ANSOFF [Shape].

87)   Vgl. MINTZBERG [Management], 166.

ne Beurteilung des relativen Leistungsbeitrages eines übergeordneten Leistungssystems.[88]

Die Zentrale übt einerseits eine Leistungskontrolle aus, muß jedoch andererseits die relative Autonomie ihrer Divisionen akzeptieren. So bewirkt diese verhältnismäßig dezentrale Struktur zwar eine Delegation von Macht und Autorität an die Divisionsmanager. Dieser Aspekt wird jedoch dadurch relativiert, daß die Leiter der Divisionen sowohl von der Zentrale bestimmt als auch ggf. durch sie ausgetauscht werden. "Die Macht einer Zentrale, die jede Divison direkt leitet, wird dann am sichtbarsten, wenn die Leistung einer Division ausbleibt (...) und die Führungskraft ausgetauscht wird."[89]

Die Zentrale hat verschiedene Möglichkeiten der Beeinflussung ihrer Divisionsmanager. Letztere werden i.d.R. im Stammhaus ausgebildet. Hierdurch soll gewährleistet werden, daß die Geschäftsbereichsleiter nicht ausschließlich die Ziele der Division verfolgen, sondern vielmehr die übergeordneten Interessen der Gesamtorganisation kennen und berücksichtigen. Durch die fortlaufende Teilnahme der Divisionsmanager an Sitzungen in der Zentrale kann diese Wirkung noch verstärkt werden. Darüber hinaus hat die Zentrale die Möglichkeit, durch eine Rotation von Divisionsmanagern zwischen verschiedenen Geschäftsbereichen deren Verständnis für die Belange der Gesamtunternehmung zu verbessern.[90]

Schließlich stellt die Zentrale in verschiedenen Bereichen Expertenwissen - meist durch die Bildung von Stabstellen - für die Divisionen zur Verfügung. Neben Experten einer zentralen Finanzabteilung und Rechts- und Steuerberatern unterhält die Zentrale i.d.R. eine Abteilung Öffentlichkeitsarbeit bzw. Public Relations, die für die gesamte Organisation tätig wird.[91]

---

88)   Vgl. CHANDLER [Functions], 38.
89)   MINTZBERG [Management], 167.
90)   Vgl. MINTZBERG [Context], 579.
91)   Vgl. MINTZBERG [Management], 166.

III. Motive und Erklärungsansätze der Diversifikation

Nachfolgend sollen die einer Diversifikationsstrategie zugrundeliegenden Motive bzw. Nutzenerwartungen einer differenzierteren Analyse unterzogen werden. Es wird vermutet, daß das Scheitern zahlreicher Unternehmungen nicht zuletzt durch überzogene Erfolgserwartungen an eine Diversifikationsstrategie erklärt werden kann. Werden von einer derartigen Strategie etwa unrealistische Nutzenpotentiale erwartet, so sind Diversifikationsirrtümer vorprogrammiert.

1. Diversifikationsmotive

Für eine Diversifikationsstrategie lassen sich vielfältige Motive ausmachen und der ihr zugeschriebene Nutzen ist mannigfaltig. In den meisten Fällen werden die tatsächlichen Beweggründe, die zu einer Diversifikationsstrategie führen jedoch nicht wirklich erkennbar, weil sie von der individuellen Politik der diversifizierenden Unternehmung abhängen.[92] Zudem handelt es sich bei den artikulierten Motiven oft um reine Lippenbekenntnisse oder ex post Rechtfertigungen von Diversifikationsmaßnahmen, die aus vollkommen anderen Gründen ergriffen wurden.[93] Solche Bekenntnisse hängen nicht selten auch davon ab, ob die geäußerten Motive oder die Maßnahmen als solche zum Zeitpunkt der Äußerungen "in Mode" sind. "Examples of claims for diversification where arguably none exists are numerous. When fashions change an equal number of claims can be unearthed for companies decrying all association with diversification".[94]

Zahlreiche Autoren haben die Frage nach den Motiven bzw. dem Nutzen von Diversifikationsmaßnahmen untersucht. Ihre Arbeiten enthalten zumeist eine Auflistung verschiedener Motive oder Nutzengrößen, wobei jeder Autor frühere Aufzählungen entweder ergänzt oder beschnitten hat und die verschiedenen Aspekte jeweils unterschiedlich akzentuiert.[95] Nachfolgend sollen die verschiedenen Darstellungen nicht umfassend

---

92) Vgl. REED, LUFFMAN [Diversification], 35. Vgl. auch KUNZ [Diversifikationsstrategien], 293; TRAUTWEIN [Merger], 283.

93) Vgl. hierzu auch PORTER [Diversifikation], 71.

94) REED, LUFFMAN [Diversification], 30.

95) Vgl. REED, LUFFMAN [Diversification], 33.

wiedergegeben werden. Es werden lediglich die gängigsten der in der Literatur angegebenen Motive bzw. Nutzengrößen genannt.[96])

So wird häufig zwischen *leistungswirtschaftlichen Motiven* wie

- Wachstum,
- bessere Ressourcennutzung,
- Ausnutzung von Synergiepotentialen und
- bessere Befriedigung der Kundenbedürfnisse

und *finanzwirtschaftlichen Motiven* wie

- Erhöhung der Rendite
- Risikostreuung,
- Reduktion von Gewinnschwankungen oder
- einer besseren Ausnutzung von Finanz-Markt-Mechanismen[97])

unterschieden.

Derartige Auflistungen von Motiven oder Nutzen der Diversifikation erfüllen durchaus
ihren Zweck als Klassifikationsschemata, in die sämtliche denkbaren Diversifikationsfälle eingeordnet werden können. Sie bergen andererseits allerdings die Gefahr einer
starken Vereinfachung der tatsächlichen Entscheidungssituation diversifizierender Unternehmungen und stellen sich als unbrauchbar heraus, wenn es darum geht, Entwicklungsprozesse zu untersuchen. So wird nicht selten der Anschein erweckt, als seien die
Diversifikation eine Art Allheilmittel und die angestrebten Nutzen die automatische
Folge einer Diversifikationsstrategie. Nicht zuletzt hieraus erklärt sich das häufige
Scheitern von Diversifikationsstrategien sowie die relative Ernüchterung bezüglich der
Diversifikation bei einer Vielzahl von Unternehmungen. So mußte ein Großteil der diversifizierten Unternehmungen erfahren, daß eine solche Strategie keineswegs ein Ga-
rant für die vielfältigen angestrebten Resultate und Nutzenpotentiale ist. Der Begriff
"Potential" weist bereits darauf hin, daß es sich lediglich um einen potentiellen, d. h.
"möglichen" Nutzen handelt.[98]) Eine Akquisition kann etwa äußerst enttäuschend verlaufen, wenn im Vorfeld eine ausschließliche Beurteilung finanzieller Aspekte vorge-

---

96) Vgl. hierzu etwa BÜHNER [Strategie], 257ff, 273f, 291ff, 332ff.

97) Vgl. BRAUCHLIN, WEHRLI [Management], 125.

98) Vgl. zur Problematik einer Verwechslung von Diversifikationspotential und Diversifikationsnutzen auch die Ausführungen von GERINGER, BEAMISH, DACOSTA [Diversification], 118.

nommen wurde. So gelangt MAHLER zu der Erkenntnis: "... you can't infer the quality or depth of management and technical talent by looking at financials."[99])

Vor dem Hintergrund dieser Problematik warnen REED und LUFFMAN vor der eindimensionalen Auflistung vielfältiger Nutzenpotentiale und propagieren ihrerseits eine differenziertere Beurteilung von Motiven und Nutzen der Diversifikation.[100]) Die Autoren verdeutlichen die Problematik einer solchen eindimensionalen Betrachtungsweise, indem sie die verschiedenen Motive und Nutzen einer Diversifikationsstrategie als ein komplexes Netzwerk interdependenter Aspekte darstellen, in dessen Mittelpunkt die spezifischen Bedürfnisse der jeweiligen Unternehmung stehen. "Most problems are specific and therefore relevant only to individual companies with their own individual expectations and requirements which logically, require individual solutions."[101]) Hierzu verbinden sie die in der Literatur am häufigsten genannten Nutzen der Diversifikation mit denkbaren Gründen für die Verfolgung dieser Strategie (vgl. nachfolgende Abbildung)[102]). Auf diese Weise wollen sie die tatsächliche Komplexität der Diversifikationsstrategie aufzeigen und dem Mythos eines "Allheilmittels" entgegenwirken.

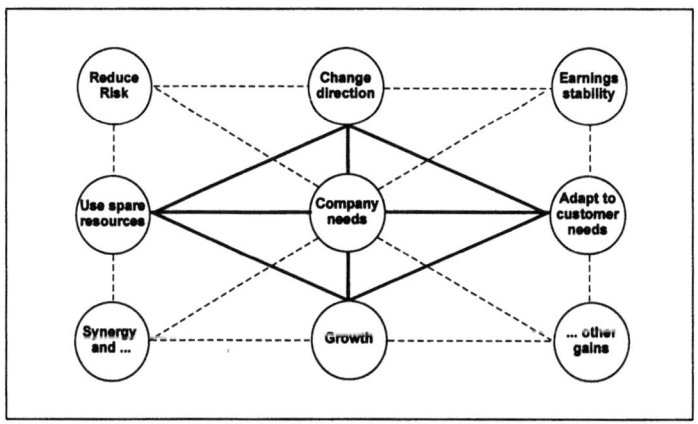

Abbildung 4: Unternehmungsbedürfnisse und Diversifikationsnutzen

---

99)   MAHLER [Company], 142.
100)   Vgl. REED, LUFFMAN [Diversification], 33.
101)   REED, LUFFMAN [Diversification],35.
102)   REED, LUFFMAN [Diversification],33.

Da Entscheidungen bezüglich strategischer Ziele nur vor dem Hintergrund einer Betrachtung der aktuellen Begrenzungen und zukünftigen Bedürfnisse einer Unternehmung getroffen werden können, empfehlen sie den Entscheidungsträgern konkreter Unternehmungen, sich nicht von pauschalisierenden Beurteilungen leiten zu lassen. Anstatt die vielfach propagierten Nutzen der Diversifikation zum Anlaß vorschneller Entscheidungen zu nehmen, sollte vielmehr eine kritische Prüfung erfolgen, unter welchen Bedingungen die denkbaren Nutzenpotentiale für die eigene Unternehmung von Bedeutung sein können.[103] Beinhalten die strategischen Ziele einer Unternehmung etwa Aspekte wie Überleben, Wachstum, Ressourcenverwendung oder Anpassung an Kundenbedürfnisse, so könnte die Diversifikation eine denkbare Strategie darstellen. Untenstehende Abbildung verdeutlicht, daß eine Unternehmung in der Regel nicht ein einzelnes strategisches Ziel verfolgt, sondern in den meisten Fällen mehrere Ziele anstrebt, wobei durchaus Überschneidungen zwischen verschiedenen Ausrichtungen bestehen können. Selbst wenn die Ziele auf den ersten Blick durchaus kompatibel sind, muß das noch nicht heißen, daß die Diversifikationsstrategie in jedem Fall angeraten ist. Werden beispielsweise die Ziele Wachstum und Nutzung ungenutzter Ressourcen betrachtet, so sind diese grundsätzlich kompatibel. Wird unter dem Oberziel Wachstum die Reinvestition finanzieller Mittel angestrebt und bezieht sich die Ressourcennutzung auf die Verwendung freier Kapazitäten, so bildet die Diversifikation keineswegs eine zwangsläufige und sinnvolle strategische Alternative.[104]

---

103)   Vgl. REED, LUFFMAN [Diversification], 35.

104)   REED, LUFFMAN [Diversification], 33f. Die Abbildung wurde Seite 34 entnommen.

- 37 -

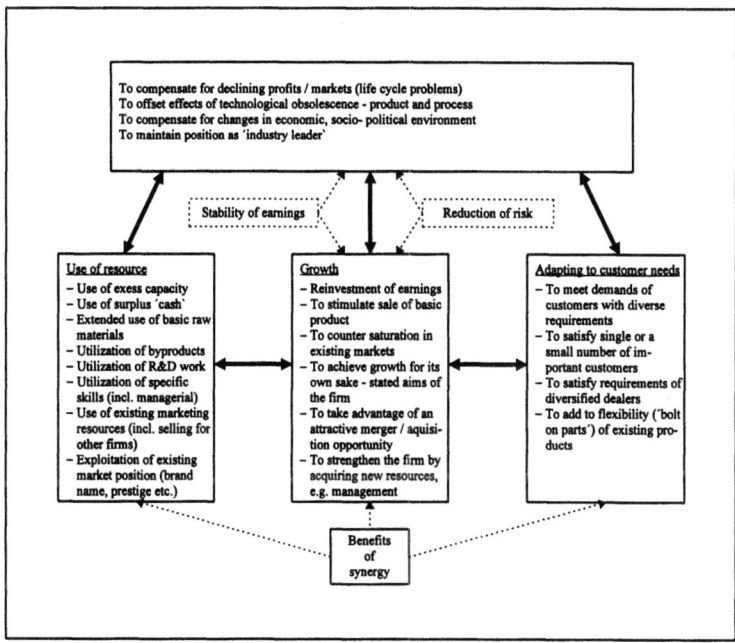

Abbildung 5: Voraussetzung und Nutzen der Diversifikation

Durch ihre differenzierte Darstellung der tatsächlichen Entscheidungssituation konkreter diversifizierter Unternehmungen bieten REED und LUFFMAN ihrerseits keine einfach anwendbare, alternative Pauschallösung an. Das Hauptanliegen ihres Ansatzes besteht vielmehr darin, der tatsächlichen Komplexität einer potentiellen Diversifikationsentscheidung gerecht zu werden, um auf diese Weise voreiligen Diversifikationsentscheidungen vorzubeugen. "In emphasizing an approach via fundamental precepts we are not offering simplicity as an answer. Quite the reverse; we are advocating greater mental effort towards reaching a better decision on diversification."[105]) Auf diese Weise gelingt es REED und LUFFMAN gleichzeitig, die begrenzte Aussagefähigkeit eindimensionaler Nutzen- bzw. Motivauflistungen zu verdeutlichen.

---

105)   REED, LUFFMAN [Diversification], 33.

- 38 -

2. Theorien zur Erklärung von Diversifikationsstrategien

Die im Zusammenhang mit der Diversifikation entstehenden Mißverständnisse werden nicht zuletzt auch dadurch begünstigt, daß neben diesen einfachen Motivauflistungen eine Vielzahl unterschiedlicher theoretischer Erklärungsversuche hinsichtlich der Motive von Diversifikationsstrategien existiert. Zwar ist die Frage nach den Motiven oder Gründen der Diversifikation im Vergleich zu der Untersuchung der Resultate von Diversifizierungsstrategien in wesentlich geringerem Maße Gegenstand theoretischer Untersuchungen. Dennoch lassen sich auch bezüglich der Motive inzwischen eine ganze Reihe, allerdings heterogener Beiträge ausmachen. So hat TRAUTWEIN verschiedene theoretische Ansätze ermittelt, durch welche die Beweggründe für eine Unternehmensübernahme erklärt werden sollen. In der nachfolgenden Abbildung werden die Theorien und die ihnen zugrundeliegenden Perspektiven übersichtsartig dargestellt.[106]

Nachfolgend werden die Theorien kurz skizziert. Ausgeklammert wird die *Zerschlagungs- oder Raidertheorie*[107], die auch als Theorie "feindlicher Übernahmen" bezeichnet wird. Sie erklärt die Übernahme von Unternehmungen mit der Absicht, diese zu "zerschlagen" und die Unternehmensteile im Anschluß gewinnbringend zu veräußern bzw. zu nutzen. Die Raidertheorie unterstellt, "die Teile seien mehr als das Ganze."[108] Es wird dementsprechend davon ausgegangen, daß die addierten Ertragswerte einzelner Unternehmungsteile in breit diversifizierten Unternehmungen höher sind als der Ertragswert der Gesamtunternehmung. Begründet wird diese Annahme hauptsächlich mit der mangelnden Fähigkeit, "die Verschiedenartigkeit der Unternehmensteile in Synergie umzusetzen."[109] Gemäß dieser Theorie ist die Diversifikationsstrategie somit keine geeignete Unternehmensstrategie. PORTER konstatiert, daß Übernahmehaie von verfehlten Konzernstrategien profitieren.[110] Andererseits ist die als lukrativ beurteilte feindliche Übernahme keineswegs ein Garant für ein profitables Geschäft.[111] Zwar

---

106) Vgl. TRAUTWEIN [Merger].
107) Vgl. etwa HOLDERNESS, SHEEHAN [Raiders]; Die Raiderproblematik ist in jüngster Zeit insbesondere in den USA beobachtbar und hat zunehmendes Interesse in der Wirtschaftspresse gefunden. Vgl. hierzu BHADGAT, SHLEIFER, VISHNY [Takeovers]. „Mit Hilfe von sogenannten innovativen Finanzierungsinstrumenten wie Junk Bonds (hochverzinsliche Schuldtitel schlechter Bonität) können Börsenpiraten jedes Unternehmen, gleich wie groß oder solide, mit einer feindseligen Übernahme bedrohen." PORTER [Diversifikation], 62f.
108) ARBEITSKREIS HAX [Synergie], 968.
109) ARBEITSKREIS HAX [Synergie], 968.
110) PORTER [Diversifikation], 62.
111) Vgl. JENSEN [Takeovers]. Vgl. auch TRAUTWEIN [Merger], 289f.

gelingt es den Raidern in Einzelfällen an der Übernahme zu verdienen. Die empirische Evidenz bestätigt die Annahmen der Theorie andererseits keineswegs.[112]) So ergab eine Studie von HOLDERNESS und SHEEHAN, in welcher sie von besonders berühmten "Raidern" durchgeführte Übernahmen analysierten, daß die Aktionäre der übernommenen Unternehmung in allen Fällen von der Übernahme profitierten.[113])

Im Gegensatz zur Raidertheorie stehen die nachfolgend vorgestellten, theoretischen Ansätze. Die Mehrzahl der Erklärungsansätze nimmt eine präskriptive Entscheidungsperspektive ein. Demnach ist eine Diversifikationsstrategie das Ergebnis rationaler Planung und Entscheidung in Unternehmungen zur Erzielung des erwarteten Nutzens einer derartigen Strategie. Es lassen sich

- Effizienztheorie,

- Monopoltheorie,

- Bewertungstheorie und

- Management bzw. Empirebuildingtheorie

unterscheiden.

---

112)   Vgl. TRAUTWEIN [Merger], 290.
113)   Vgl. HOLDERNESS, SHEEHAN [Raiders]. Die Autoren bestätigen damit grundsätzlich die Ergebnisse anderer Untersuchungen. Vgl. statt anderer JENSEN [Takeovers].

Diversifikation als rationale Entscheidung	Diversifikation nutzt den Anteilseignern	Gewinne durch Synergieeffekte	Effizienztheorie
		Transfer durch Kunden	Monopoltheorie
		Transfer v. Zahlungen der Anteilseigner einer übernommenen Unt.	Raider-Theorie
		Gewinne durch Insider-Informationen	Bewertungstheorie
	Diversifikation nutzt den Managern		Management-Theorie
Diversifikation als Prozessergebnis			Prozeßtheorie
Diversifikation als makroökonomisches Phänomen			Makroökon. Theorie

Abbildung 6: Theorien über Diversifikationsmotive

a) Die Effizienztheorie

Die *Effizienztheorie*, welche die Diversifikation als Strategie zur Erzielung vielfältiger Synergieeffekte[114]) erklärt, ist besonders verbreitet. Dabei werden verschiedene Arten von Synergiepotentialen unterschieden.[115]) So soll eine Diversifikation etwa dazu beitragen, die potentiellen Kapitalkosten zu mindern. Derartige finanzielle Synergieeffekte werden z. B. durch Risikostreuungseffekte, verbilligtes Kapital aufgrund zunehmender Unternehmungsgröße oder die Einrichtung eines internen Kapitalmarktes erklärt. KUNZ verweist in diesem Zusammenhang auch auf steuerliche Vorteile, welche sich durch eine aus einem Unternehmungszusammenschluß resultierende erhöhte Verschuldungs-

---

114)   Vgl. für eine eingehende Begriffsdiskussion und systematisierende Übersicht synonym verwendeter Begriffe EHRENSBERGER [Unternehmensintegration], 13 ff. Vgl. daneben MÜLLER-STEWENS, SPICKERS [Akquisitionsmanagement], 209.

115)   Vgl. für eine Diskussion verschiedener Synergiequellen AMIT, LIVNAT [Diversification], 100 f. sowie die von ihnen angegebene Literatur.

kapazität ergeben könnten.[116]) Daneben propagiert die Effizienztheorie vielfältige sog. operationale Synergieeffekte. Operationale Synergieeffekte können durch die Zusammenarbeit bisher autonomer Einheiten, etwa im Sinne des Betreibens eines gemeinsamen Fuhrparks oder der Nutzung eines einheitlichen Distributionsnetzes entstehen. Darüber hinaus lassen sich operationale Effekte auch durch einen Wissenstransfer zwischen verschiedenen Geschäftsbereichen[117]) erzielen. Es kann sich dabei sowohl um quantitative als auch um qualitative Vorteile handeln, wobei potentielle Nutzen immer gegen die, z. B. durch den erhöhten Koordinationsaufwand o. ä., entstehenden Kosten abgewägt werden müssen.[118])

Neben den vorgenannten Synergiequellen lassen sich unter Umständen noch potentielle Synergieeffekte durch besondere Managementfähigkeiten erzielen, wenn es Managern aufgrund ihrer Erfahrung gelingt, die Leistungen eines neu erworbenen Unternehmungsbereiches bzw. der Gesamtunternehmung zu steigern. So stellen etwa Motivationseffekte häufig genannte Managementsynergieeffekte dar[119]).

In der allgemeinen Diversifikationsdiskussion bilden die Begriffe Diversifikation und Synergie in der Regel eine untrennbare Einheit. Ihren Ursprung hat diese Gleichsetzung wohl in den Arbeiten von ANSOFF, der als Inhalt des Synergiebegriffs die Beschäftigung "mit den wünschenswerten Beziehungen zwischen dem Unternehmen und neuen Absatzmarkt-Entscheidungen" sieht.[120])

Vielfältige Mißverständnisse und Ernüchterungen sind jedoch nicht zuletzt auf den unpräzisen und verwirrenden Gebrauch der Begriffe Synergiepotential und Synergieeffekt zurückzuführen. Während der Begriff Synergiepotential lediglich die potentielle Möglichkeit einer Realisierung von Verbundeffekten umschreibt,[121]) handelt es sich bei einem Synergieeffekt um tatsächliche Resultate eines Verbundes. Derartige Effekte

---

116)   Vgl. KUNZ [Diversifikationsstrategien], 294.

117)   Vgl. PORTER [Competitive advantage].

118)   Vgl. für eine umfassende Diskussion der verschiedenen im Zusammenhang mit der Synergieproblematik zu beachtenden Kostenfaktoren statt anderer EHRENSBERGER [Unternehmensintegration], 29ff. Vgl. auch ARBEITSKREIS HAX [Synergie], 970.

119)   Vgl. JENSEN, MURPHY [Performance]

120)   ANSOFF [Management-Strategie], 97. ANSOFF beschreibt Synergie auch als sog. 2 + 2 = 5-Effekt: "a product-market posture with a combined performance that is greater than the sum of its parts." ANSOFF [Corporate Strategy], 75.

121)   Vgl. etwa BÜHNER [Strategie], 34. Vgl. hierzu auch BEST, SEGER [Synergy].

- 42 -

können jedoch sowohl positiv als auch negativ ausfallen.[122]) Sie sind positiv, wenn die
Gesamtrentabilität einer aus zwei Unternehmungen verbundenen Gesamtunternehmung
höher ist als die kombinierten Einzelrentabilitäten der Unternehmungen.[123]) Nicht jede
Diversifikationsstrategie führt automatisch zu positiven Synergieeffekten im oben beschriebenen Sinne. Eine gegenteilige Annahme beruht auf einer vom Ziel-Mittel-
Denken beherrschten Sichtweise. Demnach sind bestimmte Synergieeffekte die angestrebten Ziele und die verfolgten Diversifikationsstrategien werden als Mittel zur Erreichung dieser Ziele eingesetzt.[124])

Die Erzielung finanzieller Synergieeffekte durch Risikostreuung oder die Einrichtung
eines internen Kapitalmarktes ist in der Literatur umstritten.[125]) Es wird zu Recht häufig auf die Möglichkeit der Anteilseigner hingewiesen, ihr Risiko aus eigener Kraft zu
streuen, indem sie ihr Wertpapierportfolio selber diversifizieren. Auf diese Weise kann
eine Risikostreuung unter Umständen sogar kostengünstiger sein, da ein Aktienkauf
zum Marktpreis erfolgen kann und die bei einer Akquisitionsstrategie anfallenden Zah-
lungsaufschläge für private Anleger entfallen. PORTER hält eine Diversifikation aus
Risikoerwägungen nur für eine Familienunternehmung sinnvoll, bei der Unterneh-
mungs- und Gesellschafterrisiko identisch sind.[126]) Der Einfluß von Steuervorteilen als
Motiv für Diversifikationen[127]) wird in der Literatur ebenfalls äußerst kontrovers diskutiert. Eine von AUERBACH und REISHUS durchgeführte Studie von über 300 zwischen 1968 und 1983 durchgeführten Fusionen und Übernahmen ergab, daß derartige
Vorteile die Entscheidungen in 20% der Fälle beeinflußten.[128]) Demgegenüber sehen
JARRELL, BRICKLEY und NETTER in den letzten 20 Jahren keine signifikante Evi-

122) Vgl. z. B. ANSOFF [Management-Strategie], 102; BÖCKEL [Diversifikation], 173; EH-
RENSBERGER [Unternehmensintegration], 5; 89ff.; HÜNERBERG [Synergie], 917; KLEMM
[Nutzung], 52; WELGE [Synergie], Sp. 3801.

123) Vgl. ANSOFF [Corporate Strategy]; Vgl. auch CARTER [Synergy]. Synergieeffekte können sich
jedoch auch auf kleinere organisatorische Einheiten beziehen. So bezieht EHRENSBERGER etwa
das Zusammenwirken einzelner Abteilungen in seine Betrachtung ein. Er weitet insofern den
Betrachtungshorizont im Vergleich zu anderen Autoren, welche ihre Ausführungen auf strategisch eigenständige unternehmerische Entscheidungseinheiten begrenzen, aus. Vgl.
EHRENSBERGER [Unternehmensintegration], 21; 24 und die dort angegebene Literatur.

124) Vgl. hierzu auch EHRENSBERGER [Unternehmensintegration], 5.

125) Vgl. statt anderer RUMELT [Performance]; MONTGOMERY, SINGH [Diversification]. Vgl. für
eine kritische Diskussion "finanzieller Synergie" auch EHRENSBERGER
[Unternehmensintegration], 78ff. sowie die dort angegebene umfangreiche Literaturauswahl.

126) Vgl. hierzu etwa SALTER, WEINHOLD [Diversification]. Vgl. auch PORTER [Diversifikation],
65, 67.

127) Vgl. für eine Diskussion der vielfältigen Möglichkeiten einer Beeinflussung von Diversifikationsentscheidungen durch verschiedene steuerpolitische Alternativen GILSON, SCHOLES,
WOLFSON [Taxation].

128) Vgl. AUERBACH, REISHUS [Taxes].

denz für eine Beeinflussung der Übernahmeaktivitäten durch Steuervorteile.[129]) Insgesamt kann die Bedeutung derartiger steuerbedingter Finanzeffekte als eher gering bezeichnet werden. "Wealth transfers through tax savings are prominent in many mergers but cannot explain more than a fraction of the premium usually paid."[130]) Im Vergleich mit den anderen Varianten erscheinen finanzielle Synergieeffekte durch Größenvorteile wahrscheinlicher.[131]) Dennoch läßt sich festhalten, daß eine Beschränkung auf die Erzielung finanzieller Synergieeffekte in strategischer Hinsicht keineswegs eine tragfähige Grundlage zur Steigerung des Erfolges diversifizierter Unternehmungen darstellen kann.[132])

Besonders problematisch erscheint die Realisierung operativer Verbundvorteile bzw. von Managementeffekten. Diese Aussage wird durch eine Studie von KITCHING über amerikanische Zusammenschlüsse bestätigt. Er berichtet, daß viele amerikanische Führungskräfte vor dem Hintergrund ihrer Erfahrungen davon überzeugt sind, daß die Möglichkeiten operativer Verbundvorteile zwar wesentlich größer sind, daß deren Realisierung jedoch weitaus schwieriger, wenn nicht unmöglich ist. So zitiert der Autor etwa einen von einem Unternehmungszusammenschluß betroffenen Manager mit den Worten: "Don't think it's hard to release synergy; it's not. It's damn near impossible"[133]) Obwohl eine derartige Einschätzung sicher sehr extrem ist, kamen auch zahlreiche weitere Studien zu dem Ergebnis, daß zwischen Theorie und empirischen Befunden allzu häufig eine große Lücke besteht.[134]) Gleichwohl werden Synergieargumente in der Praxis sehr gerne als Begründung oder Rechtfertigung von Diversifikationsmaßnahmen angeführt. SANDLER weist etwa darauf hin, daß häufig auch dann von Synergie gesprochen wird, wenn sich für ein bestimmtes Phänomen keine andere, überzeugende Erklärung finden läßt. "Hat sich beispielsweise das Management einer Unternehmung auf den Kauf einer anderen Unternehmung versteift und liegt der Kaufpreis höher als der objektiv nachvollziehbare Wert, so wird oft lapidar argumentiert, dass die Differenz durch Synergie kompensiert werden kann."[135])

---

129)   Vgl. JARRELL, BRICKLEY, NETTER [Market].

130)   TRAUTWEIN [Merger], 284. Vgl. hierzu auch KAPLAN [Management].

131)   Vgl. SCHERER ET AL. [Economics].

132)   Vgl. hierzu statt anderer BEA [Diversifikation], 2523; BÜHNER, SPINDLER
          [Synergieerwartungen]; DAVIDSON [Megamergers]; DERS. [Impact]; LEONTIADES [Rewards];
          MÖLLER [Erfolg]; PORTER [Competitive advantage].

133)   KITCHING [Mergers], 94. Vgl. EBENDA, 84.

134)   Vgl. etwa KITCHING [Mergers]; PORTER [Diversifikation]. SCHERER [Market], 136ff. und die
          von ihm systematisierte Literatur.

135)   SANDLER [Synergie], 16.

Zusammenfassend läßt sich somit festhalten, daß die Evidenz für die Effizienztheorie nicht besonders stark ist. So haben verschiedene empirische Studien gezeigt, daß die Annahmen der Theorie eher in Börsennotierungen als in dem tatsächlichen Erfolg konkreter Unternehmungen reflektiert werden.[136] Nichtsdestotrotz dominieren i.d.R. Effizienzargumente in bezug auf konkrete Strategieempfehlungen. Hierin ist nicht zuletzt auch eine Quelle potentieller Diversifikationsirrtümer zu sehen. "Strategy authors have discussed mergers with respect to the choice of acquisition mode, entry mode, and integration mode. The prescriptons on all three topics are dominated by the efficiency theory of mergers. For this reason they are dangerous guides for participants in merger processes."[137]

b)   Die Monopoltheorie

In dem Erreichen von Marktmacht sehen die Vertreter der *Monopoltheorie*[138] das Hauptmotiv der Diversifikation. Marktmacht kann gemäß dieser Theorie nicht nur durch horizontale Akquisitionsentscheidungen erlangt werden; vielmehr biete auch eine konglomerate Akquisitionsstrategie verschiedene derartige Möglichkeiten:

So kann eine Unternehmung etwa die vorteilhafte Position in einem Markt dazu nutzen, den Kampf um Marktanteile in einem anderen Markt zu gewinnen. Gleichzeitig könnte es das Anliegen sein, eine simultane Wettbewerbsbegrenzung in mehreren Märkten zu erzielen, z. B. durch stillschweigende Absprachen mit Konkurrenten, welche in mehreren der eigenen Märkte auftreten.[139] Eine weitere Möglichkeit der Erzielung von Marktmacht ist in einer Strategie der Abschreckung zu sehen, welche verhindern soll, daß ein potentieller, neuer Konkurrent in den Markt eintritt.

In der Literatur wurden solche Vorteile des Ausnutzens von Marktmacht auch als kollusive Synergien[140] bzw. "competitor-interrelationship"[141] bezeichnet. Sie unterscheiden sich insofern von den im Rahmen der Effizienztheorie diskutierten Synergiepo-

---

136)   Vgl. TRAUTWEIN [Merger], S. 285.
137)   TRAUTWEIN [Merger], S. 283.
138)   Vgl. für eine kritische Diskussion der Theorie JENSEN [Takeovers].
139)   Die Theorie der "mutual forbearance" geht auf Edwards zurück. Vgl. EDWARDS [Bigness].
140)   Vgl. CHATTERJEE [Types].
141)   Vgl. PORTER [Advantage].

tentialen, als es sich nicht um Effizienzvorteile handelt, sondern um Zahlungen seitens der Abnehmer der Unternehmung.[142]) Aufgrund der vorherrschenden Gesetzeslage ist es dabei nicht verwunderlich, daß das Marktmacht-Motiv niemals explizit geäußert wird. "Even mergers that are widely perceived to follow this aim, like the merger wave around the turn of the century can be 'sold' on efficiency grounds or by arguing that the relevant market is broader."[143])

JENSEN weist die Monopoltheorie aufgrund der Ergebnisse seiner zusammenfassenden Untersuchung verschiedener empirischer Studien zurück. Er argumentiert, daß unter Annahme der Monopoltheorie die Aktienkurse für den Fall einer Übernahmeankündigung ansteigen bzw. bei Annullierung der Übernahme fallen müßten. In den von ihm gesichteten empirischen Studien wurden jedoch die Auswirkungen von Übernahmeankündigungen, Übernahmeannullierungen u.ä. auf die Aktienkursentwicklung untersucht mit dem überwiegenden Ergebnis, daß die Aktienkurse im Falle einer Annullierung oder Ablehnung der Übernahme nicht fielen.[144])

Wenig Evidenz für die Monopoltheorie liefert darüber hinaus auch die Studie von SCOTT. In seiner Untersuchung des Einflusses von Multimarktkontakten auf den Unternehmungserfolg gelangte der Autor zu der Schlußfolgerung, daß hohe Gewinne nur dann auftreten, wenn zusätzlich die Anbieterkonzentration hoch ist.[145]) Obwohl FEIN-BERG in einer ähnlichen Studie im Gegensatz zu SCOTT grundsätzlich einen positiven Zusammenhang zwischen diesen Größen feststellte, ergab seine Untersuchung gleichzeitig, daß dieser Zusammenhang auf Branchenebene im Vergleich zur Unternehmungsebene wesentlich schwächer ausfiel.[146]) Auch die Ergebnisse der empirischen Studien von PORTER[147]) und RAVENSCRAFT/SCHERER[148]) widersprechen der Annahme der Erzielung von Monopolgewinnen für die Fälle nicht-horizontaler Diversifikationsstrategien.[149])

Die empirischen Ergebnisse vermitteln insgesamt ein widersprüchliches und wenig unterstützendes Bild der Monopoltheorie. Zu dieser Folgerung gelangt auch TRAUT-

---

142) Vgl. TRAUTWEIN [Merger], S. 286.
143) TRAUTWEIN [Merger], S. 286. Vgl. hierzu auch RHOADES [Power].
144) Vgl. JENSEN [Takeovers].
145) Vgl. SCOTT [Contacts].
146) Vgl. FEINBERG [Sales].
147) PORTER [Advantage].
148) RAVENSCRAFT, SCHERER [Mergers].
149) Vgl. auch TRAUTWEIN [Merger], 286.

WEIN, obwohl er die von JENSEN und RAVENSCRAFT/SCHERER aufgestellte Beurteilung einer schlechten empirischen Evidenz für überzogen hält.[150])

c)   Die Bewertungstheorie

Nach der *Bewertungstheorie* wird eine Diversifikationsstrategie aufgrund von einzigartigen, persönlichen Informationen des Managements ergriffen, wenn "managers (...) have better information about the target's value than the stock market."[151]) So wird nach dieser Theorie etwa unterstellt, daß die Entscheidungsträger einer Unternehmung über einzigartige Informationen verfügen, wonach die Aufnahme bestimmter Unternehmungsteile für die eigene Unternehmung mit erheblichen Vorteilen verbunden sein wird. Oder sie entdecken eine Unternehmung, von der nur sie zu wissen glauben, daß sie unterbewertet ist.[152])

Derartige einzigartige Informationen sind jedoch keineswegs eindeutig. Ein potentieller Käufer befindet sich bei einer Kaufentscheidung vielmehr in einer schlechtstrukturierten Problemsituation, ist folglich mit erheblicher Unsicherheit konfrontiert und handelt vor dem Hintergrund einer Vielzahl denkbarer Zukunftsszenarien.[153]) Seine Erwartungen kommen in seinem Angebot zum Ausdruck. Die übrigen Marktteilnehmer sehen sich ihrerseits ebenfalls mit einer Situation der Unsicherheit konfrontiert, da sie die einem Gebot zugrundeliegenden, persönlichen Informationen nicht kennen und somit nicht in der Lage sind, eine vollständige Bewertung vorzunehmen. Die Mehrdeutigkeit persönlicher Informationen bewirkt, daß selbst derjenige, der über derartiges Wissen verfügt nicht in der Lage ist, eine sichere Entscheidung zu treffen.

Durch die Berücksichtigung der Bedeutung von Unsicherheit im Hinblick auf strategische Entscheidungen grenzt sich die Bewertungstheorie von vielen anderen Erklärungsansätzen ab.[154]) Eine Einschätzung der Validität der Bewertungstheorie ist jedoch insofern problematisch, als sie keine Anhaltspunkte bezüglich potentieller Diversifikati-

---

150)   Vgl. auch TRAUTWEIN [Merger], 286.
151)   Vgl. auch HOLDERNESS, SHEEHAN [Raiders]; RAVENSCRAFT, SCHERER [Mergers] und STEINER [Mergers].
152)   Vgl. TRAUTWEIN [Merger], 286.
153)   Vgl. WENSLEY [PIMS].
154)   Vgl. TRAUTWEIN [Merger], 287.

onsergebnisse liefert. Der Inhaber persönlicher Informationen bewertet bestimmte Vermögenswerte höher als der derzeitige Eigentümer. Er bietet einen Preis, welcher auf seinen persönlichen Erwartungen bezüglich des Kaufobjektes sowie hinsichtlich der potentiellen Reaktion des Marktes beruht. Hieraus ließe sich schlußfolgern, daß derartige auf persönlichen Informationen beruhende Angebote niedriger ausfallen müßten. Mehrere potentielle Käufer können jedoch über jeweils unterschiedliche persönliche Informationen bezüglich eines Kaufobjektes verfügen. Ein zu niedriges Gebot ist schon deshalb nicht realistisch, weil potentielle Mitbewerber verdrängt werden sollen.[155])

Empirische Studien bestätigen, daß Diversifizierer ihre Handlungen häufig durch bewertungstheoretische Argumente rechtfertigen.[156]) "Probably the most telling piece of information is how widespread the disbelief in stock market efficiency is."[157])

d) Die Managementtheorie

Während in den zuvor vorgestellten Theorien davon ausgegangen wird, daß eine Diversifikation den Interessen der Anteilseigner einer Unternehmung dient, unterstellt die *Management- bzw. Empirebuildingtheorie* reine Macht- oder sonstige Interessen des Managements. Demnach nutzen die Manager die Diversifikation lediglich aus Gründen der Verfolgung egoistischer Absichten. Der Management-Erklärungsansatz geht auf eine Studie von BERLE und MEANS aus dem Jahre 1933 über die Trennung zwischen Eigentum und Kontrolle in Unternehmungen zurück.[158]) Manager sind grundsätzlich nicht vollständig kontrollier- und disziplinierbar. Aus diesem Grund bleibt für sie ein gewisser Spielraum zur Verfolgung von Eigeninteressen vor den Interessen der Kapitalgeber.[159]) Zahlreiche Autoren haben sich implizit[160]) oder explizit[161]) mit dem Managementaspekt auseinandergesetzt.

---

155)   Vgl. TRAUTWEIN [Merger], 287; WENSLEY [PIMS].

156)   Vgl. etwa RAVENSCRAFT, SCHERER [Mergers].

157)   TRAUTWEIN [Merger], 287.

158)   Vgl. BERLE, MEANS [Corporation]. Vgl. hierzu auch TRAUTWEIN [Merger], 287.

159)   Vgl. KUNZ [Diversifikationsstrategien]. Für eine Übersicht zur Agency-Problematik vgl. JENSEN, RUBACK [Market].

160)   Vgl. beispielsweise BAUMOL [Behavior]; MARRIS [Theory]; SHLEIFER, VISHNY [Takeovers]; TEECE [Theory]; WILLIAMSON [Economics]. Für eine kritische Stellungnahme bezüglich der Ausführungen von Marris vgl. TEECE [Theory], 42.

161)   Vgl. MUELLER [Theory].

Gemäß dem Managementansatz von MARRIS sind die Manager die Hauptakteure einer Unternehmung und bestimmen folglich auch über deren Geschicke. Dementsprechend liegt es in der Macht der Manager sowohl Angebot und Nachfrage auszugleichen, als auch das zukünftige Wachstum dieser beiden Größen zu bestimmen. Das Nachfragewachstum wird nach MARRIS in erster Linie durch die Diversifikationsmöglichkeiten der Unternehmung, d. h. durch die Ausdehnung ihrer Geschäftsaktivitäten auf weitere Produktbereiche und die Erschließung neuer Märkte bestimmt. Folglich ist das Management nach seiner Theorie bestrebt, die Geschäftsaktivitäten des Unternehmens durch Diversifikationsanstrengungen auszuweiten. Die hieraus resultierenden Nachfragesteigerungen führten dann wiederum dazu, daß der Unternehmung ein schnelleres Wachstum ermöglicht werde.[162] Eine derartige Argumentation vernachlässigt jedoch die hohen Kosten, welche im Zusammenhang mit der Durchführung derartiger Diversifikationsstrategien entstehen. Diese Kosten verringern die Kapitalrendite der Unternehmung. Das Nachfragewachstum entwickelt sich folglich gegenläufig zur Kapitalrendite, da schnelleres Nachfragewachstum mittels schnellerer Diversifikation entweder die Akzeptanz einer geringeren Gewinnquote erfordert, wodurch die Kapitalrendite geschmälert wird, oder zu einem höheren Kapital-Output-Verhältnis führt, wodurch ebenfalls die Kapitalrendite verringert wird.[163]

Während die Theorie von MARRIS den zuvor erläuterten Aspekt egoistischer Managementinteressen eher implizit beinhaltet, liegt der Theorie von MUELLER die explizite Annahme zugrunde, daß das Einkommen von Managern in einem funktionalen Zusammenhang zur Größe der von ihnen geführten Unternehmung steht. Aus diesem Grund seien Manager motiviert, die Unternehmung weiter zu vergrößern und dementsprechend in stärkerem Maße und radikaler zu investieren. "The lower investment hurdle rate prompts the managers of older, larger, mature firms to invest more heavily than they would if they were confronted with a higher hurdle, and represents the basic motivation for diversification."[164]

MUELLERs Theorie erscheint jedoch vor allem wegen ihrer grundlegenden Annahme eines funktionalen Zusammenhangs zwischen Managementvergütung und Unternehmungsgröße problematisch. So unterbreiten LEWELLEN und HUNTSMAN in ihrer Studie[165] empirische Evidenz dafür, daß zwischen Managementvergütung und Rendite

---

162)   Vgl. TEECE [Theory], 42.
163)   Vgl. TEECE [Theory], 42.
164)   TEECE [Theory], 42.
165)   Vgl. LEWELLEN, HUNTSMAN [Pay].

- 49 -

einer Unternehmung eine signifikante Korrelation besteht, nicht jedoch zwischen Vergü-
tung und Umsatzlevel. Dementsprechend ließe sich die Annahme der Theorie nur aufrechterhalten, wenn sie auf nicht-pekuniäre Nutzen der Manager großer Unternehmungen, wie Status oder Ansehen in der Wirtschaft, zurückgreift.166)

Daß auch das Management einer Unternehmung nicht unbegrenzt eigene Interessen
wahrnehmen kann, zeigt ein von JENSEN in Anlehnung an ähnliche Überlegungen frü-
herer Arbeiten entwickeltes Modell des Management-Wettbewerbs. Es handelt sich
hierbei um eine wichtige Abwandlung der Effizienztheorie. JENSEN sieht Übernahmen
als bedeutende disziplinierende Kräfte für Manager. Der Kapitalmarkt fungiert nach
dieser Sicht als eine Art Markt für unternehmerische Kontrolle. Investieren Manager
anstelle einer Ausschüttung an Anteilseigner in Projekte mit negativem Ertragswert, so
müssen sie befürchten, gegen andere Manager ausgetauscht zu werden.167)

Während Managementmotive im Zusammenhang mit einer Diversifikationsentscheidung sicherlich auch von Bedeutung sind168) bilden sie jedoch keinesfalls eine vollständige und ausschließliche Erklärung derartiger Strategien.

Die fünf bisher diskutierten Theorien nehmen sämtlich eine Entscheidungsperspektive
ein und gehen dementsprechend davon aus, daß die Diversifikation geplant und durch
die erwarteten potentiellen Vorteile motiviert ist. Demgegenüber können zwei Theorien
unterschieden werden, denen jeweils eine hiervon verschiedene Perspektive zugrundeliegt. Es handelt sich hierbei um eine Prozeßtheorie und eine makroökonomische Theorie.

e) Die Prozeßtheorie

Die *Prozeßtheorie* ist eine noch wenig entwickelte Theorie. Während die zuvor genannten Theorien die Diversifikation als Ergebnis von Planung und rationaler Entscheidung
interpretieren, sieht die Prozeßtheorie die strategischen Diversifikationsentscheidungen
als Folge verschiedener in einer Unternehmung auftretender Prozesse.

166)   Vgl. TEECE [Theory], 42.
167)   Vgl. JENSEN [Takeovers].
168)   Vgl. CHANDLER [Functions], 35.

Ausgangspunkt aller prozeßtheoretischen Überlegungen bildet die auf SIMON zurückgehende Argumentation, daß Menschen über begrenzte Rationalität ("bounded rationality") verfügen und nur mit einer eingeschränkten Informationsverarbeitungskapazität
ausgestattet sind.[169]) Der Mensch hat daher in der Regel weder die Zeit noch die Fähigkeit einer umfassenden Alternativenauswahl. Die Informationssuche ist vielmehr
zeitlich begrenzt, Bewertungen sind in der Regel unvollständig und häufig werden aus
eben diesen Gründen kognitive Vereinfachungen verwendet. So stellen Diversifikationsentscheidungen häufig keineswegs umfassend rationale Auswahlentscheidungen dar,
da den Entscheidungsträgern i.a.R. keine eindeutigen und objektivierbaren Informationen vorliegen und sie aufgrund ihrer "bounded rationality" auch nicht in der Lage sind,
eine umfassende Informationsauswahl und -beurteilung durchzuführen.

In der neueren Literatur finden sich zunehmend Beiträge, welche vor dem Hintergrund
der Simon'schen Erkenntnisse eine Prozeßperspektive einnehmen. So bestätigt etwa die
Mehrzahl der von POWER untersuchten Studien eine derartige Argumentation. Im Zusammenhang mit Akquisitionsentscheidungen wurden in den diversen Untersuchungen
etwa unterdrückte Unsicherheit, fehlende Planung, politische Einflußfaktoren, wech-
selnde Prozeßteilnehmer und ähnliche Aspekte beobachtet.[170]) Auch ROLL hat aufgezeigt, daß Diversifikationsentscheidungen keineswegs immer gänzlich rationale Entscheidungen darstellen. Der Autor stellt vielmehr fest, daß Manager in ihren Entscheidungen und Handlungen häufig durch zu optimistische Erwartungen geleitet werden und
sich schon insofern von rationalen Akteuren unterscheiden.[171]) DUHAIME und
SCHWENK diskutieren den Einfluß der begrenzten menschlichen Informationsverarbeitungskapazität auf Akquisitions- und Veräußerungsentscheidungen[172]) und JEMISON
und SITKIN haben verschiedene prozedurale Probleme im Zusammenhang mit einer
Integration akquirierter Unternehmungsbereiche dargelegt.[173]) ALLISON und PET-
TIGREW betonen darüber hinaus die Bedeutung politischer Prozesse für die Strategiebildung in Unternehmungen.[174]) Sie interpretieren strategische Entscheidungen als Ergebnisse "politischer Spiele" zwischen den Untereinheiten einer Unternehmung und
ihrer Umgebung. Dabei gehen sie davon aus, daß taktische Erwägungen sowie gegen-
seitige Annäherung den Entscheidungsprozeß bestimmen.[175])

169) Vgl. SIMON [Models].
170) Vgl. POWER [Acquisition].
171) Vgl. ROLL [Hypothesis].
172) Vgl. DUHAIME, SCHWENK [Conjectures].
173) Vgl. JEMISON, SITKIN [Acquisitions].
174) Vgl. ALLISON [Essence]; PETTIGREW [Strategy].
175) Vgl. hierzu auch TRAUTWEIN [Merger], 289.

Direkte Evidenz für die Prozeßtheorie ist häufig schwer generierbar. Dies ist nicht zuletzt darauf zurückzuführen, daß die Durchführenden einer Diversifikation grundsätzlich versuchen, ihr Vorgehen als ein rationales Unterfangen zu charakterisieren. Persönliche Schwächen oder im Zusammenhang mit einer Diversifikationsentscheidung auftauchende Probleme werden hingegen nicht gerne eingeräumt. "But news coverage of the last two megamergers, for example, revealed interesting details of the crucial role personalities play."[176]

Abschließend läßt sich daher festhalten, daß es der prozeßtheoretischen Perspektive bisher an der nötigen Evidenz mangelt. Zwar handelt es sich bei der Prozeßperspektive um eine durchaus interessante Erklärungsvariante und die theoretischen Argumente lassen sich weitgehend durch die vorliegenden empirischen Untersuchungen stützen. Andererseits ist jedoch der Umfang derartiger Studien noch relativ gering, so daß sich hieraus keine weiterreichenden Folgerungen ableiten lassen.[177]

f) Die makroökonomische Theorie

Der *makroökonomische Theorie*ansatz[178] begründet das Diversifikationsphänomen mit dem Auftreten ökonomischer "Störungen", welche zu einer Verstärkung der Unsicherheit beitragen und Veränderungen in den Erwartungen einzelner Unternehmungen hervorrufen. "Previous non-owners of assets now place a higher value on these assets than their owners, and vice-versa."[179] In der Folge käme es zu starken Diversifikationsbewegungen.

Der makroökonomische Theorieansatz ist jedoch zur Erklärung der Diversifikationsmotive konkreter Unternehmungen insofern wenig hilfreich, als der institutionelle Rahmen der Diversifikation ausgeklammert wird. Die Vernachlässigung institutioneller Fragestellungen begründet beispielsweise, warum die Theorie verschiedene Diversifikationsbewegungen nicht zu erklären vermag. So führte etwa die Ölkrise zu Beginn der 70er Jahre, bei der es sich unbestreitbar um eine gravierende ökonomische "Störung" handel-

176) TRAUTWEIN [Merger], 289. Vgl. hierzu auch STERNGOLD [Nabisco].
177) Vgl. TRAUTWEIN [Merger], 289.
178) Vgl. GORT [Disturbance].
179) TRAUTWEIN [Merger], 290.

te, zu keiner größeren Diversifikationsbewegung. Dagegen konnte gegen Ende der 60er Jahre eine regelrechte Diversifikationswelle beobachtet werden, ohne daß eine derartige ökonomische "Störung" stattgefunden hätte.[180]

Daneben wirken sich die meisten makroökonomischen Störungen auf einen ganzen Sektor aus und sollten dementsprechend zu Veränderungen in einem gesamten Industriezweig führen. Für derartige industrieweite Reaktionen sprechen jedoch nur die Beispiele einiger ausgewählter Industrien, wie etwa die Mineralölindustrie oder der Lebensmittelsektor. Auch in diesem Fall kann die Diversifikationswelle der 60er Jahre als Gegenbeispiel fungieren.[181]

Als Zwischenfazit bleibt festzuhalten, daß auch die vielfältigen theoretischen Erklärungsversuche verdeutlichen, daß es sich bei der Diversifikation um einen komplexen Sachverhalt handelt, für den es keine einfachen Erklärungen geben kann. Zwischen den verschiedenen Ansätzen sind vielmehr grundsätzlich Überschneidungen denkbar. Es war dementsprechend weder das Anliegen der vorstehenden Diskussion, verschiedene Theorien abzulehnen noch sollte eine abschließende Befürwortung durch den Beweis eines ausgewählten Theorieansatzes erfolgen. Die vorstehenden Ausführungen sollten vielmehr zeigen, daß es sich bei der Diversifikationsproblematik um ein durch vielfältige Motive gekennzeichnetes Phänomen handelt.[182] Bei praktischen Diversifikationsentscheidungen wird zwar häufig das eine oder andere Motiv besonders stark ausgeprägt sein, i.a.R. werden mit den Strategien jedoch mehrere unterschiedliche Motive verfolgt. Insofern wird auch wieder die These von REED und LUFFMAN bestätigt, wonach die verschiedenen Motive und Nutzen einer Diversifikationsstrategie ein komplexes Netzwerk interdependenter Aspekte darstellen.

Gleichzeitig bergen falschverstandene Nutzenpotentiale einer Diversifikationsstrategie nicht selten das Risiko vielfältiger Diversifikationsirrtümer, welche für die diversifizierende Unternehmung etliche Probleme nach sich ziehen können.

---

180)   Vgl. hierzu TRAUTWEIN [Merger], 290.

181)   Vgl. TRAUTWEIN [Merger], 290.

182)   Vgl. auch die Ausführungen von STEINER [Mergers] sowie RAVENSCRAFT, SCHERER [Mergers].

IV. Beispiele fehlgeschlagener Diversifikationsaktivitäten

Ebenso wie eine Beurteilung der potentiellen Nutzen einer Diversifikationsstrategie von den unternehmungsindividuellen Voraussetzungen abhängt, ist die Beurteilung des Erfolgs oder Mißerfolgs einer Diversifikation abhängig von der individuellen Wahrnehmung seitens des Managements einer diversifizierten Unternehmung. Ein Sachverhalt, der für eine Unternehmung ein unlösbares Problem darstellt und vielleicht sogar existenzgefährdend erlebt wird, wird von einer anderen Unternehmung nicht einmal als Problem empfunden.[183] Es lassen sich vielfältige Beispiele von Unternehmungen zusammentragen, deren Diversifikationsstrategien nicht erfolgreich waren. Nachfolgend soll anhand einer Auswahl von Praxisbeispielen aufgezeigt werden, das Diversifikationsstrategien nicht zwangsläufig die zahlreichen propagierten Nutzen nach sich ziehen.

Als Beispiele fehlgeschlagener Diversifikationsversuche lassen sich etwa die folgenden Fälle nennen: [184]

Ein Haarkosmetikhersteller erweitert sein Sortiment um hautkosmetische Produkte. Er muß jedoch nach einigen unrentablen Jahren einsehen, daß seine Diversifikationsstrategie nicht den erwünschten Erfolg erzielte und zieht sich daher auf seinen Stammbereich zurück.

Nachdem ein in der Bundesrepublik erfolgreicher Produzent von Kleinmöbeln eine Niederlassung in Italien eröffnet hat, erwirtschaftet seine bis dato rentable Unternehmung rote Zahlen.

Eine namhafte Fachhandelskette erwirbt mehrere Versandhandelsunternehmungen. In der Folge gerät die Unternehmung in eine starke Identitätskrise.

Ein Automobilhersteller dehnt seine Geschäftsaktivitäten von der Pkw-Produktion auf die Produktion von Lastkraftwagen aus und scheitert mit dieser Strategie.

Weil ein Tabakwarenhersteller in seinem angestammten Bereich an seine Wachstumsgrenzen gestoßen ist, kauft er sich in Brauereien ein. Trotz erheblicher Bemühungen gelingt es ihm nicht, das Biergeschäft erfolgreich zu betreiben.

Ein Rohstoffkonzern übernimmt einen Markenartikler. Obwohl dessen Geschäftsführer mehrfach ausgetauscht werden läßt sich ein enormer Marktanteilsverlust nicht verhindern.

Eine Elektrounternehmung tritt ins Konservengeschäft ein und übernimmt einen Produzenten von Pharmaartikeln. Kulturelle Anpassungsprobleme verhindern jedoch die Integration der verschiedenen Geschäftsbereiche.

183) Vgl. REED, LUFFMAN [Diversification], S. 30.
184) Vgl. auch KÖSTER [Identitätskrisen], 348.

- 54 -

Eine Unternehmung der Automobilindustrie erwirbt einen Computerhersteller. Trotz zunächst gelungener Sanierung wird die Gesamtrentabilität im Laufe der Zeit geschwächt.

Ein Hersteller von Herrensandaletten erweitert seine Produktpalette um Winterschuhe für Herren sowie um eine Auswahl eleganter Damenschuhe und muß nach einiger Zeit Konkurs anmelden.

Die Liste ließe sich endlos verlängern. Gleichzeitig sind andere Diversifizierer mit äußerst heterogen erscheinenden Produktpaletten überaus erfolgreich. Manager diversifizierter Unternehmungen, die mit ihren Strategien nicht erfolgreich waren, fragen sich häufig, warum sie scheitern, während es anderen Unternehmungen gelingt, langfristig erfolgreich zu diversifizieren.

Aus Sicht vieler Diversifizierer stellt eine Eingliederung neuer Geschäftseinheiten in die bestehende Unternehmung ein besonderes Problem dar und wird häufig als Erfolgshindernis empfunden. Dabei mangelt es im Vorfeld zumeist weder an gutem Willen, noch an den erforderlichen finanziellen Mitteln. So scheitern z. B. auch zahllose zuvor profitable Unternehmungen, nachdem sie unter gemeinsame Leitung geraten. Wesentliches Anliegen der meisten großen Mehrproduktunternehmungen stellt die Frage dar, wie sie ihre Expansionsbestrebungen fortsetzen und trotzdem die Kontrolle über ihre vielfältigen und oft heterogenen Geschäftsbereiche gewährleisten können und wie eine Integration der unterschiedlichen Unternehmungsbereiche erzielt und deren Potentiale erfolgreich genutzt werden können.[185] Die Widerstände in bezug auf eine erfolgreiche Integration werden i.d.R. desto größer empfunden, je weiter ein neuer Geschäftsbereich inhaltlich von dem angestammten Bereich der Muttergesellschaft entfernt ist und je größer die geographische Entfernung zur Gesamtunternehmung ist.[186]

Vor allem kulturelle Anpassungsprobleme erschweren ein Zusammenwachsen der verschiedenen Geschäftsbereiche. Dies gilt in besonderem Maße bei einer regionalen Ausdehnung der ursprünglichen Geschäftätigkeit. Aber auch die Übernahme von Geschäftsfeldern, welche auf den ersten Blick zum Stammgeschäft passen und demselben nationalen Kulturkreis entstammen, führt in zahlreichen Fällen zu kulturinduzierten Integrationsproblemen. Derartige Probleme sind i.d.R. vorprogrammiert, wenn z. B. ein Geschäftsbereich mit einer stark innovationsfördernden Unternehmungskultur in eine Muttergesellschaft integriert werden soll, deren Kultur von einem "Festhalten an Be-

185) Vgl. MINTZBERG [Management], S. 163.
186) Von derartigen Erfahrungen berichteten beispielsweise die von HOFFMANN befragten Diversifizierer. Vgl. HOFFMANN [Diversifikation], 56.

- 55 -

kanntem und Bewährtem" sowie zahlreichen starren, lernhemmenden Elementen geprägt ist.

Darüber hinaus beklagen sehr viele Diversifizierer Identitäts- und Imageprobleme. Häufige und extreme Veränderungen in den Betätigungsfeldern einer Unternehmung machen es für Mitarbeiter und Außenstehende äußerst schwer, die Konturen einer diversifizierten Unternehmung bzw. das "Wesen" dieser Unternehmung zu erkennen. "Die Sucht nach Omnipotenz verhindert das Bekenntnis zum Ich. Wer sich aber zu nichts bekennt, darf sich nicht wundern, daß sich niemand zu ihm bekennt."[187] Für die Mitarbeiter gehen derartige Identitätskrisen mit einer gewissen Orientierungslosigkeit einher. In der Öffentlichkeit resultiert nicht selten ein schwaches oder verzerrtes Fremdbild.

Gerade derartige "weiche" Aspekte werden vielfach unterschätzt und vernachlässigt, da viele Diversifizierer sich in erster Linie auf die "harten", vordergründig ökonomischen Faktoren konzentrieren. Hierin kann nicht zuletzt eine der Ursachen gesehen werden, warum Diversifikationsprobleme häufig erst dann wahrgenommen werden, wenn die Unternehmung sich bereits in einer ernsthaften Krise befindet. Die in diversifizierten Unternehmungen beobachtbare Subventionierungspraxis der weniger erfolgreichen durch die profitableren Bereiche täuscht oft über kulturelle Anpassungsprobleme oder eine sich verstärkende Orientierungslosigkeit der Mitarbeiter hinweg. Auch die Folgen der Diversifikationspolitik auf das Image in der Öffentlichkeit werden häufig ignoriert. So erkennen derartige Unternehmungen oftmals erst nachdem sich gravierende Erfolgsprobleme abzeichnen, daß die "harten" und "weichen" Faktoren in einem interdependenten Zusammenhang stehen.

Weitere Probleme können durch die in diversifizierten Unternehmungen vorherrschende Organisationsstruktur bedingt sein. Wie zuvor dargelegt geht die Diversifikation häufig mit einer Divisionalisierung einher, deren Vorteilhaftigkeit v. a. mit der besseren Beherrschung der zunehmenden Komplexität in großen, diversifizierten Unternehmungen begründet wird. Dieser Organisationsform sind jedoch gleichzeitig verschiedene Gefahren inhärent, wodurch für die diversifizierte Unternehmung u. a. die nachfolgenden Probleme resultieren können. Aufgrund der Bildung relativ autonom arbeitender Geschäftsbereiche werden in großen diversifizierten und divisionalorganisierten Unternehmungen häufig Interdependenzen zwischen den Divisionen vernachlässigt.[188] Zu-

187) KÖSTER [Identitätskrisen], 352.
188) Es kommt folglich zu einer Vernachlässigung von Synergiepotentialen. Vgl. CLARKE, BRENNAN [Synergy], 11.

dem gehen u. U. starke Zentrifugalkräfte von den Divisionen aus, welche auf die Unternehmung einwirken und so erhebliche Spannungen im Gesamtsystem erzeugen können.[189])

Das der Divisionalorganisation zugrundeliegende Leistungskontrollsystem bewirkt darüber hinaus, daß die verschiedenen Geschäftsbereiche einer diversifizierten Unternehmung ihre Aktivitäten häufig an der Erzielung von Bereichserfolgen orientieren, wodurch gesamtunternehmerische Synergiepotentiale - welche i.d.R. gerade als Vorteil von Diversifikationsstrategien angeführt werden - größtenteils vernachlässigt werden. Gleichzeitig können derartige Leistungskontrollen die Divisionsmanager dazu bewegen, lediglich kurzfristige Erfolge anzustreben,[190]) was dazu führen kann, daß Investitionen, die kurzfristig nicht erfolgswirksam sind (etwa F&E-Investitionen; Marktforschungsausgaben ...) unterbleiben. Eine Gefahr besteht dann darin, daß der Geschäftsbereich langfristig seine Wettbewerbsfähigkeit einbüßt.[191])

Neben diesen organisationsstrukturellen Folgeproblemen bestätigt ein Blick in die Praxis, daß zahlreichen Unternehmungen ein klares Konzept einer Konzernstrategie fehlt.[192]) Ein dauerhafter Erfolg einer Diversifikationsstrategie ist jedoch in entscheidendem Maße von dem der Diversifikation (implizit oder explizit) zugrundeliegenden Konzept der diversifizierenden Unternehmung abhängig. Das Fehlen eines solchen Konzeptes führt in der Regel zu vielfältigen Problemen bis hin zum Scheitern der Diversifikation.

V. Fazit

Die bisherigen Ausführungen haben deutlich werden lassen, daß nicht von "der" Diversifikationsstrategie gesprochen werden kann. Unter den Begriff der Diversifikation werden eine Reihe zum Teil sehr unterschiedlicher Sachverhalte subsumiert. In der Realität weisen diversifizierte Unternehmungen eine Vielzahl verschiedener Elemente der Diversifikation auf. Darüber hinaus lassen sich auch die Motive für eine Diversifikations-

---

189) Vgl. Interview von OLINS, in: BACHINGER [Expertengespräch], 17.
190) Vgl. LOESCHER [Measurement].
191) Vgl. etwa HAYES, ABERNATHY [Managing]. Vgl. hierzu auch HOSKISSON [Structure], 641.
192) Vgl. statt anderer PORTER [Diversifikation], S. 67.

- 57 -

strategie sowie die angestrebten Nutzen nicht eindimensional auflisten, obwohl in der Literatur häufig ein gegenteiliger Anschein erweckt wird. Tatsächlich ist die Entscheidungssituation diversifizierter Unternehmungen wesentlich komplexer.

Die in der Realität auftretenden Probleme diversifizierter Unternehmungen sind mindestens ebenso komplex wie die dargestellten Motive oder Nutzen verschiedenartiger Diversifikationsstrategien. Die Diversifikationsstrategie wird zum Teil als "Allheilmittel" beschrieben. Viele Firmen mußten jedoch die schmerzliche Erfahrung machen, daß die angestrebten Erfolge keineswegs automatisch eintreten. Während sich nach wie vor viele Unternehmungen von potentiell hohen Renditeerwartungen täuschen lassen, haben andere - zum Teil aufgrund von Lernerfahrungen durch Irrtümer der Vergangenheit - erkannt, daß kurzfristige Gewinnchancen kein Garant für den langfristigen Erfolg einer Diversifikationsstrategie sind: "seasoned manager will consider the fundamentals rather than simply a possible pay-off from some minor benefit(s)."[193] Gleichzeitig gelingt es zahlreichen anderen Diversifizierern durchaus erfolgreich zu sein. Vor dem Hintergrund der bisherigen Diskussion wird daher nachfolgend die einschlägige Literatur dahingehend überprüft, ob sich Faktoren ausmachen lassen, die den Erfolg diversifizierter Unternehmungen erklären können bzw. welche potentiellen Voraussetzungen Diversifizierer erfüllen müßten, um langfristig im Wettbewerb bestehen zu können.

---

193)   REED, LUFFMAN [Diversification], S. 33.

C. Determinanten erfolgreicher Diversifikation: Zum Stand der wissenschaftlichen Diskussion

Die wissenschaftliche Diskussion zum Thema Diversifikation hat eine fast unüberschaubare Fülle von Beiträgen hervorgebracht. Erste Arbeiten reichen in die fünfziger Jahre hinein und beschäftigen sich vornehmlich mit allgemeinen, theoretischen Grundlagenaspekten der Diversifikation wie etwa den Abgrenzungsmöglichkeiten von Diversifikationsarten und -motiven. Darüber hinaus lagen bereits früh empirische Untersuchungen über die Diversifikation von Unternehmungen vor. Schließlich etablierte sich eine große Anzahl unterschiedlicher Teilgebiete der Diversifikationsforschung. RA-MANUJAM und VARADARAJAN haben einen eindrucksvollen Versuch unternommen diese verschiedenen Forschungsgebiete zu systematisieren und im Hinblick auf mögliche Überschneidungen zu analysieren. Die nachfolgende Abbildung gibt einen Überblick über die so identifizierten Teilgebiete der Diversifikationsforschung und die zwischen diesen festgestellten Beziehungen.[1]

Durch die Arbeit der Autoren wird die Diversifikationsliteratur nach dem zentralen Untersuchungsgegenstand eines jeden Beitrags (grundsätzliche Diversifikationsentscheidung, Diversifikationsrichtung, Formen der Diversifikation, Grad der Diversifikation Diversifikationsmanagement - struktur- oder systembezogen -, Synergiemanagement - bezogen auf F&E, Marketing und/oder Finanzen -) klassifiziert. Für die so abgegrenzten Teilgebiete der Diversifikationsforschung wird wiederum aufgezeigt, ob sie schwerpunktmäßig unternehmensbezogene Faktoren, Industrie-bzw. Branchenfaktoren, d.h. Einflüsse der Marktstruktur oder Einflüsse der globalen Umwelt untersuchen. Einige der von den Autoren identifizierten Diversifikationsarbeiten beziehen statt einem der drei genannten Faktoren eine Kombination dieser Faktoren in ihre Analyse ein. Es werden darüber hinaus auch solche Beiträge identifiziert, die sich mehreren der zuvor eingeteilten Teilgruppen zuordnen lassen. Für jedes der so abgegrenzten Felder ordnen RAMA-

---

1)   Vgl. RAMANUJAM, VARADARAJAN [Research]. Die Abbildung wurde in Anlehnung an die Darstellung der Autoren erstellt. Vgl. EBENDA, 526, Figure 1.

NUJAM und VARADARAJAN wiederum zu, ob in den jeweiligen Untersuchungen
EX-ANTE oder EX-POST Ergebnisse betrachtet werden.

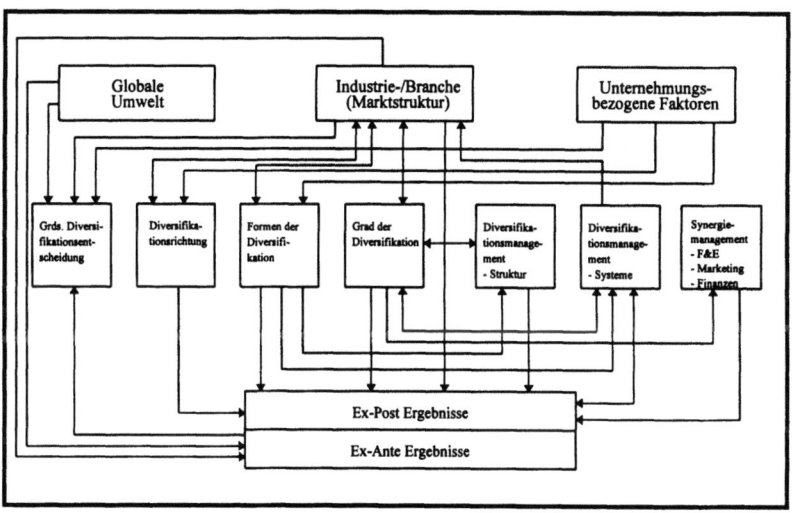

Abbildung 7: Teilgebiete der Diversifikationsforschung

Das Hauptaugenmerk der vorliegenden Arbeit richtet sich auf die Frage, wie es diversifizierten Unternehmungen gelingen kann, trotz eines intensivierten und zunehmend dynamischer werdenden Wettbewerbs erfolgreich zu sein bzw. zu bleiben. Aus diesem
Grund sind für die weitere Untersuchung diejenigen Literaturbeiträge von vorrangigem
Interesse, welche die Determinanten erfolgreicher Diversifikation erforschen. Der Begriff "Erfolg" (etwa in Unternehmungserfolg oder Diversifikationserfolg) wird dabei im
weiteren Verlauf der Arbeit im Sinne des englischen Begriffs "performance" verstanden
und ist insofern weiter gefaßt als eine ausschließliche Betrachtung des bilanztechnischen
oder kostenrechnerischen Erfolgsbegriff, der den Erfolg als Überschuß von Erträgen
über Aufwendungen bzw. Leistungen über Kosten definiert. Der Zusammenhang zwischen der Diversifikation und dem Erfolg von Unternehmungen ist ein vieldiskutierter
Sachverhalt in der Strategischen Managementliteratur und bildet ein zentrales Thema
innerhalb der Strategieforschung. Seit dem Werk von CHANDLER[2]) folgten vielfältige
Untersuchungen, welche sich mit den Bestimmungsgrößen des Erfolgs diversifizierter

---

2)   Vgl. CHANDLER [Strategy].

Unternehmungen beschäftigt haben.[3] Die weitere Zunahme der Zahl einschlägiger Veröffentlichungen läßt erkennen, daß das Interesse an dieser Forschungsfrage trotz der inzwischen über dreißigjährigen Erforschung weiter ungebrochen zu sein scheint bzw. weiter zunimmt.

Bereits eine erste Durchsicht der Literatur bringt ein äußerst heterogenes Bild zutage. Im Vergleich zu der hohen Quantität von Publikationen kann der Stand der aus diesen Arbeiten gewonnenen Erkenntnisse nur als enttäuschend bezeichnet werden. Die verschiedenen Beiträge und Untersuchungen unterscheiden sich - zum Teil sogar erheblich - im Hinblick auf ihre Ergebnisse und fallen auch bezüglich der hieraus abgeleiteten Empfehlungen widersprüchlich aus. "In large measure, the answer will vary with whom is asked the question."[4] Aufgrund der zum Teil extrem voneinander abweichenden Schlußfolgerungen der verschiedenen Autoren im Hinblick auf die vermuteten Wirkungszusammenhänge zwischen Diversifikation und Unternehmungserfolg entsteht dabei nicht selten der Eindruck der Willkür. Dabei reichen die Erkenntnisse der veröffentlichten Beiträge von der uneingeschränkten Diversifikationseuphorie der 60er Jahre und der Auflistung konkreter Erfolgsfaktoren der Diversifikation bis hin zu der Ansicht, die Diversifikation stelle keine erfolgversprechende Strategie dar mit der hieraus abgeleiteten Empfehlung eines "Sticking to the Knitting" oder "Schuster bleib bei deinen Leisten".[5]

Nachfolgend wird der Versuch unternommen, die einschlägigen Forschungsarbeiten zu systematisieren und ihre praktische Anwendbarkeit für den hier betrachteten Untersuchungsgegenstand zu diskutieren.

---

3) Vgl. für eine systematisierende Übersicht KUNZ [Diversifikation] sowie die dort angegebene Literatur. Vgl. auch GRANT, JAMMINE, THOMAS [Diversity] und die von ihnen gesichteten empirischen Studien sowie die Arbeiten von PASQUIER [Rentabilité]; DERS. [Diversification] und CANNELLA, HAMBRICK [Departure].

4) SCHWEIGER, WALSH [Mergers], 43. Vgl. hierzu auch die Ausführungen von PASQUIER [Performances].

5) Vgl. PETERS, WATERMAN [Search]; DIES. [Suche].

- 61 -

I. Der Beitrag der Erfolgsfaktorenforschung

Eine Literaturströmung, die sich mit der Frage des Erfolgs von Unternehmungen beschäftigt ist die Erfolgsfaktorenforschung. Das Hauptanliegen dieser Forschungsrichtung besteht darin, diejenigen Einflußfaktoren zu identifizieren, die den Erfolg von Unternehmungen maßgeblich bestimmen. Aus diesem Grund erscheint die Erfolgsfaktorenforschung von besonderem Interesse für die vorliegende Untersuchung und verspricht auch bei der Suche nach potentiellen Determinanten des Diversifikationserfolges einen Beitrag leisten zu können.

1. Allgemeine Kennzeichnung der Erfolgsfaktorenforschung

Erste Ansätze der Erfolgsfaktorenforschung entstanden im Rahmen der Entwicklung strategisch ausgerichteter Informations- und Kontrollsysteme für das Management.[6] Den Führungskräften einer Unternehmung sollten neben der reinen Erfolgsmessung auch solche Einflußgrößen[7] aufgezeigt werden, von denen angenommen wurde, daß sie den Unternehmungserfolg in signifikanter Weise beeinflussen.[8] Das Erfolgsfaktorenkonzept fand später eine breite Verwendung und wurde auf unterschiedliche Untersuchungsobjekte angewendet, wobei die Spannbreite von der Analyse des Gesamtunternehmungserfolgs bis hin zur Erforschung der kritischen bzw. strategischen Erfolgsfaktoren einzelner organisatorischer Teileinheiten reicht.

Erfolgsfaktoren lassen sich durch verschiedene Vorgehensweisen ermitteln. Sie werden durch die Anwendung von Plausibilitätsüberlegungen, Erfahrungswissen, theoretischen Erkenntnissen oder empirischen Ergebnissen gewonnen. Je nach der verwendeten Ermittlungsmethode werden die auf diese Weise gewonnenen Erkenntnisse den sog. Lai-

---

6) Vgl. HOFFMANN [Erfolgsfaktoren], 832; LEIDECKER, BRUNO [Success Factors], 23.

7) In der Literatur werden in diesem Zusammenhang u. a. die Begriffe "critical success factors", "kritische Erfolgsfaktoren", "Schlüsselvariablen", "Schlüsselfaktoren", "Engpaßfaktoren", "strategische Erfolgsfaktoren" zum Teil als Synonyma, zum Teil differenzierend verwendet. Vgl. LINGENFELDER [Marketingorientierung], 54.

8) In den USA wurde das Erfolgsfaktorenkonzept für die Erforschung des Marketing-Mix Einflusses auf den Marktanteil bestimmter Konsumgüter angewendet. Vgl. JACOBS [Erfolgsfaktoren], 29 sowie die dort angeführte Literatur.

- 62 -

en- oder Alltagstheorien oder den wissenschaftlichen Theorien zugeordnet. Erstere bedienen sich der Methodik der Induktion. Die Untersuchung beruht auf persönlichen Vorstellungen des Untersuchenden bzw. Befragten über die Erfolgsursachen von Unternehmungen, wobei die Vorstellungen id.r. durch die eigene Erfahrung geprägt werden. Demgegenüber verwenden die wissenschaftlichen Theorien vorwiegend die Methodik der Deduktion und greifen dementsprechend auf theoretisch fundierte, allgemeingültige und empirsch überprüfte Erkenntnisse zurück.[9] Auch Gültigkeit und Zuverlässigkeit der gewonnenen Ergebnisse hängen von der zur Anwendung gelangenden Methode ab. JACOBS ordnet die Erfolgsfaktorenforschung grundsätzlich den wissenschaftlichen Theorien zu, spricht aber einschränkend von theoretischen Ansätzen oder Quasi-Theorien, "da es sich bei den Erkenntnissen der Erfolgsfaktorenforschung (...) nicht um ein geschlossenes Konzept empirisch überprüfter und bestätigter Gesetzeshypothesen von allgemeiner Gültigkeit handelt und der Gültigkeitsanspruch der vorhandenen Forschungskonzepte nicht zuletzt in zeitlicher und räumlicher Hinsicht stark eingeschränkt ist"[10]

Vor dem Hintergrund der angewendeten Analysemethode läßt sich die empirische Erfolgsfaktorenforschung weiter unterteilen in die qualitative und die quantitative Erfolgsfaktorenforschung. Die qualitative Ausrichtung ist vornehmlich explorativ angelegt, wobei etwa die Methode der Expertenbefragung, Fallstudien, o. ä. eingesetzt werden. Das Hauptaugenmerk derartiger Untersuchungen betrifft die sog. "weichen", nicht quantifizierbaren Aspekte einer Unternehmung, wie etwa Leitlinien, Kultur, Führungsstil u.ä. Demgegenüber bedient sich die quantitative Erfolgsfaktorenforschung standardisierter Erhebungsverfahren und strebt eine statistische Auswertung quantifizierbarer Daten bezüglich der betrachteten Unternehmungen und deren Umweltgegebenheiten an. Auf diese Weise sollen Wirkungszusammenhänge zwischen Unternehmungs-/Umweltmerkmalen einerseits und Erfolgsgrößen, wie ROI oder Gewinnwachstum andererseits identifiziert werden. In jüngster Zeit werden in empirischen Untersuchungen zunehmend sowohl "harte" als auch "weiche" Erfolgsfaktoren berücksichtigt.

Die empirische Erfolgsfaktorenforschung sieht sich mit verschiedenen Problemen konfrontiert. So lassen sich in den seltensten Fällen eindeutige Wirkungszusammenhänge aufdecken. Der Zusammenhang zwischen dem Erfolg einer Unternehmung bzw. einer ihrer Untereinheiten und einzelnen Erfolgsfaktoren folgt keineswegs linearen Ursache-Wirkungsverhältnissen. Vielmehr ist i.d.R. von einer zirkulären Kausalität auszugehen,

---

9)   Vgl. JACOBS [Erfolgsfaktoren], 30f.
10)   JACOBS [Erfolgsfaktoren], 31.

da verschiedene erfolgsbeeinflussende Aspekte in einem interdependenten Zusammenhang stehen. Folglich kommt dem menschlichen Urteilsvermögen eine entscheidende Bedeutung zu und die Forschung ist auf subjektive Expertenurteile bzw. Erfahrungsberichte angewiesen. Als Folge kann das Problem entstehen, daß die befragten Personen hinsichtlich ihrer Antworten von subjektiven Interessen geleitet werden, die u. U. seitens der Fragenden nicht identifiziert werden. Auf diese Weise können Verfälschungen bezüglich der gewonnenen Ergebnisse resultieren. Eine weitere Schwierigkeit der Erfolgsfaktorenforschung, die durch die Abhängigkeit von den Urteilen Dritter entstehen kann, ist darin zu sehen, daß die Experten aus der Unternehmungspraxis teilweise entweder gar nicht bereit sind ein Urteil abzugeben, oder nur sehr zurückhaltende Auskünfte erteilen. Auch in diesem Fall ergeben sich möglicherweise Verzerrungen der Untersuchungsergebnisse. Darüber hinaus lassen sich in den seltensten Fällen sämtliche erfolgsbeeinflussenden Merkmale identifizieren bzw. berücksichtigen. Neben den Schwierigkeiten der Bestimmung der relevanten Größen und der Problematik der vielfältigen Interdependenzen zwischen verschiedenen Faktoren ergibt sich mit zunehmender Anzahl der in die Analyse einbezogenen Erfolgsfaktoren auch das Problem steigender Kosten der Datenbeschaffung.[11] Aus diesem Grund gilt es im praktischen Anwendungsfall zwischen dem Anliegen größtmöglicher Vollständigkeit auf der einen Seite und der Forderung nach Transparenz und Handhabbarkeit auf der anderen Seite abzuwägen.

Im folgenden wird der Beitrag der aktuellen Erfolgsfaktorenforschung für die vorliegende Untersuchung kritisch geprüft. Hierbei gilt es jedoch zu berücksichtigen, daß sich nicht nur diversifikationsbezogene Aspekte auf den Diversifikationserfolg auswirken können; der Erfolg diversifizierter Unternehmungen kann vielmehr auch von solchen Faktoren beeinflußt werden, die nicht diversifikationsspezifisch sind. Aus diesem Grund werden zunächst die Ergebnisse solcher Studien in die Betrachtung einbezogen, die allgemein der Frage des "Unternehmungserfolgs" nachgehen und einen Erkenntnisbeitrag hinsichtlich der Frage des Erfolgs bzw. Mißerfolgs der Strategie der Diversifikation versprechen. Erst im Anschluß werden dann diejenigen empirischen Studien analysiert, die sich explizit mit dem Untersuchungsgegenstand "Diversifikationserfolg" beschäftigen.[12]

---

11)   Vgl. JACOBS [Erfolgsfaktoren], 31ff.

12)   Aufgrund der enormen Fülle der Veröffentlichungen zu diesem Thema kann kein Anspruch auf Vollständigkeit erhoben werden.

2. Der Beitrag der allgemeinen Erfolgsfaktorenforschung unter besonderer Berücksichtigung der Diversifikation

Eine umfassende Detailanalyse sämtlicher allgemeiner Studien der Erfolgsfaktorenforschung, die einen Bezug zur Diversifikation aufweisen ist im Rahmen des Untersuchungsgegenstandes der vorliegenden Arbeit nicht angeraten. Nachfolgend werden daher exemplarisch nur einige wenige ausgewählte und für besonders relevant erachtete Studien der allgemeinen Erfolgsfaktorenforschung diskutiert.[13]

Die wohl bekannteste Erfolgsfaktorenuntersuchung ist die PIMS-Studie, die den Erfolg auf Geschäftsbereichsebene untersucht.[14] Die PIMS-Forschung hat ihren Ursprung in dem, Anfang der 60er Jahre, von General Electric initiierten PIMS-Programm. Das ursprüngliche Ziel dieses Projektes bestand in der Ermittlung "allgemeingültiger strategischer Marktgesetze"[15] und solcher Faktoren, die sich positiv auf den Erfolg strategischer Geschäftseinheiten (gemessen durch den return on investment und den cash flow) auswirken. Weiterentwickelt wurde die PIMS-Forschung 1972 durch das Marketing Science Institute der Harvard Business School. Seit 1975 sind ein eigenständiges Institut, das sog. Strategic Planning Institute (SPI) in Cambridge/Massachusetts sowie mehrere europäische Niederlassungen dieser Zentrale mit der Fortführung betraut. Eine empirische Ausgangsbasis bildeten zu Beginn dieser Forschungsaktivitäten die Daten von ca. 100 Geschäftsbereichen von General Electric. Bereits 1972 wurde das Projekt durch die Daten der Geschäftsbereiche weiterer Unternehmungen ausgedehnt. Inzwischen wurden neben einer Hauptdatenbank, welche die Daten von etwa 3000 Geschäftseinheiten erfaßt, weitere Datenbanken mit spezifischen Ausrichtungen angelegt. Im Rahmen des PIMS-Projekts wird sowohl Grundlagenforschung als auch Anwendungsforschung betrieben. Darüber hinaus werden Beratungen, sowohl für Unternehmungen mit langer Firmengeschichte als auch für Neugründungen durchgeführt. In dem im Rahmen der Grundlagenforschung durchgeführten „Research Program" wurden 37 Faktoren ermittelt, die zusammengenommen einen Großteil (ca. 80%) der ROI-Unterschiede zwischen verschiedenen Geschäftsbereichen zu erklären vermögen Die höchsten Erklärungsbeiträge werden dem Marktanteil, der Produktqualität und der Investitionsintensität zuge-

---

13)   Die nachfolgende Vorgehensweise lehnt sich dabei an das Prozedere von Jacobs an. Vgl. im folgenden JACOBS [Erfolgsfaktoren], 44ff.

14)   Die Abkürzung PIMS steht dabei für Profit Impact of Market Strategies.

15)   Der Versuch der Ermittlung allgemeingültiger Marktgesetze muß inzwischen als gescheitert betrachtet werden. Vgl. hierzu etwa VENOHR [Marktgesetze], 188.

- 65 -

sprochen. Andere Erklärungsfaktoren sind Marktstrukturmerkmale, die Wettbewerbsposition, Besonderheiten des Produktionsprozesses, die Höhe bestimmter Budgets sowie Strategietypen. Ausgewertet wurden die PIMS-Daten durch Verwendung der multiplen Regressionsanalyse und der Kausalanalyse.16) Der Forschungsansatz des PIMS-Projektes ist in der Literatur umstritten. Die aus den Studien gewonnenen empirischen Erkenntnisse sind für strategische Entscheidungen nur in beschränktem Maße tauglich. So sind z.b. nur in einzelnen Fällen Branchenauswertungen für einzelne Industriezweige verfügbar. Die Mehrzahl der Analysen erfolgt branchenübergreifend, was dazu führt, daß aufgrund der Verwendung von allgemeinen Durchschnittswerten die Erfolgsstrukturen der einzelnen Industriezweige nicht richtig wiedergegeben werden Kritisiert wird darüber hinaus die in der Studie nachgewiesene starke Korrelation zwischen Markteinteil und Rentabilität. Ergebnisse anderer empirischer Untersuchungen sprechen gegen eine solche Gesetzmäßigkeit, woraus geschlossen wird, die starke Korrelation der beiden Größen in der PIMS-Studie beruhe entweder auf zufälligen Ergebnissen dieser Untersuchung oder auf Einflüssen anderer, nicht in der Untersuchung berücksichtigter Faktoren.17)

Eine Erfolgsfaktorenstudie, die ebenfalls in Wissenschaft und Praxis große Beachtung fand, ist die Untersuchung von PETERS und WATERMAN, deren Hauptziel in der Identifikation von Erfolgsmerkmalen "exzellenter" Unternehmungen bestand. Die Studie der beiden Autoren beinhaltete 62 US-amerikanische Unternehmungen. Dreizehn zu Beginn der Untersuchung ebenfalls einbezogene europäische Unternehmungen wurden später wieder aus der Analyse herausgenommen. Vor dem Hintergrund ihrer empirischen Ergebnisse gelangen die Autoren zu der Überzeugung, daß die Unternehmungskultur das bedeutendste Kennzeichen erfolgreicher Unternehmungen darstelle.18) Daneben identifizierten die Autoren weitere acht Erfolgsfaktoren, die sie für exzellente Unternehmungen als charakteristisch beurteilten (Primat des Handelns, Nähe zum Kunden, Freiraum für Unternehmertum, Produktivität durch Menschen, Sichtbar gelebtes Wertesystem, Bindung an das angestammte Geschäft, Einfacher, flexibler Aufbau,

---

16)   Vgl. für eine ausführliche Diskussion des PIMS-Programms BUZZELL, GALE [PIMS], JACOBS [Erfolgsfaktoren], 38ff. sowie die dort zitierte Literatur.

17)   Vgl. JACOBS [Erfolgsfaktoren], 42ff. sowie die dort zitierte Literatur. Vgl. auch die ausführliche Diskussion bei BÜHNER [Strategie], 183f. sowie die dort zitierte Literatur.

18)   Dieser Aspekt wird zum jetzigen Zeitpunkt nicht weiter diskutiert, da die Unternehmungskultur aufgrund ihres besonderen Stellenwertes im Zusammenhang mit der Erforschung des Unternehmungserfolgs in der vorliegenden Arbeit den Gegenstand eines eigenen Kapitels bildet. Vgl. Kapitel C.III dieser Arbeit.

Straff-lockere Führung). Auf Grund ihres allgemeinen Charakters werden die einzelnen Faktoren hier nicht weiter verfolgt.[19])

Ein Bezug zur Diversifikation läßt sich lediglich durch den Faktor "Bindung an das angestammte Geschäft" erkennen. Hier gelangen die Autoren zu dem Ergebnis, daß die "exzellenten Unternehmungen" sich auf ihr Stammgeschäft konzentrieren, anstatt umfangreiche Diversifikationsaktivitäten zu verfolgen. Wenn sie durch Diversifizierungsstrategien in neue Geschäftsfelder eindrangen bedienten die erfolgreichen Unternehmungen sich i.a.R. der internen Diversifikationsvariante und zogen ein behutsames und schrittweises Eindringen in neue Märkte der schnellen Diversifikation durch Akquisition oder Fusion vor. Wurden in seltenen Fällen doch Unternehmungskäufe durchgeführt, so bezogen sie sich nach dem Leitwort "small is beautiful" auf kleine Unternehmungen, deren Integration in das bestehende Geschäft wesentlich einfacher ist als die Eingliederung großer Geschäftseinheiten. Hieraus leiteten PETERS und WATERMAN ihre Empfehlung einer Konzentration auf das Kerngeschäft bzw. des "Schuster bleib bei deinen Leisten" ab.[20])

Es kann als besonderes Verdienst der beiden Autoren gewertet werden, daß sie die Bedeutung sogenannter "weicher", nicht quantifizierbarer Faktoren für den Erfolg von Unternehmungen herausgearbeitet haben. So trugen die aus ihrer Untersuchung abgeleiteten Ergebnisse etwa in entscheidendem Maße dazu bei, daß kulturelle Fragestellungen zunehmend Eingang in die betriebswirtschaftliche Forschung erhielten. Seit der ersten Veröffentlichung des einstigen Bestsellers vor mehr als einem Jahrzehnt blieb die Studie von PETERS und WATERMAN andererseits nicht frei von negativer Kritik.[21]) Der wohl gravierendste Einwand ist darin zu sehen, daß eine erhebliche Zahl der von den Autoren als "exzellent" charakterisierten Unternehmungen bereits kurze Zeit nach der Veröffentlichung der Untersuchung starke Einbußen des ursprünglichen Erfolges hinnehmen mußten oder von einer Weiterverfolgung der als Erfolgsmerkmal propagierten Geschäftspraktiken Abstand nahmen. Darüber hinaus müssen die Autoren sich den Vorwurf gefallen lassen, eine subjektive Beurteilung guter bzw. schlechter Konglomerate vorgenommen zu haben. Es wird etwa von LEONTIADES moniert, PETERS und WATERMAN hätten Mischkonzerne z.T. fälschlicherweise als verwandte Unterneh-

---

19)   Vgl. für eine ausführliche Darstellung der Studie und ihrer Untersuchungsergebnisse PETERS, WATERMAN [Suche].

20)   Vgl. zu den vorstehenden Ausführungen PETERS, WATERMAN [Suche], insbes. 338ff..

21)   Vgl. statt anderer CARROL [Search]; FRESE [Unternehmungen]; HITT, IRELAND [Peters]; KRÜGER [Peters]; LEONTIADES [Mischkonzerne]; WÄCHTER [Kritik].

mungen charakterisiert. Zudem hätten einige der von ihnen als verwandt bezeichneten Unternehmungen ihre Geschäftsaktivitäten im unmittelbaren Anschluß an die Untersuchung auf fremde Branchen ausgedehnt.[22]) Die gewonnenen Ergebnisse verlieren auf diese Weise ihre Aussagekraft.

Besondere Kritik erfuhr auch die Tatsache, daß die Autoren keine Kontrollgruppe in ihre empirische Erhebung einbezogen. Da sie lediglich erfolgreiche Unternehmungen untersucht hätten, sei keineswegs erkennbar, ob die Erfolgsmerkmale der "exzellenten Unternehmungen" nicht auch bei solchen Unternehmungen auftreten, welche nicht erfolgreich sind. FRESE zeigte darüber hinaus methodische Schwächen der Studie auf und bemängelte zudem die vorgenommenen Akzentsetzungen der Autoren, deren mit Überzeichnungen behafteten, journalistischen Stil sowie die teilweise Oberflächlichkeit in der Auswertung von Literatur.[23])

Auch PETERS und WATERMAN selber distanzierten sich in ihren nachfolgenden Werken implizit in einigen Gesichtspunkten von dieser Studie. So weisen sie etwa in ihren neueren Arbeiten auf den besonderen Zusammenhang zwischen der Innovationsfähigkeit einer Unternehmung und deren Erfolg hin, ein Aspekt, der in der Untersuchung von 1982 noch nicht als Erfolgsfaktor identifiziert wurde.[24]) Interessanterweise greift WATERMAN in einer der jüngeren Arbeiten, in der er sich mit der Innovationsfähigkeit erfolgreicher Unternehmungen beschäftigt, das Merkmal "Bindung an das Stammgeschäft" nicht mehr auf.[25]) Gerade dieses Merkmal weist jedoch den stärksten Zusammenhang zur Diversifikation auf und ist "doch gerade auch im Rahmen einer Analyse der Innovationstätigkeit erfolgreicher Unternehmungen von großem Interesse".[26])

Vergleichsweise eng angelehnt an die Arbeit von PETERS und WATERMAN ist eine Untersuchung der erfolgsbeeinflussenden Merkmale mittelgroßer „Spitzenunternehmen".[27]) CLIFFORD und CAVANAGH, die diese Studie durchführten, stellten bei den sogenannten "Spitzengewinnern" keine Besonderheiten im Hinblick auf das Alter, die geographische Lage und das Branchenwachstum fest. Statt dessen zeichneten sie sich

---

22)   Vgl. LEONTIADES [Mischkonzerne], 18ff.
23)   Vgl. FRESE [Unternehmungen], 605f.
24)   Vgl. PETERS, AUSTIN [Leistung], S. 26f.; WATERMAN [Leistung], 9.
25)   Vgl. WATERMAN [Leistung].
26)   JACOBS [Erfolgsfaktoren], 47.
27)   Vgl. ausführlich CLIFFORD, CAVANAGH [Spitzengewinner].

durch die Durchführung von Innovationen und eine besondere Berücksichtigung von Qualitätsaspekten sowie eine ausgeprägte Kundenorientierung aus. Marktsegmentierungsstrategien sowie der Aufbau und die Weiterentwicklung von Marktnischen stellen gemäß der Ergebnisse der Studie erfolgsbeeinflussende Merkmale dar. In bezug auf die interne Organisation versuchten die als "Spitzenunternehmungen" charakterisierten Firmen in erster Linie bürokratische Strukturen zu bekämpfen und legten besonderen Wert auf unternehmerisches Denken und Handeln ihrer Mitarbeiter. Schließlich führten die Autoren den Unternehmungserfolg auf ein überdurchschnittlich engagiertes, zielorientiertes und strategisch denkendes Management zurück. Im Hinblick auf den in der vorliegenden Arbeit vorrangig betrachteten Diversifikationaspekt läßt sich festhalten, daß sich nur zwei Prozent der von CLIFFORD und CAVANAGH untersuchten Unternehmungen in ihren Geschäftsaktivitäten auf einen einzelnen Produkt-Markt-Bereich beschränkten. Die überwiegende Mehrzahl der erfolgreichen Unternehmungen verfolgte also eine Diversifikationsstrategie, wobei sie grundsätzlich in verwandte Bereiche diversifizierten, um die bestehenden Stärken nutzen zu können. Das Hauptanliegen der Diversifikationsanstrengungen bestand dabei in erster Linie in dem Erwerb von Knowhow und neuen Ideen. Im Gegensatz zu den Ergebnissen der o. g. Studie diversifizierten die "Spitzengewinner" häufig durch den Kauf sorgfältig ausgewählter Unternehmungen. Gemäß CLIFFORD und CAVANAGH stellt die Diversifikation also durchaus eine erfolgversprechende Strategie zur Generierung neuen Wissens dar, solange diese Strategie sich an den bisherigen Stärken der Unternehmung ausrichtet.

Auch die von GOLDSMITH und CLUTTERBUCK durchgeführte Untersuchung britischer Unternehmungen weist einen Bezug zur Diversifikation auf. Die Autoren analysierten zu Beginn der 80er Jahre 23 besonders erfolgreiche britische Unternehmungen mit dem Ziel der Ermittlung aussagekräftiger Erfolgsfaktoren.[28] Einer der acht ermittelten Faktoren "Orientierung am angestammten Tätigkeitsbereich" bezieht sich unmittelbar auf die hier interessierende Fragestellung. Die Untersuchungsergebnisse ergaben, daß die britischen Spitzenunternehmungen sich prinzipiell am angestammten Bereich orientierten anstatt zu diversifizieren. In solchen Fällen, in denen sie von diesem Grundprinzip abgewichen waren, nahmen sie i.a.R. bald eine Kurskorrektur vor und kehrten zu ihren Ursprungsgeschäftsfeldern zurück. Ein solches Verhalten sehen die Autoren auch für solche Unternehmungen ihrer Untersuchung bestätigt, die ein breites Diversifikationsprogramm verfolgten, da letztere sich grundsätzlich kaum von ihrem einmal gewählten Geschäftsfelderspektrum entfernten. Ein solches Ergebnis überrascht anderer-

---

28)   Die Untersuchungsergebnisse der Studie sollen nicht im einzelnen dargelegt werden. Vgl.
        ausführlich GOLDSMITH, CLUTTERBUCK [Streak].

seits angesichts der in der Stichprobe enthaltenen Konglomerate und der von GOLDS-
MITH und CLUTTERBUCK geäußerten Feststellung ihre Untersuchung bestätige "that
the day of the conglomerate is far from over. Hanson Trust, ..., Trafalgar House and
Grand Metropolitan are all diversified groups and all return very healthy profits."[29]
Angesichts derartiger Aussagen, die einen äußerst widersprüchlichen Eindruck hervor-
rufen, wird der Aussagegehalt der Studie eingeschränkt.

Daß die Ableitung von allgemeingültigen Empfehlungen auf der Basis empirisch ermit-
telter Erfolgsfaktoren nicht unproblematisch ist wurde bereits aus der Kritik an der Studie von PETERS und WATERMAN ersichtlich. An dieser Stelle wird erneut deutlich,
daß die Befunde derartiger Studien einer äußerst sorgfältigen und vorsichtigen Interpretation bedürfen. In der allgemeinen Erfolgsfaktorenforschung lassen sich sowohl Arbeiten finden, deren Untersuchungsergebnisse die starke Diversifikation als erfolgsträchti-
ger charakterisieren[30] als auch solche Studien, die zu dem Ergebnis gelangen, die Diversifikation wirke sich negativ auf den Erfolg einer Unternehmung aus.[31] Die Ergebnisse wieder anderer empirischer Stichproben ließen demgegenüber keinen nennenswerten Einfluß der Diversifikation auf den Unternehmungserfolg erkennen.[32]

Aufgrund des Schwerpunktes in der Themenstellung der vorliegenden Arbeit wird auf
eine detailliertere Analyse der allgemeinen Erfolgsfaktorenforschung verzichtet. Im
weiteren Verlauf werden statt dessen diejenigen Arbeiten einer kritischen Betrachtung
unterzogen, welche sich explizit mit Fragen des Diversifikationserfolgs auseinandergesetzt haben. An dieser Stelle wird jedoch auf die umfangreiche Ausarbeitung von JA-
COBS verwiesen. Die von dem Autor in tabellarischer Form vorgestellten empirischen
Studien wurden nach den Kriterien Verfasser, Erfolgsmaß, untersuchungsrelevante Er-
gebnisse/Erfolgsfaktoren, Untersuchungsebene und Untersuchungsart systematisiert. Sie
geben einen guten Überblick über die Widersprüchlichkeit innerhalb der allgemeinen
Erfolgsfaktorenforschung im Hinblick auf die hier interessierende Fragestellung und
werden daher nachfolgend vorgestellt. Der Autor hat zwei verschiedene Systematisie-
rungen vorgenommen. Nachstehende Abbildung enthält die Merkmale und Befunde
solcher Studien der allgemeinen Erfolgsfaktorenforschung, die Aufschlüsse hinsichtlich
des Einflusses des Diversifikationsausmaßes auf den Unternehmungserfolg versprechen.

---

29) GOLDSMITH, CLUTTERBUCK [Streak], 8.

30) Vgl. statt anderer SCHOEFFLER; BUZZEL; HEANY [Impact].

31) So etwa die Untersuchung von JOHNSON und THOMAS. Vgl. DIES. [Context].

32) Beispielhaft sei hier die 1988 durchgeführte Studie koreanischer Unternehmungen von CHANG
      und CHOI genannt. Vgl. DIES. [Strategy].

Verfasser	Erfolgsmaß	Untersuchungsrelevante Ergebnisse/Erfolgsfaktoren	Untersuchungsebene	Untersuchungsart
Schoeffler/ Buzzell/ Heany (1974)	ROI	Geschäftsbereiche von stark diversifizierten Unternehmen erzielen den höchsten, Geschäftseinheiten von Unternehmen mit mittlerem Diversifikationsgrad den niedrigsten ROI	Erfolg von 620 Geschäftseinheiten aus 57 Unternehmen (PIMS-Datenbank)	quantitativ (multiple Regressionsanalyse)
Ravenscraft (1983)	Rentabilität	Ausmaß der Diversifikation ist positiv mit dem Erfolg verbunden	Erfolge von 3.186 Geschäftseinheiten aus 258 Industriezweigen	quantitativ (multiple Regressionsanalyse)
Loomis (1984)	mind. durchschnittlich 20 % Return on Shareholder's Equity im Zeitraum von 1974 bis 1983; niemals weniger als 15 % pro Jahr	Konzentration auf das Stammgeschäft	Erfolg von 13 besonders erfolgreichen Unternehmen der Fortune 500 (1984)	qualitativ
Hitt/Ireland (1985)	Shareholder Return	Diversifikationsgrad (Wrigley-Klassifikation) ohne Auswirkung auf den Unternehmenserfolg; Akquisition erfolgreicher als interne Entwicklung	Erfolg von 185 großen Industrieunternehmen	quantitativ (multiple Regressionsanalyse)
Johnson/ Thomas (1987)	Umsatzwachstum, Return on Equity, Return on Capital Employed	Diversifikation hat negativen Einfluß auf den Unternehmenserfolg	Erfolg von 21 britischen Brauereien	quantitativ (Varianzanalyse, Scheffés Verfahren der multiplen Vergleiche; multiple Regressionsanalyse)
Chang/Choi (1988)	Gewinn nach Steuern	Diversifikationsgrad ohne nennenswerten Einfluß auf den Unternehmenserfolg	Erfolg von 182 koreanischen Industrieunternehmen	quantitativ (multiple Regressionsanalyse)
Keats/Hitt (1988)	Return on Equity, ROI, Return on Assets, Market Return, Capital Market Performance	Diversifikationsgrad beeinflußt den Markterfolg von Unternehmen positiv	Erfolg von 110 US-amerikanischen Industrieunternehmen	quantitativ (LISREL)
Loomis (1989)	mind. durchschnittlich 20 % Return on Stockholder's Equity im Zeitraum von 1979 bis 1988; niemals weniger als 15 % pro Jahr	Konzentration auf das Stammgeschäft	Unternehmenserfolg von 21 besonders erfolgreichen Unternehmen der Fortune 500 (1988)	qualitativ
Varadarajan/ Ramanujam (1989)	Globale Erfolgseinschätzung der Zeitschrift Business Month	breites, diversifiziertes Produktprogramm	Erfolg der 74 „best managed companies" der Zeitschrift Business Month in den Jahren 1979 bis 1986	quantitativ (Häufigkeitsauswertung)

Abbildung 8: Der Einfluß des Diversifikationsausmaßes auf den Unternehmungserfolg

Demgegenüber beziehen sich die in der folgenden Abbildung systematisierten Untersuchungen auf den Einfluß von Ähnlichkeit zwischen Stammgeschäft und neuen Geschäftsbereichen auf den Unternehmungserfolg.[33])

Verfasser	Erfolgsmaß	Untersuchungsrelevante Ergebnisse/Erfolgsfaktoren	Untersuchungsebene	Untersuchungsart
Töpfer (1984)	Effizienz und Effektivität des Marketing	enge Verwandtschaft der Diversifikation mit angestammtem Geschäft, Akquisition und Beteiligung sind erfolgreicher als eine interne Entwicklung	Erfolg von 196 Unternehmen des verarbeitenden Gewerbes	quantitativ (Faktorenanalyse, Clusteranalyse, Varianzanalyse)
Peters/Waterman (1984)	Vermögenszuwachs, Eigenkapitalwachstum, Marktwert zu Buchwert, Gesamtkapitalrendite, Eigenkapitalrendite, Umsatzrendite, Innovationskraft	enge Bindung der Diversifikation an das angestammte Geschäft; interne Entwicklung erfolgreicher als Akquisition und Fusion; vorsichtiger, schrittweiser Markteintritt; im Falle der Akquisition: Kauf kleiner Firmen	Erfolg von 62 US-Firmen	qualitativ
Goldsmith/ Clutterback (1984)	Umsatz-/Gewinnwachstum; guter Ruf und solides Ansehen	Orientierung am angestammten Tätigkeitsbereich	Erfolg von 38 britischen Firmen	qualitativ
Maidique/Hayes (1984)	(nicht ersichtlich)	enge Verwandtschaft zwischen den Produktlinien	Erfolg von 250 High-Tech-Firmen	qualitativ
Clifford/ Cavanagh (1986); Cavanagh/ Clifford (1983)	Umsatz-/Gewinnwachstum	Diversifikation in verwandte Bereiche, Eintritt in Marktnischen, Ausnutzen vorhandener Stärken	Erfolg von 100 mittelgroßen US-Firmen	quantitativ
Grinyer/ McKiernan/ Yasai-Ardekani (1988)	Umsatzrendite, Umsatzwachstum	enge Verwandtschaft (Wrigley- und Rumelt-Klassifikation) ohne signifikanten Einfluß auf den Unternehmenserfolg	Erfolg von 45 britischen Industrieunternehmen der Elektroniknikbranche	quantitativ (multiple Regressionsanalyse)
Hill/Snell (1989)	Produktivität (Wertschöpfung je Mitarbeiter)	Diversifikation in verwandte Geschäftsfelder wirkt sich erfolgserhöhend, Diversifikation in fremde Bereiche dagegen erfolgsmindernd aus	Erfolg von 122 Industrieunternehmen der Fortune 500	quantitativ (einfache Regressionsanalyse; Pfadanalyse)

Abbildung 9: Einfluß der Ähnlichkeit von Stammgeschäft und neuem Geschäftsbereich auf den Unternehmungserfolg

---

33)   JACOBS [Erfolgsfaktoren], 50ff.

3. Der Beitrag der diversifikationsbezogenen Erfolgsfaktorenforschung

Die diversifikationsbezogene Erfolgsfaktorenforschung hat ebenfalls eine Fülle empirischer Studien hervorgebracht. Dieser Teilbereich der allgemeinen Erfolgsfaktorenforschung versucht Antworten darauf zu liefern, welche Einflußgrößen des Diversifikationserfolgs Unternehmungen im Rahmen ihrer Diversifikationsstrategien berücksichtigen sollten. Die überwiegende Mehrzahl der empirischen Studien mit großzahligen Stichproben diversifizierter Unternehmungen beschränkt sich dabei auf den US-amerikanischen Raum. Daneben bilden Erhebungen japanischer, kanadischer, britischer und deutscher Unternehmungen eher die Ausnahme.[34]) Im deutschen Sprachraum existieren kaum empirische Untersuchungen, welche sich mit dieser Thematik beschäftigt haben.[35]) Daher beziehen sich die folgenden Ausführungen in erster Linie auf die englischsprachige Literatur. Aufgrund der enormen Fülle von Publikationen ist es gleichzeitig jedoch nicht möglich sämtliche Studien explizit zu berücksichtigen. Es werden daher lediglich die Ergebnisse einiger ausgewählter Studien systematisiert und kritisch diskutiert. Auch bei seiner Untersuchung der diversifikationsbezogenen empirischen Erfolgsfaktorenforschung hat JACOBS eine tabellarische Ausarbeitung zahlreicher Studien vorgenommen, wobei er dieselben Ordnungskriterien wie für den Fall der allgemeinen Erfolgsfaktorenforschung zugrundegelegt hat. Im folgenden wird daher erneut auf die umfangreichen Auswertungen von JACOBS verwiesen.

Bei der Analyse des diversifikationsbezogenen Erfolgsfaktorenforschung ist zunächst eine Arbeit von GORT aus dem Jahre 1962 zu nennen, bei der es sich wohl um die erste systematische Untersuchung der Diversifikationsstrategie im Hinblick auf den Unternehmungserfolg handelt.[36]) Die Studie umfaßt eine Untersuchungseinheit von 111 US-amerikanischen Großunternehmungen. Der Autor vermutete einen eindeutigen Zusam-

34) Es lassen sich etwa die folgenden Studien anführen: LECRAW untersuchte 200 große kanadische Unternehmungen. Vgl. LECRAW [Diversification]. Die Untersuchungen von LUFFMAN, REED [Strategy] und GRANT, JAMMINE, THOMAS [Diversity] umfaßten 439 bzw. 304 britische Unternehmungen. Eine Erhebung mit 112 großen japanischen Unternehmungen führten ITAMI et al. durch. Vgl. ITAMI, KAGONO, YOSHIHARA, SAKUMA [Diversification]. Bühner untersuchte eine Stichprobe von 40 großen, diversifizierten deutschen Unternehmungen zwischen 1966 und 1981. Vgl. BÜHNER [Market].

35) Ausnahmen bilden z. B. die Studien von BÜHNER; BÜHNER, SPINDLER und SCHWALBACH. Vgl. BÜHNER [Market]; BÜHNER, SPINDLER [Synergieerwartungen] und SCHWALBACH [Unternehmen].

36) Vgl. GORT [Diversification].

- 73 -

menhang zwischen Diversifikation und Unternehmungswachstum sowie zwischen dem Grad der Diversifikation und der Höhe des Unternehmungsgewinns. Auf der Basis seiner Erhebung ließen sich keine statistisch signifikanten Beziehungen zwischen diesen Größen nachweisen, so daß es ihm nicht gelang, seine Hypothesen empirisch zu untermauern.

Dieser frühen Studie schloß sich in der Folge eine große Anzahl weiter empirischer Untersuchungen über den Einfluß des *Diversifikationsausmaßes* auf den Unternehmungserfolg an.[37] Während ein Großteil der Studien innerhalb dieser Gruppe einen signifikanten Zusammenhang zwischen Diversifikation und Unternehmungserfolg nachweisen konnte, sind die Befunde im Hinblick auf die Wirkungsrichtung jedoch teilweise gegensätzlich, so daß sich hier keine eindeutigen Aussagen ableiten lassen. Tendenziell gelangen die verschiedenen Studien zu der Schlußfolgerung, daß stark diversifizierte Unternehmungen weniger erfolgreich seien als Unternehmungen, deren Diversifikationsausmaß nur gering ist. Ein Beispiel für ein solches Ergebnis bildet die Untersuchung von LÖBLER. Er studierte die Auswirkungen des Diversifikationsgrades auf den Unternehmungserfolg in dem Zeitraum zwischen den Jahren 1961 und 1983. Seine Erhebung beinhaltet 56 stark und 84 gering diversifizierte, deutsche Unternehmungen. Bis auf das Jahr 1975 konnte der Autor für jedes Jahr seiner Erhebung eine niedrigere durchschnittliche Gesamtkapitalrendite der als "stark diversifiziert" charakterisierten Unternehmungen gegenüber den nur "schwach diversifizierten" Unternehmungen nachweisen, wobei die Abweichungen im Schnitt zwischen zwei und vier Prozentpunkte betrugen. Überlegen zeigten sich die stark diversifizierten Unternehmungen demgegenüber lediglich hinsichtlich des Risikoaspektes. Die zusammengefaßten Ergebnisse weiterer empirischer Studien zum Einfluß des Diversifikationsausmaßes können der nachfolgenden Abbildung entnommen werden.[38]

---

37) Vgl. statt anderer ARNOULD [Growth]; BÜHNER [Portfolio-Risikoanalyse]; DERS. [Diversification]; CARTER [Synergy]; CHANG, THOMAS [Impact]; GRINYER ET AL. [Strategy]; HILL, SNELL [Control]; LÖBLER [Diversifikation]; SCHWALBACH [Diversifizierung]; VARADARAJAN [Diversity].

38) Die Abbildung wurde JACOBS [Erfolgsfaktoren], 54f. entnommen.

Verfasser	Erfolgsmaß	Untersuchungsrelevante Ergebnisse/Erfolgsfaktoren	Untersuchungs-ebene	Untersuchungs-art
Gort (1962)	Unternehmenswachstum; Rentabilität	kein signifikanter Einfluß des Diversifikationsgrades auf den Unternehmenserfolg	Erfolg von 111 Großunternehmen	quantitativ
Arnould (1969)	Relation Net Profit zu Net Worth	kein Einfluß des Diversifikationsausmaßes auf den Unternehmenserfolg	Erfolg von 104 großen Unternehmen der Lebensmittelindustrie	quantitativ (Korrelationen)
Carter (1977)	Return on Equity	diversifizierte Unternehmen sind erfolgreicher als spezialisierte	Erfolg von 374 Industrieunternehmen der Fortune 500	quantitativ (multiple Regressionsanalyse; t-Test)
Grinyer/ Yasai-Ardekani/ Al-Bazzaz (1980)	diverse Wachstumsmaße (Growth in ROI, in Capital Employed, in Sales, in Net Profits und in Number Employed)	negative Beziehung zwischen Diversifikationsgrad und Erfolg	Erfolg von 48 großen britischen Unternehmen	quantitativ (t-Test)
Bühner (1983)	Performance-Maß von Sharpe auf der Basis der Aktienrendite	Diversifikation führt zu abnehmender Aktienrendite; zunehmende Diversifikation mindert unsystematisches Risiko, nicht aber das systematische Risiko	Rendite-Risiko-Erfolg von 40 großen bundesdeutschen Unternehmen (1966 bis 1981)	quantitativ (einfache Regressionsanalyse; Korrelationen)
Varadarajan (1986)	Return on Equity; Return on Total Capital; Sales Growth Rate; Earnings-per-Share Growth Rate	negativer Zusammenhang zwischen Diversifikationsausmaß und Erfolg	Erfolg von 223 großen Unternehmen	quantitativ (Korrelationen)
Bühner (1987)	Return on Assets; Return on Equity; Jensen's (1969) Risk adjusted Performance Measure	Produktdiversifikation wirkt sich negativ auf den Unternehmenserfolg aus	Erfolg von 40 großen bundesdeutschen Unternehmen (1966 bis 1981)	quantitativ (multiple Regressionsanalyse)
Schwalbach (1987)	Eigen- und Gesamtkapitalrendite; Betriebs- und Umsatzrentabilität; Marktwert	tendenziell negativer Einfluß des Diversifikationsgrades auf den Unternehmenserfolg	Erfolg von 262 Aktiengesellschaften und Konzernen	quantitativ (multiple Regressionsanalyse)
Grant/Jammine (1988)	Return on Assets; Return on Equity; Return on Sales	diversifizierte Unternehmen sind erfolgreicher als spezialisierte; keine signifikanten Erfolgsunterschiede zwischen Diversifikation in verwandte und nicht-verwandte Bereiche	Erfolg von 305 großen Industrieunternehmen zwischen 1972 und 1984	quantitativ (multiple Regressionsanalyse)
Hill/Snell (1988)	Return on Assets	Diversifikation wirkt sich negativ auf den Erfolg aus	Erfolg von 94 Unternehmen forschungsintensiver Industriezweige der Fortune 500	quantitativ (multiple Regressionsanalyse)
Löbler (1988)	Gesamtkapitalrentabilität	die durchschnittliche Rendite stark diversifizierter Unternehmen liegt in jedem Beobachtungsjahr (außer 1975) 2 bis 4 Prozentpunkte unter der Rendite der nur gering diversifizierten Firmen; das Risiko (Varianz der Rendite) ist bei stark diversifizierten Unternehmen deutlich niedriger als bei schwach diversifizierten Firmen	Erfolg von 56 stark und 84 gering diversifizierten Unternehmen der „Bonner Stichprobe" zwischen 1961 und 1983	quantitativ

Verfasser	Erfolgsmaß	Untersuchungsrelevante Ergebnis-se/Erfolgsfaktoren	Untersuchungs-ebene	Untersuchungs-art
Chang/Thomas (1989)	Return on Assets	weder signifikante Erfolgs- noch Risikounterschiede bei unterschiedlichem Diversifikationsgrad der Unternehmen	Erfolg und Risiko von 64 Unternehmen der Fortune 500	quantitativ (multiple Regressionsanalyse)

Abbildung 10: Einfluß des Diversifikationsausmaßes auf den Unternehmungserfolg (diversifikationsbezogene Erfolgsfaktorenforschung)

Neben einer Untersuchung der Auswirkungen des Diversifikationsausmaßes auf den Unternehmungserfolg lassen sich die empirischen Studien der diversifikationsbezogenen Erfolgsfaktorenforschung darüber hinaus auch insofern systematisieren, als eine Reihe von Autoren den Einfluß der *Ähnlichkeit zwischen den Geschäftsbereichen* einer diversifizierten Unternehmung bzw. des *Verwandtschaftsgrades* auf den Erfolg untersucht hat.

In einigen derartigen Studien konnte kein signifikanter Unterschied zwischen dem Erfolg einer diversifizierten Unternehmung und dem Verwandtschaftsgrad nachgewiesen werden.[39] Die Mehrzahl dieser Studien gelangte demgegenüber zu dem Ergebnis, daß die verwandte Diversifikation die besseren Resultate ermögliche,[40] und beurteilte daher die horizontale Diversifikationsstrategie als vorteilhafter gegenüber der konglomeraten Diversifikation.[41] Ein besonderer Einfluß ging dabei von RUMELT aus.[42] Durch seine zu Beginn der 70er Jahre veröffentlichte Untersuchung US-amerikanischer Unternehmungen konnte der Autor nachweisen, daß diejenigen Unternehmungen, deren Ge-

---

39) Vgl. BETTIS, HALL [Diversification]; GRANT, JAMMINE [Performance]; PALEPU [Diversification].

40) Vgl. etwa BETTIS [Performance]; MONTGOMERY [Diversification]; RUMELT [Strategy]. Vgl. hierzu auch die Ausführungen von GERINGER, BEAMISH, DACOSTA [Diversification]; MONTGOMERY, SINGH [Diversification]; PASQUIER [Performances], 495. SALTER, WEINHOLD [Acquisitions]; DIES. [Diversification]; SHELTON [Business].

41) Zu einem hiervon abweichenden Ergebnis gelangten demgegenüber LUFFMAN und REED. Sie führten eine Untersuchung britischer Unternehmungen durch und stellten fest, daß die in ihrer Stichprobe enthaltenen konglomeraten Unternehmungen die höchsten Diversifikationserfolge verzeichneten. Vgl. LUFFMAN, REED [Strategy].

42) Der Autor entwickelte das in Kapitel B.I.2.c) dieser Arbeit bereits vorgestellte Klassifikationsschema unterschiedlicher Diversifikationsstrategien, das in der Folge zahlreichen Arbeiten der diversifikationsbezogenen Erfolgsfaktorenforschung zugrundegelegt wurde. Vgl. RUMELT [Strategy], 4ff. Auch LUFFMAN und REED operierten in ihrer o. g. Studie auf der Basis dieses Schemas. Vgl. LUFFMAN, REED [Strategy].

- 76 -

schäftsbereiche eng verflochten waren, die größten Erfolge erzielten.[43]) Dabei wird von den Autoren, welche die verwandte Diversifikation als erfolgversprechender beurteilen, i.a.R. die starke Interdependenz (in marktlicher oder technologischer Hinsicht) zwischen verwandten Geschäftsbereichen als Begründung für die Vorteilhaftigkeit dieses Strategietyps genannt. Zwischen Interdependenz und Synergiepotentialen wird eine positive Korrelation unterstellt, wodurch die Erfolgsunterschiede erklärt werden könnten.[44]) Die nachfolgende Abbildung gibt einen Überblick über weitere Forschungsarbeiten zum Einfluß des Verwandtschaftsgrades bzw. der Ähnlichkeit von Geschäftsfeldern auf den Unternehmungserfolg.[45])

43)   Vgl. RUMELT [Strategy]. Die Untersuchung wurde bereits im Rahmen der in Kapitel B.II.1. dieser Arbeit dargestellten historischen Entwicklung diversifizierter Unternehmungen angesprochen.
44)   Vgl. RUMELT [Strategy]; SALTER, WEINHOLD [Acquisitions]; DIES. [Diversification]. Vgl. auch SIMMONDS [Diversification], 401.
45)   Die Abbildung wurde JACOBS [Erfolgsfaktoren], 58ff. entnommen.

Verfasser	Erfolgsmaß	Untersuchungsrelevante Ergebnisse/Erfolgsfaktoren	Untersuchungsebene	Untersuchungsart
Ansoff/Weston (1963)	Growth in Earnings per Share; Growth in Market Price per Share; Ausmaß des Absatz- und Gewinnrückgangs in der Rezession	konzentrische Diversifikation ist erfolgreicher als die konglomerate Diversifikation	Erfolg von 12 US-amerikanischen Industrieunternehmen	quantitativ (Mittelwertvergleich)
Melicher/Rush (1973)	Rentabilität	keine Erfolgsunterschiede zwischen konglomeraten und nichtkonglomeraten Unternehmen	Erfolg von 90 Großunternehmen	quantitativ
Rumelt (1974; 1986)	Umsatz-/Gewinnwachstum; Rentabilität	mittlerer Diversifikationsgrad und enge Verwandtschaft; divisionale Organisationsstruktur	Erfolg von 246 Großunternehmen	quantitativ (multiple Regressionsanalyse)
Holzmann/ Copeland/ Hayya (1975)	Rentabilität	Nicht-Konglomerate sind erfolgreicher als Konglomerate	Erfolg von 51 Unternehmen	quantitativ (t-Test)
Beattie (1980)	Risk/Return-Indices (modifizierter Jensen-Index und Westfield-Index)	kein eindeutiger Zusammenhang zwischen konglomerater Diversifikation und finanzwirtschaftlichem Erfolg; kein eindeutiger Effekt des konglomeraten Diversifikationsprozesses auf das Ausmaß des systematischen Risikos; positive Beziehung zwischen Diversifikationsausmaß und „Diversifikationseffizienz" (Ausmaß, in dem das diversifizierbare Risiko reduziert wird	Unternehmenserfolg und -risiko von 10 US-amerikanischen Konglomeraten zwischen 1948 und 1972	quantitativ (Varianzanalyse)
Bettis (1981)	Rentabilität	enge Verwandtschaft	Erfolg von 80 Großunternehmen	quantitativ (Varianzanalyse; Scheffés Verfahren der multiplen Vergleiche; multiple Regressionsanalyse)
Rumelt (1982)	um Brancheneffekte bereinigte Kapitalrentabilität	mittlerer Diversifikationsgrad und enge Verwandtschaft	Erfolg von 273 Großunternehmen	quantitativ (multiple Regressionsanalyse)
Dundas/ Richardson (1982)	Return on Capital; Return on Equity	Beschränkung auf drei oder vier Hauptgeschäftsfelder, die ähnliche Erfolgsfaktoren aufweisen; keine zu großen Tochtergesellschaften (nicht mehr als 30 Prozent des Gesamtunternehmens); Marktführer bei den Hauptgeschäftsbereichen; Markteintritt über Akquisition	Erfolg konglomerat diversifizierter Unternehmen	qualitativ
Hill (1983)	Return on Sales; Return on Capital Employed; Umsatzwachstum	Erfolg von konglomerat diversifizierten Unternehmen ist weniger stabil als der Erfolg nicht konglomerat diversifizierter Unternehmen	Erfolg von 60 britischen Großunternehmen (Times 1000)	quantitativ (Mittelwertvergleich)
Luffman/Reed (1984)	Umsatzwachstum; Kapitalrendite; Aktionärsrendite	Unternehmenskonglomerate erfolgreicher als Nicht-Konglomerate	Erfolg von 496 Großunternehmen	quantitativ

Verfasser	Erfolgsmaß	Untersuchungsrelevante Ergebnisse/Erfolgsfaktoren	Untersuchungsebene	Untersuchungsart
Michel/Shaked (1984)	Gewinnmaße (unter Einbezug von Risikomaßen) nach Sharpe (1966), Treynor (1965) und Jensen (1968)	konglomerate Diversifikation ist erfolgreicher als nicht-konglomerate Diversifikation	Erfolg von 48 großen britischen Unternehmen	quantitativ (einfache Regressionsanalyse)
Wells (1984)	ROI	Portfolios, deren strategische Geschäftseinheiten in ähnlichen Märkten angesiedelt sind, weisen größere Erfolge auf als solche mit heterogenen Geschäftseinheiten	Erfolg von 59 Unternehmens-Portfolios der PIMS-Datenbank	quantitativ (multiple Regressionsanalyse)
Bettis/Mahajan (1985)	Return on Assets	nicht-konglomerat diversifzierte Unternehmen erzielen bessere Erfolgs- und Risikokennzahlen als konglomerat diversifizierte Unternehmen; die Diversifikation in ähnliche Geschäftsfelder stellt jedoch keine Garantie für gute Risiko/Gewinngrößen dar	Erfolg und Risiko von 80 Großunternehmen	quantitativ (Clusteranalyse)
Montgomery (1985)	Return on Firm's invested Capital	kein Einfluß unterschiedlicher Formen der Diversifikationsstrategie auf die Unternehmensrentabilität	Erfolg von 128 Unternehmen der Fortune 500	quantitativ (t-Test; multiple Regressionsanalyse)
Palepu (1985)	Rentabilität	engere Verwandtschaft führt zu höherem Rentabilitäts-Wachstum; ein geringerer Diversifikationsgrad ist mit höherer Rentabilität verbunden	Erfolg von 30 Firmen der Lebensmittelindustrie	quantitativ (t-Test; Mann-Whitney U-Test)
Dubofsky/ Varadarajan (1987)	Gewinnmaße (unter Einbezug von Risikomaßen) nach Sharpe (1966), Treynor (1965) und Jensen (1968) sowie Return on Assets	Bestätigung der Untersuchungsergebnisse von Michel/Shaked (1984); keine signifikanten Ergebnisse hinsichtlich der Beziehung Diversifikationsgrad und Return on Assets	Erfolg von 51 großen Unternehmen der Fortune 500 (Replikationsstudie zu Michel/Shaked (1984))	quantitativ (Duncans Test)
Varadarajan/ Ramanujam (1987)	Return on Equity; Return on Total Capital; Sales Growth Rate; Earnings-per-Share Growth Rate	Nicht-konglomerat diversifizierte Unternehmen sind erfolgreicher als konglomerat diversifizierte Unternehmen	Erfolg von 216 großen Unternehmen aus den 25 größten Branchen der USA	quantitativ (Varianzanalyse)
Capon/ Hulbert/ Farley/ Martin (1988)	Rentabilität; Umsatzwachstum	nicht-konglomerat diversifizierte Unternehmen sind erfolgreicher als Unternehmenskonglomerate	Erfolg von 112 Firmen der Konsumgüter- und Investitionsgüterbranche	quantitativ (t-Test)
Amit/Livnat (1988)	Cash-flow und Rentabilität (auf Basis des Return on Assets)	nicht-konglomerat diversifizierte Unternehmen erzielen eine höhere Rentabilität als Konglomerate; Konglomerate weisen eine geringere Variabilität auf als nicht-konglomerat diversifizierte Unternehmen (geringeres Risiko)	Erfolg und Risiko von 289 bzw. 300 Großunternehmen	quantitativ (t-Test)
Geringer/ Beamish/ da Costa (1989)	Return on Sales; Return on Assets	Diversifikation in verwandte Bereiche ist erfolgreicher als in völlig fremde Bereiche oder als die vertikale Integration; keine signifikanten Interaktionseinflüsse von Internationalisierungsgrad und Diversifikationsart auf den Erfolg	Erfolg von 200 großen multinationalen Unternehmen aus den USA und aus Europa	quantitativ (Varianzanalyse)

Verfasser	Erfolgsmaß	Untersuchungsrelevante Ergebnisse/Erfolgsfaktoren	Untersuchungsebene	Untersuchungsart
Hoffmann (1989)	Anteil der im Unternehmensportfolio verbliebenen Diversifikationsprojekte	gründliche Prüfung der Diversifikationsvoraussetzungen; Realisierung von Synergiepotential durch Eintritt in verwandte Produktbereiche	Diversifikationserfolg von 80 Großunternehmen aus dem Industrie-, Dienstleistungs- und Handelssektor	quantitativ (Häufigkeiten)
Kim/ Hwang/ Burgers (1989)	Wachstum und Stabilität von Operating Profit Margin und Return on Assets	Unternehmen mit verwandten Geschäftsfeldern und starker internationaler Ausrichtung sind erfolgreicher als Unternehmen mit sehr unterschiedlichen Geschäftsbereichen und geringem Internationalisierungsgrad	Erfolg von 62 multinationalen Unternehmen	quantitativ

Abbildung 11: Einfluß der Ähnlichkeit von Geschäftsfeldern auf den Unternehmungserfolg (diversifikationsbezogene Erfolgsfaktorenforschung)

Eine weitere Gruppe der diversifikationsbezogenen Erfolgsfaktorenforschung bilden diejenigen empirischen Arbeiten, welche die Art und Weise der *Diversifikationsdurchführung* im Hinblick auf ihre erfolgsbeeinflussende Wirkung betrachtet haben. In diese Kategorie fallen alle diejenigen empirischen Arbeiten, die versuchen eine Antwort darauf zu finden, ob Diversifizierer erfolgreicher sind, wenn sie eine interne Diversifikationsstrategie verfolgen, d. h. aus eigener Kraft diversifizieren oder ob nicht die externe Diversifikation durch Akquisition, Fusion u.ä. die erfolgreichere Strategie darstellt. Die empirischen Untersuchungen resultieren mehrheitlich in dem Ergebnis, daß die Unternehmungen, welche die interne Diversifikationsvariante gewählt hatten, in der Regel erfolgreicher waren.[46] Dabei gelangen verschiedene Autoren zu der Einschätzung, daß die Effektivität der jeweiligen Diversifikationsstrategie (intern bzw. extern) von unterschiedlichen internen Strukturen und Systemen abhängt. Als Vorteil der internen Strategie werden beispielsweise die größere Vertrautheit mit den Marktgegebenheiten bzw. den verwendeten Technologien angeführt. Daneben werden sowohl die potentiell stärkere Integration der verschiedenen Unternehmungseinheiten als auch die stärkere kulturelle Geschlossenheit als weitere Argumente für die Vorteilhaftigkeit interner Diversifikationsstrategien angeführt. Demgegenüber erscheint die externe Diversifikation lediglich in solchen Fällen vorziehenswürdig, in denen das Bestehen hoher Eintrittsbarrieren, wie etwa Patente o. ä. die Expansion mittels einer internen Strategie be- oder verhindern.[47] Zudem wird zum Teil auch die bei einer externen Diversifikationsstrategie i.a.R. vorhandene beschleunigte Umsetzungsmöglichkeit als weiterer denkbarer Vorteil einer

---

46) Vgl. hierzu ANSOFF ET AL. [Acquisition]; LAMONT, ANDERSON [Mode].
47) Vgl. statt anderer NEHLS [Diversifikation], 61.

solchen Strategie angeführt.[48]) So kann beispielsweise eine Ausdehnung der Unternehmungsaktivitäten mittels Akquisition grundsätzlich wesentlich schneller realisiert werden als eine Erweiterung der unternehmerischen Geschäftstätigkeit durch interne Forschungs- und Entwicklungsanstrengungen. Gleichzeitig verleitete diese rasche Expansionsmöglichkeit manchen Diversifizierer dazu, vorschnelle Entscheidungen zu treffen und die für eine erfolgreiche Entwicklung der Gesamtunternehmung erforderlichen Voraussetzungen nur unzureichend zu beachten.

Einige Autoren haben schließlich den kombinierten Einfluß von *Verwandtschaftsgrad* und *Art und Weise der Durchführung* auf den Erfolg untersucht.

Eine Betrachtung derjenigen Studien, welche den Zusammenhang zwischen der externen Diversifikationsstrategie in Verbindung mit einer Ausprägung der Dimension Verwandtschaft hinsichtlich ihres Erfolgsbeitrags analysiert haben, bringt äußerst widersprüchliche Ergebnisse zutage. So argumentieren beispielsweise KITCHING, POWERS und KUSEWITT[49]) daß extern diversifizierende Unternehmungen mit verwandter Diversifikation prinzipiell die besseren Ergebnisse erzielten. Zu einer gegenteiligen Beurteilung gelangten demgegenüber LUBATKIN und REID, welche die nicht verwandte Diversifikation in Verbindung mit einer Akquisitionsstrategie als die erfolgreichere Alternative ausmachten.[50]) Wieder andere Autoren konnten keinen nennenswerten Unterschied zwischen verwandter und nichtverwandter Diversifikation in Verbindung mit einer Akquisitionsstrategie feststellen.[51]) Schließlich existieren darüber hinaus empirische Studien, welche der Akquisitionsstrategie per se keine oder nur eine äußerst geringe Erfolgswahrscheinlichkeit bescheinigen.[52]) Aufgrund der Widersprüche lassen die Ergebnisse der in diese Untersuchungskategorie fallenden Studien keine aussagekräftigen Schlußfolgerungen zu.

Zwar lassen sich in der einschlägigen Literatur darüber hinaus eine Reihe empirischer Untersuchungen finden, in denen der Zusammenhang zwischen den beiden Dimensionen Ähnlichkeit (verwandte versus nichtverwandte Diversifikation) und Art und Weise der Durchführung der Diversifikation (interne versus externe Diversifikationsstrategie)

48) Vgl. SIMMONDS [Diversification], 401f. und die dort angegebene Literatur. Vgl. auch HENNART, PARK [Greenfield], 1068.
49) Vgl. KITCHING [Mergers]; KUSEWITT [Study]; POWER [Companies].
50) Vgl. LUBATKIN [Market]; REID [Mergers].
51) Vgl. BURGMAN [Explanation]; SINGH [Acquisition].
52) Vgl. DODD [Merger]; HOGARTY [Profits]; MANDELKER [Risk]; MUELLER [Effects]; PICCINI [Analysis].

analysiert wurde.[53]) Die verschiedenen Studien interessieren sich jedoch nicht für den Einfluß dieser Strategien auf den Erfolg der untersuchten Unternehmungen. Aus diesem Grund sind sie für die vorliegende Arbeit nicht relevant. SIMMONDS erweiterte derartige Arbeiten, indem er die *kombinierte Beziehung zwischen Grad der Verwandtschaft und Art und Weise der Diversifikationsdurchführung* im Hinblick auf ihren Erfolgsbeitrag untersucht hat. Im Anschluß werden daher lediglich seine Ergebnisse betrachtet. Vor dem Hintergrund seiner Auswertungen gelangt der Autor zu der Einschätzung, daß solche Unternehmungen, welche gemäß der beiden verwandten Varianten diversifizierten, grundsätzlich erfolgreicher gegenüber den Diversifizierern waren, die ihre Geschäftstätigkeit auf nichtverwandte Bereiche ausdehnten[54]). Den geringsten Erfolgsbeitrag der vier untersuchten Varianten stellte er für die nichtverwandt/externe Diversifikationsstrategie fest, was er angesichts der Tatsache, daß diese Strategie die zunehmende Konglomeratbewegung dominiert hat, erstaunlich findet.[55])

Abschließend lassen sich noch solche Studien diversifikationsbezogener Erfolgsfaktorenforschung hervorheben, die den Einfluß der Wirkung von *Merkmalen der Marktstruktur* auf den Diversifikationserfolg untersucht haben. RUMELT untersuchte beispielsweise die bereits in der o. g. Studie betrachteten Unternehmungen ein weiteres Mal hinsichtlich ihrer Diversifikationsstrategien. Den zuvor zugrundegelegte Erfolgsfaktor "return on capital" bereinigte er in der neueren Arbeit um die Veränderung der Branchenrendite und gelangte nunmehr zu der Erkenntnis, daß sich einige der zuvor ermittelten Erfolgsunterschiede durch Unterschiede der Branchenrendite erklären lassen.[56]) Auch CHRISTENSEN und MONTGOMERY, die eine Aktualisierung der Stichprobe von RUMELT vornahmen, gelangten zu der Feststellung erfolgsbeeinflussender Wirkungen verschiedener Marktstrukturdaten.[57]) Die in der Ursprungsstudie ermittelten Ergebnisse hinsichtlich der Relation zwischen Diversifikationsstrategie und Unternehmungsergebnis bewerteten sie als korrelative Zusammenhänge, die sich jedoch nicht als Kausalzusammenhänge charakterisieren ließen. Ein ähnliches Ergebnis erzielten BETTIS und HALL, die ebenfalls eine erneute Untersuchung auf der Basis der von

---

53) Vgl. etwa BERG [Management]; DERS. [Role]; DIDRICHSEN [Development]; KERR [Diversification]; PITTS [Incentive]; DERS. [Diversification]; DERS. [Relationship]; sowie DERS. [Theory].

54) Wobei er jedoch gleichzeitig einräumt, daß die von ihm beobachteten Erfolgsunterschiede nicht signifikant waren. Vgl. SIMMONDS [Diversification], 399.

55) Vgl. SIMMONDS [Diversification], 399.

56) Bereits andere Autoren hatten eine Bereinigung seiner Ursprungsuntersuchung um derartige Marktstrukturdaten vorgenommen. Vgl. etwa BUZZEL, GALE [Strategy].

57) Hierzu zählten sie die Höhe der Branchenrendite, des Marktanteils und der Branchenkonzentration. Vgl. ausführlich CHRISTENSEN, MONTGOMERY [Performance].

RUMELT zugrundegelegten Stichprobe durchführten.[58]) Ihre Studie ergab, daß die signifikanten Erfolgsunterschiede zwischen den betrachteten Unternehmungen dann weitgehend entfielen, wenn die in der Stichprobe enthaltenen, großen Pharmaunternehmungen (Bristol-Myers, Johnson & Johnson, Merck und Sterling Drug) aus der Erhebung ausgeschlossen wurden.[59])

4. Kritische Würdigung

Eine Durchsicht der einschlägigen Beiträge zur Erfolgsfaktorenforschung macht deutlich, daß zwar eine Fülle an Publikationen vorliegt, es der wissenschaftlichen Forschung andererseits an soliden Untersuchungen mangelt. Die Studien, welche die Diversifikationsstrategien von Unternehmungen hinsichtlich ihres Erfolgsbeitrages untersucht haben, zeichnen sich vielfach durch widersprüchliche Ergebnisse aus. Darüber hinaus sind die ermittelten Werte zum Teil keineswegs signifikant, so daß die Aussagefähigkeit im Hinblick auf konkrete Probleme diversifizierter Unternehmungen recht begrenzt bleibt.

Wie im Rahmen der allgemeinen Kennzeichnung der Erfolgsfaktorenforschung dargelegt, ist die empirische Erfolgsfaktorenforschung grundsätzlich mit zahlreichen methodischen Problemen konfrontiert. Die Durchsicht der veröffentlichten Studien bestätigt eine solche Einschätzung. So sind Untersuchungen häufig nur schwer vergleichbar, da die Untersuchungsergebnisse auf der Verwendung unterschiedlicher Abgrenzungskriterien beruhen. In Kapitel B wurde bereits darauf hingewiesen, daß hinsichtlich der verschiedenen Begriffsabgrenzungen der Diversifikation in der Literatur keine Einigkeit besteht. Mangelnde Übereinstimmung gilt sowohl für die Abgrenzung nach der Art und Weise der Durchführung einer Diversifikationsstrategie als auch hinsichtlich der Verwandtheitsdimension. Auch die Problematik der Meßbarkeit der verschiedenen Dimensionsausprägungen wurde in Kapitel B bereits erörtert. Zudem werden z.T. unterschiedliche Erfolgskennzahlen verwendet, wodurch ebenfalls Probleme der Vergleichbarkeit hervorgerufen werden können. Während einige Studien den Erfolg etwa auf der Grundlage des ROA (return on assets) ermitteln,[60]) berücksichtigen andere Autoren neben

---

58)   Vgl. BETTIS, HALL [Diversification].

59)   In diesem Zusammenhang wird auf die von JACOBS diskutierten Beiträge der Diversifikations-
         forschung verwiesen, die sich für den Einfluß sonstiger Faktoren auf den Diversifikationser-
         folg interessieren. Vgl. JACOBS [Erfolgsfaktoren], 64f.

60)   Vgl. etwa BETTIS [Performance].

- 83 -

dem ROA z. B. auch den ROE (return on equity); ROIC (return on invested capital) oder CSG (compound sales growth).[61])

Des weiteren bleibt auch der Untersuchungszeitraum einer Erhebung nicht ohne Auswirkung auf die Ergebnisse der Untersuchung. So bekennt z. B. SIMMONDS, daß die Auswahl des für seine Studie zugrundegelegten Betrachtungszeitraumes einen erheblichen Einfluß auf die von ihm ermittelten Ergebnisse hatte. Während er zunächst einen Untersuchungszeitraum von zehn Jahren zugrundegelegt hatte, erschienen die Ergebnisse nach einer Dekomposition in zwei Perioden von je fünf Jahren wesentlich aussagekräftiger. Derartige Erhebungsunterschiede lassen sich nicht zuletzt auch darauf zurückführen, daß Diversifikationsprojekte häufig erst nach längeren Zeiträumen Gewinne abwerfen.[62]) Auf den Einfluß des untersuchten Zeitabschnittes hinsichtlich des Erfolges einer Diversifikationsstrategie weist ebenfalls PALEPU in seiner Studie hin[63]) und GRANT et al. gelangen zu der Einschätzung, daß "findings concerning relationships between diversity and profitability appear to be highly susceptible to choices concerning profitability measures, time period, control variables, and method of analysis."[64])

Aufgrund der heterogenen Ergebnisse der vielfältigen Studien stellt sich grundsätzlich die Frage des Aussagewertes derartiger Untersuchungen. Trotz der enormen Anzahl empirischer Erhebungen lassen sich keine konsistenten und aussagekräftigen Ergebnisse hinsichtlich des Erfolgsbeitrages von Diversifikationsstrategien festhalten. Vielmehr scheinen immer neue Studien die Inkonsistenzen zwischen den Resultaten nur noch zu vergrößern.[65]) Letzteres läßt sich z.T. darauf zurückführen, daß in den Untersuchungen andere, unter Umständen bedeutendere Aspekte im Hinblick auf ihren Erfolgsbeitrag vernachlässigt wurden. SIMMONDS räumt z. B. ein, daß die fehlende Signifikanz zwischen den verschiedenen von ihm verwendeten Untersuchungseinheiten durch andere als die seiner Studie zugrundeliegenden Dimensionen bedingt sein könnte.[66]) Zwar beurteilt er seine Vorgehensweise wegen der Berücksichtigung kombinierter Diversifikationsstrategien gegenüber den einseitigen Ansätzen als robuster. Er stellt jedoch

---

61) Vgl. statt anderer SIMMONDS [Diversification]. Vgl. die Zusammenfassung einer kritischen Diskussion der Verwendung verschiedener Erfolgskennzahlen von AAKER, JACOBSON [Role], 283f.
62) Vgl. hierzu etwa BIGGADIKE [Diversification], 55ff. der einen Zeitraum von ca. acht Jahren empirisch belegt hat.
63) Vgl. PALEPU [Diversification]. Vgl. auch PASQUIER [Perfomrances], 496.
64) GRANT, JAMMINE, THOMAS [Diversity], 775.
65) Vgl. hierzu auch GRANT, JAMMINE, THOMAS [Diversity], 771.
66) Vgl. SIMMONDS [Diversification], 409.

gleichzeitig fest, daß weitergehende Untersuchungen vonnöten seien, um etwa die Frage zu klären, ob der Erfolg der verschiedenen Diversifikationsstrategien nicht zuletzt von der organisatorischen Umsetzung innerhalb einer Unternehmung abhängig ist.[67]

HASPESLAGH, der sich in vielfältigen Studien intensiv mit Fragen der Akquisition von Unternehmungen auseinandergesetzt hat, bekräftigt diese Vermutungen, indem er die besondere Bedeutung der individuellen Erfahrungen eines Diversifizierers unterstreicht. Der Autor betont etwa, daß sich die Herausforderung eines konglomeraten Unternehmungserwerbs für eine extrem fokussierte Unternehmung, welche zum ersten Mal akquiriert, vollkommen anders gestalten wird, als für eine breit diversifizierte Unternehmung mit langjähriger Akquisitionserfahrung.[68] Daneben weisen etwa MÜLLER-STEWENS und SPICKERS in diesem Zusammenhang darauf hin, daß "...bei extremer Verwandtschaft, also bei der Zusammenführung zweier direkter Wettbewerber, deren historisch konditionierte 'Feindschaft' eine Umsetzung der Akquisitionsziele erheblich erschweren (kann, d. Verf.)."[69][70]

Fragen der Implementierung von Diversifikationsstrategien waren nur selten Gegenstand empirischer Untersuchungen. Noch seltener sind hingegen solche Studien, welche den Einfluß unterschiedlicher Arten der organisatorischen Umsetzung auf die Konsequenzen für den Erfolg untersucht haben.[71] Zumeist werden in den wenigen durchgeführten Studien organisatorische Teilaspekte analysiert. So haben einige Autoren beispielsweise den Zusammenhang zwischen unterschiedlichen Vergütungssystemen und Diversifikationsstrategien untersucht.[72] GOMEZ-MEJA untersuchte den Einfluß eines "Fits" zwischen Vergütungs- und Diversifikationsstrategien auf den Unternehmungserfolg. Der Autor gewann in seiner Studie empirische Evidenz für eine positive Beeinflus-

---

67) Vgl. SIMMONDS [Diversification], 409. Vgl. hierzu jedoch MINTZBERG, der beklagt, daß der Verweis auf Implementierungsprobleme von dem eigentlichen Problem einer Trennung von Strategieformulierung und -implementierung ablenkt. In dieser Dichotomisierung sieht er die eigentliche Ursache vielfältiger Enttäuschungen, da auf diese Weise natürliche Lernprozesse in Unternehmungen behindert würden. Vgl. MINTZBERG [Strategy Formation], 115.

68) Vgl. hierzu etwa HASPESLAGH [Acquisitions], 15. Eine ähnliche Sichtweise vertreten FOWLER und SCHMIDT. Vgl. FOWLER, SCHMIDT [Determinants].

69) MÜLLER-STEWENS, SPICKERS [Akquisitionsmanagement], 208f.

70) Auf die Bedeutung des Einflusses weiterer Faktoren auf den Erfolg einer Unternehmung weisen auch GERINGER ET AL. in ihrer Studie hin. Vgl. GERINGER, BEAMISH, DACOSTA [Diversification]. Vgl. daneben GRANT, JAMMINE, THOMAS [Diversity], 793; PASQUIER [Performances], 499; SCHÜLE [Diversifikation], insbesondere 141ff. und die dort angegebene Literatur.

71) Vgl. GOMEZ-MEJA [Structure], 381.

72) Vgl. etwa BALKIN, GOMEZ-MEJA [Compensation]; KERR [Diversification]; KERR, SLOCUM [Cultures]; NAPIER, SMITH [Product diversification].

sung des Unternehmenserfolges.[73]) Auch HOSKISSON erweitert den Untersuchungs-
fokus, indem er den Einfluß der gewählten Organisationsform in seine Untersuchung
des Zusammenhangs unterschiedlicher Diversifikationsstrategien und des Erfolgs diversifizierter Unternehmungen untersucht.[74]) Interessante Argumente liefert schließlich
auch der Erklärungsansatz von NAYYAR. Letzterer argumentiert z. B. für den Fall der
Messung des Verwandtheitsgrades, daß das Problem der Aussagefähigkeit derartiger
Untersuchungen vor allem darin zu sehen ist, daß es sich bei dem verwendeten Zahlen-
material lediglich um öffentlich zugängliche, externe Daten handelt. Auf diese Weise
spiegelten die Meßergebnisse dann anstelle der tatsächlichen Verwandtheit den potentiellen Grad der Verwandtschaft wieder. Diese beiden Größen müssen jedoch keineswegs identisch sein. "Since the benefits of relatedness can only arise when businesses
are actually related, it follows that empirical examinations of the consequences of diversification strategies require that data be collected on actual relationships among businesses in diversified firms."[75]) Aus diesem Grund hat der Autor in seiner Untersuchung
einer Auswahl amerikanischer Dienstleistungsunternehmungen die Meßergebnisse auf
der Grundlage öffentlich zugänglichen Datenmaterials mit den auf internen Daten beru-
henden Messungen verglichen.

Im Lichte theoretischer Argumente erscheinen die empirischen Befunde zum Teil erstaunlich. Einige Autoren haben sich mit den Gründen für die Unterschiede zwischen
theoretischen und empirischen Resultaten auseinandergesetzt.[76]) Vor dem Hintergrund
der vielfältigen untersuchungstechnischen Schwierigkeiten überrascht es jedoch wenig,
daß im Hinblick auf Art und Ausmaß des Zusammenhanges zwischen Diversifikationsstrategie und Erfolg keine zuverlässige empirische Evidenz besteht.[77]) Gleichzeitig
verdeutlichen die vorgenannten Beispiele, daß die Aussagefähigkeit derartiger Studien
häufig schon alleine deshalb eingeschränkt ist, weil andere wesentliche Aspekte ausgeklammert werden.

Es erscheint daher um so erstaunlicher, daß sich Forscher und Berater häufig trotz der
vielfältigen Inkonsistenzen in den Ergebnissen der verschiedenen durchgeführten Untersuchungen nicht davon abhalten ließen bzw. lassen, generelle Leitlinien und Ratschläge

---

73)   Vgl. GOMEZ-MEJIA [Structure], 381.

74)   Vgl. für eine ausführliche Diskussion HOSKISSON [Structure].

75)   NAYYAR [Measurement], 219.

76)   Vgl. etwa BALAKRISHNAN [Prognostics]; BETTIS [Performance]; MONTGOMERY
        [Diversification]; SIMMONDS [Diversification], 400ff.

77)   Vgl. auch KUNZ [Diversifikation], 306.

für Manager bezüglich der richtigen Durchführung von Diversifikationsstrategien anzubieten.[78] Derartige pauschale Beurteilungen werden der komplexen und facettenreichen Diversifikationsproblematik jedoch keineswegs gerecht und bergen in sich ein zusätzliches Gefahrenpotential für vielfältige Diversifikationsirrtümer und eine zunehmende Ernüchterung seitens der betroffenen Unternehmungen.

Mit Blick auf die widersprüchliche Evidenz kommt KUNZ zu dem Ergebnis, daß zwischen Diversifikation und Erfolg einer Unternehmung wohl kein klarer Zusammenhang besteht. Er führt die Erfolge diversifizierter Unternehmungen sowohl im Hinblick auf Auswahl und Durchführung von Diversifikationsprojekten als auch auf alle anderen Geschäftsbereiche vielmehr in der Hauptsache auf ein fähiges Management zurück.[79] So ließe sich im Umkehrschluß das schlechte Abschneiden bzw. ein Scheitern diversifizierter Unternehmungen auf die Unfähigkeit des Managements der Diversifizierer zurückführen. Die Schlußfolgerungen von GRANT et al. deuten in eine ähnliche Richtung. Die Autoren beobachteten im Anschluß an ihre Studie britischer Diversifizierer, daß wirtschaftliche Erfolge die zunehmende Diversifikation fördern und somit als Erklärung für die Motivation diversifizierter Unternehmungen herangezogen werden könnten. Demgegenüber konnten sie für die umgekehrte Relation - einer positiven Beeinflussung des Unternehmungserfolges durch die Diversifikation - keine eindeutige Evidenz feststellen.[80] Dementsprechend gelangen sie zu der Feststellung: "The total impact of diversification on performance depends on complex interactions between diversification strategy, corporate capabilities and resources, and external environment"[81] und argumentieren daher, daß ein besseres Verständnis der Diversifikationsproblematik einer vertieften Analyse der vielfältigen Interaktionen zwischen Strategie, Organisation und Umweltfaktoren sowie einer detaillierten Untersuchung der Erfahrungen konkreter Unternehmungen bedürfe.[82]

---

78)   Vgl. GRANT, JAMMINE, THOMAS [Diversity], 775.

79)   Vgl. KUNZ [Diversifikation], 307. Vgl. hierzu auch die Ausführungen von RICHARDSON [Limits], insbesondere 11; SCHWEIGER, WALSH [Mergers], 47; Auch die Analyse von SCHÜLE ergab keinen systematischen Einfluß der Diversifikation auf den Unternehmungserfolg. Vgl. SCHÜLE [Diversifikation], insbes. 161.

80)   Eine Ausnahme bildete der Fall der multinationalen Diversifikation, für den sie sehr wohl eine wechselseitige Verstärkung zwischen zunehmender Diversifikation und verbessertem Unternehmungsergebnis feststellten. Vgl. GRANT, JAMMINE, THOMAS [Diversity], 793f; für eine Diskussion der Aussagefähigkeit dieses Ergebnisses insbesondere 794.

81)   GRANT, JAMMINE, THOMAS [Diversity], 795.

82)   Vgl. GRANT, JAMMINE, THOMAS [Diversity], 796.

Zusammenfassend läßt sich somit festhalten, daß die vorliegenden empirischen Studien keine aussagefähigen Schlußfolgerungen hinsichtlich der Frage zulassen, warum einige Diversifizierer äußerst erfolgreich sind, während die Diversifikationsstrategien anderer Unternehmungen zum Scheitern verurteilt waren. Gleichzeitig erhärten die vorliegenden Studien die in Kapitel B bereits festgestellte Sachlage, daß eine Diversifikationsstrategie keineswegs ein Garant für die vielfältig propagierten theoretischen Vorteile und Erfolge ist. Darüber hinaus wird erneut deutlich, daß hinsichtlich der Möglichkeiten und Grenzen von Diversifikationsstrategien ein umfassender Analysebedarf existiert. Insbesondere besteht ein dringender Bedarf an konzeptionellen Ansätzen, welche einer Unternehmung als differenzierte Entscheidungsgrundlage für ihre Diversifikationsstrategien dienen können.

Vor diesem Hintergrund wird nachfolgend der Ansatz von PORTER diskutiert. Der Autor ließe sich strenggenommen auch im Rahmen der empirischen Erfolgsfaktorenforschung diskutieren.[83] Dem Ansatz des Autors wird in der vorliegenden Arbeit jedoch ein eigenes Kapitel gewidmet, da er im Vergleich zu den bisher diskutierten empirischen Erfolgsfaktorenstudien - nicht zuletzt durch den Rückgriff auf seine früheren Werke - neben der Identifikation und Nennung einzelner Erfolgsfaktoren konzeptionelle Vorschläge unterbreitet, die diversifizierte Unternehmungen bei ihren Diversifikationsentscheidungen unterstützen sollen.

II. Der Ansatz von PORTER

PORTER gelangte aufgrund der Ergebnisse seiner empirischen Langzeituntersuchung[84] von 33 großen und bedeutsamen US-Unternehmen,[85] deren Diversifikationsprojekte er zwischen 1950 und 1986 untersuchte, zu dem Ergebnis, daß die meisten Unternehmungen, die sich mit Akquisitionen, Joint Ventures oder Neugründungen auf fremde Märkte bewegen, die erhofften Gewinne oder Wettbewerbsvorteile nicht ver-

---

83)   Vgl. für eine solche Vorgehensweise etwa JACOBS [Erfolgsfaktoren], insbes. S. 71 und 73.

84)   Er grenzt sich mit seiner Untersuchung von solchen Studien ab, welche eine Erfolgsbeurteilung von Diversifikationsstrategien anhand kurzfristiger Börsenbeurteilungen (Differenz zwischen den Aktienkursen unmittelbar vor und nach der Bekanntgabe einer Übernahme) vornehmen. Vgl. PORTER [Diversifikation]; DERS. [Competitive advantage]. Vgl. auch JENSEN, RUBACK [Market]; JENSEN [Takeovers].

85)   So beinhaltet seine Studie u. a. namhafte Unternehmungen wie IBM, Exxon, Du Pont, 3M, Alco Standard und Procter & Gamble.

wirklichen konnten.[86] Die Mehrzahl der von ihm untersuchten Unternehmungen hatten eine größere Zahl aufgekaufter Geschäftsbereiche wieder abgestoßen als sie behalten und integriert haben.[87] Anderen Unternehmungen gelang es nur mittels massiver Subventionierung durch ein profitables Stammgeschäft, die erfolglosen Geschäftsbereiche beizubehalten.[88] HOFFMANN führte aufbauend auf der Studie von PORTER eine vergleichbare Untersuchung deutscher Unternehmungen[89] durch, bei der er 135 der größten deutschen Unternehmungen verschiedener Branchen hinsichtlich deren Diversifikationserfahrungen[90] in der Zeit zwischen 1960 und 1987 befragte. Die Ergebnisse seiner empirischen Arbeit bestätigen die Resultate der amerikanischen Studie weitgehend, so daß es sich offensichtlich nicht um ein rein amerikanisches Phänomen handelt.[91]

Sowohl die durchgeführte Untersuchung als auch die Empfehlungen HOFFMANNs lehnen sich insgesamt eng an die Ausführungen und zugrundeliegenden theoretischen Konzepte von PORTER an. Nachfolgend werden daher die Vorschläge und konzeptionellen Ansatzpunkte PORTERs - in der im Rahmen dieser Arbeit gebotenen Kürze - erörtert. Die Ausführungen werden dabei durch empirische Resultate HOFFMANNs ergänzt.

---

86) Eine in Großbritannien und den USA durchgeführte McKinsey-Studie ergab, daß von 116 untersuchten Akquisitionen nur 27 zum Erfolg führten. Die Untersuchung bestätigt somit die Ergebnisse der anderen Autoren. Vgl. hierzu COENENBERG, SAUTTER [Bewertung]. Vgl. für eine umfangreiche empirische Evidenz im Hinblick auf die Ergebnisse der ersten beiden Diversifikationswellen HOGARTY [Profits] und die dort systematisierte Literatur. MUELLER gibt einen Überblick über die in vielfältigen empirischen Studien erfaßten Effekte der Konglomeratwelle der 60er Jahre. Vgl. MUELLER [Effects]. Vgl. zudem SCHWEIGER, WALSH [Mergers] sowie die Literaturangaben der Autoren.

87) Vgl. PORTER [Competitive advantage], 43.

88) Aufgrund dieser verbreiteten Subventionierungspraxis beurteilt PORTER den Aktionärsgewinn als wenig aussagekräftigen Maßstab im Hinblick auf die Beurteilung des Erfolges einer Diversifikationsstrategie. Vgl. PORTER [Diversifikation], 63.

89) Vgl. HOFFMANN [Diversifikation].

90) HOFFMANN erbat Auskünfte hinsichtlich der Diversifikations- und Erwerbsart sowie in bezug auf die Ziele und Erfolge der angestrebten Strategien. Vgl. HOFFMANN [Diversifikation], 52.

91) Vgl. HOFFMANN [Diversifikation].

1. Unternehmungsexterne Basisvoraussetzungen erfolgreicher Diversifikation nach PORTER

PORTER führt die Probleme diversifizierter Unternehmungen u. a. darauf zurück, daß sie anstelle einer Verfolgung horizontaler Diversifikationsstrategien zunehmend in fremde Branchen diversifizieren.[92]) Während die empirischen Untersuchungen ergaben, daß einige der in dieser Weise diversifizierenden Unternehmungen durchaus erfolgreich sind, wird die zunehmende Konglomeratbildung von dem Autor dennoch als die Hauptursache für die geringen Erfolge bzw. das Scheitern einer Vielzahl diversifizierter Unternehmungen ausgemacht.[93]) "Allzu fremd dürfen diese neuen Bereiche nicht sein, wenn ihre Anbindung an das Stammhaus gelingen soll."[94])

Als unabdingbare Voraussetzungen erfolgreicher Diversifikation definiert der Autor drei unternehmungsexterne Bedingungen: günstige Branchenstrukturen, niedrige Eintrittskosten und hohe Synergiepotentiale, welche in ihrer Gesamtheit erfüllt sein müssen. Zwar sind diese Voraussetzungen nicht hinreichend für den Erfolg eines Diversifizierers. Dennoch stellen sie aus Sicht des Autors notwendige Bedingungen für den Diversifikationserfolg und Hauptursache für die empirisch belegten, zahlreichen Diversifikationsirrtümer dar.

a)   Günstige Branchenstrukturen

Die Branchenstruktur bildet die erste der genannten Grundbedingungen einer erfolgreichen Diversifikationsstrategie. PORTER geht davon aus, daß die Wahl der Branche, in die eine Unternehmung diversifiziert, von entscheidender Bedeutung für den Erfolg der

---

92)   Vgl. HOFFMANN [Diversifikation]; PORTER [Diversifikation], 77; DERS. [Competitive advantage]. Vgl. in diesem Zusammenhang ähnlich BETTIS [Performance]; CLARK [Hook-up]; NEHLS [Diversifikation], 57.

93)   Vgl. PORTER [Competitive advantage], 45; DERS. [Diversifikation], 63; HOFFMANN [Diversifikation], 58. Vgl. für eine differenzierte Beurteilung konglomerater Akquisitionen HASPESLAGH [Acquisitions], 15.

94)   HOFFMANN [Diversifikation], 52. Finanzwirtschaftliche Studien bestätigten das schlechte Abschneiden von Unternehmungen mit nichtverwandter Diversifikationsstrategie. Vgl. etwa MASON, GONDZWAARD [Performance]; MELICHER, RUSH [Performance]; WESTON, SMITH, SHRIEVES [Performance].

unternommenen Diversifikationsaktivitäten ist. Die aktuelle oder potentielle Struktur des Marktes bestimmt aus Sicht des Autors das langfristige Gewinnpotential einer Unternehmung. Dementsprechend wird das Scheitern vielfältiger Diversifikationsvorhaben unter anderem auf eine ungenügende Berücksichtigung der Branchenattraktivität bzw. der eigenen Positionierung innerhalb der Branche zurückgeführt. "Übertriebener Optimismus im Hinblick auf potentielle Synergien, günstige Eintrittskosten oder gute Wachstumszahlen verleiten leicht dazu, strukturelle Marktschwächen zu ignorieren."[95]

Dabei müsse der neue Markt seine Attraktivität nicht bereits zum Diversifikationszeitpunkt erreicht haben. Potentielle Konkurrenten eines rentablen Marktes erschweren bzw. verhindern einen solchen Eintritt in der Regel durch vielfältige Zugangsbarrieren. Es reiche vielmehr, wenn die diversifizierende Unternehmung in der Lage sei, die Struktur der Branche positiv zu verändern. Ist die Struktur eines Marktes jedoch bereits zum Zeitpunkt des Eintritts schlecht und hat der Diversifizierer nicht das Potential einer positiven Branchenbeeinflussung, so seien Mißerfolge vorprogrammiert. Die optimistische Hoffnung auf einen Integrationsautomatismus, wonach ein neuer Geschäftsbereich "sich schon irgendwie" in die Gesamtunternehmung einfügen werde, stellte sich für zahlreiche Diversifizierer als Trugschluß heraus. Derartige Erfahrungen machten beispielsweise Royal Dutch Shell und andere namhafte Ölgesellschaften, welche in Chemiemärkte diversifizierten. Aufgrund der dort vorhandenen schlechten Marktstrukturen konnten sie weder die Vorteile vertikaler Integration noch ihre Sachkenntnis in Prozeßtechnik gewinnbringend nutzen.[96]

Der Erfolg einer diversifizierten Unternehmung wird demnach zum einen von der Branchenattraktivität determiniert und ist zum anderen von der eigenen Wettbewerbsposition abhängig. Eine Unternehmung hat somit gemäß der Konzeption des Autors zwei wettbewerbsstrategische Entscheidungen zu treffen. Zunächst ist die Branche zu bestimmen, in die sie eintreten will und anschließend ist eine Positionierung innerhalb der Branche vorzunehmen. Als Hilfsmittel zur Beurteilung der Branchenattraktivität und zur eigenen Positionierung innerhalb der Branche entwickelte PORTER sein Konzept der Branchenstrukturanalyse.[97] Die Branchenstruktur und die Attraktivität einer Branche werden nach PORTER durch "fünf Wettbewerbskräfte" bestimmt (Vgl. hierzu die nachfolgende Abbildung): Bedrohung durch potentielle neue Konkurrenten, Verhandlungs-

---

95) HOFFMANN [Diversifikation], 53.

96) Vgl. PORTER [Diversifikation], 66.

97) Vgl. für eine ausführliche Erläuterung dieses Konzeptes PORTER [Strategy], 3ff.; DERS. [Wettbewerbsstrategie], 25ff.; DERS. [Theory], 100f.

macht der Abnehmer, Verhandlungsstärke der Lieferanten, Bedrohung durch Ersatzprodukte und -dienste und die Rivalität unter den bestehenden Unternehmen.[98])

Aufgabe einer Unternehmung ist es, die Ursprünge dieser Kräfte zu ergründen, um die eigene Strategie entsprechend anpassen zu können und sich innerhalb der Branche zu positionieren. "Die Kenntnis dieser tieferliegenden Ursprünge zeigt die entscheidenden Stärken und Schwächen des Unternehmens auf, regt es zur Standortbestimmung in der Branche an, erhellt die potentiell erträglichsten Marktbereiche, die durch strategische Veränderungen erschlossen werden können und verdeutlicht, welche Branchentrends die größten Chancen und Risiken bergen."[99]) Daneben weist PORTER auf den Beitrag einer derartigen Vorgehensweise für die Identifikation potentieller Diversifikationsgelegenheiten hin.[100])

Die Positionierung innerhalb einer Branche bestimmt gleichzeitig die Rentabilität einer Unternehmung. Vor dem Hintergrund der Struktur der Branche ist die eigene Wettbewerbsstrategie zu bestimmen, welche der Unternehmung potentielle Wettbewerbsvorteile ermöglichen soll. PORTER führt alle Arten von Wettbewerbsvorteilen grundsätzlich auf zwei Grundtypen zurück: *Kostenvorteile* oder *Differenzierung*. Eine Kombination dieser beiden Grundtypen mit dem Aktivitätsspektrum, durch welches die Unternehmung die Erzielung dieser Vorteile anstrebt, ergibt drei generische Strategien, für die eine Unternehmung sich auf der Suche nach überdurchschnittlichen Erfolgen entscheiden kann:

- die Kostenführerschaftsstrategie

- die Differenzierungsstrategie und

- die Konzentration auf Schwerpunkte oder
  Fokussierungsstrategie.[101])

---

98) Vgl. PORTER [Wettbewerbsstrategie], S. 26ff. Die nachstehende Abb. ist Seite 26 entnommen.
99) PORTER [Wettbewerbsstrategie], S. 26.
100) Vgl. PORTER [Wettbewerbsstrategie], S. 26.
101) Vgl. zu den verschiedenen Strategietypen PORTER [Wettbewerbsstrategie], S. 62ff. Vgl. demgegenüber GILBERT, STREBEL [Strategies]. Die Autoren schlagen eine situative Outpacing-Strategie vor, welche auf der Annahme der Komplementarität von Kostenführerschafts- und Differenzierungsstrategie beruht. Vgl. hierzu auch BÜHNER [Strategie], 30ff.

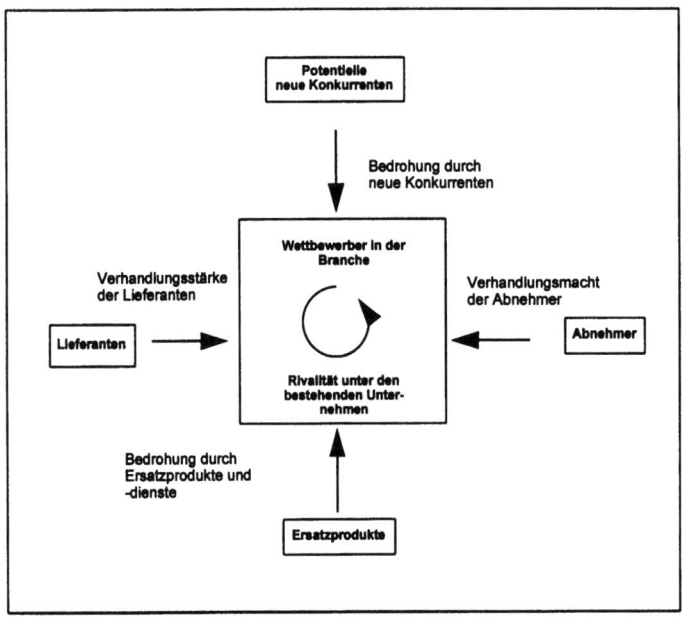

Abbildung 12: Die Wettbewerbskräfte nach PORTER

Im Anschluß an die Branchenstrukturanalyse und die strategische Positionierung soll dann durch die sog. Wertkettenanalyse[102]) die Umsetzung der zuvor gewählten Strategie erfolgen. Die Wertkette oder Wertschöpfungskette unterteilt die Unternehmung in strategisch relevante Wertschöpfungsaktivitäten[103]). Untenstehende Abbildung gibt die Grundform der PORTER'schen Wertkette wieder. Letztere dient als ein Analyseinstrument zur Lokalisierung möglicher Kostensenkungs- oder Differenzierungspotentiale, welche der Unternehmung bzw. einem Geschäftsbereich innerhalb ihrer/seiner Branche zu Wettbewerbsvorteilen verhelfen sollen. Dabei wird eine solche Einteilung in verschiedene Wertaktivitäten für jede strategische Geschäftseinheit einer Unternehmung

---

102)   Vgl. für eine differenzierte Erörterung dieses von PORTER entwickelten Analyseinstrumentes
PORTER [Advantage], 33ff.; ders. [Theory], 102ff.

103)   PORTER unterscheidet fünf primäre und vier unterstützende Wertschöpfungsaktivitäten, welche
sich in technologischer und strategischer Hinsicht voneinander unterscheiden. Vgl. PORTER
[Advantage], 33ff.

- 93 -

durchgeführt, d. h. für jeden dieser Bereiche wird eine eigene Wertkette aufgestellt.[104])
Hauptziel der Zusammenfassung der Einzelaktivitäten in Form der Wertkette ist gemäß
PORTER die Möglichkeit einer Erfassung des Zusammenspiels der verschiedenen
Wertaktivitäten im Wertschöpfungsprozeß. Durch die Koordination und Integration der
verschiedenen Wertketten der einzelnen Geschäftsbereiche soll schließlich eine ge-
samtunternehmerische Optimierung der gesamten Wertschöpfung einer diversifizierten
Unternehmung erzielt werden.

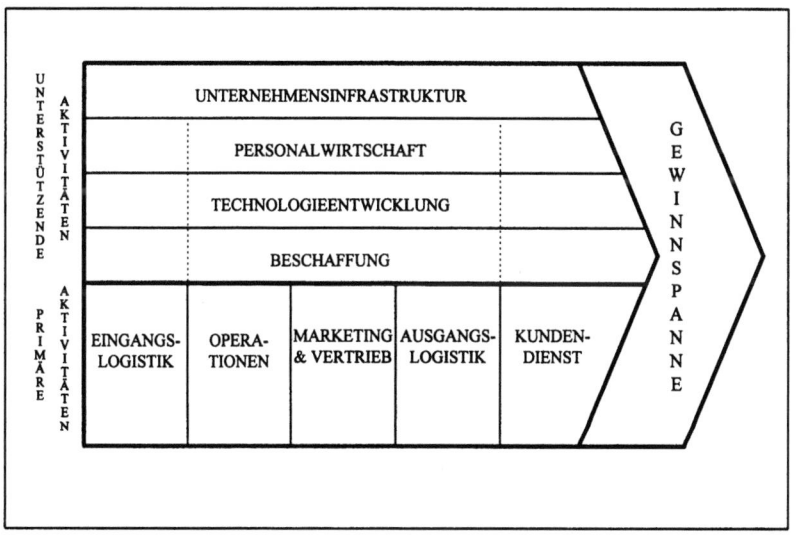

Abbildung 13: Die Wertkette gemäß PORTER

---

104)   Grundsätzlich ist die Definition von Wertaktivitäten unabhängig von der organisatorischen
         Einteilung in Funktionsbereiche. Vgl. PORTER [Advantage], 36. Der Autor weist jedoch darauf
         hin, daß die Wertkette "can (...) play a valuable role in designing organizational structure."
         PORTER [Advantage], 59ff. Nachstehende Abb. ist Seite 37 entnommen.

b) Günstige Markteintrittskosten

In der Höhe der Eintrittskosten sieht PORTER einen weiteren Umweltfaktor, der den Diversifikationserfolg determiniert. Derartige Kosten fallen nach Ansicht des Autors dann besonders hoch aus, wenn die strukturbestimmenden Wettbewerbskräfte stark sind, und verursachen so eine erhebliche Verschlechterung der potentiellen Gewinnsituation des Diversifizierers.[105])

Darüber hinaus gilt es zu berücksichtigen, daß die Markteintrittskosten neben den Kaufpreisen und den strukturellen Markteintrittsbarrieren auch die Integrationskosten[106]) umfassen. Letztere resultieren daher, daß sich neue Geschäftsbereiche, wie zuvor erläutert, nicht automatisch in die Gesamtunternehmung einfügen, sondern aktive Integrationsanstrengungen erfordern.[107]) Die Kosten einer Integration beinhalten alle diejenigen Kostenelemente, welche für eine Eingliederung der hinzukommenden Bereiche anfallen, u. a. etwa Kosten für die Zusammenlegung oder Abstimmung von Aufgabengebieten, für eine Angleichung der Führungs- und Informationssysteme sowie für Personalausgaben[108]). Auch die schwer quantifizierbaren Kosten, welche aus der Zusammenfassung von Unternehmensbereichen mit unterschiedlichen Wert- und Normvorstellungen bzw. nicht einheitlichen Selbstverständnissen oder Unternehmungskulturen resultieren, lassen sich unter die Integrationskosten subsumieren. Die Integrationskosten werden von den diversifizierenden Unternehmungen in vielen Fällen unterschätzt und führen dann im Anschluß an eine Übernahme zu massiven Problemen. Eine Ursache permanenter Fehleinschätzungen ist in diesem Zusammenhang wohl nicht zuletzt darin zu sehen, daß die tatsächliche Geschäftssituation eines Übernahmeobjektes anhand der Bilanzen und G+V-Rechnungen aufgrund deren Vergangenheitsbezug und mangelnder Transparenz im Voraus keineswegs eindeutig erkennbar wird. Vielmehr ergeben sich die tatsächlichen Erfordernisse in finanzieller und organisatorischer Hinsicht häufig ausschließlich ex post und entziehen sich daher zum Zeitpunkt einer Diversifikationsentscheidung der Beurteilung durch den Diversifizierer.[109])

---

105)   Vgl. PORTER [Diversifikation], 66f.

106)   Vgl. zum Phänomen der Integrationskosten KRÜGER [Management].

107)   Vgl. für einen Überblick über die Integrationsproblematik im Zusammenhang mit Akquisitionen statt anderer GRÜTER [Integrationsstrategien] sowie die dort systematisierte Literatur. Vgl. auch GRÜTER [Unternehmungsakquisitionen] und die Literaturangaben.

108)   Hierzu zählen neben den für die Umsetzung der Strategien anfallenden Personalkosten auch die Kosten für Schulungen, Entlassungen oder Abfindungen.

109)   Vgl. hierzu NEHLS [Diversifikation], 57.

Rentabel ist eine Übernahme nur, wenn der Barwert künftiger Gewinne die gesamten Kosten des Markteintritts übersteigen. Viele Unternehmungen, die bereit waren, ein Vielfaches des Buchwertes für übernommene Unternehmungsbereiche zu zahlen, unterschätzten die Folgekosten einer Übernahme und mußten aus diesem Grund die schmerzhafte Erfahrung machen, daß keine auskömmliche Rendite erzielt werden konnte, sie vielmehr eine Fehlentscheidung trafen.[110]) NEHLS bestätigt diese Problematik. Der Autor konstatiert, daß Folgekosten von Übernahmen, welche bis zu 50% des Kaufpreises betragen, keineswegs Ausnahmen darstellen.[111]) Und mit Bezug auf Technologieunternehmungen, die zu den besonders begehrten Übernahmeobjekten zählen, führt er an: "Kein Zweifel, hinter der schillernden Fassade von Technologieunternehmen verbergen sich oft eklatante Führungsprobleme und potentielle Sanierungsfälle, die womöglich auf Jahre hinaus die finanziellen und personellen Ressourcen des Käufers binden können."[112])

c) Hohe Synergiepotentiale

Als letzte unverzichtbare Prämisse einer erfolgversprechenden Diversifikationsstrategie gibt der Autor die Notwendigkeit ausreichender und langfristig vorhandener *Synergiepotentiale* an. Derartige Synergiepotentiale sollen der diversifizierenden Unternehmung umfangreiche Nutzenpotentiale bieten bzw. einem neu erworbenen Geschäftsbereich zu vielfältigen Wettbewerbsvorsprüngen gegenüber dessen Konkurrenten verhelfen. Handelt es sich bei dem potentiellen Nutzen einer Diversifikationsstrategie um einen einmaligen oder nur kurzfristig geltenden Vorteil, so rät der Autor von der Strategie ab. PORTER beklagt, daß die meisten Entscheidungsträger diversifizierender Konzerne bei ihrer Diversifikationsentscheidung gerade eine Beurteilung des Synergiepotentials versäumen bzw. diese nur recht oberflächlich betreiben.[113]) "Im Drang einen immer größe-

---

110) Ein Beispiel bildet Philip Morris, welche für die Seven-Up Company den vierfachen Buchwert zahlte, sich schließlich aufgrund mangelnder Rendite jedoch wieder von diesem Unternehmungsbereich trennen mußte. Vgl. PORTER [Diversifikation], 67.

111) Vgl. NEHLS [Diversifikation], 57.

112) NEHLS [Diversifikation], 57.

113) Vgl. Ansatzpunkte zur Lokalisierung von Synergiepotentialen z. B. CHATTERJEE [Types]; LEONTIADES [Mischkonzerne]; SANDLER [Synergie]; VIZJAK [Wachstumspotentiale].

ren Konzern zu führen, verliert das Topmanagement seine wirkliche Aufgabe aus dem Blick."[114])

Gemäß dem zugrundeliegenden Standpunkt PORTERs, daß der Wettbewerb in diversifizierten Unternehmungen auf der Ebene der Tochtergesellschaften stattfindet, da nur die einzelnen Geschäftsbereiche sich im Wettbewerb gegen ihre Konkurrenz behaupten müssen und nicht der Konzern als Ganzes, ist es die Hauptaufgabe der Konzernstrategie, die Wettbewerbsfähigkeit der Geschäftseinheiten zu stärken.[115]) Durch vielfältige Verflechtungen zwischen Geschäftsbereichen bzw. deren Integration lassen sich Wettbewerbsvorteile in Form der o. g. Kosten- oder Differenzierungsvorteile erlangen. POR-TER spricht bei einer derartigen Strategie zur Erzielung von Wettbewerbsvorteilen durch "Verflechtungen" oder Synergien von einer Horizontalstrategie.[116]) Bei Abwesenheit einer derartigen Strategie sieht er keine grundlegende Motivation für eine Diversifikation. "Without a horizontal strategy there is no convincing rationale for the existence of a diversified firm because it is little more than a mutual fund."[117])

Es ist daher nicht verwunderlich und entspricht nur seiner radikalen Verfolgung des Synergiegedankens, wenn er bei fehlender Verflechtung eines Geschäftsbereichs zu anderen Bereichen dessen Verkauf - unabhängig von der Profitabilität dieses Geschäftsbereiches - propagiert.[118])[119]) Das zuvor als "Raiderproblematik" bezeichnete und empirisch belegte Phänomen, "...daß ganze diversifizierte Konzerne mit einem Abschlag bewertet werden und daß Geschäftsbereiche, die aus einem solchen Konzern heraus veräußert werden bei der Kaufpreiskalkulation demgegenüber häufig mit einem Aufschlag bewertet werden"[120]), schreibt PORTER demgegenüber in der Hauptsache einer Pla-

---

114) PORTER [Diversifikation], 67.

115) Vgl. PORTER [Diversifikation], 63. Vgl. hierzu auch SALTER, WEINHOLD [Diversification], 39. Vgl. daneben auch AAKER [Market], 269.

116) Vgl. PORTER [Advantage], 317ff.

117) PORTER [Advantage], 319. Vgl. bezüglich eines Erfolgsvergleichs von Investmentfonds und Konglomeraten auch die Studien von MASON, GONDZWAARD [Performance] und SMITH, SCHREINER [Portfolio]. Vgl. daneben WESTON, MANSINGHKA [Tests]. Einige Autoren gehen nicht mit dieser Sichtweise PORTERs konform. Vgl. z. B. GANZ [Diversifikationsstrategie], 16.

118) Vgl. PORTER [Advantage], 319; 374. Der Autor räumt allerdings ein, daß der Austausch eines solchen Geschäftsbereiches ohne Verflechtungen zu den übrigen Bereichen einer diversifizierten Unternehmung durch einen profitablen Geschäftsbereich mit vielfältigem Synergiepotential in der Praxis für den Diversifizierer häufig nicht ganz leicht ist. Vgl. PORTER [Advantage], 319 sowie 374.

119) Vgl. für eine Diskussion und Kritik dieser extremen Position EHRENSBERGER [Unternehmensintegration], 119.

120) EHRENSBERGER [Unternehmensintegration], 118.

nungspraxis zu, die es versäumt, die aus der Realisierung von Verflechtungen zwischen Geschäftsbereichen resultierenden Wettbewerbsvorteile zu generieren.[121])

Auf der Grundlage seines o. g. Wertkettenkonzeptes entwickelt PORTER "einen heuristischen Entdeckungszusammenhang zur Suche und zur Aufdeckung von Möglichkeiten für die 'Verflechtung' von Wertketten (d. h. für die Ingangsetzung von Synergieprozessen zwischen Wertketten)."[122]) Verbindungen zwischen den einzelnen Wertaktivitäten lassen sich gemäß PORTER dann ausmachen, wenn der Output der einen Wertaktivität den Input für eine andere Wertaktivität bildet.[123]) Zusätzlich zu diesen Beziehungen innerhalb einer Wertkette berücksichtigt PORTER die Beziehungen zwischen Wertketten vor- oder nachgelagerter Produktionsstufen.[124])

Für PORTER "synergy is not one idea (...) but three fundamentally different ideas".[125]) Insofern unterscheidet der Autor drei grundsätzlich voneinander unabhängige Verflechtungsarten, welche er anhand seiner umfassenden praktischen Erfahrungen konkretisiert[126]):

Materielle Verflechtungen resultieren aus der Möglichkeit einer gemeinsamen Nutzung bzw. Durchführung von Aktivitäten zwischen den Wertketten verschiedener Geschäftsbereiche, wie z. B. der Verwendung gemeinsamer Distributionskanäle, Fuhrparks, Technologien o. ä. PORTER grenzt fünf verschiedene Typen materieller Verflechtungen ab, welche er anhand von Beispielen erläutert: Marktverflechtungen, Produktionsverflechtungen, Beschaffungsverflechtungen, Technologieverflechtungen und infrastrukturelle Verflechtungen.[127]) Bestehen zwischen den Geschäftsbereichen Gemeinsamkei-

121) Vgl. PORTER [Competitive advantage], 52. Vgl. hierzu auch EHRENSBERGER [Unternehmensintegration], 118 sowie die dort angegebene Literatur.

122) EHRENSBERGER [Unternehmensintegration], 125. Hervorhebungen im Original. Vgl. auch SIKORA [Systemgrenzen], 1958; 1964f.

123) Vgl. PORTER [Advantage], 48; 75ff, 125.

124) Eine einzelne Wertkette (etwa eines Geschäftsbereiches) bildet folglich nur den Teil eines ganzen Wertketten- bzw. Wertschöpfungssystems. Ein solches System durchzieht die gesamte Wertschöpfung von der Urproduktion bis hin zum Endabnehmer. Vgl. PORTER [Advantage], 34f.; 50ff.

125) PORTER [Advantage], 325.

126) Vgl. PORTER [Advantage], 323ff. Vgl. für eine Diskussion der verschiedenen Verflechtungsarten auch EHRENSBERGER [Unternehmensintegration], 124ff. sowie die von ihm gemachten Literaturangaben.

127) Vgl. hierzu PORTER [Advantage], 336ff.

ten[128]) auf diesen Gebieten, so sind nach PORTER materielle Verflechtungen möglich. Die durch eine materielle Verflechtung erzielbaren Wettbewerbsvorteile[129]) müssen jedoch mit den durch sie entstehenden Kosten[130]) relativiert werden. Grundsätzlich profitieren die verschiedenen Geschäftsbereiche einer diversifizierten Unternehmung unterschiedlich stark von derartigen materiellen Verflechtungen. Der Wert des sog. Netto-Wettbewerbsvorteils eines Geschäftsbereichs kann positiv oder negativ ausfallen. Er läßt sich durch eine Saldierung der durch die Verflechtung ermöglichten Wettbewerbsvorteile mit den von ihr verursachten Kosten ermitteln.[131]) Um zu einer gesamtunternehmungsbezogenen Beurteilung gelangen zu können, empfiehlt PORTER im Anschluß eine Saldierung der Netto-Wettbewerbsvorteile aller Geschäftsbereiche.[132])

Als *immaterielle Verflechtungen* bezeichnet PORTER solche Verflechtungen, welche auf dem Transfer von Management Know-how zwischen verschiedenen Wertketten einer diversifizierten Unternehmung beruhen. Derartige Verflechtungen liegen dann vor, wenn sich beispielsweise durch die Übertragung des Management Know-hows eines Geschäftsbereichs Wettbewerbsvorteile in einem anderen Geschäftsbereich erzielen lassen.[133]) Die Realisierung immaterieller Verflechtungen setzt dabei voraus, daß die verschiedenen Geschäftsbereiche Ähnlichkeiten[134]) aufweisen. "Through operating one business unit, a firm gains know-how that allows it to improve the way another generically similar business unit competes."[135])

---

128) PORTER spezifiziert den Begriff Gemeinsamkeiten nicht genauer. So läßt sich anhand seiner Ausführungen nicht eindeutig erkennen, inwiefern Gemeinsamkeiten die Basis für materielle Verflechtungen bilden. Vgl. hierzu auch EHRENSBERGER [Unternehmensintegration], 129.

129) Vgl. für eine ausführliche Diskussion der Möglichkeiten zur Erzielung von Wettbewerbsvorteilen durch materielle Verflechtungen PORTER [Advantage], 326ff. Vgl. bezüglich einer umfassenden Kritik des PORTERschen Ansatzes zur Analyse synergieprozeßbedingter Wettbewerbsvorteile EHRENSBERGER [Unternehmensintegration], 137ff. sowie die von ihm angegebene Literatur.

130) PORTER unterscheidet drei synergiebedingte Kostenarten; die Kosten der Koordination, die Kompromißkosten sowie die Kosten der Inflexibilität. Vgl. ausführlich PORTER [Advantage], 331ff.

131) Vgl. PORTER [Advantage], 335.

132) Vgl. PORTER [Advantage], 335.

133) Vgl. für eine Diskussion der Möglichkeiten zur Erzielung von Wettbewerbsvorteilen durch immaterielle Verflechtungen PORTER [Advantage], 351ff.

134) Hierzu zählen etwa: die selben generischen Strategien, die selben Kundentypen, vergleichbare Wertkettenkonfiguration oder verwandte Hauptwertaktivitäten. Vgl. PORTER [Advantage], 351.

135) PORTER [Advantage], 350.

- 99 -

Von *Konkurrenten-Verflechtungen* kann schließlich immer dann gesprochen werden, wenn verschiedene diversifizierte Unternehmungen in mehr als einem Geschäftsbereich miteinander konkurrieren.[136] Eine Unternehmung muß im Fall einer solchen besonderen Konkurrenzsituation jede Aktion in einem Geschäftsbereich vor dem Hintergrund der bestehenden Gesamtwettbewerbssituation abwägen. Die realisierbaren Wettbewerbsvorteile werden durch die Art der Konkurrenten-Beziehung beeinflußt.[137] Zwar unterstreicht PORTER in seinen Ausführungen, daß Konkurrenten-Verflechtungen grundsätzlich unabhängig von den beiden zuvor genannten Verflechtungsarten sind. Gleichzeitig weist er jedoch darauf hin, daß sie häufig parallel zu den vorgenannten Verflechtungsarten auftreten.[138] Im Gegensatz zu den materiellen und immateriellen Verflechtungen handelt es sich bei dieser dritten Variante nicht um Verflechtungen zwischen Wertketten, durch welche Synergieprozesse ausgelöst werden können, sondern lediglich um eine außergewöhnliche Konkurrenzsituation.[139] Ihre Entstehung verdanken sie vor allem der Tatsache, daß die Diversifikationsstrategien konkurrierender Diversifizierer sich in vielen Fällen ähneln.[140] Trotz ähnlicher Diversifikationsstrategien sind die materiellen und immateriellen Verflechtungen der beiden Konkurrenten keineswegs zwangsläufig identisch. Dementsprechend muß es aus wettbewerbsstrategischen Gesichtspunkten das Anliegen eines jeden Konkurrenten sein, sich im Kontext der gesamtunternehmerischen Wettbewerbssituation strategisch günstig zu verhalten.[141]

Nur wenn es der Unternehmungsleitung einer diversifizierten Unternehmung gelingt, die wettbewerbsfördernden Beziehungen zwischen den verschiedenen Wertketten bestmöglich zu koordinieren und auszunutzen, und auch die Konkurrenten-Beziehungen

---

136) PORTER spricht in diesem Zusammenhang von sog. "multipoint competitors" oder Mehrpunktkonkurrenten. Vgl. PORTER [Advantage], 325; 353ff.

137) Vgl. PORTER [Advantage], 353.

138) Diesen Sachverhalt begründet der Autor damit, daß derartige Konkurrenten häufig in ähnliche Richtungen diversifizieren. Vgl. PORTER [Advantage], 325.

139) Aus eben diesem Grund kritisiert EHRENSBERGER die Vorgehensweise PORTERS, das Phänomen der Konkurrenten-Verflechtungen als einen von drei Aspekten der Synergieproblematik zu bezeichnen. Vgl. EHRENSBERGER [Unternehmensintegration], 133f. i. V. m. FN 291.

140) Vgl. PORTER [Advantage], 354.

141) Vgl. PORTER [Advantage], 362.

strategisch erfolgreich zu gestalten, kann es nach PORTER gelingen, eine Optimierung der gesamten Wertschöpfung des Diversifizierers zu erreichen.[142])

2. Konzernstrategien diversifizierter Unternehmungen

Zwar geben die meisten der befragten Teilnehmer der Studien von PORTER und HOFFMANN an, die zuvor erläuterten, notwendigen Bedingungen einer erfolgreichen Diversifikationsstrategie in besonderem Maße in ihre Entscheidungen einzubeziehen. Eine Betrachtung der empirischen Resultate von Diversifikationsvorhaben macht jedoch deutlich, daß es diversifizierten Unternehmungen keineswegs immer gelingt, die drei o. g. Basisvoraussetzungen einer erfolgreichen Diversifikation in eine konsistente Konzernstrategie zu integrieren. Dabei ergab ein Vergleich der Ergebnisse der beiden Untersuchungen, daß die Erfolgsquote der von HOFFMANN befragten deutschen Diversifizierer im Verhältnis zu den amerikanischen Unternehmungen der PORTERschen Studie höher ausfällt. HOFFMANN führt diesen Sachverhalt darauf zurück, daß die deutschen Unternehmungen in weitaus größerem Maße in verwandte Bereiche diversifizieren,[143]) die von PORTER als notwendig erachteten Voraussetzungen erfolgreicher Diversifikationsmaßnahmen gründlicher überprüfen und bei Undurchschaubarkeit gegebenenfalls eher darauf verzichten, eine anfänglich verlockende Diversifikationsmöglichkeit zu realisieren.[144])

Trotz der etwas besseren Ergebnisse der deutschen Studie stellten beide Autoren fest, daß es zahlreichen Unternehmungen in der Praxis an einem klaren Konzept einer Kon-

---

142)   Das Hauptaugenmerk PORTERs konzentriert sich auf die Verflechtung von Wertketten verschiedener Industriezweige innerhalb einer diversifizierten Unternehmung. Sein Synergieverständnis läßt die darüber hinaus bestehende Möglichkeit der Kooperation voneinander unabhängiger Unternehmungen zwar grundsätzlich ebenfalls zu; in seinen Ausführungen wird diese Option jedoch lediglich erwähnt. Vgl. PORTER [Advantage], 336. Für eine Diskussion der Übertragung der PORTER'schen Synergiediskussion auf das Phänomen der "strategischen Partnerschaften" vgl. etwa VIZJAK [Wachstumspotentiale], 86ff.

143)   Seitens der befragten deutschen Unternehmungen wurde mehrheitlich die Absicht ausgesprochen, in Zukunft noch stärker in angestammte Geschäftsfelder zu investieren. Vgl. HOFFMANN [Diversifikation], 53.

144)   Vgl. HOFFMANN [Diversifikation], 58. Der Autor räumt gleichzeitig ein, daß es sich bei den von ihm ermittelten Ergebnissen eher um Tendenzaussagen handelt. Da seine Erhebung auf der Erfassung der Meinungen von Managern diversifizierter Unternehmungen beruht, sieht er sehr wohl eine gewisse Gefahr der Beschönigung von Ergebnissen. Vgl. DERS., 53.

zernstrategie mangelt.[145] "Die Konzernstrategie, der Gesamtplan eines diversifizierten Unternehmens, ist sowohl das Lieblings- als auch das Stiefkind der heutigen Managementpraxis - Lieblingskind, weil das Topmanagement seit Anfang der 60er Jahre geradezu besessen ist von der Idee, in neue Märkte zu gehen, und Stiefkind, weil es so gut wie keine Übereinstimmung darüber gibt, was eine Konzernstrategie ist, geschweige denn, wie sie aussehen sollte."[146]

Wie zuvor erläutert operiert eine diversifizierte Unternehmung auf zwei strategischen Ebenen, so daß grundsätzlich die Konzern- oder Gesamtunternehmungsstrategie und die Geschäftsbereichs- oder Wettbewerbsstrategie unterschieden werden müssen. Durch die Konzernstrategie werden die Geschäftsfelder festgelegt, auf denen eine Unternehmung tätig werden will. Gleichzeitig bestimmt sie den Führungsstil eines Konzerns, d. h. es wird festgelegt, wie die verschiedenen Geschäftseinheiten geführt werden sollen.

"Eine gute Konzernstrategie macht aus einem diversifizierten Unternehmen mehr als die Summe seiner Teile."[147] Dabei ist gemäß PORTER jedoch darauf zu achten, daß der Wettbewerb auf Geschäftsbereichsebene stattfindet, so daß eine Konzernstrategie aus Sicht des Autors nur dann erfolgversprechend sein kann, wenn sie insbesondere darauf abzielt, die Wettbewerbsfähigkeit der verschiedenen Geschäftseinheiten zu stärken. Gerade in der mangelnden Berücksichtigung dieser Grundvoraussetzung liegt nach POR-TER eine Hauptursache für das vielfältige Scheitern derartiger Strategien.[148] Nur wenn es gelingt, die Wettbewerbsfähigkeit der einzelnen Geschäftsbereiche durch die in der Gesamtunternehmung vorhandenen Synergiepotentiale zu stärken, profitieren die Geschäftsbereiche ihrerseits von der Einbindung in den Konzern. Um aus einer Unternehmung mehr zu machen als die Summe ihrer Teile, muß eine Konzernstrategie dazu beitragen, daß die einzelnen Geschäftsbereiche eines Konzerns im Verbund wettbewerbsfähiger sind als autonom agierende Unternehmungen ohne Konzernanbindung.

Der Autor empfiehlt diversifizierten Unternehmungen daher, ihre Konzernstrategie zu überdenken, weil es zahlreichen Diversifizierern in der Praxis nicht gelungen ist das synergetische Potential ihrer einzelnen Geschäftsbereiche erfolgreich zu nutzen. Welche strategischen Möglichkeiten einer diversifizierten Unternehmung zur Verfügung stehen, wird dabei von der Historie des Diversifizierers beeinflußt. Während PORTER davon

---

145)   Vgl. PORTER [Diversifikation], 67.
146)   PORTER [Diversifikation], 62.
147)   PORTER [Diversifikation], 62.
148)   Vgl. PORTER [Diversifikation], 63.

ausgeht, daß ein einmal eingeschlagenes Diversifikationskonzept langfristig durchaus verändert werden kann, weist er gleichzeitig darauf hin, daß eine einmal gewählte Konzernstrategie kurzfristig schwer revidierbar ist.[149])

Bei ihrer Analyse unterschiedlicher Konzernstrategien diversifizierter Unternehmungen beobachteten PORTER und HOFFMANN, daß in der Praxis vornehmlich vier mit unterschiedlichem Erfolg angewandte Typen von Konzernstrategien verbreitet sind: das Portfoliomanagement, die Sanierung, der Know-how-Transfer sowie die Aufgabenzentralisierung. Die verschiedenen Strategien schließen sich jedoch nicht grundsätzlich aus. So ist es etwa durchaus denkbar, daß ein diversifizierter Konzern, welcher eine Aufgabenzentralisierungsstrategie verfolgt, gleichzeitig eine erfolgreiche Sanierung durchführt. Die vier Strategietypen werden nachfolgend dargelegt und einer kritischen Diskussion unterzogen.

a)   Darstellung der wesentlichen Konzernstrategien

(1) Portfoliomanagement

Das Portfoliomanagement[150]) kann als eine in der Unternehmungspraxis besonders verbreitete Konzernstrategie bezeichnet werden.[151]) Etwa 58% der von HOFFMANN untersuchten Unternehmungen gaben an, diese Strategie anzuwenden, wobei sie entweder ihre bisherigen Geschäftsbereiche erweiterten oder in nicht verwandte Produktbereiche vorstießen.[152])

---

149)   Vgl. PORTER [Diversifikation], 76.

150)   Vgl. zu dieser Strategie auch GÄLWEILER [Portfolio-Management], 183ff.

151)   Vgl. zur Anwendung dieses Konzepts in der Planungspraxis etwa HASPESLAGH [Portfolio Planning], 59. EHRENSBERGER sieht einen Grund in der weiten Verbreitung des Portfoliomanagement darin, daß die Praxis bei ihrer Umsetzung des Synergiegedankens vielfach enttäuscht wurde und sich daher verstärkt diesem Konzept zuwandte. Vgl. EHRENSBERGER [Unternehmensintegration], 110.

152)   Vgl. HOFFMANN [Diversifikation], 54.

Die Methodik der Portfolioplanung[153]) als Instrument der strategischen Planung wurde Anfang der siebziger Jahre entwickelt, um diversifizierte Unternehmungen bei ihren strategischen Entscheidungen zu unterstützen. Grundlage dieser Methodik[154]) ist die Aufteilung der Tätigkeitsbereiche der Unternehmung in strategische Geschäftsfelder (SGF)[155]), welche anschließend in einer Matrix[156]) anhand der zugrundegelegten Erfolgsfaktoren[157]) positioniert werden. Jedem Matrixfeld entsprechen eine oder mehrere Normstrategien bzw. Strategieempfehlungen für die verschiedenen SGF.

Daneben soll die Methode eine ganzheitliche Betrachtung aller Geschäftsfelder einer Unternehmung, d. h. des gesamten "Portfolios" ermöglichen. Im Vordergrund stehen dabei die Ausgewogenheit von Zahlungsmittelgenerierung und -verbrauch sowie Fragen des Lebensalters der Produkte bzw. SGF der Gesamtunternehmung im Zusammenhang mit den aus der sog. Lern- bzw. Erfahrungskurve gewonnenen Erkenntnissen.[158])

Reife Geschäftsbereiche mit einem hohen "Cash-flow", welche für eine Aufrechterhaltung ihrer bisherigen Marktposition nur geringe finanzielle Mittel benötigen, liefern etwa die Basis für eine Strategie der Nutzung oder Abschöpfung von Finanzmitteln. Auf diese Art gewonnene Mittel können auf Veranlassung des Portfoliomanagers in andere, als ausbaufähig oder förderungswürdig beurteilte Geschäftsfelder mit hohem Wachstumspotential und großem Bedarf an Finanzmitteln investiert werden. Wird ein SGF

---

153) Vgl. für eine kritische Würdigung der Möglichkeiten und Grenzen dieser Methodik HAS-PESLAGH [Portfolio Planning]; Vgl. für eine Darstellung der gängigsten Portfoliomethoden mit Kritik auch STRATEGOR [Stratégie], 116ff.

154) Die Portfolio-Methodik lehnt sich an die auf MARKOWITZ zurückgehende Theorie der Portfolioselektion an, welche sich mit der optimalen Zusammensetzung von Wertpapierportefeuilles nach Gewinn- und Risikogesichtspunkten beschäftigt. Vgl. MARKOWITZ [Portfolio], 89f. Eine Übertragung auf die Diversifikationsproblematik erfuhr die Theorie durch MORRIS. Vgl. MORRIS [Diversification]. Vgl. auch ANSOFF [Strategies], 121.

155) Vgl. hierzu auch ANSOFF, LEONTIADES [Portfolio Management]; ABELL, HAMMOND [Market]; DUNST [Portfolio].

156) In der Folge der von der Boston Consulting Group (BCG) entwickelten Marktwachstum-Marktanteil-Matrix entstanden vielfältige Ausprägungen und Weiterentwicklungen des Portfolio-Instrumentariums (so z. B. von den Unternehmungsberatungen McKinsey und Arthur D. Little). Vgl. zu diesen Konzeptionen statt vieler ABELL, HAMMOND [Market]; ALBACH [Unternehmensplanung]; ANSOFF, KIRSCH, ROVENTA [Unschärfenpositionierung]; DUNST [Portfolio]; FRESE [Unternehmungsführung]; HASPESLAGH [Portfolio Planning]; HAX, MAJLUF [Use]; HAX, MAJLUF [Matrix]; HEDLEY [Strategy]; KREILKAMP [Management]; LORANGE [Corporate Planning]; WENSLEY [Marketing]; WENSLEY [PIMS].

157) Die verschiedenen Ausprägungen der Portfolio-Methode unterscheiden sich i.d.R. hinsichtlich Anzahl, Art und Begründung der verwendeten Erfolgsfaktoren. Vgl. für ein Grundschema der Produkt-Portfolio-Matrix MENSCHING [Desinvestition], 217.

158) Vgl. zur Erfahrungskurve ausführlich DUNST [Portfolio]; ROVENTA [Portfolio-Analyse]; WACKER [Erfahrungskurve].

- 104 -

hingegen als unrentabel beurteilt oder erreicht seine Endphase im Lebenszyklus, so wird die Verfolgung einer Desinvestitionsstrategie normativ festgelegt, um die Gesamtrentabilität des Portfolios nicht zu verschlechtern.

Zum einen gilt es im Rahmen des Portfoliomanagement über die Verteilung der vorhandenen Finanzmittel innerhalb des bestehenden Portfolios und das Abstoßen unrentabler oder überalterter Geschäftsbereiche zu entscheiden. Daneben fallen für das Portfoliomanagement auch Entscheidungen bezüglich einer Erweiterung des Portfolios bzw. dem Ersatz verkaufter SGF an. Neue Geschäftsbereiche werden i.a.R. durch Zukauf in das bestehende Unternehmungsportfolio aufgenommen, wobei das bisherige Management entweder beibehalten oder durch eigene Mitarbeiter ersetzt wird. Die Autonomie der hinzugenommenen Geschäftseinheiten bleibt grundsätzlich weitgehend gewahrt; es erfolgt jedoch i.d.R. eine Leistungsüberprüfung durch die Portfoliomanager, welche sich gleichzeitig die Entscheidung über die o. g. Umverteilung von Mitteln zwischen den SGF vorbehalten.[159])

Diversifiziert ein Konzern gemäß dem Portfoliomanagementansatz, so darf die intensive Unternehmungsintegration zur Realisierung vielfältiger Synergieeffekte nicht im Mittelpunkt des Interesses stehen. Zwischen den verschiedenen Geschäftsbereichen eines solchen Unternehmungsportfolios besteht, wie die empirische Evidenz gezeigt hat, entgegen vielfältiger gegenteiliger Behauptungen i.a.R. nicht das Potential für erfolgversprechende Kooperationen. In der Literatur wurde eine Reihe von Versuchen unternommen, die Synergieproblematik im Rahmen der Portfolioplanung zu berücksichtigen.[160]) EHRENSBERGER argumentiert jedoch, daß derartige Unterfangen zum Scheitern verurteilt waren, da die Portfolioplanung sich für eine Synergieberücksichtigung per se nicht eigne. Zum einen sei es eine Voraussetzung dieser Methodik, daß die SGF in keiner entscheidungsbedingten Abhängigkeit zueinander stünden, was dem Synergiegedanken entgegenstehe. Andererseits stellt der Autor fest, daß eine Anwendung dieses Instrumentariums und die Einteilung in SGF in der Praxis zumeist mit einer

---

159) Vgl. hierzu auch HASPESLAGH [Portfolio Planning].
160) Vgl. EHRENSBERGER [Unternehmensintegration], 111 i. V. m. der von ihm in FN 153 angegebenen Literatur.

dezentralen Organisation einhergehen[161]), welche ihrerseits wiederum häufig einer synergieorientierten Integration von Geschäftseinheiten entgegenstünde.[162])

Zusätzlich zu dieser Hauptschwäche wirkt sich die durch diese Konzernstrategie verursachte Komplexitätssteigerung i.a.R. negativ auf die Gesamtunternehmung aus.[163]) Dementsprechend gelangt HOFFMANN zu der abschließenden Beurteilung, daß autonome Geschäftsbereichsstrategien im Rahmen des Portfoliomanagements die gesamtunternehmerische Leistung sowie die Marktstellung einer Unternehmung eher verschlechtern als verbessern.[164]) In seiner Kritik geht HOFFMANN somit mit PORTER konform, der das Portfoliomanagement dafür verantwortlich macht, daß viele Unternehmungen mit ihren Diversifikationsstrategien scheitern. Letzterer weist darauf hin, daß die weitgehende Autonomie der verschiedenen Geschäftsbereiche eines Diversifizierers nicht sehr nutzbringend sei und begründet diese Einschätzung damit, daß die Geschäftsfelder eines Konzerns "durch neue Technologien, miteinander vernetzte Absatzschienen und geänderte Bestimmungen und Auflagen des Gesetzgebers in immer stärkerem Maße zusammen(wachsen, d.Verf.)."[165])

Das größte Folgeproblem einer Strategie des Portfoliomanagement sieht auch er in der zunehmenden Komplexität und Unüberschaubarkeit übergroßer Unternehmungen.[166]) Die Manager sich vergrößernder Konzerne müßten, um die einmal erreichte Geschwindigkeit ihres Wachstums aufrechterhalten zu können, ständig neue, unterbewertete Unternehmungen aufkaufen und versuchen, diese neuen Geschäftsbereiche in das bestehende Unternehmungsportfolio zu integrieren. Eine fast zwangsläufige Konsequenz sei die Überforderung der Portfoliomanager, welche nicht in der Lage seien, gleichzeitig die Vielzahl heterogener Geschäftseinheiten kontrollieren zu können und daneben weitere Unternehmungen zu erwerben.[167]) PORTER beobachtete in den von ihm untersuchten diversifizierten Unternehmungen, bei denen das Portfoliomanagement die dominierende

161)   EHRENSBERGER verweist in diesem Zusammenhang auf die Beobachtungen von PORTER [Advantage], 318 und HASPESLAGH [Portfolio Planning], 65. Vgl. EHRENSBERGER [Unternehmensintegration], 112.
162)   Vgl. für eine ausführliche Diskussion der Gründe EHRENSBERGER [Unternehmensintegration], 111f.
163)   Verschiedene Autoren weisen auf die begrenzte Fähigkeit von Managern hin, zunehmende Komplexität zu handhaben. Vgl. etwa GRANT [Multinationality] und SIDDHARTHAN, LALL [Growth].
164)   Vgl. HOFFMANN [Diversifikation], 54f.
165)   Vgl. PORTER [Diversifikation], 69.
166)   In vielfältigen Untersuchungen werden die durch komplexe Systeme verursachten Schwierigkeiten untersucht. Vgl. statt anderer DÖRNER [Logik]; RAITHER [Schwierigkeiten].
167)   PORTER [Diversifikation], 69. Vgl. hierzu auch RICHARDSON [Limits], 12.

Konzernstrategie bildete, im Anschluß an diese sich selbst verstärkende Entwicklung nicht selten nachfolgenden Verlauf: die zwangsläufig mit einer Diversifikation einhergehenden Kosten forderten ihren Tribut; die Leistungen der vielfältigen Geschäftsbereiche ließ nach, und die Konzernrendite verschlechterte sich unaufhaltsam. Schließlich wurde das bestehende Management durch ein neues ersetzt und es folgte i.a.R. eine Periode umfangreicher Desinvestitionen, bei denen die breit diversifizierten Unternehmungen auf ihr ursprüngliches Basisgeschäft zurückgeschnitten wurden.[168]

Abschließend gelangt er daher zu der Einschätzung, daß das Portfoliomanagement unter den heutigen Bedingungen der Industrieländer mit hochentwickelten Kapitalmärkten kaum mehr profitabel sein kann und sich dementsprechend nur in den seltensten Fällen als effektives Diversifikationsinstrument eigne. Zum einen könnten sich nahezu alle Privatanleger einen Zugang zu lukrativen, gut gemanagten Unternehmungen verschaffen, so daß bei einem Kauf hohe Aufpreise zu zahlen seien, welche die potentiellen Renditemöglichkeiten entsprechend schmälern. Andererseits fände sich für jede erfolgversprechende Unternehmungsstrategie auf den Geld- und Kapitalmärkten ein Financier, was dazu führe, daß auch kleine und mittelgroße Unternehmungen nicht auf die Finanzkraft großer Muttergesellschaften angewiesen seien. Darüber hinaus begründet er seine Einschätzung nicht zuletzt auch mit der mittlerweile erfolgten Einsicht, daß es für die erfolgreiche Führung einer Unternehmung insbesondere auch auf vertiefte Branchenkenntnisse und -erfahrungen ankomme. Dementsprechend sei auch die Annahme, Großunternehmungen könnten durch ein Abschöpfen "professionell ausgebildeter Manager" Vorteile erlangen, nicht haltbar.[169]

(2) Sanierungsstrategie

Bei der Sanierungsstrategie werden schwach entwickelte oder in akuten Schwierigkeiten befindliche Unternehmungen mit schlechtem oder unbedeutendem Image oder ganze Branchen übernommen, wobei häufig kein direkter Bezug zum Stammgeschäft der Muttergesellschaft besteht. Kerngedanke einer Sanierungsstrategie ist es, durch eine aktive Einflußnahme in die Geschäftstätigkeit und/oder Organisation der übernomme-

---

168)   Vgl. PORTER [Diversifikation], 69f.
169)   Vgl. PORTER [Diversifikation], 69.

nen Geschäftsbereiche - hierin ist gleichzeitig der Hauptunterschied zum Portfoliomanagement zu sehen - bisher nicht realisierte Potentiale zu aktivieren.

Im Idealfall erfährt die übernommene Unternehmung durch eine solche Strategie der
Sanierung und Reorganisation eine erhebliche Stärkung. Es ist darüber hinaus sogar der
Fall denkbar, daß durch die Sanierungsstrategie eine ganze Branche neu belebt wird.
PORTERs Untersuchungen ergaben, daß interessanterweise gerade diejenigen Unter-
nehmungen, in denen zuvor das Portfoliomanagement angewendet wurde, im Anschluß
in vielen Fällen sanierungsbedürftig wurden.[170])

Veräußert der Konzern einen mit Erfolg sanierten Geschäftsbereich im Anschluß an die
durchgeführten Eingriffe, so kann die Muttergesellschaft i.d.R. einen Sanierungsgewinn
realisieren. Eine Sanierungsstrategie ist daher aus PORTERs Sicht prinzipiell immer
dann als sinnvoll und gewinnbringend einzuschätzen, wenn sie seitens der sanierenden
Unternehmung sorgfältig umgesetzt wird, d. h. wenn sie den drei zuvor genannten Basisvoraussetzungen genügt.

In der Praxis werden Sanierungsstrategien jedoch keineswegs immer in dieser Weise
erfolgreich durchgeführt. Zunächst gelingt es nicht jeder aufkaufenden Unternehmung,
solche Sanierungskandidaten auszumachen, welche am Markt unterbewertet sind bzw.
sich aufgrund unerkannter Marktchancen für die eigene Unternehmung als eine Quelle
potentieller Wettbewerbsvorteile erweisen können.[171]) Die eigenen Fähigkeiten hinsichtlich der aktiven Einflußnahme in die Geschäftstätigkeit oder Organisation der
Übernahmeobjekte werden nicht selten seitens des übernehmenden Konzerns überschätzt; dies gilt vor allem dann, wenn es sich bei den Sanierungsobjekten um nichtverwandte Geschäftsbereiche handelt. Gerade die Sanierungsstrategie verleitet dazu, angesichts außerordentlich günstiger Marktpreise bzw. der Annahme, rasches Marktwachs-
tum sei ein hinreichender Indikator für die Sanierbarkeit, solche Beurteilungen der eigenen Fähigkeiten zu vernachlässigen. Oder es erfolgt lediglich eine oberflächliche Begut-
achtung in der Hoffnung, daß eine Umsetzung "schon gelingen" werde.

Eine weitere, nicht zu unterschätzende Gefahr dieser Strategie ist gemäß PORTER darin
zu sehen, daß Konzerne ihre zum Zwecke der Durchführung einer Sanierungsstrategie
übernommenen Geschäftsbereiche häufig auch nach einer erfolgreichen Realisierung
dieser Zielsetzung zu lange behalten. Eine solche Vorgehensweise ist problematisch, da

---

170)   Vgl. PORTER [Diversifikation], 70.

171)   Vgl. HOFFMANN [Diversifikation], 55.

die sanierten Geschäftsbereiche in der überwiegenden Mehrzahl der Fälle nicht zum eigenen Geschäftsschwerpunkt passen und die Muttergesellschaft dann keinen Beitrag mehr zu deren Wertschöpfung leisten kann. Es kommt zu einer verstärkten Konglomeratbildung mit den ihr eigenen Schwächen und die Sanierungsstrategie degeneriert zunehmend zu einer Strategie des Portfoliomanagement.[172])

Abschließend läßt sich somit festhalten, daß eine Sanierungsstrategie nur unter sehr einschränkenden Voraussetzungen erfolgversprechend erscheint.

Die Strategie des Portfoliomanagement und die Sanierungsstrategie haben eine Gemeinsamkeit aufzuweisen. Beiden Konzernstrategie liegt die Motivation zugrunde, durch die Nutzung der Beziehung zwischen Mutter- und Tochtergesellschaft die Generierung zusätzlichen Unternehmungswertes zu ermöglichen. Dabei tritt die Konzernleitung primär als Financier auf; sie wählt lukrative Geschäftstätigkeiten aus und übernimmt eine intervenierende Rolle, so daß die Verbindung zwischen Käuferunternehmung und akquirierter Unternehmung als relativ locker bezeichnet werden kann. Im Gegensatz hierzu, versuchen die beiden nachfolgend erläuterten Konzernstrategien durch eine enge Verbindung Synergieeffekte zwischen den verschiedenen Geschäftsbereichen einer diversifizierten Unternehmung zu nutzen bzw. Wettbewerbsvorteile einzelner Bereiche für die Gesamtunternehmung nutzbar zu machen.[173]) Wie zuvor erläutert bildet die Verfolgung einer Strategie zur Realisierung von synergieprozeßbedingten Wettbewerbsvorteilen, die sog. Horizontalstrategie, für PORTER eine Grundvoraussetzung für eine erfolgversprechende Diversifikation.[174]) Trotz der umfangreichen Rezeption seitens der Praxis gelangt der Autor daher abschließend zu der Feststellung, daß die beiden vorgenannten Konzernstrategien in der Mehrzahl der Fälle nicht tragfähig sind; was insbesondere für das Portfoliomanagement gelte. Vielmehr lassen sich die vielfältigen Diversifikationsprobleme und -irrtümer nicht zuletzt - zumindest teilweise - durch eine Fehlanwendung derartiger Strategien erklären.

---

172)   Vgl. PORTER [Diversifikation], 70.

173)   Vgl. PORTER [Diversifikation], 70; HOFFMANN [Diversifikation], 55.

174)   EHRENSBERGER spricht von der "conditio sine qua non" des "corporate development". Vgl. EHRENSBERGER [Unternehmensintegration], 118.

(3) Know-how-Transfer Strategie

Als Know-how-Transfer bezeichnet PORTER eine Konzernstrategie, welche darauf abzielt, durch eine Übertragung von Wissen und Erfahrung zwischen den Geschäftsbereichen Synergieeffekte zu erzielen. Als Voraussetzung für das Gelingen einer derartigen Strategie wird dabei die Ähnlichkeit der Wertschöpfungsketten verschiedener Geschäftsbereiche angegeben. Auf diese Weise realisierbare Synergieeffekte wurden zuvor als immaterielle Verflechtungen bezeichnet. Während die Wertketten der einzelnen Geschäftsbereiche einer diversifizierten Unternehmung grundsätzlich getrennt sind, kann das für das Management der verschiedenen Geschäftstätigkeiten benötigte Wissen durchaus ähnlich sein. Ein Transfer des Wissens und der Erfahrungen eines Geschäftsbereiches auf Schwesterunternehmungen kann für letztere profitabel sein und auf lange Sicht einen positiven Einfluß auf das gesamtunternehmerische Ergebnis eines Konzerns ausüben.

Die bloße Ähnlichkeit zwischen Unternehmungsbereichen stellt jedoch lediglich eine notwendige Bedingung für erfolgreiche Diversifikationsstrategien dar. Durch einen Know-how-Transfer können die erwünschten Wettbewerbsvorteile nur realisiert werden, "wenn die Ähnlichkeiten zwischen Geschäftseinheiten drei Bedingungen erfüllen:

1. Die Wertschöpfungsaktivitäten gleichen einander so stark, daß ein Wissens- und Erfahrungsaustausch sinnvoll ist. (...)

2. Der Austausch von Wissen und Erfahrung betrifft Tätigkeiten mit zentraler Bedeutung für Wettbewerbsvorteile. (...)

3. Das ausgetauschte Wissen stellt für den Empfänger eine wichtige Quelle von Wettbewerbsvorteilen dar."[175])

Zahlreiche Unternehmungen scheitern gemäß PORTER mit ihren Diversifikationsvorhaben insbesondere deshalb, weil sie die Ähnlichkeiten zwischen zwei Geschäftsbereichen überschätzt haben. Zudem stellen sich Synergieeffekte durch einen Know-how-Transfer nicht automatisch ein, sondern sind die Folge aktiver Anstrengungen durch kompetente Mitarbeiter der Unternehmung. An dieser Stelle läßt sich die von PORTER

---

175)   PORTER [Diversifikation], 71.

geforderte Langfristigkeit der durch eine Diversifikationsstrategie ermöglichten Nutzenpotentiale erneut verdeutlichen. Handelt es sich bei den Wettbewerbsvorteilen durch Know-how-Transfer zwischen Geschäftsbereichen um einen einmaligen Austausch, so muß auf lange Sicht mit einer Verschlechterung der Renditesituation gerechnet werden. Nur ein permanenter Wissensaustausch ermöglicht die Erzielung dauerhafter Wettbewerbsvorteile durch eine solche Konzernstrategie.

Eine Strategie des Know-how-Transfers setzt zudem voraus, daß die verschiedenen Geschäftsbereiche eines Konzerns sich als kooperierende Schwesterunternehmungen und nicht als Konkurrenten betrachten. In der Praxis fehlt häufig die nötige Akzeptanz für einen erfolgreichen Wissensaustausch. So bestehen nicht selten Widerstände gegenüber Eingriffen in die eigene Geschäftstätigkeit und es fehlen ausreichende Anreize zur Verfolgung einer derartigen Strategie. Insbesondere seitens der Führungskräfte werden Autonomie- und Kontrollverluste befürchtet, was dazu führen kann, daß potentielle Quellen von Verbundvorteilen mißachtet bzw. Anstrengungen zur Zusammenarbeit untergraben werden.

Wie im Falle der Sanierungsstrategie rät PORTER auch bezüglich eines Know-how-Transfers zu einer Veräußerung neuer Geschäftsbereiche, wenn es der Muttergesellschaft nicht gelingt, durch die Übertragung ihres Wissens bzw. ihrer Erfahrungen für diese Tochtergesellschaft einen weiteren Unternehmungswert zu schaffen. Auf diese Weise soll einer Verschlechterung der gesamtunternehmerischen Renditesituation vorgebeugt werden. Gelingt es hingegen, einen kontinuierlichen Erfahrungs- und Wissenstransfer zu etablieren, so können u. U. auch neue Märkte durch eine interne Diversifikationsstrategie erschlossen werden. PORTER weist allerdings gleichzeitig darauf hin, daß erfolgreiche Diversifizierer, die eine Strategie des Know-how-Transfers anwenden sich i.a.R. durch den Erwerb einer Unternehmung einen Eintritt in ihre Zielbranche verschaffen wollen und erst im Anschluß die Vorteile der internen Know-how Basis zum Einsatz bringen.[176] Eine erfolgreich umgesetzte Strategie des Know-how-Transfers kann zu einer langfristigen Verbesserung der Renditesituation eines Konzerns beitragen; dies ist dann der Fall, wenn die durch die Verflechtung ermöglichten Wettbewerbsvorteile die entstandenen Kosten übersteigen.

---

[176] Vgl. PORTER [Diversifikation], 73.

- 111 -

(4) Strategie der Aufgabenzentralisierung

Eine gemeinsame Durchführung von Wertschöpfungsaktivitäten bezeichnet PORTER als Strategie der Aufgabenzentralisierung. Diese Konzernstrategie soll es ermöglichen, Synergieeffekte auf der Basis der zuvor erläuterten materiellen Verflechtungen zu erzielen. So können sich die Geschäftsbereiche diversifizierter Unternehmungen z. B. gemeinsamer Vertriebskanäle oder einer gemeinsamen Logistik bedienen. Bei Procter & Gamble werden Wegwerfwindeln und Papierhandtücher beispielsweise über die gleichen Vertriebskanäle und Verkaufswege distribuiert.[177])

Voraussetzung für den Erfolg dieser Konzernstrategie ist zunächst die Anwendung der Strategie auf solche Aktivitäten, welche die Marktleistung des Diversifizierers in besonderem Maße (mit)bestimmen.[178]) Den potentiellen Kostenersparnissen - z. B. aufgrund von Kostendegressionseffekten oder erhöhter Produktdifferenzierung - müssen darüber hinaus die zuvor erwähnten erforderlichen Integrationskosten gegenübergestellt werden. Damit eine Aufgabenzentralisierung gelingen kann, ist es - wie im Falle eines Wissenstransfers - ferner entscheidend, daß die verschiedenen Geschäftsbereiche grundsätzlich aufgeschlossen gegenüber einer Zusammenarbeit und kompromißbereit sind.

Gerade die in, häufig dezentral organisierten, diversifizierten Unternehmungen vorherrschende Autonomie der einzelnen Divisionen macht das Ausnutzen derartiger Wettbewerbsvorteile häufig schwierig oder unmöglich. Zum einen fehlt den Geschäftsbereichen aufgrund mangelnder Kommunikation mit ihren Schwesterunternehmungen vielfach das Wissen über potentielle Zentralisationspotentiale. Andererseits herrscht zwischen den Divisionen eines Konzerns aufgrund der geschäftsbereichsbezogenen Leistungsbeurteilung nicht selten ein Rivalitätsverhältnis und es fehlen lukrative Anreize für eine gesamtunternehmungsbezogene Ausrichtung der eigenen Aktivitäten.[179])

Des weiteren wird die Zusammenarbeit in Form der Aufgabenzentralisierung nicht selten durch bestehende unternehmungskulturelle Hemmnisse be- oder verhindert. So ge-

---

177)   Vgl. PORTER [Diversifikation], 73.

178)   Die Erfahrungen der amerikanischen Hotel- und Restaurantkette Marriott können als Beispiel für Erfolge und Mißerfolge einer Strategie der Aufgabenzentralisierung dienen. Gleichzeitig verdeutlicht dieser Fall, daß eine Unternehmung die Zentralisierungsstrategie auch parallel zu einem Know-how-Transfer durchführen kann. Vgl. PORTER [Diversifikation], 76.

179)   Vgl. auch HOFFMANN [Diversifikation], 56.

langten beispielsweise 40% der von HOFFMANN befragten Manager zu der Einschätzung, daß die mangelnde Anpassungsfähigkeit der Kultur des Stammhauses als ein ernsthaftes Hindernis für eine erfolgreiche Diversifikationsstrategie zu beurteilen ist.[180] Je heterogener die Subkulturen in den Geschäftsbereichen sind, desto schwieriger wird sich eine gemeinsame Durchführung von Aktivitäten gestalten. Derartige kulturelle Anpassungsprobleme sind dabei tendenziell um so größer, je weiter die Geschäftstätigkeiten der Divisionen vom angestammten Bereich entfernt sind.[181]

In der Praxis läßt sich in bezug auf die Aufgabenzentralisierung und auch die Konzernstrategie eines Know-how-Transfers beobachten, daß zahlreiche Unternehmungen gerade die Beurteilung der für die Strategien erforderlichen Ähnlichkeiten (im Fall des Know-how Transfers) bzw. Gemeinsamkeiten (im Fall der Aufgabenzentralisierung) zwischen Geschäftsbereichen überschätzen. "Sucht man lange genug, so lassen sich zwischen zwei beliebigen Geschäftseinheiten sicherlich immer irgendwelche Ähnlichkeiten oder Gemeinsamkeiten finden."[182] Eine Zentralisierungsstrategie ist jedoch kein Selbstzweck; ihre Erfolgswirksamkeit kann nur dann eintreten, wenn es gelingt, durch die gemeinsamen Wertschöpfungsaktivitäten Wettbewerbsvorteile zu generieren.[183]

Neben dieser allzu optimistischen Beurteilung des Synergiepotentials und krampfhaften Zentralisierungsbestrebungen tendieren zahlreiche Diversifizierer in das andere Extrem. Sie erkennen in ihrer Unternehmung entweder kein Zentralisierungspotential oder nutzen bestehende Möglichkeiten zur Generierung synergieprozeßbedingter Wettbewerbsvorteile durch Aufgabenzentralisierung nur teilweise aus. Schließlich ist darüber hinaus in vielen diversifizierten Unternehmungen eine Ernüchterung bezüglich der erfolgreichen Durchführung einer Aufgabenzentralisierung festzustellen. Die zum Teil im Zusammenhang mit der Verfolgung einer solchen Strategie auftretenden starken Widerstände haben zahlreiche Diversifizierer dazu bewogen, ein Streben nach synergieprozeßbedingten Wettbewerbsvorteilen gänzlich aufzugeben. PORTER sieht hierin zugleich eine wesentliche Ursache für die nach wie vor enorme Popularität der Konzern-

---

180)   Vgl. HOFFMANN [Diversifikation], 57.
181)   Die Frage nach den Auswirkungen unterschiedlicher Unternehmungskulturen auf Übernahmen und Akquisitionen ist ein beliebtes Thema verhaltenswissenschaftlicher Studien. Vgl. statt anderer BUONO, BOWDITCH, LEWIS [Dynamics]; MARKS, MIRVIS [Merger]; MCCANN, GILKEY [Forces]; NAHAVANDI, MALEKZADEH [Acculturation]; WALTER [Culture]. SCHWEIGER, WALSH [Mergers] geben darüber hinaus einen äußerst interessanten und umfangreichen Literaturüberblick über die Untersuchungen, welche menschliche Reaktionen auf Unternehmungszusammenschlüsse und Akquisitionen zum Gegenstand haben.
182)   PORTER [Diversifikation], 71.
183)   Vgl. PORTER [Diversifikation], 75.

strategie des Portfoliomanagement. Er geht davon aus, daß die o. g. organisatorischen und kulturellen Widerstände zahlreiche Unternehmungen dazu bewogen haben, das Streben nach Synergieeffekten aufzugeben und statt dessen die - fälschlicherweise als unproblematisch beurteilte - Strategie des Portfoliomanagement anzuwenden.[184])

Abschließend kommt PORTER zu der Einschätzung, daß sich bei richtiger Anwendung der Zentralisierungsstrategie durch gemeinsam durchgeführte Wertschöpfungsaktivitäten - vorausgesetzt die beiden anderen von ihm genannten Basisvoraussetzungen erfolgreicher Diversifikation seien erfüllt - zahlreiche materielle Verbundvorteile realisieren lassen. "Trotz aller Fallstricke breiten sich heute wegen der dynamischen Entwicklungen in der Technik und im Markt gleichsam wie ein Lauffeuer immer neue Chancen aus, Vorteile aus gemeinsamen Wertschöpfungsaktivitäten zu ziehen."[185]) Für die Anwendung der Aufgabenzentralisierung ist es dabei prinzipiell unerheblich, auf welche Art und Weise eine Unternehmung diversifiziert. Sie läßt sich sowohl im Anschluß an eine Akquisitionsstrategie als auch bei Neugründungen anwenden, wenn o. g. Voraussetzungen erfüllt sind.

Abschließend läßt sich festhalten, daß PORTER vor dem Hintergrund der Ergebnisse seiner Untersuchung sowie seiner bereits früheren Arbeiten zugrundeliegenden Überzeugung zu der Einschätzung gelangt, daß eine Unternehmung grundsätzlich desto erfolgreicher sein wird, je weiter ihre Diversifikationsstrategie von einer Strategie des Portfoliomanagement zu einer Aufgabenzentralisierung bzw. Strategie der gemeinsamen Wertschöpfungsaktivitäten fortgeschritten ist.[186])

b) Das PORTERsche Aktionsprogramm für diversifizierte Unternehmungen

Vor dem Hintergrund der Ergebnisse seiner empirischen Untersuchung hat PORTER ein Aktionsprogramm für diversifizierte Unternehmungen entwickelt,[187]) welches diese befähigen soll "die Prinzipien einer Konzernstrategie in erfolgreiche Diversifikation

184)   Vgl. PORTER [Diversifikation], 74.
185)   PORTER [Diversifikation], 74.
186)   PORTER [Diversifikation], 76.
187)   Vgl. zu den nachfolgenden Ausführungen PORTER [Diversifikation], 77ff.

umzusetzen"[188]). Der Autor empfiehlt Diversifizierern zunächst die zwischen den aktuellen Geschäftsbereichen bestehenden Beziehungen zu bestimmen. Das bedeutet konkret, daß in einem ersten Schritt sämtliche Potentiale für eine Aufgabenzentralisierung bzw. eine Know-how-Transferstrategie identifiziert werden sollen. Auf diese Weise würden sich einerseits Ansatzpunkte für eine Verbesserung der Wettbewerbsposition der Geschäftsbereiche ergeben. Andererseits ließen sich so künftige Diversifikationspotentiale verorten. Im Falle eines Fehlens derartiger Beziehungen zwischen den Geschäftseinheiten könnte u. U. ein potentiellen Sanierungsbedarf aufgedeckt werden.

Ein weiterer Aspekt im PORTERschen Aktionsprogramm stellt die Auswahl derjenigen Kernbereiche dar, die als Grundlage der angestrebten Konzernstrategie dienen sollen. Es handelt sich hierbei um solche Geschäftsbereiche oder Unternehmungseinheiten, welche die Grundlage eines Know-how-Transfers der Diversifikation bilden können, dauerhafte Wettbewerbsvorteile versprechen bzw. zu den übrigen Geschäftseinheiten Verbindungspunkte aufweisen, die von strategischer Relevanz sein könnten. Derartige Geschäftsbereiche könnten dann als Grundlage für eine geographische Ausweitung der bestehenden Geschäftätigkeiten bilden. Demgegenüber sollten jene Bereiche, die in keinem Zusammenhang zu den Kernbereichen stehen abgestoßen werden.

Darüber hinaus empfiehlt der Autor die Schaffung horizontaler Mechanismen, welche es ermöglichen sollen, die zwischen den Kernbereichen bestehenden Beziehungen zu erleichtern. So denkt er z. B. an die organisatorische Zusammenfassung von Tochtergesellschaften, eine Betonung der Bedeutung innerbetrieblicher Zusammenarbeit, die Anpassung von Anreizsystemen an dieses Ziel oder das Aufbauen einer starken Unternehmungsidentität. Durch das Schaffen derartiger Mechanismen soll gleichzeitig eine Basis für zukünftige Diversifikationsprojekte geschaffen werden.

PORTER rät einer diversifizierten Unternehmung zudem, nur solche Diversifikationschancen anzustreben, welche eine gemeinsame Durchführung von Wertschöpfungsaktivitäten ermöglichen. Besondere Bedeutung kommt in diesem Zusammenhang einer Konzernstrategie der Aufgabenzentralisierung zu. Durch die Identifizierung von Zentralisierungspotentialen könnten gleichzeitig zukünftige neue Geschäftsfelder aufgedeckt werden.

---

188)   PORTER [Diversifikation], 77.

Verfügt eine diversifizierte Unternehmung nur über ein eingeschränktes Potential gemeinsamer Wertschöpfungsaktivitäten oder sind die vorhandenen Potentiale bereits ausgenutzt, so sieht er in der Konzernstrategie des Know-how-Transfers die Basis für eine erfolgreiche Diversifikation. In der Unternehmung vorhandenes, relevantes Know-how könnte in akquirierte oder neugegründete Geschäftsbereiche transferiert werden. Gleichzeitig beurteilt der Autor eine solche Vorgehensweise jedoch als relativ riskant und warnt vor überzogenen Renditeerwartungen bei einem Vordringen auf neue Gebiete.

Eine Sanierungsstrategie wird von PORTER nur in solchen Fällen empfohlen, in denen die Strategie der Aufgabenzentralisierung bzw. eine Know-how-Transferstrategie keine Aussicht auf Erfolg versprechen und das Management über die für eine Sanierungsstrategie erforderliche Qualifikation verfügt. Im übrigen verweist der Autor auf die zuvor beschriebenen Gefahren einer solchen Strategie.

Den Aktionären kommt im Aktionsprogramm von PORTER die Rolle des Portfoliomanagers zu. Er empfiehlt eine Gewinnausschüttung an die Aktionäre immer dann, wenn keine solide Basis für eine Diversifikation vorliegt. Gelingt es der Konzernspitze nicht, ihre grundsätzliche Befähigung gewinnversprechender Diversifikation plausibel darzulegen, so sieht er beispielsweise keine Legitimation für eine Dividendeneinbehaltung.

In der Schaffung einer klaren Unternehmungsidentität sieht PORTER schließlich einen weiteren Baustein erfolgreicher Diversifikation und die Grundlage zur Mehrung des Aktionsvermögens. Durch eine konzernweite Identität könne die Koordination der vielfältigen Geschäftseinheiten bewirkt werden und die Grundlage für einen Ausbau der Beziehungen zwischen den Tochtergesellschaften geschaffen werden. Auch bei der Schaffung neuer Geschäftsbereiche könne eine stimmige Unternehmungsidentität hilfreich sein. Eine Voraussetzung sieht er jedoch darin, daß das verfolgte Unternehmungskonzept Potentiale gemeinsamer Wertschöpfungsaktivitäten bzw. eines Know-how Transfer berücksichtige. Wahllose Zusammenkäufe von Unternehmungsbereichen vor dem Hintergrund einer Wunschidentität dienten demgegenüber keineswegs der Schaffung einer gemeinsam empfundenen Identität, da sie i.a.R. keine solche Grundlage für gemeinsame Wertschöpfungsaktivitäten oder einen Know-how-Transfer bildeten.

3. Kritische Würdigung

PORTER beschäftigt sich mit der Frage nach den Ursachen des schlechten Abschneidens diversifizierter Unternehmungen. Wie bereits dargelegt, führt der Autor die Mißerfolge in erster Linie auf die Mißachtung verschiedener Basisvoraussetzungen zurück, welche er für den Erfolg von Diversifikationsstrategien als unverzichtbar erachtet. Daneben ergab seine Untersuchung, daß den meisten Diversifizierern eine klare Konzernstrategie fehlt. Aus diesem Grund diskutiert er im Anschluß an seine empirischen Befunde die von ihm in der Praxis beobachteten vier dominierenden Konzernstrategien und erläutert die Voraussetzung für eine erfolgreiche Anwendung derselben.

Die Ausführungen von PORTER sind im Vergleich zu den o. g. Beiträgen der Erfolgsfaktorenforschung insgesamt als wesentlich aussagekräftiger zu beurteilen und stellen insofern einen ersten Beitrag zur Analyse der hier betrachteten Problemstellung dar. Zunächst kann es als das besondere Verdienst PORTER's gewertet werden, daß dieser durch seinen weit über das ANSOFF'sche Konzept hinausgehenden Ansatz zur konzeptionellen Erfassung der Synergieproblematik einen denkbaren Ausweg aus der zu Beginn der 80er Jahre in einer Sackgasse befindlichen Synergiediskussion fand.[189] Indem PORTER die grundlegende Motivation für eine Diversifikationsstrategie in der Verfolgung einer Horizontalstrategie zur Erzielung von Wettbewerbsvorteilen durch "Verflechtungen" bzw. Synergien sieht, liefert er gleichzeitig eine Antwort auf die in der Praxis nach wie vor weit verbreitete Konzernstrategie des Portfoliomanagement, welche sich in bezug auf die Realisierung von Verflechtungen als ungeeignet erweist. Der PORTERsche Synergiegedanke auf der Basis der Horizontalstrategie folgt dabei der Annahme, daß für die verschiedenen strategischen Geschäftsfelder eines Diversifizierers schon effektive Wettbewerbsstrategien formuliert wurden. Im Anschluß gilt es dann aus gesamtunternehmerischer Sicht eine Optimierung der gesamten Wertschöpfung einer diversifizierten Unternehmung durch die Koordination und Integration der verschiedenen Wertketten der einzelnen Geschäftsbereiche zu erzielen.[190]

Trotz dieser Weiterentwicklung bleibt die Synergieproblematik auch bei PORTER unscharf. Zwar gibt der Autor zahlreiche Beispiele zur Konkretisierung der denkbaren Synergietypen an. Es mangelt jedoch bei seinen Ausführungen an eindeutigen Abgren-

---

189)   Vgl. EHRENSBERGER [Unternehmensintegration], 113f.

190)   Vgl. PORTER [Advantage], 318f.

zungskriterien für die Auswahl potentieller Verflechtungen zwischen verschiedenen Geschäftsbereichen, so daß nicht unmittelbar einleuchtet, welche Art von Beziehungen, Gemeinsamkeiten oder Ähnlichkeiten einbezogen werden sollen und welche nicht. Vor diesem Hintergrund drängt sich daher der Eindruck einer gewissen Willkür auf und die Synergieproblematik bleibt letztlich auch bei PORTER eher diffus.[191])

Bei der Diskussion der Strategie eines Know-how-Transfers wurde die Übertragung von Management-Know-how als Voraussetzung zur Erzielung immaterieller Verflechtungen angeführt. Der Autor spezifiziert jedoch weder den Begriff des Management-Know-hows noch dessen Reichweite. So bleibt es ebenfalls unklar, welches Wissen und welche Fähigkeiten unter den Begriff Management-Know-how subsumiert werden können.[192]) Hinsichtlich einer systematischen Suche nach immateriellen Verflechtungsmöglichkeiten von Wertketten verweist PORTER lediglich darauf, anhand der Systematik der Wertkette vorzugehen.[193])

Auch der Begriff "Gemeinsamkeiten" wird von dem Autor nicht genauer spezifiziert. So läßt sich anhand seiner Ausführungen nicht eindeutig erkennen, inwiefern Gemeinsamkeiten die Basis für materielle Verflechtungen bilden.[194]) Gleichzeitig fällt auf, daß die Diskussion der durch immaterielle Verflechtungen denkbaren Wettbewerbsvorteile im Vergleich zur Analyse der Potentiale materieller Verflechtungen äußerst knapp ausfällt.

Im Rahmen der Branchenstrukturanalyse haben die verantwortlichen Manager einer Unternehmung gemäß dem Ansatz von PORTER zwei strategische Entscheidungen zu treffen. Zunächst ist die Branche zu bestimmen, in die sie eintreten wollen und anschließend ist eine Positionierung innerhalb der Branche vorzunehmen. Die Branchenstruktur wird nach PORTER durch die "fünf Wettbewerbskräfte" bestimmt und determiniert ihrerseits die abzuleitenden generischen bzw. Normstrategien, wodurch implizit unterstellt wird, daß es sich bei den strategischen Branchenfaktoren um objektiv wahrnehmbare Tatbestände handelt. Eine derartige Sicht vernachlässigt jedoch die aus der Komplexität und Unsicherheit derartiger Probleme sowie der begrenzten menschlichen Rationalität resultierende Subjektivität menschlicher Wahrnehmung. Daneben werden die in realen Entscheidungssituationen auftretenden zwischenmenschlichen Konflikte vernachlässigt.

---

191)   Vgl. auch EHRENSBERGER [Unternehmensintegration], 129..

192)   Vgl. hierzu auch die Kritik bei EHRENSBERGER [Unternehmensintegration], 131.

193)   Vgl. EHRENSBERGER [Unternehmensintegration], 133.

194)   Vgl. hierzu auch EHRENSBERGER [Unternehmensintegration], 129.

Erst im Anschluß an die Branchenanalyse und die strategische Positionierung wird in PORTERs Ansatz durch die Einführung der Wertkette eine Innenperspektive der Unternehmung eingenommen. Die Wertkettenanalyse dient dabei der Umsetzung der zuvor bereits gewählten Strategie. Zwar handelt es sich hierbei bereits um eine Weiterentwicklung der früheren Werke PORTERs, in denen er davon ausging, daß Unternehmungen bei der Implementierung ihrer Strategien prinzipiell auf die gleichen Ressourcen zurückgreifen können.[195] Jedoch bleibt ein anderer Kritikpunkt bestehen. Aufgrund der Tatsache, daß seine Wertkettenanalyse erst im Anschluß an die Ableitung der Normstrategien erfolgt, die Strategiebildung einer Unternehmung aus Sicht PORTERs somit weitgehend durch die Branchenstruktur determiniert ist, wird den unternehmungsspezifischen Unterschieden nur eine untergeordnete Bedeutung eingeräumt. Während der Autor also unzweifelhaft tiefergehende Einsichten bezüglich der in einer Branche zusammenwirkenden Wettbewerbskräfte geliefert hat, gelingt es mittels der Vorgehensweise nach PORTER nicht, aufzuzeigen, welche Attribute die Ressourcen einer Unternehmung aufweisen müssen, damit sie zu Quellen dauerhafter Wettbewerbsvorteile werden können.

III. Der Beitrag der Unternehmungskulturforschung[196]

Zu Beginn dieses Kapitels, bei der Diskussion allgemeiner Ansätze der Erfolgsfaktorenforschung, wurde bereits die Bedeutung kultureller Aspekte für den Unternehmenserfolg angesprochen. Darüber hinaus weist PORTER in seinen Ausführungen auf die erfolgsbeeinflussende Bedeutung unternehmungskultureller Besonderheiten für diversifizierte Unternehmungen hin. Um einen besseren Einblick in diese komplexe Thematik zu erhalten wird die Unternehmungskulturforschung in einem separaten Kapitel untersucht.

---

195)   Vgl. hierzu PORTER [Strategy]; Vgl. auch BARNEY [Firm].

196)   In der Literatur wird das Phänomen Unternehmungskultur zum Teil synonym zur Unternehmungsidentität oder Corporate Identity diskutiert. Andere Autoren sehen die Unternehmungskultur als Teilmenge der Corporate Identity oder umgekehrt. Einen Abgrenzungsversuch der beiden Themenkomplexe unternehmen HINTERHUBER, WINTER [Unternehmungskultur]. In den nachfolgenden Ausführungen erfährt die konzeptionelle Corporate Identity-Diskussion keine gesonderte Behandlung, weil für die hier behandelte Problemstellung in erster Linie diejenigen Aspekte der Corporate Identity von zentraler Bedeutung sind, welche die Schnittmenge der beiden Themenkomplexe betreffen.

- 119 -

Nicht zuletzt aufgrund der Vielzahl gescheiterter Diversifikationsvorhaben wird auch die Unternehmungskultur[197]) zunehmend Gegenstand der Diskussion um das Diversifikationsphänomen.[198]) In der einschlägigen Literatur findet sich eine Vielzahl kulturbezogener Ansätze,[199]) welche zum Teil Versuche darstellen, die Folgeprobleme der Diversifikation durch ein effizientes Kulturmanagement zu bewältigen. Insbesondere bei der externen Diversifikation kommt es zu einer Konfrontation unterschiedlicher Kulturen, was in vielen praktischen Fällen zu erheblichen Anpassungsproblemen, kulturinduzierten Krisen bzw. im Extremfall zu einem Scheitern der durchgeführten Diversifikationsvorhaben führte.[200]) Derartige empirische Befunde bildeten nicht zuletzt die Grundlage für eine zunehmende Erforschung kultureller Aspekte im Zusammenhang mit der Diversifikationsproblematik. So stellen etwa die Auswirkungen unterschiedlicher Unternehmungskulturen auf Übernahmen und Akquisitionen ein vieldiskutiertes Thema für Wissenschaftler dar, die das Verhalten in Organisationen untersuchen.[201])

Daß die Verfolgung von Diversifikationsstrategien auch die Kultur einer Unternehmung nicht unberührt läßt, merkten zahlreiche Unternehmungen, die im Zuge ihrer Diversifikationsanstrengungen auf kulturelle Anpassungsprobleme stießen. So geht v. a. die extreme geographische Diversifikation häufig mit besonderen kulturbedingten Schwierigkeiten einher. Immer mehr Unternehmungen reagieren auf eine Diversifikationsstrategie in andere Kulturbereiche etwa mit besonderen Trainingsprogrammen für Manager.[202]) Durch solche Programme "... soll kein Fachwissen vermittelt, sondern Gesellschaft, Ge-

---

197) Es existiert keine allgemeingültige Definition des Begriffs Unternehmungskultur. In der Literatur lassen sich vielmehr unzählige Definitions- und Abgrenzungsversuche ausmachen. Zum Teil werden unternehmungskulturelle Fragestellungen auch unter den Begriffen Organisations- oder Firmenkultur verhandelt. Vgl. für eine geclusterte Übersicht unterschiedlicher Begriffsdefinitionen den Literaturüberblick von SMIRCICH [Concepts]. HOLLEIS begründet die Begriffsvielfalt damit, daß die Wirtschaftswissenschaften das Kultur-Konzept von der Sozialanthropologie, einer anderen wissenschaftlichen Disziplin übernommen hätten. Vgl. HOLLEIS [Unternehmenskultur], 24f. Die Kulturdiskussion der Sozialanthropologie ist durch eine Vielzahl unterschiedlicher "Kultur-Schulen" mit heterogenen Konzepten gekennzeichnet. Vgl. GREGORY [Paradigms], 359.

198) Vgl. z. B. KRYSTEK [Unternehmungskultur], 539. Vgl. auch TRAUTWEIN [Merger], 292 sowie die von ihm angegebene Literatur.

199) Vgl. die Übersicht (organisations)kultureller Konzepte von ALLAIRE, FIRSIROTU [Theories]. Einen Überblick über die wichtigsten Problembereiche der Kultur-Diskussion gibt darüber hinaus KASPER [Organisationskultur]. Vgl. für eine kritische Diskussion der Konzeptualisierungen von Unternehmungskultur auch ALVESSON [Organizations].

200) Vgl. statt anderer KRYSTEK [Unternehmungskultur].

201) Vgl. BUONO, BOWDITCH, LEWIS [Dynamics]; MALEKZADEH, NEHAVANDI [Fit]; MARKS, MIRVIS [Merger]; MCCANN, GILKEY [Forces]; NAHAVANDI, MALEKZADEH [Acculturation]; WALTER [Culture]. Ein ausgezeichneter Überblick über diese Literaturrichtung findet sich bei SCHWEIGER, WALSH [Mergers].

202) Vgl. HOFFMANN [Diversifikation], 56.

schäftswelt und Kultur fremder Länder untersucht werden, um herauszufinden, wie Erwartungen, Motivationen, Verhalten und Anschauungen sich von denen zu Hause und im eigenen Unternehmen unterscheiden."[203])

Kulturelle Anpassungsprobleme treten aber nicht nur zwischen Unternehmungen unterschiedlicher Nationen sondern durchaus auch bei der Zusammenführung oder dem Aufkauf von Unternehmungen des gleichen nationalen Kulturkreises auf. So werden bei einer Fusion z. B. Unternehmungen mit unterschiedlichen Unternehmungskulturen zusammengeführt und auch im Falle der Akquisition paßt nicht jeder neue Geschäftsbereich zu einer historisch geprägten, gewachsenen Unternehmungskultur der Muttergesellschaft. Insbesondere in Konglomeraten prallen zum Teil äußerst heterogene Kulturen aufeinander. In extremen Fällen kommt es in diesem Zusammenhang zu regelrechten "Kulturschocks".[204])

So ist es nicht verwunderlich, daß gerade jene Unternehmungen, welche mit ihren Diversifikationsstrategien auf Schwierigkeiten stießen, besonders an kulturverändernden Methoden und Konzepten zur Beeinflussung und Harmonisierung von Unternehmungskulturen interessiert sind. Nachfolgend soll daher der Stand der Unternehmungskulturforschung untersucht und im Hinblick auf die praktische Anwendbarkeit für die in dieser Arbeit untersuchte Problemstellung kritisch diskutiert werden.

1. Zum Stand der Unternehmungskulturforschung

Fragen der Unternehmungskultur wurden lange Zeit ausschließlich von einigen wenigen Sozialwissenschaftlern erörtert, bildeten jedoch kaum ein Thema in der Diskussionsarena der betriebswirtschaftlichen Forschung.[205]) Insbesondere die Arbeiten von OUCHI[206]), PASCALE; ATHOS[207]), PETERS; WATERMAN[208]) und DEAL;

---

203) HOFFMANN [Diversifikation], 57.

204) Vgl. statt anderer KRYSTEK [Unternehmungskultur], 542 und die dort angegebene Literatur.

205) Vgl. für eine überblickartige Darstellung der Entwicklung der Organisations-/Unternehmungskulturforschung z. B. HOLLEIS [Unternehmenskultur], 26ff.; SCHOLZ [Organisationskultur].

206) Vgl. OUCHI [Theory]. Das Werk von OUCHI wurde in der Literatur von zahlreichen Autoren rezensiert. Vgl. HOLLEIS [Unternehmenskultur], 146f. i. V. m. FN 3 sowie die dort aufgeführten Rezensionen.

207) Vgl. PASCALE, ATHOS [Art].

KENNEDY[209]) trugen zu einer Belebung der Diskussion bei.[210])[211]) In jüngster Zeit wird zunehmend die Bedeutung der Unternehmungskultur für den Erfolg[212]) einer Unternehmung herausgestellt und das Thema Unternehmungskultur etablierte sich inzwischen als betriebswirtschaftlich relevante Forschungsrichtung.[213])

Ausgangspunkt für die zunehmende Thematisierung unternehmungskultureller Fragestellungen im Rahmen betriebswirtschaftlicher Arbeiten bildete v. a. der gegen Ende der 70er Jahre intensivierte internationale Wettbewerb.[214]) Die wettbewerbsstrategische Stärke und überdurchschnittlichen Erfolge v. a. japanischer Konkurrenten zogen eine lebhafte Diskussion über die Gründe für die Überlegenheit einiger Unternehmungen nach sich. In der Folge setzte eine regelrechte "Japan-Welle" ein und die gleichzeitig durchgeführte Erforschung der besonderen Merkmale exzellenter US-amerikanischer Unternehmungen ließ ein zunehmendes Interesse an sog. "weichen Faktoren" und insbesondere an der Unternehmungskultur aufkommen.[215])

---

208) Vgl. PETERS, WATERMAN [Search].

209) Vgl. DEAL, KENNEDY [Cultures].

210) Die Arbeiten von OUCHI, PASCALE, ATHOS und PETERS, WATERMAN stellen die Ergebnisse langjähriger Forschungsprojekte dar. Einige der Kerngedanken wurden bereits vor deren Veröffentlichung in Vorläuferaufsätzen publiziert. Vgl. HOLLEIS [Unternehmenskultur], 43 i. V. m. den in FN 3 angegebenen Aufsätzen. HOLLEIS weist darauf hin, daß die Autoren über mehrere Jahre eng zusammengearbeitet haben und dies zum Teil in ihren Arbeiten erwähnen. Vgl. HOLLEIS [Unternehmenskultur], 175.

211) Im deutschen Sprachraum wurde die Organisationskulturdiskussion insbesondere durch Beiträge von BLEICHER, MATENAAR und SACKMANN angeregt. Vgl. BLEICHER [Organisationskulturen]; MATENAAR [Vorwelt]; SACKMANN [Organisationskultur]. Bei den deutschen Schriften handelt es sich jedoch zum größten Teil um reproduzierende Versuche einer Einholung des Forschungsstandes der englischsprachigen Literatur. Vgl. hierzu auch SANDNER [Mythen], 652.

212) Vgl. etwa RÜTTINGER [Unternehmenskultur].

213) Das zunehmende Interesse an unternehmungskulturellen Fragestellungen wird auch durch die zahlreichen seit 1983 von renommierten Business- bzw. Management-Journalen veröffentlichten, speziellen Ausgaben zum Thema Organisationskultur deutlich. Vgl. hierzu HOLLEIS [Unternehmenskultur], 15 sowie die von ihm aufgeführten Sonderhefte. Vgl. auch SANDNER [Mythen], 652 und die in Anmerkung 9 angegebenen Beiträge.

214) HOLLEIS hat die wesentlichen Einflußfaktoren für das zunehmende Interesse der betriebswirtschaftlichen Forschung an unternehmungskulturellen Fragestellungen analysiert. Vgl. HOLLEIS [Unternehmenskultur], 32ff. Eine etwas andere Vorgehensweise verfolgt SCHOLZ [Organisationskultur], der die zunehmende Erforschung unternehmungskultureller Fragestellungen auf Krisen im *strategischen Management*, in der *Organisationstheorie* und in der *individuellen Verhaltensforschung* zurückführt. Alle drei Forschungsrichtungen versprächen sich von der Organisationskultur Auswege aus ihren Sackgassen.

215) Vgl. SANDNER [Mythen], 652.

Die im weltweiten Vergleich effizientesten Unternehmungen, so wird postuliert, zeichneten sich durch charakteristische, starke Unternehmungskulturen[216]) aus, welche sie befähigten, ihre Führungsrolle gegenüber Wettbewerbern zu erlangen und zu erhalten. So ist es nicht verwunderlich, daß die Unternehmungskultur oder "Corporate Culture" vielfach auch als Begründung für die Erfolgsunterschiede diversifizierter Unternehmungen herangezogen wird. "..., la culture (...), jouent un rôle déterminant dans les performances des entreprises diversifiées...".[217])

In klassischen ökonomischen Theorien, die von der Annahme ausgehen, daß Unternehmungen lediglich Produktionsstätten sind, welche sich aus einer Reihe von Produktionsfaktoren zusammensetzen, die in einen Prozeß der Gütertransformation eingehen, haben unternehmungskulturelle Betrachtungen keinen Platz. Hieraus erklärt sich zum einen, daß Fragen der Unternehmungskultur in der betriebswirtschaftlichen Forschung lange Zeit nicht berücksichtigt wurden. Gleichzeitig wird, zumindest teilweise, ersichtlich, warum eine Thematisierung kultureller Fragestellung im Zusammenhang mit Unternehmungen auch heute noch von einigen Wirtschaftswissenschaftlern und Praktikern mit Argwohn betrachtet wird.[218]) Nicht zuletzt aufgrund der umfangreichen empirischen Evidenz wird in der neueren Literatur jedoch zunehmend anerkannt, daß Unternehmungen soziale Systeme darstellen, welche sich nicht auf güterwirtschaftliche Transformationsprozesse reduzieren lassen.[219]) Unternehmungen sind gleichzeitig durch ihnen eigene Kulturen charakterisiert, welche - neben anderen Faktoren - dazu beitragen, daß sich verschiedene Unternehmungen voneinander abgrenzen.[220]) Darüber hinaus argumentiert z. B. HARTFELDER: "Die intensive Auseinandersetzung mit Unternehmungskulturen ist folgerichtig und konsequent, wenn man davon ausgeht, dass komplexe soziale Systeme - wie Grossunternehmen - nicht vollständig beherrscht werden können und deshalb in erster Linie durch indirektes Einwirken gemanagt werden müssen."[221])

---

216) Den Begriff "starke" Kultur verwenden z. B. BLEICHER [Unternehmungspolitik], 495 und DENISON [Culture], 5. Andere Autoren verwenden in diesem Zusammenhang ähnliche Begriffe. So sprechen etwa DEAL, KENNEDY [Cultures], 14 und KIESER [Morgensprache], 2 von "reichen" Kulturen während ULRICH [Systemsteuerung], 313 den Begriff "gesunde, blühende Kultur" verwendet.

217) PASQUIER [Performances], 494. Vgl. auch die von dem Autor angegebene Literatur.

218) Vgl. zu dieser Problematik auch die Ausführungen von HOLLEIS [Unternehmenskultur], 16 i. V. m. FN 1.

219) Eine Reduzierung unternehmerischer Sachverhalte auf die güterwirtschaftlichen Transformationsprozesse ist ebenso reduktionistisch wie eine ausschließliche Betrachtung kultureller Aspekte.

220) Vgl. hierzu auch ALCHIAN [Uncertainty]; ALCHIAN, DEMSETZ [Production].

221) HARTFELDER [Führungsstil], 459.

Um die Frage des Beitrags und der Adäquanz unternehmungskultureller Konzepte für die Handhabung praktischer Diversifikationsprobleme diskutieren zu können, bedarf es eines tiefergehenden Verständnisses der Möglichkeiten und Grenzen einer Gestaltung von Unternehmungskulturen. In bezug auf die praktische Anwendung lassen sich in der Unternehmungskultur-Diskussion zwei polare Standpunkte ausmachen. In Abhängigkeit von dem jeweils zugrundeliegenden Kulturverständnis ergeben sich vollkommen unterschiedliche Implikationen bezüglich Funktionen und Gestaltbarkeit der Unternehmungskultur im Hinblick auf praktische Probleme der Unternehmungsführung. Aus diesem Grund werden nachfolgend zunächst die beiden Grundpositionen der Unternehmungskulturforschung einer kritischen Betrachtung unterzogen, bevor die hier interessierende Fragestellung abschließend beurteilt werden kann. Die im folgenden vorgenommene Gegenüberstellung der beiden kontroversen Extrempositionen dient vor allem der Verdeutlichung der Bandbreite unterschiedlicher Kulturverständnisse (von "unbegrenzter Machbarkeit" bis hin zu "vollkommener Ohnmacht"). Tatsächlich handelt es sich bei diesen Positionen um die extremen Pole eines Kontinuums zahlreicher unterschiedlicher Kulturverständnisse.

a) Die Position der Interventionisten

(1) Darstellung eines interventionistischen Kulturverständnisses

Den einen extremen Standpunkt innerhalb der Unternehmungskultur-Diskussion nehmen die *Interventionisten* bzw. "Kulturingenieure" ein.[222]) Es handelt sich hierbei um

---

222)   Vgl. Schreyögg [Unternehmenskulturen], 202. In der Literatur werden darüber hinaus u. a. auch die Bezeichnungen "funktionalistischer Ansatz", "führungstheoretisch-praxeologische Strömung", "normatives Konzept", "instrumentaler Ansatz" verwendet. Vgl. HOLLEIS [Unternehmenskultur], 29; MATENAAR [Entwicklungstendenzen], 330; SANDNER [Mythen], 653.

Vertreter einer voluntaristisch[223]) geprägten Sichtweise. Nach Vorstellung der Interventionisten ist die Kultur etwas, das eine Organisation *hat*. Die Kultur einer Unternehmung stelle demnach eine weitere Variable bzw. ein weiteres Instrument der Unternehmungsführung dar, welches durch die Eingriffe der Manager - nach Maßgabe der von diesen angestrebten Ziele - gesteuert werden kann. Neben Produkten und Leistungen stellen Unternehmungen gemäß dieser Sichtweise auch kulturelle Objekte bzw. Symbolsysteme wie Geschichten, Legenden, Zeremonien, Rituale, Sprachregelungen und Mythen her.[224]) Dabei reicht das Spektrum instrumentalistischer Einflußnahme von der leichtesten Variante "behutsamer Kurskorrekturen" bis hin zur Annahme der "vollständigen Machbarkeit einer Unternehmungskultur", in seiner radikalsten Ausprägung.[225])

Derartige Ansätze sind stark normativ geprägt. Wie bereits erwähnt, werden die Erfolgsunterschiede zwischen Unternehmungen - zumindest zum Teil - auf die in erfolgreichen Unternehmungen vorhandenen starken Kulturen zurückgeführt. Dementsprechend sollte es, gemäß einem interventionistischen Kulturverständnis, das Ziel der weniger erfolgreichen Unternehmungen sein, ihre Kulturen denen der effizienten Unternehmungen anzupassen. Es gelte, die bestehende IST-Kultur der Unternehmung zu identifizieren und so zu verändern, daß die gewünschte SOLL-Kultur entsteht, d. h. die bestehende Kulturlücke zwischen IST- und SOLL-Kultur geschlossen werde.[226])

Diversifizierte Unternehmungen sollten in der Unternehmungskultur einen Verstärker zukünftiger Erfolgspositionen sehen und dementsprechend bei ihren Strategien darauf achten, daß bisher positive Unternehmungskulturen auch nach der Aufnahme neuer Geschäftsbereiche erhalten blieben. Bei der Verbindung mehrerer Geschäftsbereiche mit erfolgsträchtigen Unternehmungskulturen - etwa im Falle der Akquisition - sollte es demgegenüber vorrangiges Ziel sein, deren synergetisches Potential zu nutzen. Hierzu sollte eine Synthese der als positiv bewerteten Einzelaspekte der verschiedenen Ge-

---

223) Die Strömung des *Voluntarismus* folgt der Vorstellung unbegrenzter "Machbarkeit des Menschen" und geht gleichzeitig von der unbedingten Durchsetzbarkeit menschlicher Interessen aus. Es leitete sich für die Unternehmung ein individualistisches Strategieverständnis ab, bei dem davon ausgegangen wird, daß rationale Manager alles "machen" können. Diese Sichtweise unterstellt, "... soziale Strukturen (seien, d. Verf.) nicht nur die Ergebnisse menschlichen Handelns, sondern auch menschlichen Entwurfs." SIKORA [Rationalitätsverständnis], 82. Dementsprechend wurde für die Probleme der Unternehmungsführung deren Wohlstrukturiertheit und optimale Lösbarkeit unterstellt.

224) Zu den kulturunterstützenden Symbolsystemen vgl. SACKMANN [Organisationskultur], 396. Für eine Erläuterung dieser Begriffe vgl. z. B. HOLLEIS [Unternehmenskultur], 21.

225) Vgl. SCHREYÖGG [Unternehmenskulturen], 202.

226) Vgl. ausführlich SACKMANN ['Kulturmanagement'], 162f.

- 125 -

schäftsbereichskulturen bei gleichzeitiger Vernachlässigung negativer Aspekte durchgeführt werden, um zu einer positiven Gesamtunternehmungskultur zu gelangen.[227])

Zur Erreichung einer angestrebten "SOLL-KULTUR" wurden von den Vertretern eines interventionistischen Kulturverständnisses unzählige Mechanismen und Methoden zur Änderung von Unternehmungskulturen entwickelt.[228]) Zum Teil handelt es sich bei den verschiedenen Konzeptionen um konkrete Rezepte zur Kulturveränderung. So propagieren besonders optimistische Autoren beispielsweise *vier Phasen, fünf Schritte* oder *sechs Riten* zur treffsicheren Änderung der Kultur einer Unternehmung.[229]) KOBI und WÜTHRICH vermitteln anhand von visualisierten Schrittfolgen, Checklisten und fertigen Kulturprofilen gar den Eindruck der Eindeutigkeit, Klarheit und Zwangsläufigkeit von Kulturveränderungsprozessen.[230])

Derartige Ansätze zur Kulturbeeinflussung und -modifizierung[231]) wurden seitens der Praxis von vielen Unternehmungen mit großem Interesse aufgenommen, was angesichts der scheinbar problemlosen Umsetzung[232]) sowie der von den verschiedenen Autoren propagierten, vielfältigen positiven Resultate nicht verwundert. So soll das Kulturmanagement u. a. etwa die Motivation der Mitarbeiter erhöhen, ein besseres Betriebsklima[233]) schaffen und sich positiv auf die grundsätzliche Qualität des Arbeitslebens auswirken. Für diversifizierte Unternehmungen mit heterogenen Geschäftsbereichen könne die Unternehmungskultur den "normativen oder sozialen 'Klebstoff' darstellen, welcher den Zusammenhalt des Gesamtsystems gewährleiste.[234]) Schließlich wird den kulturverändernden Maßnahmen vor allem das Potential für eine Verbesserung des fi-

---

227) Vgl. hierzu kritisch z. B. KRYSTEK [Unternehmungskultur], 545.

228) Vgl. etwa die Ausführungen von HOLLEIS [Unternehmenskultur], 20ff. und die Literaturübersicht von SACKMANN ['Kulturmanagement']. Sammelrezensionen ausgewählter Kulturansätze finden sich bei SANDNER [Mythen] sowie in dem Besprechungsaufsatz von SCHOLZ [Organisationskultur].

229) Vgl. SCHOLZ [Organisationskultur], 254. Der Autor bezieht sich auf verschiedene Beiträge der Pittsburger Konferenz über Unternehmenskultur von 1984, welche in dem Reader von KILMANN, SAXTON, SERPA [Control] veröffentlicht wurden.

230) Vgl. SCHOLZ [Organisationskultur], 254.

231) Zahlreiche Autoren zeigen in ihren Arbeiten z. B. auf, wie ein effizientes Kulturmanagement ihrer Meinung nach auszusehen hat. Vgl. statt vieler PETERS, WATERMAN [Search]; QUINN [Strategies]; TICHY [Change].

232) Die in einer konkreten Unternehmung i.a.R. auftretenden Widerstände, Konflikte sowie Machtkonstellationen werden beispielsweise nicht thematisiert. Vgl. hierzu auch SACKMANN ['Kulturmanagement'], 165.

233) Vgl. für eine Begriffsabgrenzung HOLLEIS [Unternehmenskultur], 19 i. V. m. FN 1.

234) Vgl. zu dieser Funktion von Kultur auch SANDNER [Mythen], 654.

nanziellen Erfolgs der Unternehmung zugesprochen.[235]) "Die Werte der Unternehmenskultur (z. B. 'Service', 'Innovation', 'Mitarbeiterorientierung', 'Qualität') würden den Mitarbeitern 'Sinn' vermitteln, für den es lohnt, sich überdurchschnittlich einzusetzen - mit dem Ergebnis von überdurchschnittlichen ökonomischen Ergebnissen."[236])

(2) Kritik an einem interventionistischen Kulturverständnis

Ein erster Ansatzpunkt zur Kritik an der Position der "Kulturingenieure" liefert die postulierte Möglichkeit einer positiven Beeinflussung des finanziellen Erfolgs durch die gezielte Steuerung der Unternehmungskultur. Während es eine umfangreiche Evidenz dafür gibt, daß der Unternehmungskultur eine besondere Bedeutung im Zusammenhang mit dem Erfolg einer Unternehmung zukommt, handelt es sich bei einer Kultur nicht um ein beliebig steuer- und manipulierbares Phänomen. Die Unternehmungskultur stellt vielmehr ein gewachsenes Gebilde dar, das seinen Ursprung in der Historie der Unternehmung hat und sich im Zeitablauf verändert.[237]) So ist es sowohl für den externen Beobachter als auch insbesondere für die Mitglieder einer Unternehmung schwierig - wenn nicht unmöglich - diejenigen Faktoren der Unternehmungskultur zu beschreiben, welche für die Unternehmung besonders wertvoll sind.[238])

Bei den Bestandteilen einer Unternehmungskultur, wie Werten, Normen, Überzeugungen u.ä. handelt es sich bereits grundsätzlich um schwer charakterisierbare Phänomene[239]). Zwischen diesen unterschiedlichen kulturellen Einflußfaktoren und den Wettbewerbsvorteilen einer Unternehmung bestehen darüber hinaus zahlreiche Beziehungen, welche nicht beschreibbar sind, so daß es nicht möglich ist, eindeutige Kausalitäten auszumachen. Die erfolgbeeinflussenden Merkmale einer Unternehmungskultur sind viel-

---

235) Vgl. BARNEY [Organizational Culture], 656. Eine Reihe von Autoren hat die ökonomische Bedeutung der Unternehmungs-/Organisationskultur untersucht. Vgl. statt anderer DEAL, KENNEDY [Cultures]; OUCHI [Theory]; SACKMANN ['Kulturmanagement'], 157 sowie die dort angegebene Literatur und WILKINS, OUCHI [Cultures]. Die wohl ausführlichste Erklärung des ökonomischen Wertes bestimmter Unternehmungskulturen findet sich bei PETERS, WATERMAN [Search].

236) HOLLEIS [Unternehmenskultur], 41.

237) Vgl. zum Aspekt der Historizität von Unternehmungskulturen statt anderer SELZNICK [Leadership]; STINCHCOMBE [Structure]; ZUCKER [Role].

238) Vgl. LIPPMAN, RUMELT [Imitability].

239) Vgl. hierzu auch BARLEY [Semiotics]; GREGORY [Paradigms]. Vgl. für eine begriffliche Erläuterung der Bestandteile von Unternehmungskultur HOLLEIS [Unternehmenskultur], 18ff.

- 127 -

mehr häufig Teil der unbewußten und unausgesprochenen Gegebenheiten in einer Unternehmung. Vor diesem Hintergrund könnte der Versuch, die Unternehmungskultur eines erfolgreichen Konkurrenten zu imitieren höchstens zufällig und unbewußt gelingen und es wäre dem Imitator nicht möglich zu beschreiben, was er nachgeahmt hat.[240]) Andererseits kann gerade die Unbewußtheit und Selbstverständlichkeit der Unternehmungskultur als Grund dafür genannt werden, daß die Kultur einer Unternehmung eine wertvolle Erklärungsgröße für das Verhalten von Individuen und Gruppen in Organisationen darstellt.[241])

Neben der grundsätzlichen Problematik der Veränderung bzw. des "Herstellens" erwünschter SOLL-Kulturen erscheint auch die Gleichsetzung starker Kulturen mit dem Erfolg einer Unternehmung problematisch. So kritisiert beispielsweise SCHREYÖGG die einseitige Hervorhebung der Erfolgskomponente starker Kulturen und beklagt, daß die Tatsache, daß starke Unternehmungskulturen auch in erheblichen Maße zum Mißerfolg einer Unternehmung beitragen können, zu wenig Beachtung findet. Allein die Stärke einer Kultur sagt noch nichts über die Art ihres Einflusses aus. SCHREYÖGG diskutiert ausführlich die problematischen Konsequenzen starker Unternehmungskulturen.[242]) Auch in zahlreichen weiteren Literaturbeiträgen zur Unternehmungskultur wird, zumindest implizit, auf die möglichen negativen Konsequenzen der Kultur hingewiesen.[243]) Die undifferenzierte Empfehlung, eine starke Unternehmungskultur zu erzeugen erscheint dementsprechend ebenso kritisch wie die Aufforderung zur Imitation der erfolgreichen Kultur eines Wettbewerbers.

Darüber hinaus weist BARNEY nach, daß der Appell an weniger erfolgreiche Unternehmungen, die Kultur der effizienten Unternehmungen zu kopieren, um selber ähnliche finanzielle Erfolge zu erzielen, in sich unlogisch ist. Vor dem Hintergrund der empirischen Evidenz schließt der Autor, daß Unternehmungen, deren Kulturen bestimmte Attribute aufweisen, durchaus in der Lage sind, langfristig anhaltende Wettbewerbsvorteile zu generieren. Insofern sieht er auch einen positiven Einfluß der Unternehmungskul-

240) Vgl. BARNEY [Organizational Culture], 661. Vgl. auch LIPPMAN, RUMELT [Imitability]; MCKELVEY [Systematics].
241) Vgl. statt anderer BERGER, LUCKMAN [Construction]; GOFFMAN [Presentation]; POLANYI [Knowledge].
242) Vgl. SCHREYÖGG [Konsequenzen]; DERS. [Unternehmenskulturen], 204f. Vgl. zu den potentiellen Negativeffekten von Unternehmungskulturen auch LORSCH [Culture].
243) Vgl. statt anderer CROZIER [Phenomena]; PORTER [Strategy]; RILEY [Account]; TICHY [Change]. Vgl. auch SCHEIN [Culture], 315.

tur auf den finanzielle Erfolg solcher Unternehmungen.[244] Gleichzeitig sei es den Unternehmungen, welche derartige "wettbewerbsfördernde" Kulturen nicht aufweisen, grundsätzlich jedoch nicht möglich, ihre Unternehmungskulturen beliebig zu modifizieren, daß diese zur Ursache anhaltender Wettbewerbsvorteile würden. Daher seien auch die normativen Implikationen zahlreicher Unternehmungskultur-Studien zum Teil eher begrenzt.[245]

Dies begründet er damit, daß die Kultur einer Unternehmung nur dann eine Quelle überdurchschnittlicher finanzieller Ergebnisse darstellt, falls sie von den Mitkonkurrenten nicht imitierbar, d. h. einzigartig ist. Erziele eine Unternehmung aufgrund ihrer Unternehmungskultur einen überdurchschnittlichen finanziellen Erfolg, so würden andere Unternehmungen versuchen, durch Nachahmung den gleichen finanziellen Erfolg zu erreichen. In der Folge würde sich zwangsläufig der Wettbewerb zwischen den Konkurrenten verstärken, so daß sich auch die Rendite der ursprünglich überdurchschnittlich erfolgreichen Unternehmung reduzieren würde. Dieser wettbewerbsverstärkende Prozeß würde so lange anhalten, bis keine Unternehmung überdurchschnittliche finanzielle Erfolge mehr erzielt.

"Thus, (...), if the cultural attributes isolated by Peters and Waterman (1982) are, in fact, easily transferable, as is suggested on the cover of the paperback edition of their book, then these cultural attributes cannot be a source of sustained competitive advantage, and their existence in a firm cannot be an explanation of sustained superior financial performance."[246]

Gelingt es einer Unternehmung, längerfristig überdurchschnittliche finanzielle Erfolge zu erzielen, so läßt sich das gerade auf *einzigartige, nichtimitierbare* Wettbewerbsvorteile zurückführen. Derartige Wettbewerbsvorteile können auch dann noch die Quelle überdurchschnittlicher finanzieller Ergebnisse bilden, nachdem die Nachahmungsversuche der Konkurrenten aufhören.[247] Sie lassen sich jedoch nicht nach Plan erzeugen.

---

244) Der Autor weist jedoch gleichzeitig darauf hin, daß eine Unternehmung grundsätzlich nur dann die finanziellen Vorteile einer einzigartigen Kultur genießen kann, wenn sie es nicht versäumt, auch die sonstigen strategisch relevanten Erfolgseinflußfaktoren zu beachten. Des weiteren räumt er ein, daß ein solcher kulturbedingter Wettbewerbsvorteil an eine bestimmte ökonomische oder wettbewerbliche Situation gebunden ist, so daß "... a valuable culture today could, in different economic or competitive conditions, become an economic liability." BARNEY [Organizational Culture], 659.

245) Vgl. BARNEY [Organizational Culture], 656ff.

246) BARNEY [Organizational Culture], 659. Vgl. PETERS, WATERMAN [Search].

247) Vgl. BARNEY [Organizational Culture], 658. Vgl. für eine Stellungnahme zu der Position von BARNEY die Ausführungen von FIOL [Culture], 195f.

Darüber hinaus widerspricht schon alleine die Tatsache, daß die Kultur einer Unternehmung von ihren Mitgliedern geprägt wird, einer zielgerichteten Herstellung erwünschter Kulturen. Unternehmungen lassen sich nicht auf "triviale Maschinen" mit gesetzmäßigen Kausalbeziehungen reduzieren und durch gezielte Eingriffe steuern. Es handelt sich vielmehr um "nicht-triviale" soziale Systeme, mit zirkulären Kausalitätsbeziehungen, in denen darüber hinaus vielfältige politische Prozesse ablaufen.[248] Die in einem sozialen System agierenden Menschen können nicht gemäß den Interessen eines technokratischen Managements beliebig manipuliert werden. SANDNER bezeichnet die kulturellen SOLL-Werte dementsprechend als "aufgepfropftes Substitut der eigenen Werte und Interessen der Mitarbeiter (...), Ersatz und Hülse statt Substanz (...), fremdgesteuerte Mechanismen zum Zwecke einer unproblematischen organisatorischen Integration menschlichen Handelns und Denkens".[249] Gelänge es, einen tragfähigen normativen Steuerungsrahmen zu etablieren, so "wäre der Höhepunkt jeder Steuerungsphantasie erreicht: Die Mitarbeiter wollen, was sie sollen. Futurum II läßt grüßen."[250]

Auch HARTFELDER weist die extreme Position der Interventionisten in ihre Schranken und fordert, daß die Manager umdenken und lernen müßten, "im Umgang mit Unternehmungskulturen die liebgewordene 'Macherperspektive' aufzugeben"[251]. Zwar veränderten sich Unternehmungskulturen im Rahmen sozialer Prozesse, welche ihrerseits auch beeinflußbar seien. Unternehmungskulturen ließen sich jedoch keineswegs in beliebige Richtungen ändern und eine Veränderung sei darüber hinaus weder kurzfristig möglich noch problemlos durchführbar.[252] Aus diesem Grund kritisiert der Autor die vor dem Hintergrund eines interventionistischen Kulturverständnis hervorgebrachten Diagnosetechniken und Veränderungsstrategien. Gleichzeitig bringt er die grundlegende Kritik an einem derartigen Kulturverständnis im Titel seines Beitrages nochmals deutlich zum Ausdruck:

"Man wollte doch den 'harten Führungsstil' abbauen ...

... und nun propagiert man schon wieder 'hartes Kulturdenken'."[253]

---

248)   Die Metapher "trivialer" und "nicht-trivialer" Maschinen wurde durch FOERSTER geprägt. Vgl.
         FOERSTER [Konstruieren].
249)   SANDNER [Mythen], 666.
250)   SANDNER [Mythen], 666 i. V. m. SKINNER [Futurum II].
251)   HARTFELDER [Führungsstil], 461.
252)   Vgl. HARTFELDER [Führungsstil], 459.
253)   HARTFELDER [Führungsstil], 459. Hervorhebungen im Original. Auch SANDNER weist 'harte'
         Gestaltungsempfehlungen im Zusammenhang mit 'weichen' Kulturelementen zurück. Vgl.
         SANDNER [Mythen], 665.

b) Die Position der Kulturalisten

(1) Darstellung eines kulturalistischen Kulturverständnisses

Den Gegenpol zu diesem, einem traditionellen Ziel-Mittel-Denken verhafteten, instrumentalistischen Verständnis von Unternehmungskultur bildet die Position der sog. Kulturalisten.[254] Die Kulturalisten stehen einem instrumentalistischen Kulturverständnis kritisch bis ablehnend gegenüber.[255] Die kulturalistische Sichtweise folgt der Ohnmachtsperspektive des Determinismus[256], indem sie davon ausgeht, daß die Kultur einer Unternehmung nicht gezielt herstellbar ist.[257] Gemäß diesem Verständnis ist Kultur nicht etwas, das eine Organisation besitzt, sondern das sie *ist*.[258] So sehen die Kulturalisten die Unternehmungskultur als spontan entstanden und definieren sie als eine Art Lebenswelt oder Symbolsystem, welches so komplex und undurchsichtig ist, daß es sich der gezielten Beeinflussung oder Kontrolle seitens der Manager einer Unternehmung entziehe. Durch die Interpretation von Handlungen und Ereignissen erfülle die Kultur in Organisationen (so auch in Unternehmungen) eine sinnstiftende Funktion und schaffe so erst die Voraussetzungen für das Handeln in Organisationen.[259] Die in einem sozialen System handelnden Subjekte entwickelten theoretische Vorstellungen über die Welt und schafften durch die soziale Konstruktion der Wirklichkeit die Orientierungsgrundlagen ihres Handelns. [260] Ein derartiges "ideelles" Verständnis[261] von

---

254) Andere in der Literatur verwendete Bezeichnungen sind etwa "interpretativer Ansatz", "deskriptiver Ansatz", "Fortsetzung des Organizational Symbolism", "finaler Ansatz" Vgl. HOLLEIS [Unternehmenskultur], 29; MATENAAR [Entwicklungstendenzen], 330; SANDNER [Mythen], 653. Vgl. auch die kritische Diskussion der beiden Extrempositionen bei FIOL [Culture], 192ff.

255) Vgl. hierzu auch SCHREYÖGG [Unternehmenskulturen], 202.

256) Den *deterministischen Konzeptionen* liegt die Annahme zugrunde, daß Unternehmungen ihr Handeln nicht beeinflussen können, d. h. fremdbestimmt sind. Die Unternehmung ist dementsprechend vollkommen durch ihre Umwelt determiniert und in einen Prozeß natürlicher Selektion eingebettet und die sozialen Strukturen werden als unveränderbar und als von den Individuen unabhängig verstanden.

257) Vgl. SCHREYÖGG [Unternehmenskulturen], 202. Die Frage der Änderbarkeit von Organisationskulturen diskutiert auch SCHEIN. Vgl. SCHEIN [Organisationskultur].

258) Vgl. für eine Diskussion der Frage, ob eine Organisation/Unternehmung eine Kultur *hat* bzw. Kultur *ist* statt anderer NEUBERGER, KOMPA [Firma].

259) Vgl. SMIRCICH [Concepts]; SCHEIN [Culture].

260) SANDNER [Mythen], 653.

Unternehmungskultur verdeutlicht, warum die Kulturalisten jeden Versuch eines Eingriffes in ein Symbolsystem als zerstörerisch oder manipulativ zurückweisen:[262]) "Man sieht sich selbst in der Position eines Beschützers mit dem Ziel, dieses Stück Lebenswelt vor dem profanen Zugriff einer ingenieurmäßigen Gestaltungsrationalität zu bewahren."[263])

Vor dem Hintergrund der besonderen Bedeutung, welche dem Verstehen, der Interpretation sowie dem Aspekt einer sozialen Konstruktion von Wirklichkeit im Kulturverständnis der Kulturalisten zukommt, ist es zudem verständlich, daß die kulturalistische Position mit der objektivistischen Sicht der Interventionisten und deren Annahme grundsätzlicher Machbarkeit nicht vereinbar ist.[264]) Vertreter einer kulturalistischen Position suchen nicht nach Möglichkeiten eines Kulturmanagement, sondern verfolgen in erster Linie deskriptive und erkenntnistheoretische Zwecke.[265]) "Was interessiert, ist ein Verständnis der historisch evolutionären Entwicklung und Veränderung von Kultur mit allen beteiligten Prozessen."[266])

(2) Kritik an einem kulturalistischen Kulturverständnis

Während die ablehnende Haltung der Kulturalisten gegenüber einem manipulativen und beherrschenden Kulturverständnis aufgrund der o. g. Kritikpunkte durchaus nachvollziehbar ist, erscheint auch ihr Verständnis in mehrfacher Hinsicht problematisch.

Zunächst kritisiert SCHREYÖGG den Versuch der Kulturalisten, die Unternehmungskultur als "schutzbedürftigen authentischen Lebensraum zu begreifen"[267]). Er begründet dies mit der Feststellung, daß man "nicht Unternehmenskulturen zum Studienobjekt erklären und zugleich ihre Unversehrtheit als moralisches Prinzip postulieren"[268]) kön-

---

261)   Vgl. hierzu z. B. ALLAIRE, FIRSIROTU [Theories].

262)   Vgl. SCHREYÖGG [Unternehmenskulturen], 202. Vgl. auch HOLLEIS [Unternehmenskultur], 310.

263)   SCHREYÖGG [Unternehmenskulturen], 202.

264)   Vgl. hierzu auch SANDNER [Mythen], 654 und die dort angegebene Literatur.

265)   Vgl. SACKMANN ['Kulturmanagement'], 168.

266)   SACKMANN ['Kulturmanagement'], 168.

267)   SCHREYÖGG [Unternehmenskulturen], 203.

268)   SCHREYÖGG [Unternehmenskulturen], 203.

ne. Darüber hinaus weist der Autor auf die zahlreichen, potentiellen Negativkonsequenzen von Unternehmungskulturen hin, welche ihrerseits kritisch beobachtet und begleitet werden müßten. Derartige negative Effekte seien i.a.R. dann besonders groß, wenn die Unternehmungskulturen stark ausgeprägt seien.[269]) KETS DE VRIES; MILLER unterscheiden beispielsweise paranoide, zwanghafte, dramatische, depressive und schizoide Kulturen.[270])

Ein weiterer Aspekt, der die Bedeutung eines kritischen Hinterfragens der leitenden Orientierungsmuster der Unternehmungskultur unterstreicht, ist die Tatsache, daß Unternehmungen sich auch gegenüber ihrer Umwelt verantworten müßten, wenn sie ihre gesellschaftliche Legitimation nicht verlieren wollen. Der Inhalt von Unternehmungskulturen sollte folglich durchaus argumentativen Diskursen zugänglich sein und kritisch reflektiert werden. Grundsätzlich erscheint es somit sehr wohl legitim, verändernd auf eine entwicklungshemmende oder gesellschaftsfeindliche Unternehmungskultur einwirken zu wollen.

An dieser Stelle argumentieren überzeugte Kulturalisten, daß sich die Kultur einer Unternehmung gar nicht verändern lasse. Wie oben bereits gesehen, können tatsächlich zahlreiche Argumente angeführt werden, welche die Probleme und Grenzen der interventionistischen Machbarkeitsvorstellung aufzeigen. Ein gewisses Unbehagen aufgrund der potentiellen Manipulationsgefahr ist ebenfalls nicht gänzlich unbegründet und erklärt, warum zahlreiche Autoren voreiligen Kulturveränderungsprogrammen negativ gegenüberstehen. Trotz der zum Teil ernstzunehmenden Einwände ist die kulturalistische Position jedoch ihrerseits insofern problematisch, als sie die Unternehmungskultur gänzlich dem Einflußbereich handelnder Menschen entzieht. "Unternehmenskultur wird entweder als Ergebnis eines evolutionären Prozesses oder als unbewußte Wirklichkeitskonstruktion gesehen, in jedem Falle aber scheint sie in dieser Sichtweise tendenziell als eine Kraft auf, die gewissermaßen über uns kommt."[271]) Die Mitglieder einer Unternehmung wären den kulturellen Einflüssen quasi hilflos ausgeliefert und müßten die Unternehmungskultur als eine ihren Handlungsspielraum einschränkende Rahmenbedingung hinnehmen. Ein derartiger kultureller Determinismus widerspricht jedoch der Tatsache, daß in Unternehmungen Menschen handeln, welche grundsätzlich über kognitive und reflexive Fähigkeiten sowie einen eigenen Willen verfügen. Dementsprechend sind sie zumindest prinzipiell befähigt, bewußt über die ihren Handlungen zu-

---

269) Vgl. SCHREYÖGG [Unternehmenskulturen], 204 i. V. m. der dort angegebenen Literatur.

270) Vgl. KETS DE VRIES, MILLER [Personality]

271) SCHREYÖGG [Unternehmenskulturen], 210.

grundeliegenden Normen und Orientierungsgrundlagen zu reflektieren und diese ggf. durch andere Handlungsmuster zu ersetzen. Da Unternehmungskulturen im wesentlichen Normen und Orientierungsgrundlagen verkörpern, müssen auch sie grundsätzlich willentlichen Veränderungsprozessen zugänglich sein.[272])

c) Integratives Kulturverständnis

(1) Allgemeine Darstellung eines integrativen Kulturverständnisses

Aufgrund der Kritik an den Extrempositionen des Determinismus und des Voluntarismus entwickelte sich ein integratives Verständnis strategischer Unternehmungsführung, welches versucht, die Einseitigkeiten der extremen Konzeptionen zu überwinden, während gleichzeitig deren positive Erkenntnisse erhalten bleiben sollen.[273]) So betrachtet resultiert aus der Ablehnung der voluntaristischen Machbarkeitseuphorie nicht zwangsläufig eine Verfolgung der Ohnmachtsperspektive des Determinismus, wonach Unternehmungen einer grenzenlosen Willkür verfallen müßten. Eine integrative Position postuliert vielmehr, daß eine Unternehmungsentwicklung durchaus möglich ist. Der Anspruch ist jedoch wesentlich bescheidener als der, welchen das interventionistische Verständnis erhebt. Vor dem Hintergrund der Erkenntnis, daß Unternehmungen komplexe soziale Gebilde darstellen, welche ihrerseits in eine vielfältige Umwelt eingebunden sind, wird Unternehmungsführung nicht als geplante Steuerung des sozialen Systems Unternehmung verstanden, sondern beschränkt sich auf die Förderung der Lern- und Entwicklungsfähigkeit ihrer Mitglieder durch die indirekten Möglichkeiten der Kontextsteuerung.[274]) So können Lernprozesse etwa dadurch initiiert werden, daß Mitarbeiter bestimmten, lernfördernden Umwelten ausgesetzt werden, d. h. eine begrenzte Beeinflussung des Systems ist durch eine Kontextsteuerung durchaus möglich. Die Folgen dieser Beeinflussung in bezug auf die Entwicklung der Unternehmung sind jedoch

---

272) Vgl. SCHREYÖGG [Unternehmenskulturen], 210.

273) Diese integrative Sichtweise strategischer Unternehmungsführung wird auch als "gemäßigter Voluntarismus" bezeichnet. Vgl. zu diesem Begriff. SIKORA [Rationalitätsverständnis]; Vgl. KIRSCH ET AL. [Management], 229ff.

274) Vgl. in diesem Zusammenhang die Ausführungen von PROBST, SCHEUSS [Ordnung].

- 134 -

keineswegs das auf der Grundlage von linearen Kausalbeziehungen ableitbare Ergebnis externer Einwirkung. Sie resultieren vielmehr aus den Eigenschaften des Systems Unternehmung selbst.

In bezug auf die Unternehmungskultur impliziert ein *integratives Kulturverständnis*[275]), daß auch die Kultur einer Unternehmung in eingeschränktem Maße beeinflußbar ist. Es kann sich bei einer derartigen Einflußnahme jedoch lediglich um "Anstöße zu einer Kurskorrektur" handeln, welche in Form eines offenen Prozesses ablaufen. Neue Werte lassen sich nicht von oben verordnen; die Kultur einer Unternehmung ist vielmehr eine von zahlreichen Individuen, Institutionen und Handlungen beeinflußte und historisch gewachsene Form sozialer Praxis.[276]) Im Gegensatz zu materiellen Objekten entzieht sich eine gewachsene Unternehmungskultur der Möglichkeit des Besitzes oder der gezielten Beeinflussung durch einzelne Personen oder Interessengruppen und damit der Fremdsteuerung. Daß sich die Unternehmungskultur nur in begrenztem Maße beeinflussen läßt, bestätigen z. B. auch die Erfahrungen der Praxis.[277]) Anders als die Produktionsfaktoren läßt sich die Kultur einer Unternehmung auch nicht am Markt erwerben oder verkaufen.[278])

Die Absicht der Veränderung einer bestehenden Unternehmungskultur sowie die Ingangsetzung von Entwicklungsprozessen setzt in jedem Fall voraus, daß die Mitglieder einer Unternehmung von der Notwendigkeit der Änderung überzeugt und aktiv an einem selbstorganisierten Veränderungsprozeß beteiligt sind.[279])

Eine Unternehmung bleibt nur dann entwicklungs- und letztlich auch überlebensfähig, wenn die den Handlungen ihrer Mitglieder zugrundeliegenden Denkrahmen im Hinblick auf ihre Adäquanz fortlaufend hinterfragt und ggf. modifiziert werden. Demgegenüber kann ein Festhalten an überholten Normen und Orientierungsgrundlagen die Entwick-

---

275) Einige Autoren sprechen in diesem Zusammenhang von einem "dualen Ansatz" oder einem "dynamischen Kulturverständnis". Vgl. z. B. MATENAAR [Entwicklungstendenzen], 330; SACKMANN ['Kulturmanagement'], 169.

276) In der Literatur wird vielfach auf die Bedeutung der Historie im Zusammenhang mit der Untersuchung der Kultur einer Unternehmung hingewiesen. Vgl. statt anderer NORD [Culture], 192.

277) Vgl. hierzu etwa die Untersuchungen über die Wirksamkeit von Organisationsentwicklungsmaßnahmen von PORRAS und BERG . Vgl. PORRAS, BERG [Research] und DIES. [Impact]. Vgl. auch die von SACKMANN ['Kulturmanagement'], 166 angeführten Negativbeispiele.

278) Vgl. BEST [Competition], 21f.

279) Vgl. SCHREYÖGG [Unternehmenskulturen], 211. Vgl. bezüglich des Aspektes der Partizipation im Zusammenhang mit Prozessen des kulturellen Wandels auch KILMANN, SAXTON, SERPA [Introduction], 13f.

- 135 -

lungsfähigkeit einer Unternehmung hemmen, was im Extremfall zu einer Erstarrung und dem Scheitern der Unternehmung führt. So ergab etwa die Untersuchung von NY-STROM und STARBUCK, daß ein Großteil organisationaler Krisen entsteht, weil die Manager nicht in der Lage sind, ihre altvertrauten Denk-, Wahrnehmungs- und Handlungsmuster zu verlassen.[280]

In vielen Fällen geht im Laufe der Zeit das Bewußtsein dafür verloren, daß die verwendeten Normen und Denkrahmen Ergebnisse sozialer Konstruktionsprozesse darstellen. Neben der "Angst vor Veränderung" als grundsätzlicher Eigenschaft des Menschen wird die Entwicklungsfähigkeit in Unternehmungen somit v. a. auch durch das mangelnde Bewußtsein eines Änderungsbedarfs seitens der Mitarbeiter einer Unternehmung erschwert bzw. verhindert. Gerade die Angst vor Veränderung und Abweichung von Altbekanntem ist ein häufig feststellbares soziales Phänomen und "... firms, as collectivities of people, have sophisticated means of resisting change, one of which is to deny the need for it."[281]

Die aktive Beteiligung der Mitarbeiter einer Unternehmung an derartigen Veränderungsprozessen wird nicht zuletzt auch von zahlreichen Autoren ignoriert, welche im Rahmen der Diskussion unternehmungskultureller Fragestellungen das Management von Sinn bzw. Sinnvermittlung fordern.[282] Letztere erkennen zwar die Notwendigkeit der Berücksichtigung weicher Faktoren für die Überlebensfähigkeit einer Unternehmung. Letztlich implizieren auch sie jedoch eine technokratische Manipulationsfunktion, ohne Wege aufzuzeigen, wie eine Entwicklung von Sinngebungspotentialen erfolgen könnte.[283] So etwa DYLLICK, der den Manager als alleinigen Sinnmacher wie folgt charakterisiert: "(Er ist, d.Verf.) eher Drehbuchautor und Regisseur zugleich, in einem Stück, in dem er selber mitspielt. Er ist eher 'Wanderprediger' als Buchhalter, eher Linguist als Maschinist."[284] MEYER-FAJE kritisiert diese manipulative Sinnvermittlungssicht. Er greift das Bild von DYLLICK auf und verlangt, daß "den Mitwirkenden auch Regiekompetenz ... zugestanden (wird, d.Verf.)".[285]

280) Vgl. NYSTROM, STARBUCK [Crises].
281) BEST [Competition], 21f.
282) Einen Überblick über die Literaturbeiträge, welche Unternehmungskultur als Sinnvermittlung verstehen, gibt HOLLEIS [Unternehmenskultur], 40f. i. V. m. FN 1.
283) Vgl. MEYER-FAJE [Bausteine], 94.
284) DYLLICK [Management], 12.
285) MEYER-FAJE [Bausteine], 94.

Unternehmungskultur oder Sinn lassen sich nicht administrativ erzeugen. Des weiteren gilt es vor allem zu akzeptieren, daß auch ein einmal initiierter unternehmungskultureller Veränderungs- bzw. Entwicklungsprozeß in vielen Fällen vollkommen überraschende, nicht geplante Wirkungen nach sich ziehen kann. "... although change occurs, the new state is not subject to deliberate change."[286])

Wie bereits erwähnt, impliziert die Akzeptanz der grundsätzlichen Unmöglichkeit einer gezielten Kulturveränderung oder -"herstellung" keineswegs die Notwendigkeit der Resignation, wie sie ein kulturalistisches Kulturverständnis suggeriert. Vielmehr sind derartige nicht-intendierte, emergente Entwicklungen etwa durchaus registrierbar und können u. U. fruchtbare Diskussionen einleiten oder Lernprozesse initiieren.

Im Falle von Fehlentwicklungen verweist SCHREYÖGG zudem auf die Möglichkeit, Versuche einer Kurskorrektur einzuleiten.[287]) "Unternehmenskulturen sind keine Naturgewalten, sie existieren nur als Schöpfung menschlichen Handelns. Und es war von jeher sinnvoll, den Weg der Schöpfung sozialer Praxis nachzuvollziehen und kritisch zu begleiten."[288])

(2) Unternehmungskultur in Mehrproduktunternehmungen: Einheitskultur oder System von Subkulturen

Es ist nicht grundsätzlich davon auszugehen, daß jede Unternehmung ausschließlich *eine* spezifische Unternehmungskultur besitzt. Vielmehr finden sich in einer Unternehmung i.a.R. mehrere Subkulturen, welche nicht unbedingt in Einklang zueinander stehen.

> "Die Unternehmenskulturpraktiker haben genug Mühsal damit, dass die *gewachsenen* Unternehmenskulturen dem Management durchaus nicht den Gefallen tun, durch alle Abteilungen und Hierarchiestufen homogen zu verlaufen."[289])

286) NORD [Culture], 190.
287) Vgl. SCHREYÖGG [Unternehmenskulturen], 212.
288) SCHREYÖGG [Unternehmenskulturen], 212.
289) MEYER-FAJE [Bausteine], 95. Vgl. ähnlich MATENAAR [Entwicklungstendenzen], 333.

Gerade in diversifizierten Unternehmungen - und hier insbesondere im Falle einer überwiegenden Verfolgung externer Diversifikationsstrategien - stellt sich die Frage der Vereinbarkeit einer Vielzahl heterogener Subkulturen. Vor allem bei der externen Diversifikation durch Übernahme oder Unternehmungskauf treffen Unternehmungen mit unterschiedlichem unternehmungskulturellen Hintergrund aufeinander, was nicht selten zu enormen Irritationen in der Gesamtunternehmung führt, wobei letztere um so stärker empfunden werden, wenn ein permanenter Wechsel in den Geschäftstätigkeiten erfolgt. Die Mitarbeiter der verschiedenen Geschäftsbereiche wurden in ihrem Verhalten durch die Denkhaltungen und Wertvorstellungen ihrer jeweiligen Organisation geprägt, so daß bei einer Zusammenführung i.d.R. zunächst eine allgemeine Orientierungslosigkeit und Identitätsprobleme resultieren.[290]) OLINS spricht etwa von "... ungeheuer starke(n) Zentrifugalkräfte(n)"[291]), welche auf die Gesamtunternehmung einwirken und dort starke Spannungen hervorrufen können. Die im Falle der Akquisition angestrebte synergetische Verknüpfung bzw. ein harmonisches Zusammenwachsen unterschiedlicher Kulturen erfolgt in vielen Fällen nicht. Nach einem Kauf ergeben sich i.a.R. Änderungen in bezug auf die bisherige Führungsmannschaft, die Struktur sowie die Strategiebildung der aufgekauften Unternehmung. Dies läßt im Regelfall auch die Kultur derartiger Unternehmungen nicht unberührt und führt häufig eher zu einer Kultur-Konkurrenz.[292])

Wird ein neu übernommener Bereich gar in die Rolle des unterlegenen Verlierers eines politischen Machtkampfes gedrängt, so sind destruktive Tendenzen weitaus wahrscheinlicher als eine gesamtunternehmerische Integration sämtlicher Geschäftsbereiche der Muttergesellschaft. Viel diskutierte und empirisch bestätigte Symptome in diesem Zusammenhang sind u. a. "erhöhte Fluktuation auf allen (Führungs-)Ebenen, aber auch 'innere Kündigung', passiver oder aktiver Widerstand bis hin zur Sabotage, Dienst nach Vorschrift, Friktionen in der Kommunikation, Demotivation ..."[293]). Derartige pathologische Erscheinungen können im Extremfall zu einem Scheitern der Diversifikationsstrategie führen.

Es läßt sich festhalten, daß die Existenz vielfältiger Subkulturen insbesondere in diversifizierten Unternehmungen sicherlich akzeptiert werden muß. Während die in einer Unternehmung vorherrschenden Subkulturen durchaus das Potential für o. g. Irritationen besitzen und eine Unternehmung durchaus schwächen oder deren Überlebensfähigkeit

---

290)   Vgl. zu dieser Problematik auch KLAGE [Corporate Identity], 2f.
291)   Vgl. Interview von OLINS, in: BACHINGER [Expertengespräch], 17.
292)   Vgl. KRYSTEK [Unternehmungskultur], 545.
293)   KRYSTEK [Unternehmungskultur], 546.

- 138 -

bedrohen können, ist dies nicht zwangsläufig der Fall. Subkulturen weisen keineswegs immer einen destruktiven Charakter auf. Sie erfüllen vielmehr häufig eine handlungsleitende Orientierungsfunktion, und ermöglichen den Mitgliedern einer Unternehmung ihre täglichen Aufgaben zu erfüllen. So bemerkt LUTHANS beispielsweise: "Most subcultures are formed to help the members of a particular group deal with the specific, day-to-day problems with which they are confronted. The members may also support many, if not all, of the core values of the dominant culture."294)

Trotz der Existenz derartiger Subkulturen kommt einer alle Geschäftsbereiche verbindenden Gesamtunternehmungskultur eine maßgebliche Rolle für den Zusammenhalt der Unternehmung und eine gemeinsame Handlungsorientierung zu. In diesem Sinne wirkt sie sich auch auf den Erfolg einer diversifizierten Unternehmung aus. Eine solche Gesamtunternehmungskultur ist dabei keineswegs mit einer dogmatischen Glaubensgemeinschaft gleichzusetzen, welche durch die Indoktrination der Mitarbeiter erzeugt wird.295) Die Unternehmungskultur kann vielmehr nur verstanden werden als Ausdruck einer Lerngemeinschaft, welche ihre bestehenden Normen und zugrundeliegenden Denkrahmen permanent hinterfragt und ggf. modifiziert.296) Dogmatische Überzeugungsgemeinschaften behalten ihre konzeptuellen Rahmen meist längerfristig unverändert bei, so daß sie sich nur durch interne Machtveränderungen oder externem Druck verändern. Demgegenüber bewirken Lerneffekte eine Weiterentwicklung oder radikale Veränderung der den Lerngemeinschaften zugrundeliegenden konzeptuellen Rahmen297) und ermöglichen so die Anpassungs- und Entwicklungsfähigkeit der Unternehmung. Die Frage, ob es sich bei den Veränderungen der Lerngemeinschaften um Evolutionen oder Revolution handelt ist dabei davon abhängig, ob es sich um normale oder radikale Lerneffekte handelt.

Derartige Lerngemeinschaften werden sich jedoch schwerlich in solchen Unternehmungen entwickeln, deren Klima einer Förderung der Lernfähigkeit- und -bereitschaft entgegensteht. Die Initiierung von Lernprozessen setzt vor allem Vertrauen zwischen den verschiedenen Mitgliedern der Unternehmung voraus. Erhalten die verschiedenen Ge-

294)   LUTHANS [Behavior], 52.
295)   Vgl. zum Problem des Mißbrauchs übergeordneter Ziele durch die Indoktrination von Menschen z. B. PASCALE, ATHOS [Geheimnis], 225. Vgl. auch HOLLEIS [Unternehmenskultur], 209.
296)   Im Gegensatz zu zahlreichen anderen Autoren, welche im Zusammenhang mit der Unternehmungskultur einen *Lehr*prozeß propagieren, stellt die Kultur für KASPER [Organisationskultur] einen *Lern*prozeß dar.
297)   Vgl. SIKORA [Rationalitätsverständnis], 89 sowie die dort angegebene Literatur.

schäftsbereichen einer diversifizierten Unternehmung beispielsweise den Eindruck, daß sie Teil eines Finanzportfolios darstellen, der bei unrentabler Arbeitsweise abgestoßen wird, so wird eine solche Haltung Abwehrmechanismen hervorrufen und entwicklungsfördernde Lernprozesse hemmen oder gar verhindern. Technokratische Manager, welche die von ihnen geführten Unternehmungsbereiche und Mitarbeiter, ähnlich dem Bewegen von Schachfiguren auf dem Brett, versuchen zu steuern und durch geschickte Manipulation für ihre egoistischen Interessen einzuspannen, werden kaum das nötige Vertrauen erwecken.

Entstand etwa unter schwerpunktmäßiger Berücksichtigung finanzieller Interessen ein weitverzweigtes Konglomerat durch den Erwerb und die Übernahme von lukrativen Diversifikationsobjekten in der Hoffnung, daß letztere durch Kulturmanagement "schon irgendwie in den Konzernverbund eingefügt werden könnten", so ist eine Ernüchterung vorprogrammiert. Wurde schon die grundsätzliche Absicht einer gezielten Änderung von Kulturen u. a. wegen der ungeklärten Wirkungszusammenhänge und der besonderen Eigenschaft sozialer Systeme zurückgewiesen, so gilt dies um so mehr für die gezielte Harmonisierung verschiedener Subkulturen. So weist etwa SANDNER darauf hin, daß "der Zusammenhang zwischen Organisationskultur und Subkulturen sowie die Interrelation divergierender Subkulturen"[298]) in der Kulturforschung bisher ungeklärt sind.

2. Kritische Würdigung

Die Versuche, die Folgeprobleme fehlgeschlagener Diversifikationsbemühungen durch ein normativ geprägtes Kulturmanagement auszugleichen, müssen als gescheitert bezeichnet werden. Zwischen der Kultur einer Unternehmung und ihrem Erfolg besteht unzweifelhaft ein enger Zusammenhang. Keineswegs jede Unternehmungskultur weist andererseits die Voraussetzungen für die Erzielung überdurchschnittlicher finanzieller Erfolge auf. Während entwicklungsfähige Unternehmungskulturen die Unternehmungsentwicklung und letztendlich auch ihre finanziellen Ergebnisse durchaus fördern können, sind starre oder lernhemmende Unternehmungskulturen eher dysfunktional und üben nicht selten den Unternehmungserfolg negativ beeinflussende Wirkungen aus. Darüber hinaus lassen sich "erfolgzeugende Unternehmungskulturen" nicht durch ge-

---

298)   SANDNER [Mythen], 665.

zielte Managementaktivitäten herstellen. Zahlreiche Autoren haben diese, einem strengen Voluntarismus verhaftete, instrumentalistische Sicht des Interventionismus in ihre Schranken verwiesen. Insbesondere die Tatsache, daß Unternehmungen i.a.R. multikulturelle Systeme sind, verdeutlicht, daß eine Erfassung und Beeinflussung der Unternehmungskultur nicht ohne weiteres möglich ist.

Während die Unternehmungskultur den Erfolg einer diversifizierten Unternehmung also unzweifelhaft beeinflussen kann, vermag sie andererseits keineswegs als ein problemlos einzusetzendes Instrument zur Behebung von Diversifikationsirrtümern fungieren. Letzteres gilt insbesondere vor dem Hintergrund der Tatsache, daß Unternehmungen soziale Systeme sind. Als solche setzen sie sich aus menschlichen Mitgliedern mit eigenen Wertvorstellungen, Interessen und reflexiven Fähigkeiten zusammen, wobei zudem zwischen den Mitgliedern vielfältige Beziehungen bestehen.

Es lassen sich weder die Unternehmungskulturen erfolgreicher Unternehmungen kopieren, noch können fehlende Synergiepotentiale durch nachträglich eingeleitete kulturelle Maßnahmen beliebig erzeugt werden; die Kultur einer Unternehmung ist vielmehr nur in begrenztem Maße beeinflußbar. Jegliche Kulturarbeit ist darüber hinaus ein langfristig anzulegendes Unterfangen, bei dem sich nicht automatisch erwünschte Wirkungen einstellen.[299] Vielmehr tritt im Zusammenhang mit einem Kulturwandel i.a.R. eine Vielzahl emergenter Effekte auf, welche ursprünglich nicht intendiert waren und zum Teil destruktiv wirken können. Obwohl nichtintendiert beinhalten derartige Effekte andererseits ein kreatives und entwicklungsförderndes Potential, indem sie etwa fruchtbare Diskussionen und Lernprozesse in einer Unternehmung auslösen können.

Zwar haben Unternehmungen, deren Kulturen ihre Wettbewerbsfähigkeit behindern, keine Möglichkeit, die Kulturen erfolgreicher Konkurrenten zu imitieren. Dennoch ist die Kulturarbeit gerade in solchen Unternehmungen von besonderer Bedeutung. "However, because a firm's culture can have such a significant impact on the ways a firm conducts its business, these firms are forced to engage in activities that modify their culture to include at least some economically valuable attributes."[300]

Eine Betrachtung der derzeitigen wissenschaftlichen Kulturdiskussion macht deutlich, daß der Stand der Forschung keineswegs weit fortgeschritten ist und im praktischen Anwendungszusammenhang insbesondere Probleme der Operationalisierung vorherr-

---

299)   Zum Aspekt der Langfristigkeit eines Kulturwandels vgl. auch NORD [Culture], 193.

300)   BARNEY [Organizational Culture], 662.

schen.[301]) Im Vergleich zu der schier unüberschaubaren Fülle kulturbezogener Beiträge, die veröffentlicht wurde, lassen nur wenige Werke Bemühungen ernstzunehmender eigenständiger Forschung erkennen. Ein Großteil des im Bereich der Organisations- / Unternehmungskulturforschung umlaufenden Schrifttums läßt sich demgegenüber zwischen oberflächlicher Geschichtenerzählerei und Versuchen des Verkaufs von Standardrezepten verorten.[302]) SANDNER kritisiert vor allem die verbreitete Praxis einiger Berater, bei ihren Kunden übertriebene Erwartungen und Hoffnungen bzw. eine Machbarkeitsillusion zu wecken. Die Kultur einer Unternehmung lasse sich nicht durch Kulturveränderungsprogramme beliebig beherrschen.

> "Mit unserem bisherigen Wissen über Organisationskultur sind auch nur einigermaßen ernstzunehmende Kulturveränderungsprogramme sowohl theoretisch als auch methodisch derzeit nicht beherrschbar. In der Praxis stellen damit solche Programme entweder mit einem neuen Etikett versehene OE-Programme dar oder schlichtweg Abenteuer mit unbekanntem Ausgang."[303])

Als Fazit läßt sich festhalten, daß der Kulturarbeit auch und gerade in diversifizierten Unternehmungen eine besondere Bedeutung zukommt. Andererseits ist der derzeitige Stand der Forschung insbesondere wegen der mangelnden Operationalisierbarkeit wenig befriedigend. Während die Beschäftigung mit unternehmungskulturellen Fragestellungen im Zusammenhang mit Fragen der Diversifikation von besonderer Bedeutung ist, kann die Kultur jedoch keineswegs als Instrument zur nachträglichen Behebung von Diversifikationsirrtümern dienen.

---

301) Vgl. zum Aspekt der Operationalisierung HOLLEIS [Unternehmenskultur], 43. Auch FROST ET AL. räumen in ihrem Reader zur Organisationskultur-Forschung ein, daß in der Kulturforschung noch viele ungelöste Fragen bestehen. Vgl. FROST ET AL. [Culture].

302) Vgl. hierzu auch SANDNER [Mythen], 655.

303) SANDNER [Mythen], 666.

D. Bezugsrahmen eines entwicklungsorientierten Ansatzes der Diversifikation

Die vorstehenden Ausführungen haben gezeigt, daß in der Literatur bereits zahlreiche Versuche unternommen wurden, diejenigen Faktoren zu identifizieren, die den Erfolg von Unternehmungen und speziell den Erfolg diversifizierter Unternehmungen zu erklären vermögen. Die vorliegenden Ansätze liefern zum Teil äußerst wertvolle Beiträge zur Erklärung der Gründe für den Erfolg bzw. Mißerfolg der Diversifikation. Gleichzeitig wurde aufgezeigt, daß die vorherrschenden Diversifikationsansätze zahlreiche Defizite aufweisen und die auftretenden Erfolgsunterschiede keineswegs umfassend zu erklären imstande sind. Den Beiträgen liegt entweder eine ausschließlich harte, „ökonomische" Perspektive zugrunde oder es erfolgt eine einseitige Konzentration auf sogenannte weiche, z.B. „kulturelle" Aspekte. Eine Konzeption, die den tatsächlichen Problemen und Gegebenheiten diversifizierter Unternehmungen gerecht werden soll und insbesondere Wege der Entwicklungsfähigkeit diversifizierter Unternehmungen aufzeigen will, muß demgegenüber breiter angelegt sein, um eine Integration sog. "harter" ökonomischer und "weicher" Aspekte zu ermöglichen. Nachfolgend wird der Versuch unternommen, einen derartigen erweiterten Ansatz vor dem Hintergrund einer ressourcenorientierten Sicht der Unternehmung zu entwickeln.

I. Ein ressourcenorientierter Ansatz der Entwicklungsfähigkeit

1. Der Einfluß veränderter wettbewerbsstrategischer Rahmenbedingungen auf die Situation diversifizierter Unternehmungen

Eine Untersuchung der Erfolgsgrößen der Diversifikation kann nicht losgelöst von dem Kontext betrachtet werden, in dem diversifizierte Unternehmungen agieren. Die aktuellen wettbewerbsstrategischen Rahmenbedingungen bestimmen die Spielregeln derartiger Unternehmungen und wirken sich gleichzeitig auf deren Erfolgsmöglichkeiten aus. Solange diversifizierte Unternehmungen sich in einer Situation sogenannter Verkäufermärkte befanden und sich darüber hinaus mit keinem oder geringem Wettbewerb konfrontiert sahen, handelte es sich um einen Zustand relativer Stabilität, so daß sie weitgehend unbeschwert agieren konnten. Wie gezeigt wandelten sich die wettbewerblichen Rahmenbedingungen jedoch bereits mit Beginn der 60er Jahre. In der Folge setzte sowohl in interindustrieller als auch in internationaler Hinsicht eine Entwicklung ein, die dadurch gekennzeichnet ist, daß der Wettbewerb zunehmend härter und dynamischer wurde. In der aktuellen Wettbewerbssituation finden Produktentwicklungen in einer nicht gekannten Geschwindigkeit statt, so daß Produktlebenszyklen immer kürzer werden und die zur Anwendung gelangenden Produktions- und Produkttechnologien ständigen Veränderungen unterworfen sind. Sowohl die Produktivität als auch die Qualität der Produkte und Leistungen sind durch fortlaufende Verbesserungen seitens immer neuer Wettbewerber bedroht. Die von den Wettbewerbsbedingungen ausgehende Dynamik zwingt die Marktteilnehmer ihrerseits zu dynamischem und flexiblen Verhalten, wollen sie überleben und wettbewerbsfähig bleiben. Vor allem die zunehmende Globalisierung und weltweite Öffnung der Märkte aber auch der europäische Binnenmarkt und die Entwicklung auf den osteuropäischen Märkten haben diese Bedingungen verstärkt und konfrontieren die einzelnen Marktteilnehmer mit ständig neuen Schwierigkeiten und Anforderungen. Besonders gravierend wirken sich die enormen Erfolge der fernöstlichen Konkurrenz aus. Die größte Bedrohung wurde ursprünglich den japanischen Wettbewerbern zugesprochen; daher wurde lange Zeit in erster Linie nach den "Rezepten" oder "Wunderwaffen" japanischer Wettbewerber gesucht. Anfangs wurden deren überdurchschnittliche Leistungen vor allem mit den kulturellen Unterschieden erklärt. Die Japaner besäßen eine spezifische Kultur, durch welche die Wettbewerbsvorsprünge erklärt werden könnten. Darüber hinaus machte man das protektionistische

Verhalten dieser Konkurrenten, unzeitgemäße Antikartellgesetze, den starken Einfluß der destruktiv arbeitenden Gewerkschaften u.ä. für die zunehmenden Wettbewerbs-schwierigkeiten verantwortlich. Erst in jüngster Zeit wird verstärkt eingeräumt, daß die zugrundeliegenden Managementmethoden - v. a. die vorherrschenden Produktionsme-thoden und Organisationskonzepte - einer kritischen Überprüfung bedürfen. So äußerte sich beispielsweise DAVID PACKARD von Hewlett Packard auf die Frage nach den Gründen des enormen Erfolgs einiger japanischer Unternehmungen: "There are no se-crets to their success. They have simply carried out their business basics very well. Ja-pan's industrial success is the result, not of cheating or of culture, but of adherence to business basics"[1] Ähnlich schreibt KEEGAN: "The Japanese advantage lies not in se-cret or esoteric knowledge or techniques, but rather in the practice of what is known."[2]

Der als einzigartig empfundenen Konkurrenz aus Japan folgten andere erfolgreiche Wettbewerber, so daß sich inzwischen zunehmend der Eindruck etabliert, daß die er-folgreichsten Unternehmungen - und hierzu zählt insbesondere aber nicht ausschließlich die fernöstliche Konkurrenz - auf der Grundlage anderer, flexiblerer Produktions- und Organisationskonzepte arbeitet als die weniger erfolgreichen Unternehmungen. In die-sem Zusammenhang werden Aspekte wie Unternehmertum und unternehmerische Fä-higkeiten der Mitarbeiter, permanente Verbesserung der Methoden, Produkte und Pro-zesse, organisatorische Flexibilität und Lernfähigkeit, Integration von Denken und Han-deln bzw. Planung und Implementierung u.v.m. genannt. Um ein besseres Verständnis der Voraussetzungen einer globalen Wettbewerbsfähigkeit zu erhalten, gilt es folglich ein besseres Verständnis derjenigen Managementkonzepte zu erlangen, welche einem dauerhaften Erfolg zugrunde liegen. Auch eine Diversifikationsstrategie hat nur dann eine Aussicht auf Erfolg, wenn sie eine Unternehmung befähigt, den dynamischen Wettbewerbsbedingungen erfolgreich zu begegnen.

2. Wachstum diversifizierter Unternehmungen: Größe versus Ent-wicklungsfähigkeit

Die Diversifikation wird u. a. als eine Strategie betrachtet, welche es einer Unterneh-mung, die in ihrem angestammten Bereich an ihre Wachstumsgrenzen gestoßen ist, er-

---

1)   McCALLUM [Miracle], 532.
2)   KEEGAN [Competition].

möglichen soll, auch weiterhin zu wachsen. Wachstum wird dabei i.d.R. gleichgesetzt mit wirtschaftlichem Fortschritt. Grundsätzlich ist dieser Annahme zuzustimmen; sie wird jedoch immer dann problematisch, wenn sich dieses Wachstum lediglich auf ein mengenmäßiges bzw. quantitatives Wachstum beschränkt. In einem solchen Fall wird die betreffende Unternehmung lediglich größer, ohne die für den Erfolg grundlegende Wettbewerbsfähigkeit beizubehalten. In einer dynamischen Wettbewerbssituation kann das Wachstum einer Unternehmung jedoch nur dann erfolgswirksam sein bzw. mit wirtschaftlichem Fortschritt gleichgesetzt werden, wenn es der Unternehmung gelingt, gleichzeitig entwicklungsfähig zu sein. Dabei werden als entwicklungsfähig solche Unternehmungen definiert, die es schaffen, sich den dynamischen Wettbewerbsbedingungen durch strategische Adaptionsprozesse fortlaufend erfolgreich anzupassen sowie durch proaktive Verhaltensweisen gestalterisch auf ihre Umwelt einzuwirken.

Diese Grundvoraussetzung erfolgreichen Wirtschaftens wurde jedoch von einer Vielzahl der ständig größer werdenden Unternehmungen nicht ausreichend berücksichtigt. So erkannten Unternehmungen etwa häufig nicht, daß "there is a functional relationship between the organizational efficiency of a firm and its rate of growth, and that the former will decline, after a point, as the latter rises."[3]. Ein solches Fehlverhalten läßt sich insbesondere damit erklären, daß häufig fälschlicherweise angenommen wird, die Realisierung der von einer Diversifikationsstrategie erwarteten Nutzen folge einfachen Kausalzusammenhängen im Sinne einer Ziel-Mittel-Rationalität. Wie zuvor dargelegt handelt es sich hierbei jedoch um einen Trugschluß, so daß es kaum verwunderlich ist, daß Diversifizierer in vielen Fällen ernüchtert wurden. Die Beispiele diversifizierter Unternehmungen, welche eine auf Größe ausgerichtete Unternehmungspolitik verfolgt haben und damit gescheitert sind, belegen dieses Phänomen. So versuchten einige Unternehmungen der Mineralölindustrie etwa ihre kleinen, regional geprägten Organisationen durch Diversifikation zu Großunternehmungen auszubauen. Vor dem Hintergrund hoher Finanzüberschüsse führten sie umfangreiche Akquisitionsprojekte durch, wodurch die Basis der Geschäftstätigkeiten ausgeweitet werden sollte. Finanzielle Mittel wurden auch dann für den Kauf neuer Geschäftsbereiche eingesetzt, wenn die Aktionäre durch eine Ausschüttung des Kapitals höhere Renditen hätten erzielen können. Gleichzeitig förderten neu geschaffene Anreiz- und Kompensationssysteme in erster Linie Größe und Umsatzwachstum. Die meisten derartigen Unternehmungen erzielten durch ihre Diversifikationsstrategien keineswegs den gewünschten Erfolg und scheiterten letztlich.[4] Daß es sich hierbei nicht um einen Einzelfall handelt zeigt die in Kapitel B dargestellte

---

3) RICHARDSON [Limits], 11.

4) Vgl. GANZ [Diversifikationsstrategie], 17f.

historische Entwicklung diversifizierter Unternehmungen. Im Zuge der Industrialisierung entstanden zahlreiche - zum Teil gigantische - Unternehmungen. CHANDLER sieht in dem Entstehen derartiger Großunternehmungen eine zwangsläufige Konsequenz der durch die industrielle Revolution veränderten Produktionsmöglichkeiten. Insbesondere aufgrund der Möglichkeiten der Massenproduktion ließen sich enorme Produktivitätssteigerungen und verringerte Stückkosten erzielen. Die Materialflüsse in der Produktion konnten sowohl hinsichtlich ihrer Menge als auch bezüglich der Geschwindigkeit erheblich erhöht werden, wodurch beträchtliche Kostenreduzierungen möglich wurden.[5] Einer permanenten Expansion schienen keine Grenzen gesetzt. Immer mehr Unternehmungen, welche zunächst in vertraute Bereiche expandiert hatten, dehnten ihre Geschäftstätigkeiten auch auf branchenfremde Gebiete aus und nutzten die Vorteile der Größendegression. Auf der anderen Seite zeigt ein historischer Rückblick, daß die euphorischen Erwartungen bezüglich der vielfältigen Nutzenpotentiale von Diversifikationsstrategien sich keineswegs automatisch erfüllten. Den verschiedenen Diversifikationswellen folgte daher eine Zeit der Ernüchterung mit den beschriebenen Entflechtungsperioden einerseits und der Suche nach immer neuen Betätigungsfeldern andererseits.

Begünstigt wurde die aufgezeigte Entwicklung nicht zuletzt durch die weitverbreitete Orientierung an einem quantitativen Wachstumsbegriff. "The conventional wisdom is that modernization meant the transcendence of small firms by large firms."[6] Eine solche Einseitigkeit entstand vor allem dadurch, daß auch dann auf die klassische "Theorie der Unternehmung" zurückgegriffen wurde, wenn diese gar nicht in den Untersuchungskontext paßte. Klassische ökonomische Theorien der Unternehmung interessieren sich in erster Linie für die Erforschung der Preisbildung von Unternehmungen sowie der Verteilung von Ressourcen auf verschiedene Anwendungsmöglichkeiten und untersuchen dementsprechend nur die für diesen Untersuchungsgegenstand relevanten Aspekte des Verhaltens von bzw. in Unternehmungen. Sie gehen von der Annahme einer gegebenen Produktsituation aus, so daß von Wachstum immer dann gesprochen werden kann, wenn der Output der gegebenen Produkte erhöht wird. Gemäß eines solchen Ansatzes wird das Wachstum einer Unternehmung folglich auf der Marktseite durch die Produktnachfrage begrenzt, da eine Outputsteigerung nur solange sinnvoll ist, wie für das Angebot der eigenen Produkte am Markt Abnehmer gefunden werden. Demgegenüber wurden derartige Theorieansätze nicht konzipiert, um Unternehmungen zu analysieren, die im Laufe ihrer Entwicklung die Möglichkeit besitzen, andere Pro-

---

5)   Vgl. BEST [Competition], 48.

6)   BEST [Competition], 45.

dukte herzustellen und zu vertreiben. Grundsätzlich wird der Begriff Wachstum jedoch in zwei verschiedenen Bedeutungen verwendet. Einerseits läßt sich o. g. quantitativer Wachstumsbegriff abgrenzen. Dieser Begriff setzt Wachstum gleich mit einer mengenmäßigen Zunahme, etwa in seiner Verwendung als Exportwachstum, Umsatzwachstum o. ä. Hiervon läßt sich die ursprüngliche Bedeutung des Wachstumsbegriffes abgrenzen als Größenzunahme bzw. Qualitätsverbesserung, welche das Ergebnis eines Entwicklungsprozesses darstellt.[7]) Während die statischen Theorien mit ihrer einseitigen Betrachtung des quantitativen Wachstumsbegriffs im Kontext ihrer besonderer Problemstellung durchaus ihre Berechtigung haben, erweisen sie sich jedoch als unzulänglich, wenn es darum geht, die in einem dynamischen Wettbewerbsumfeld ablaufenden Prozesse zu erklären. Wird dieser Zusammenhang nicht erkannt, erfolgt nicht selten eine chaotische Suche nach immer neuen Expansionsmöglichkeiten ohne Berücksichtigung der für den Unternehmungserfolg entscheidenden Entwicklungsfähigkeit. Die Unternehmungen werden ständig größer, immer weniger beherrschbar und die Anforderungen an die Organisation werden für die meisten solcher Unternehmungen so komplex, daß es ihnen nicht gelingt, wettbewerbsfähig zu bleiben.

Die bisherigen Ausführungen intendieren nicht die grundsätzliche Ablehnung großer Unternehmungen bzw. die Empfehlung eines "small is beautiful". Sie sollten vielmehr verdeutlichen, daß eine Größenzunahme nicht grundsätzlich mit zunehmender Effizienz gleichzusetzen ist. Unter den kleinen, überschaubaren Unternehmungen befinden sich solche, die in der Lage sind, trotz schwieriger Wettbewerbsbedingungen durchaus effizient zu sein und andere, die keine nennenswerten Erfolge verzeichnen können. Gleichzeitig lassen sich auch bei den großen Unternehmungen solche ausmachen, die keineswegs erfolgreich waren, während eine Vielzahl von Großunternehmungen ungeachtet ihrer Größe durchaus erfolgreich operiert.

Unter bestimmten Voraussetzungen kann eine große Unternehmung Vorteile gegenüber kleineren Unternehmungen erzielen, die sich allein auf die Größe zurückführen lassen.[8]) Derartige Größeneffekte entstehen, wenn die Unternehmung nur aufgrund ihrer Größe im Hinblick auf die Produktion und den Vertrieb von Gütern und Leistungen in der Lage ist, größere Mengen kostengünstiger und effizienter anzubieten als ihre kleineren Konkurrenten und zudem eine höhere Effizienz in bezug auf die Einführung neuer Produkte aufweisen kann. Kleinen Unternehmungen mangelt es häufig - sowohl im Produktions- als auch im Distributionsbereich - an den technologischen Voraussetzun-

---

7)   Vgl. PENROSE [Theory], 1.

8)   Vgl. im folgenden auch PENROSE [Theory], 89ff.

gen der Expansion, was nicht zuletzt darauf zurückzuführen ist, daß sie aufgrund ihrer geringen Größe nur über eingeschränkte Möglichkeiten der Beschaffung von Finanzmitteln verfügen. Der Vorteil der Größe ist häufig allerdings nur solange relevant, wie ein Expansionsprozeß durchgeführt wird. Während die Größe u. U. eine Expansion erst ermöglicht, unterscheiden sich derartige Größeneffekte von den Vorteilen, die durch den effizienten Einsatz der vorhandenen Ressourcen für die Produktion und Distribution bestehender Produkte realisiert werden können. Würde die Größe einer Unternehmung nach erfolgreicher Markteinführung eines neuen Produktes durch die Abtrennung von dessen Produktion etwa wieder verringert, so würde dies nicht zwangsläufig eine Steigerung der Produktionskosten in anderen Bereichen der Unternehmung nach sich ziehen.

Während die Begriffe Wachstum oder Expansion einen Prozeß kennzeichnen; bezeichnet der Begriff Größe einen Zustand. Zwar ermöglicht eine bestimmte Größe in manchen Fällen erst eine erfolgreiche Expansion bzw. das Unternehmungswachstum; Größe bedingt andererseits nicht automatisch Effizienz. Vielmehr sind mit steigender Größe auch gewisse Gefahren verbunden, da die Anforderungen an die Organisation i.a.R. steigen und das Management großer Unternehmungen stark gefordert wird. Nur wenn es einer Großunternehmung gelingt, trotz der gestiegenen Größe einen effizienten Einsatz ihrer Ressourcen zu gewährleisten, lassen sich dauerhafte Erfolge erzielen. Wächst eine Unternehmung im entwicklungsorientierten Sinne, so stellt die Größe also lediglich einen Nebeneffekt des Entwicklungsprozesses dar. "... in firms already large, the economies perceived relate primarily to the particular opportunity being exploited and not to the increased size of the firm as a whole."[9]

Diversifizierte Unternehmungen befinden sich grundsätzlich in einem Spannungsfeld zwischen der Notwendigkeit fortlaufender Expansion und Neuorientierung auf der einen Seite und der Suche nach unternehmungsinterner Integration und Verbundenheit auf der anderen Seite. MINTZBERG bringt die Problematik von Stabilität und Wandel, die sich für diversifizierte Unternehmungen ergibt, wie folgt zum Ausdruck: "Ein Hauptanliegen der meisten (diversifizierten, d. Verf.) Großunternehmungen bleibt die Frage, wie sie expandieren und gleichzeitig Kontrolle über ihre Geschäftsbereiche ausüben können, und wie sie diese verschiedenen Unternehmensbereiche verbinden und ausnutzen können."[10] Vor dem Hintergrund der vielfältigen in der Praxis beobachtbaren Diversifikationsprobleme sowie der wettbewerbsstrategischen Gegebenheiten wird daher im Anschluß die Frage gestellt, wie es diversifizierten Unternehmungen gelingen kann, eine

---

9) PENROSE [Theory], 101.
10) MINTZBERG [Management], 163.

langfristige Balance zwischen Stabilität und Wandel zu erzielen, die es ihnen ermöglicht, erfolgreich im Wettbewerb zu bestehen und ihre Identität zu erhalten.

Die Wettbewerbsfähigkeit und letztlich die Überlebensfähigkeit diversifizierter Unternehmungen hängen entscheidend davon ab, ob es ihnen gelingt langfristig entwicklungsfähig zu sein. Ein Ansatz, der die Entwicklungsfähigkeit diversifizierter Unternehmungen untersucht, muß zunächst die Diversifikation als solche erklären. Die vielfältigen Diversifikationsprobleme lassen die Frage aufkommen, ob es überhaupt sinnvoll für eine Unternehmung sein kann, in verwandte oder nicht-verwandte Produkte zu diversifizieren anstatt in traditionelle Produktlinien zu investieren bzw. überschüssige Werte direkt an die Aktionäre auszuschütten. Andererseits sind erfolgreiche Unternehmungen häufig gerade stark diversifiziert, so daß die Annahme, es mangele der Diversifikationsstrategie als solcher an Rechtfertigungsgründen, sich keineswegs plausibel begründen läßt. In Kapitel B wurde bereits gezeigt, daß sich vielfältige theoretische Ansätze ausmachen lassen, welche versuchen, die Besonderheiten der diversifizierten Unternehmung zu begründen.[11] So erklärt beispielsweise die Management- oder Empirebuildingtheorie die Mehrproduktunternehmung - insbesondere wenn durch Verschmelzung oder Akquisition kreiert - als Manifestation der Vorlieben der Manager. Andere Erklärungen betonen, daß steuerliche Aspekte die Motive einer Diversifikation bilden. Daneben wird in Theorie und Praxis häufig auf die Bedeutung von Synergieeffekten hingewiesen, welche als besonderer Anreiz für eine Diversifikationsentscheidung gelten. Die verschiedenen Theorieansätze wurden in Kapitel B.III.2. bereits ausführlich diskutiert. Unzweifelhaft leisten sie einen wertvollen Beitrag, um die weite Verbreitung diversifizierter Unternehmungen zumindest ansatzweise zu erklären. Gleichzeitig gelingt es ihnen nicht, einen umfassenden theoretischen Erklärungsansatz der Diversifikation abzuleiten. Das Fehlen einer adäquaten theoretischen Erklärung der Diversifikation läßt sich nicht zuletzt darauf zurückführen, daß ökonomische Erklärungsansätze weitgehend statischer Natur sind. Eine Diversifikationskonzeption, welche den tatsächlich vorherrschenden dynamischen Wettbewerbsbedingungen gerecht werden soll, muß demgegenüber auf einer dynamischen Perspektive beruhen.

---

11) Vgl. hierzu die Ausführungen in Kapitel B.III.

Es wird daher im Anschluß aufgezeigt, daß eine ressourcenorientierte Sicht der Unternehmung eine bessere Fundierung der Diversifikation ermöglicht.[12] Einerseits vermag sie im Gegensatz zu traditionellen Ansätzen eine Begründung für die beobachtbaren firmenspezifischen Erfolgsunterschiede zu liefern und zu erklären, warum es nicht allen Unternehmungen in gleicher Weise gelingt, besonders rentable Strategien auszunutzen.[13] Auf der anderen Seite wird es möglich, die Diversifikation in verwandte und nichtverwandte Bereiche in einem integrierenden Analyseraster zu untersuchen sowie die verschiedenen Formen der Diversifikation zu erläutern.

3. Ressourcenorientierte Sicht als Komplement alternativer Ansätze der strategischen Management-Forschung

Erfolgreichen Unternehmungen gelingt es, sich langfristig im Wettbewerb zu behaupten und Wettbewerbsvorteile zu generieren. Eine Untersuchung der Erfolgsfaktoren der Diversifikation muß daher bei denjenigen Faktoren ansetzen, welche eine langfristige Wettbewerbsfähigkeit ermöglichen bzw. begünstigen. Bevor die theoretischen Bausteine der Diversifikation entwickelt werden, erfolgt daher im Anschluß zunächst eine Untersuchung der allgemeinen Voraussetzungen zur Erlangung von Wettbewerbsvorteilen. Wettbewerbsvorteile lassen sich dann erzielen, wenn es einer Unternehmung gelingt, eine wertschöpfende Strategie zu verfolgen, welche nicht gleichzeitig von momentanen oder potentiellen Konkurrenten realisiert werden kann. Die Frage, wie eine Unternehmung Wettbewerbsvorteile generieren kann, nimmt seit geraumer Zeit einen zentralen Stellenwert in der strategischen Managementliteratur ein. Basierend auf dem traditionellen Ansatz von ANDREWS und Koautoren[14] wurde die Strategiediskussion in spezifi-

---

12) In der vorliegenden Arbeit erfolgt keine explizite Trennung zwischen einem ressourcenorientierten Ansatz und einem fähigkeitsorientierten Ansatz. Es wird vielmehr allgemein von einer ressourcenorientierten Perspektive gesprochen. In der Literatur wird demgegenüber z.T. eine Abgrenzung zwischen dem sog. "resource-based approach" bzw. der "resource-based perspective" und einem "dynamic capabilities approach" vorgenommen. Vgl. statt vieler TEECE, PISANO, SHUEN [Capabilities], 2.

13) Vgl. PETERAF, M.A. [Cornerstones], 189.

14) Vgl. für eine ausführliche Darstellung dieses Ansatzes LEARNED ET AL. [Business]. Vgl. auch ANDREWS [Concept]. In der Literatur wird in Anlehnung an die Namen der vier Autoren häufig der Begriff LCAG-Paradigma verwendet. MINTZBERG prägte den Begriff Design-School für dieses Paradigma. Vgl. MINTZBERG [Strategy Formation], 111ff.

- 151 -

scher Weise geprägt. Das zu Beginn der 60er Jahre entwickelte SWOT-Modell[15]) der
Autoren wurde als Grundlage für die Strategiebildung in Unternehmungen propagiert.
In diesem Modell wird der Strategiebildungsprozeß als rationaler Auswahlprozeß konzipiert. Ausgangspunkt der Strategieformulierung bildet die Identifizierung der Chancen
und Risiken der Unternehmungsumwelt. Vor diesem Hintergrund sollen die Stärken und
Schwächen der Unternehmung bestimmt werden. Durch einen Abgleich von unternehmungsexternen Möglichkeiten und unternehmungsinternen Fähigkeiten wird anschließend die Strategie determiniert, welche dann in der Strategieimplementierungsphase
ihre operative Umsetzung erlangt. Anhaltende Wettbewerbsvorteile entstehen gemäß
des Ansatzes der Autoren folglich "by implementing strategies that exploit their (the
firm's, d. Verf.) internal strengths, through responding to environmental opportunities,
while neutralizing external threats and avoiding internal weaknesses."[16])

Das Modell wurde in den Folgejahren von zahlreichen Autoren aufgegriffen und ging -
zum Teil in modifizierter Form - in die weitere Forschung ein. Sowohl die Untersuchung der unternehmungsinternen Stärken und Schwächen als auch die Analyse externer Chancen und Risiken fanden in der Literatur Berücksichtigung. Im Laufe der For-
schungsbemühungen mehrten sich jedoch diejenigen Beiträge, denen vornehmlich bzw.
ausschließlich eine unternehmungsexterne Perspektive zugrundeliegt. Es geht in solchen
Arbeiten insbesondere darum aufzuzeigen, welche Umweltfaktoren einen besonders
hohen Unternehmungserfolg versprechen.[17]) Die Aufgabe einer Unternehmung besteht
dann darin, sich den externen Bedingungen anzupassen. Derartige Arbeiten haben die
Erkenntnisse bezüglich der unternehmungsexternen Einflußgrößen des Unternehmungserfolges unzweifelhaft verbessert. Demgegenüber blieb der Einfluß unternehmungsspezifischer Größen auf den Unternehmungserfolg allerdings weitgehend unerforscht, was
nicht zuletzt darauf zurückzuführen ist, daß die Relevanz solcher Faktoren lange Zeit als
nicht evident galt. Während die Bedeutung bestehender Unterschiede zwischen verschiedenen Branchen oder Ländern in der Managementliteratur als weitgehend unstrittig
akzeptiert wird und in verschiedenen Theorieansätzen Berücksichtigung findet, wird das
Bestehen unternehmungsspezifischer Unterschiede zwischen Unternehmungen gleicher
Branche häufig als relativ unbedeutend abgetan bzw. bleibt im Hinblick auf die Strategiediskussion weitgehend unberücksichtigt. "The theoretical orientation in economics ...

15) Die Abkürzung SWOT steht für die Begriffe strengths (Stärken), weaknesses (Schwächen),
opportunities (Chancen) und threats (Risiken).
16) BARNEY [Firm], 99.
17) Vgl. auch BARNEY [Firm], 99.

leans strongly against the proposition that discretionary firm differences matter."[18]) So wurde i.d.R. vereinfachend angenommen, daß Unternehmungen des gleichen Industriezweiges in bezug auf die von ihnen kontrollierten Ressourcen und die von ihnen verfolgten Strategien grundsätzlich identisch seien. Aufgrund der Annahme, daß die benötigten Ressourcen am Markt handelbar und durch eine hohe Mobilität gekennzeichnet seien, wurde das Auftreten von Unterschieden zwischen Unternehmungen - etwa durch das Auftreten neuer Branchenteilnehmer - vielfach als lediglich kurzfristig relevant und daher strategisch vernachlässigbar beurteilt.[19])

Neue Impulse erhielt die Strategiediskussion durch die Beiträge PORTERs. Wie in Kapitel C.II. dargelegt, liegt auch dem PORTERschen Ansatz die Annahme zugrunde, daß Unternehmungen sich eine Position aufbauen müssen, die es ihnen ermöglicht, sich gegenüber den in ihrer Umwelt wirkenden Wettbewerbskräften zu behaupten. Durch die Einführung der Wertkettenanalyse, die eine Innenperspektive der Unternehmung ermöglicht, erkennt der Autor jedoch gleichzeitig die Bedeutung firmenspezifischer Besonderheiten bzw. Unterschiede an, wodurch er sich von den meisten der zuvor genannten Studien abhebt. Wie zuvor dargelegt handelt es sich dabei um eine Weiterentwicklung der älteren Arbeiten PORTERs, in denen auch er von der Annahme ausging, daß Unternehmungen bei der Strategieimplementierung grundsätzlich auf die gleichen Ressourcen zurückgreifen können. Daneben kann es als besonderes Verdienst des Autors gewertet werden, daß er tiefergehende Einsichten bezüglich der in einer Branche zusammenwirkenden Wettbewerbskräfte und deren Auswirkungen auf die Profitabilität anderer Branchen geliefert hat. Aufgrund der Tatsache, daß seine Wertkettenanalyse erst im Anschluß an die Ableitung der Normstrategien erfolgt, die Strategiebildung einer Unternehmung aus Sicht PORTERs somit weitgehend durch die Branchenstruktur determiniert ist, wird den unternehmungsspezifischen Unterschieden dennoch auch bei ihm nur eine untergeordnete Bedeutung eingeräumt. "While there is some recognition given to firm-specific assets, differences among firms are highly stylized and relate primarily to scale."[20])

Wie gesehen bildete im wettbewerbsstrategischen Konzept PORTERs die Auswahl einer attraktiven Branche die Grundlage der Strategieentwicklung. Erträge resultieren einem derartigen Verständnis zufolge durch die, im Vergleich zu den Wettbewerbern, bessere Produkt-Marktpositionierung. Erfolgreiche Unternehmungen können sich ge-

---

18)   NELSON [Firms], 64.
19)   Vgl. BARNEY [Firm], 100.
20)   TEECE, PISANO, SHUEN [Capabilities], 5.

genüber den Wettbewerbskräften einer Branche behaupten. Dies geschieht entweder indem sie die Möglichkeit haben, in solche Branchen einzutreten, die bereits zahlreiche strukturelle Hindernisse aufweisen oder aber weil es ihnen gelingt aus eigener Kraft eine positive Beeinflussung der Branchenstruktur herbeizuführen.[21] Auch das Gewinngenerierungspotential einer Unternehmung wird gemäß seiner Konzeption somit vornehmlich auf Branchenebene bestimmt, wohingegen die Zusammenstellung, der Erwerb bzw. die Entwicklung der benötigten Ressourcen als eher unproblematisch angesehen wird. PORTER räumt zwar ein, daß hierdurch hohe Kosten verursacht werden könnten; aus seiner Sicht handelt es sich jedoch in erster Linie um rationale Investitionsentscheidungen. Während der Autor durch seinen Ansatz einen äußerst wertvollen Beitrag zur Strategiediskussion leistete, ermöglicht seine Konzeption andererseits nicht, aufzuzeigen, welche Attribute die Ressourcen einer Unternehmung aufweisen müssen, um zu Quellen dauerhafter Wettbewerbsvorteile und daraus resultierend überdurchschnittlicher Rendite, werden zu können.

Eine Antwort auf diese Fragestellung verspricht eine ressourcenorientierte Perspektive der Unternehmung. Während PENROSE bereits 1959 ihre "Theory of the Growth of the Firm" geschrieben hat, in der sie auf die besondere Bedeutung einer ressourcenorientierten Sicht der Unternehmung hinwies und SELZNICK schon 1957 den besonderen Stellenwert der "distinctive competences" thematisierte, fanden derartige Konzeptionen lange Zeit keinen Eingang in die Hauptströmungen der betriebswirtschaftlichen Literatur.[22] Erst in jüngster Zeit wird verstärkt auf die Bedeutung unternehmungsindividueller Faktoren für den Erfolg von Unternehmungen hingewiesen und erfährt die ressourcenorientierte Perspektive eine ausführlichere Betrachtung.[23]

---

21) PORTER geht somit von Monopolgewinnen aus. Gemäß der Monopoltheorie erzielt eine Unternehmung dann einen Monopolgewinn, wenn es ihr aufgrund der für die Wettbewerber bestehenden Eintrittsbarrieren gelingt, günstiger zu produzieren als diese potentiellen Konkurrenten. Dies erklärt sich daher, daß die Preise am Markt durch die Konkurrenten bestimmt werden, denen aufgrund derartiger Barrieren höhere Kosten entstehen. Die Unternehmung, welche eine Monopolstellung bekleidet, kann ihre Preise an denen der Konkurrenten ausrichten und realisiert aufgrund ihrer geringeren Produktionskosten einen Monopolgewinn. Vgl. ausführlich BAIN [Organization].

22) Dies ist umso erstaunlicher als die Beiträge der Autoren des in der Strategiediskussion der 60er Jahre vorherrschenden SWOT-Ansatzes zwar keine theoretische Konzeptualisierung der unternehmungsspezifischen Besonderheiten lieferten, aber durch die Verwendung von Begriffen wie "distinctive competences" ebenfalls eine weitergehende Erforschung nahegelegt hätten. Vgl. hierzu auch TEECE, PISANO, SHUEN [Capabilities], 9f.

23) Vgl. u. a. BARNEY [Firm]; CONNER [Comparison]; DIERICKX, COOL [Asset]; GRANT [Theory]; MAHONEY, PANDIAN [View]; PETERAF [Cornerstones]; WERNERFELT [View].

Einem ressourcenorientierten Ansatz liegt eine andere Logik bezüglich der Quellen langfristiger Wettbewerbsvorteile zugrunde. Hier initiieren die strategischen Ressourcen oder Aktiva einer Unternehmung den Strategieentwicklungsprozeß und determinieren dementsprechend auch die Gewinnsituation einer Unternehmung. Das bedeutet keineswegs, daß eine Unternehmung die unternehmungsexternen Faktoren, wie etwa die Gegebenheiten einer Branche unberücksichtigt lassen könnte. Die strategischen, unternehmungsexternen Faktoren werden jedoch als dynamische Einflußgrößen interpretiert, welche die Entwicklung der bestehenden Aktiva bzw. deren Gewinngenerierungspotential beeinflussen.

Das Ziel eines ressourcenorientierten Ansatzes ist nicht darin zu sehen, die wertvollen Erkenntnisse der Strategiediskussion zu ersetzen. Während die extern orientierten Strategiekonzepte aufgezeigt haben, wie eine Unternehmung Chancen nutzen bzw. Risiken vermeiden kann, charakterisiert ein ressourcenorientierter Ansatz die Attribute, welche die Ressourcen einer Unternehmung aufweisen müssen, um langanhaltende Wettbewerbsvorteile zu ermöglichen. Insofern handelt es sich um eine Ergänzung der anderen Konzepte. BARNEY bringt diesen Zusammenhang zum Ausdruck, indem er von einer "important complementarity between environmental models of competitive advantage and the resource-based model"[24] spricht.[25] Ein wesentlicher Unterschied ist jedoch in der unterschiedlichen Auffassung hinsichtlich der Generierung von Wettbewerbsvorteilen und - hieraus resultierend - Erträgen zu sehen. Aus ressourcenorientierter Sicht werden die Erträge einer Unternehmung vornehmlich auf Unternehmungsebene erzielt. So verstanden stellen sie einerseits Quasi-Renten für überlegene organisatorische Fähigkeiten dar und lassen sich andererseits als eine Finanzressource zur Durchführung bzw. Ingangsetzung von Innovationen, Investitionen und Prozessen der Organisationsentwicklung interpretieren. Grundsätzlich können Quasi-Renten im Gegensatz zu den Gewinnen aus einem natürlichen Monopol entfallen, wenn es Wettbewerbern gelingt, die Kostenvorteile des erfolgreichen Wettbewerbers durch die Einführung derselben Produktionsmethoden abzuschöpfen. Beruhen die Kostenvorteile hingegen auf den in einer Unternehmung bestehenden Erfahrungen, organisatorischen Aspekte o.ä., so handelt es sich i.d.R. um firmenspezifische und einzigartige, schlecht-imitierbare und nicht am Markt erwerbbare Aspekte, so daß es der Konkurrenz nicht ohne weiteres gelingt, den

---

24) BARNEY [Firm], 106.

25) Einen interessanten Überblick über die verschiedenen Überschneidungen zwischen einem ressourcenorientierten Ansatz und verschiedenen Denkschulen der "industrial organization"-Tradition gibt CONNER [Comparison]. Vgl. darüber hinaus auch MAHONEY, PANDIAN [View]; PETERAF [Cornerstones]. Vgl. in diesem Zusammenhang auch den Beitrag von KNYPHAUSEN [Firms].

Wettbewerbsvorteil einer anderen Unternehmung zunichte zu machen.[26]) In den Mittelpunkt der Betrachtung rückt aus ressourcenorientierter Perspektive also nicht die Positionierung innerhalb einer Branche und Investition in die Errichtung von Eintrittsbarrieren. Hier ist vielmehr vor allem die Frage von Interesse, welche Attribute die Aktiva einer Unternehmung aufweisen müssen, damit Wettbewerbsvorteile auch in einem dynamischen Wettbewerbsumfeld erzielt werden können. Gerade die Einbeziehung unternehmerischer Fähigkeiten im Sinne eines "entrepreneurship" verdeutlicht die besondere Relevanz einer solchen Sichtweise für die Untersuchung der Entwicklungsfähigkeit diversifizierter Unternehmungen.

a) Allgemeine Darstellung einer ressourcenorientierten Perspektive

Aus einer ressourcenorientierten Sicht wird davon ausgegangen, daß Unternehmungen sich durch die von ihnen kontrollierten Ressourcen und Fähigkeiten unterscheiden. Die Unternehmung wird dementsprechend als ein Ressourcenbündel interpretiert, wobei die Ressourcen den Strategieentwicklungsprozeß unmittelbar beeinflussen. Zu Beginn der Strategiebildung gilt es, die einzigartigen und firmenspezifischen Ressourcen zu identifizieren. Danach wird entschieden, in welchen Märkten diese Ressourcen einen höchstmöglichen Ertrag versprechen. Schließlich muß dann eine Entscheidung bezüglich der effizientesten Nutzung der produktiven Potentiale solcher Aktiva getroffen werden. Das kann bedeuten, daß die Aktiva intern eingesetzt werden. Andererseits können ihre Leistungen anderen Unternehmungen gegen Entgelt zur Verfügung gestellt werden oder ein Aktivum wird als ganzes an eine andere Unternehmung verkauft, die eine bessere Verwendung für das produktive Potential dieser Ressource hat.

Die Einzigartigkeit einer Unternehmung besteht aus ressourcenorientierter Sicht somit nicht in der bloßen Kontrolle über grundsätzlich homogene Ressourcen. In einem ressourcenorientierten Unternehmungskonzept wird im Gegensatz zu den Annahmen klassischer Ansätze davon ausgegangen, daß sich Unternehmungen durch die produktiven Potentiale ihrer Ressourcen unterscheiden. Strenggenommen sind es nicht die Ressourcen, welche die Leistungen einer Unternehmung erbringen, sondern die von diesen hervorgebrachten Fähigkeiten. Eine solche Betrachtung setzt also nicht bei den Endprodukten einer Unternehmung an, sondern bei den diese erzeugenden, vorgelagerten Fähigkei-

---

26)   Vgl. BEST [Competition], FN 1, 48f.

ten und produktiven Potentialen. Die in einer Unternehmung erstellten Produkte und Leistungen stellen immer nur eine mögliche Ressourcenverwendung dar. Tatsächlich bieten die Ressourcen einer Unternehmung i.a.R. eine Vielzahl unterschiedlicher Verwendungsmöglichkeiten. Darüber hinaus entwickelt sich das produktive Potential einer Unternehmung ständig durch verschiedene Lernprozesse. Das vorhandene Wissen verändert sich beispielsweise durch die Forschungs- und Entwicklungsaktivitäten oder andere bewußt initiierte Lernvorgänge. Daneben verändert sich das in der Unternehmung vorhandene Wissen im Laufe der normalen Routinetätigkeiten auch durch beiläufige Lernprozesse.

Ein ressourcenorientierter Ansatz sieht gerade in der Immobilität von Ressourcen und deren Heterogenität - auch in bezug auf Unternehmungen der gleichen Branche - denkbare Ansatzpunkte zur Erlangung von Wettbewerbsvorteilen gegenüber Konkurrenten. Ressourcen werden dabei als die Menge der verfügbaren Faktoren oder Aktiva einer Unternehmung definiert, über welche sie die Verfügungsgewalt ausübt bzw. die sich in deren Eigentum befinden. Sie besitzen ein produktives Potential, welches zur Erstellung der Produkte und Leistungen einer Unternehmung eingesetzt wird. Im folgenden werden drei Arten von Ressourcen unterschieden:

- materielle Ressourcen

- immaterielle Ressourcen und

- Humanressourcen

(1) Materielle Ressourcen

Als materielle Ressourcen lassen sich alle diejenigen Faktoren abgrenzen, welche nicht dem Humankapital zugerechnet werden können und eine räumliche Ausdehnung besitzen, so daß sie physisch greifbar sind. Hierzu zählen etwa Gebäude und Firmengelände, Ausstattung, Transportmittel, Boden und natürliche Rohstoffe, Rohmaterialien, Halbfertigerzeugnisse, Abfallprodukte, Kuppelprodukte, u.v.m. Eine Abgrenzung materieller Ressourcen fällt aufgrund ihrer physischer Wahrnehmbarkeit leicht. Darüber hinaus lassen sie sich den in der Literatur bereits ausgearbeiteten Produktionsfaktorsystematiken zuordnen. Die materiellen Ressourcen werden in der Betriebswirtschaftslehre unter die Begriffe materielle Betriebsmittel i. e. S.[27]) bzw. materielle Potentialfaktoren[28]) subsumiert. Schwierigkeiten einer eindeutigen Abgrenzung materieller Ressourcen können sich immer dann ergeben, wenn letztere den Bestandteil eines komplexen Aggregates materieller Ressourcen bilden. Zum Teil sind derartige materielle Ressourcen nur als Einheit in der Lage eine gewisse Leistung zu erbringen. In einem solchen Fall bietet sich eine zusammenfassende Spezifikation des Aggregates an.

(2) Immaterielle Ressourcen

Zu den immateriellen Ressourcen zählen alle Aktiva einer Unternehmung, die nicht über eine körperliche Ausdehnung verfügen. Ihr wirtschaftlich relevantes Potential wird daher nicht direkt durch eine stoffliche Masse verkörpert. Aufgrund ihres Beitrags zur Leistungserstellung nehmen sie jedoch den Charakter wirtschaftlicher Güter an. Beispiele immaterieller Ressourcen sind etwa Patente und Lizenzen, Markennamen, Miet- und Pachtverträge, etc. Die Besonderheit gegenüber den materiellen Ressourcen ist vor allem darin zu sehen, daß das Potential der immateriellen Ressourcen i.d.R. gleichzeitig für mehrere Leistungen zur Verfügung stehen kann und sich nicht im Prozeß der Leistungserstellung aufbraucht. So kann ein Markenname etwa durch Franchising oder Lizenzvergabe gleichzeitig für verschiedene, voneinander weitgehend unabhängige Wertschöpfungsprozesse eingesetzt werden. Miet- und Pachtverträge werden langfristig genutzt und auch Computerprogramme sind grundsätzlich vielfach einsetzbar. Die immateriellen Ressourcen lassen sich i.a.R. nicht oder nur schlecht ihren Verursachungsquellen zurechnen.

Eine weitere Abgrenzung kann danach getroffen werden, ob die immateriellen Ressourcen materiell gebunden oder materiell ungebunden sind.[29]) Die materiell ungebundenen immateriellen Ressourcen (wie z. B. Markennamen, Computerprogramme, Handbücher

27)   Vgl. zum Begriff der Betriebsmittel i. e. S. KERN [Produktionswirtschaft], 17.
28)   Vgl. statt anderer GUTENBERG [Grundlagen], 326.
29)   EHRENSBERGER grenzt materiell ungebundene immaterielle Aktiva weiter danach ab, ob es sich um materialisierte oder nicht materialisierte Aktiva handelt. Eine Materialisierung erfolgt durch verschiedene Trägermedien, wie etwa Tonträger, Papier, Magnetbänder, Speicherplatten etc. Ist eine Übertragung auf derartige Trägermedien nicht möglich, wie etwa im Fall von Markennamen oder ähnlichen Imageträgern, so handelt es sich nach dieser Abgrenzung um nicht materialisierte Aktiva. Vgl. ausführlich EHRENSBERGER [Unternehmensintegration], 197. Eine derartige Einteilung erscheint für die vorliegende Arbeit zu detailliert.

u.ä.) können ihr Leistungspotential auch unabhängig von ihrer physikalisch realen Quelle erbringen. Demgegenüber ist das Leistungspotential der materiell gebundenen immateriellen Ressourcen (wie z. B. Nutzungsrechte, Menschliche Arbeitsleistungen, nicht dokumentiertes bzw. nicht artikulierbares Wissen, u. dgl.) an ein materielles oder humanes Bezugsobjekt gebunden, d. h. sie können ihre produktive Leistung nicht losgelöst von einer materiellen oder humanen Ressource erbringen. Die Inanspruchnahme eines Mietnutzungsrechtes ist beispielsweise an das jeweilige Mietobjekt gebunden.[30] Auch menschliche Arbeitsleistungen lassen sich nur analytisch, aber nicht tatsächlich von den sie erbringenden Subjekten trennen. Bereits für die materiellen Ressourcen wurde darauf hingewiesen, daß diese sich häufig nicht eindeutig abgrenzen lassen, da sie Elemente größerer Einheiten der Leistungserstellung bilden können. Dieser Tatbestand gilt für die immateriellen Ressourcen in noch größerem Maße. So ist gerade das menschliche Wissen häufig nur dann sinnvoll einsetzbar, wenn verschiedene Mitglieder der Unternehmung ihr Wissen als Gruppe in einen Problemlösungsprozeß einbringen. Hierbei handelt es sich dann jedoch nicht um das kumulierte Einzelwissen der verschiedenen Mitglieder des Teams, welches sich den einzelnen Elementen zuordnen ließe. Vielmehr stellt ein derartiges Wissen häufig den Output einer Gruppeninteraktion dar, welcher sich nicht in die einzelnen Wissenskomponenten zerlegen läßt. Darüber hinaus beinhaltet das menschliche Wissen i.a.R. unbewußte Aspekte, auf welche der Wissensträger in seinen Handlungen zwar zurückgreift, welche er seinerseits jedoch nicht artikulieren kann.

(3) Humanressourcen

Als Humanressourcen lassen sich alle menschlichen Mitglieder einer Unternehmung charakterisieren. So können etwa ungelernte Arbeitskräfte, Facharbeiter, Verwaltungsangestellte, Finanz-, Rechts- und Steuerexperten, Techniker, Ingenieure sowie Manager unterschieden werden. Einige der in einer Unternehmung agierenden Menschen stellen ihre Arbeitskraft nur kurzfristig zur Verfügung, andere arbeiten auf der Grundlage langfristiger Arbeitsverträge. Letztere lassen sich als mehr oder weniger fixe Ressourcen einer Unternehmung bezeichnen, da sie aufgrund von gesetzlichen Bestimmungen längerfristig an eine Unternehmung gebunden sind bzw. eine Freisetzung mit erheblichen Aufwendungen verbunden wäre. Der quasi-fixe Charakter derartiger Ressourcen beruht

---

30)   Vgl. auch EHRENSBERGER [Unternehmensintegration], 196f.

andererseits auch auf der Tatsache, daß derartige Mitarbeiter im Laufe ihrer Unterneh-
mungszugehörigkeit ein hohes unternehmungsspezifisches Erfahrungspotential erworben haben, so daß es für die Unternehmung einen erheblichen Verlust darstellen würde
derartige Mitarbeiter zu verlieren. Die Mitglieder einer Unternehmung erbringen die für
die Erstellung von Gütern und Leistungen erforderlichen Arbeitsleistungen, erfüllen
jedoch gleichzeitig soziale Rollen. Zwischen ihnen bestehen folglich neben verschiedenen Arbeitsbeziehungen vielfältige Sozialbeziehungen, welche in den zahlreichen in der
Unternehmung vorherrschenden Interaktionen zum Ausdruck kommen. Auch dieser
soziale und interaktive Aspekt verdeutlicht, daß ein Ausscheiden eines wertvollen Mitarbeiters u. U. einen hohen Verlust für eine solche Unternehmung bedeuten kann.
Gleichzeitig wird klar, daß eine Darstellung von Humanressourcen in Form des
"Produktionsfaktors Arbeit", wie sie in Produktionsfunktionen zum Ausdruck kommt
reduktionistisch bleiben muß.

b)   Voraussetzungen zur Generierung langanhaltender Wettbe-
werbsvorteile[31])

Die in den Ressourcen zum Ausdruck kommende Verschiedenheit von Unternehmungen wird deutlich, wenn die Bedingungen betrachtet werden, welche die Ressourcen
einer Unternehmung gemäß eines ressourcenorientierten Ansatzes erfüllen müssen, um
zu Quellen langanhaltender Wettbewerbsvorteile werden zu können. Gelingt es einer
Unternehmung eine wertschöpfende Strategie zu realisieren, die nicht gleichzeitig von
derzeitigen oder potentiellen Wettbewerbern verfolgt wird, so generiert sie Wettbewerbsvorteile. Derartige Vorteile sind jedoch keineswegs automatisch auch von langfristiger Dauer. Damit sie zu langanhaltenden Wettbewerbsvorteilen werden können,
muß darüber hinaus gewährleistet sein, daß aktuelle oder potentielle Konkurrenten ihrerseits nicht in der Lage sind, die aus der verfolgten Strategie resultierenden Wettbewerbsvorteile zu generieren. Das bedeutet konkret, daß ein Wettbewerbsvorteil nur dann
als langanhaltend charakterisiert werden kann, wenn eine Unternehmung in der Lage ist,
diesen auch noch zu erzielen, nachdem die Konkurrenz ihre Versuche einer Nachahmung der dem Wettbewerbsvorteil zugrundeliegenden Strategie aufgrund mangelnder
Aussicht auf Erfolg aufgeben mußte. Der Begriff "langanhaltend" ist folglich nicht an
eine bestimmte Zeitspanne gekoppelt. Er bedeutet auch keineswegs, daß eine Unter-

---

31)   Vgl. hierzu auch die Ausführungen von BARNEY [Firm], 99ff.

nehmung einen solchen Vorteil für immer erreichen kann. So können Strukturkrisen innerhalb einer Branche oder Volkswirtschaft etwa dazu führen, daß eine Unternehmung ihren Wettbewerbsvorteil verliert, da die ursprüngliche Strategie nicht mehr zum Tragen kommt und bisherige Erfolgspotentiale ihren Wert verlieren; im schlimmsten Fall können derartige Potentiale in der Folge sogar zu Mißerfolgsfaktoren werden. Langanhaltend bezeichnet vielmehr die Unmöglichkeit seitens jeglicher Konkurrenz, einer bevorteilten Unternehmung ihren Vorteil streitig zu machen.

Die Quellen langanhaltender Wettbewerbsvorteile lassen sich nur analysieren, wenn die Annahme perfekter Mobilität und Homogenität von Ressourcen aufgegeben wird. In einem Wirtschaftszweig, in dem sämtliche Unternehmungen über die gleichen Ressourcen verfügen bzw. potentiell verfügen könnten, lassen sich weder langanhaltende Wettbewerbsvorteile noch "first-mover advantages" erzielen. Auch das in der Literatur zum Teil angeführte Argument der Mobilitäts- oder Eintrittsbarrieren als Voraussetzung zur Generierung von Wettbewerbsvorteilen ist nicht haltbar, solange unterstellt wird, sämtliche Unternehmungen verfügten über die gleichen Ressourcen. Derartige Barrieren lassen sich nur errichten, wenn nicht alle Unternehmungen über die gleichen Ressourcen verfügen, da sie ansonsten in der Lage wären, die gleichen Strategien einzusetzen, so daß für keine Unternehmung ein langanhaltender Wettbewerbsvorteil entstehen könnte. Die klassischen Annahmen der Homogenität und Mobilität von Ressourcen sind aus verschiedenen Gründen nicht haltbar. Zunächst kann davon ausgegangen werden, daß die Märkte nicht perfekt sind, so daß Unternehmungen weder in der Lage sind beliebige Ressourcen am Markt zu erwerben, noch die überschüssigen Leistungen ihrer Ressourcen immer am Markt verkaufen zu können. Dieser Sachverhalt läßt sich zum einen durch die zum Teil hohen Transaktionskosten erklären. Andererseits sind die Ressourcen auch nicht vollständig mobil. So sind die überschüssigen Leistungen einer Maschine beispielsweise nicht grundsätzlich am Markt verkaufbar, da eine Maschine nicht ohne weiteres an verschiedene Orte transportiert werden kann. Darüber hinaus bildet eine Maschine u. U. den Bestandteil eines komplexen Aggregates, so daß sie schon von daher nicht einfach abtrennbar und anderweitig nutzbar ist. Ein besonderes Potential bildet daneben das Wissen der Mitarbeiter, welches häufig weit über das für die in der eigenen Unternehmung nutzbaren Leistungen hinausgeht. Solches zusätzliche Know-how ist entweder schwer oder gar nicht am Markt handelbar. Zum einen kann der jeweilige Mensch nicht gleichzeitig an verschiedenen Orten sein. Auch in diesem Fall würden u. U. enorme Transaktionskosten entstehen, wollte eine Unternehmung derartige Leistungen am Markt verkaufen bzw. eine andere Unternehmung benötigtes Know-how erwerben wollen. Andererseits sind derartige Wissensbestände vielfach nicht artikulierbar und somit auch nicht handelbar.[32]) Zudem ist das individuelle Wissen eines Mitarbeiters häufig kontextgebunden und somit nur im Unternehmungsverbund sinnvoll nutzbar.

Nicht alle Ressourcen einer Unternehmung beinhalten jedoch das Potential langanhaltender Wettbewerbsvorteile. Um zu einer Quelle derartiger Vorteile werden zu können, müssen sie vielmehr bestimmte Bedingungen erfüllen. Es lassen sich vier Faktoren abgrenzen, welche das Potential von Ressourcen in Bezug auf die Generierung derartiger Vorteile gegenüber Konkurrenten anzeigen. So müssen die Ressourcen wertvoll sein, selten, schlecht imitierbar und schlecht substituierbar. Nachfolgend werden diese vier Grundbedingungen erläutert.[33])

(1) Der Wert von Ressourcen

Um zu einer Quelle langanhaltender Wettbewerbsvorteile werden zu können, müssen die Ressourcen einer Unternehmung *wertvoll* sein, das bedeutet, daß sie eine Unternehmung befähigen müssen, solche Strategien zu realisieren, welche deren Effektivität und Effizienz verbessern.

(2) Seltenheit von Ressourcen

Während der Wert von Ressourcen eine Grundvoraussetzung bzw. ein notwendiges Kriterium für die Generierung von Wettbewerbsvorteilen darstellt, reicht es für die Erzielung langanhaltender Wettbewerbsvorteile keineswegs aus, wertvolle Ressourcen zu besitzen. Würde etwa eine Vielzahl von Unternehmungen derartige wertvolle Ressourcen besitzen, so könnte aufgrund der Möglichkeit dieser Konkurrenten die gleichen

32) Demgegenüber wurde in einigen traditionellen Theorien postuliert, das Wissen einer Unternehmung lasse sich artikulieren. In der Literatur findet man derartige Annahmen unter der Bezeichnung einer Blaupausen-metapher oder dem "book of blueprints". Vgl. hierzu auch TEECE [Theory], 43.

33) In der Literatur finden sich neben diesen vier Grundbedingungen weitere Voraussetzungen zur Generierung langanhaltender Wettbewerbsvorteile. Einer solchen Einteilung wird in der vorliegenden Arbeit nicht gefolgt. Vgl. für eine Übersicht dieser Faktoren AMIT, SCHOEMAKER [Assets] 37ff. sowie die dort angegebene Literatur.

Strategien einzusetzen, kein langanhaltender Wettbewerbsvorteil entstehen. Eine weitere notwendige Bedingung der Erzielung langfristiger Wettbewerbsvorteile ist folglich darin zu sehen, daß es sich bei den wertvollen Ressourcen einer Unternehmung zugleich um seltene Ressourcen handelt. Besitzt eine Unternehmung einzigartige wertvolle Ressourcen, so hat sie in jedem Fall die Möglichkeit Wettbewerbsvorteile zu erzielen, welche u. U. sogar langanhaltend sein können. Wettbewerbsvorteile lassen sich darüber hinaus auch für den Fall generieren, daß nur wenige Wettbewerber einer Branche über wertvolle Ressourcen verfügen.

(3) Nicht-Imitierbarkeit von Ressourcen

Verfügt eine Unternehmung über wertvolle Ressourcen, die zugleich selten sind, so sind zwei Grundvoraussetzungen zur Erzielung von langanhaltenden Wettbewerbsvorteilen erfüllt. Die Unternehmung kann mittels solcher Ressourcen Strategien entwickeln, welche die Effizienz und Effektivität der erbrachten Leistungen erhöhen, wodurch derartige Vorteile entstehen. Damit letztere langanhaltend werden, muß jedoch zudem ein weiteres Kriterium erfüllt sein; die Ressourcen dürfen seitens potentieller Wettbewerber nicht imitierbar sein. Nicht selten erzielen Unternehmungen Wettbewerbsvorteile durch strategische Innovationen, welche sie in die Position eines "First-mover" bringen. Andere Unternehmungen verfügen in einem solchen Fall nicht über die notwendigen Ressourcen, um ihrerseits eine solche Strategie zu verfolgen. Für den "First-mover" besteht jedoch nur solange ein Wettbewerbsvorteil, wie die Konkurrenz nicht in der Lage ist, diese seltenen und wertvollen Ressourcen ihrerseits zu entwickeln. Gelänge dies, so würden sie dessen Strategie nachahmen, so daß der ursprüngliche Wettbewerbsvorteil für ersteren entfallen würde.

Die Nicht-Imitierbarkeit von Ressourcen kann verschiedene Ursachen haben. Zunächst unterscheiden Unternehmungen sich durch ihre Firmengeschichte. Als soziales System, dessen Mitglieder im Laufe der Zeit wechseln, und dessen zeitliche Entwicklung i.d.R. unterschiedlich verläuft, entwickelt sich jede Unternehmung ganz individuell. Einige Unternehmungen sind aufgrund dieser *einzigartigen Firmengeschichte* in der Lage, einzigartige Ressourcen zu erwerben bzw. zu entwickeln, die von der Konkurrenz nicht nachgeahmt werden können. Eine solche Position kann z. B. daraus resultieren, daß eine Unternehmung Standortvorteile gegenüber ihrer Konkurrenz besitzt, etwa weil sie sich ein bestimmtes Gebiet zu einem besonders günstigen Zeitpunkt erschließen konnte. Oder sie beschäftigt(e) Mitarbeiter, welche einzigartiges technologisches Wissen erzeugt haben, über das andere Unternehmungen - da sie diese Mitarbeiter nicht besaßen - nicht verfügen. Auch kulturelle Aspekte können aus der Firmengeschichte erwachsen und im Laufe der Zeit zu einzigartigen Wettbewerbspositionen verhelfen. Die Schwierigkeit bzw. Unmöglichkeit der Nachahmung unternehmungskultureller Aspekte wurde in Kapitel C.III. bereits ausführlich diskutiert. Einem Konkurrenten, der eine andere zeitliche Entwicklung vollzog und insofern nicht über die gleiche Firmengeschichte verfügt ist es i.d.R. nicht möglich, eine solche einzigartige Unternehmungskultur nachzuahmen.

Wettbewerber sind auch dann nicht in der Lage die Ressourcen bzw. Strategien ihrer Konkurrenten zu imitieren, wenn nicht oder nur unvollständig durchschaubar ist, welcher Zusammenhang zwischen den Ressourcen einer Unternehmung und den durch diese erzeugbaren Wettbewerbsvorteile besteht. Sind die zugrundeliegenden Kausalzusammenhänge undurchsichtig, in der Literatur wird auch der Begriff *kausale Ambiguität* verwendet,[34]) so weiß die konkurrierende Unternehmung nicht, welche Ressourcen bzw. welche Attribute dieser Ressourcen genau den Wettbewerbsvorteil generieren, so daß eine Imitation verhindert wird. Sie könnte lediglich einige der von der Konkurrenz verwendeten Ressourcen beschreiben, aufgrund der nicht durchschaubaren Kausalzusammenhänge jedoch nicht wissen, ob wirklich diese beschreibbaren Ressourcen den Wettbewerbsvorteil ausmachen. Vielmehr könnten andere, nicht erfaßbare Ressourcen bzw. Aspekte dieser Ressourcen für die Generierung der erfolgreichen Strategien verantwortlich sein. Die so beschriebene kausale Ambiguität bewirkt im übrigen, daß die von der Strategie profitierende Unternehmung ihrerseits die zugrundeliegenden Kausalitäten nicht durchschauen kann. Sie weiß zwar, daß ihre Strategien erfolgreich sind, es gelingt ihr jedoch ebenfalls nicht die Quellen des Erfolgs eindeutig zu benennen. Dies ist nicht zuletzt darauf zurückzuführen, daß den verwendeten Strategien i.d.R. ein umfangreicher Anteil nicht-artikulierbaren Wissens zugrundeliegt.

Die Möglichkeit der Nachahmung erfolgreicher Strategien kann schließlich noch dadurch entfallen, daß es sich bei den zum Einsatz gelangenden Ressourcen und deren Attributen um äußerst komplexe soziale Phänomene handeln kann. Beispiele für einen solchen Fall *sozialer Komplexität* sind etwa die persönlichen Beziehungen zwischen den Managern einer Unternehmung, die Reputation der Unternehmung aus Sicht der Kun-

---

34)   Vgl. BARNEY [Firm], 108.

den oder Lieferanten u.ä.m. Grundsätzlich kann dann zwar angegeben werden, wie derartige sozial komplexe Aspekte den Wert einer Unternehmung erhöhen, so daß hier nicht von kausaler Ambiguität gesprochen werden kann; gleichzeitig entziehen sich derartige Faktoren jedoch der Nachahmung durch Wettbewerber. Während beispielsweise verschiedene Unternehmungen über die gleichen physischen Logistiksysteme verfügen können, sind es oft die zum Einsatz gelangenden sozialen Aspekte, welche es einer einzelnen Unternehmung ermöglichen, ihr Logistiksystem erfolgreich einzusetzen und für die Generierung von Wettbewerbsvorteilen zu nutzen.

(4) Mangelnde Substituierbarkeit von Ressourcen

Ein letztes Kriterium zur Erzielung langanhaltender Wettbewerbsvorteile ist die mangelnde Substituierbarkeit von Ressourcen. Will eine Unternehmung sich langfristig gegenüber ihrer aktuellen und potentiellen Konkurrenz behaupten, so reichen die bisherigen Bedingungen nicht aus. Selbst wenn andere Unternehmungen nicht über die gleichen wertvollen, seltenen Ressourcen verfügen und auch nicht in der Lage sind, diese durch Nachahmung zu erhalten, kann es ihnen dennoch gelingen, die ursprünglich erfolgreichere Unternehmung von ihrer Vorreiterstellung zu verdrängen. Ein solcher Fall kann dann eintreten, wenn es den Konkurrenten gelingt, andere einzigartige Ressourcen zu entwickeln, welche ihrerseits die Verfolgung von Strategien ermöglichen, die den durch die ursprünglich bevorteilte Unternehmung erzeugten Wettbewerbsvorteil generieren. Die ursprünglich erfolgreiche Strategie der Konkurrenzunternehmung wird dann u. U. obsolet bzw. verliert ihren vormaligen Wert und die bisherigen langanhaltenden Wettbewerbsvorteile entfallen ganz oder teilweise.

4. Kernkompetenzen als Quelle potentieller Wettbewerbsvorteile und Nutzenpotentiale

a)   Allgemeine Darstellung

Kernkompetenzen sind solche Fähigkeiten, durch welche eine Unternehmung sich strategisch von ihren Wettbewerbern unterscheidet. In der Literatur wurde der Sachverhalt der Kernkompetenzen u. a. unter den Bezeichnungen distinctive competences[35]), core or organizational competences[36]), firm-specific competence[37]), core capabilities[38]), resource deployments[39]) und invisible assets[40]) diskutiert. Die meisten Autoren verwenden in diesem Zusammenhang umschreibende Merkmale, wie einmalig, schlecht imitierbar, einzigartig, ohne jedoch den Begriff Kernkompetenz eindeutig zu definieren. Einer der umfangreichsten Definitionsversuche stammt von TEECE et al., die Kernkompetenzen verstehen als "a set of differentiated skills, complementary assets, and organizational routines which together allow a firm to coordinate a particular set of activities in a way that provides the basis for competitive advantage in a particular market or markets.[41])

Unternehmungen stellen weder Aggregate von Individuen dar, noch sind sie als von ihren Mitgliedern unabhängige Totalitäten oder Entitäten zu begreifen. Sie sind vielmehr soziale Systeme, die sich aus Individuen zusammensetzen, welche durch vielfältige Beziehungen miteinander in Verbindung stehen. Es ist also nicht die Unternehmung, die denkt oder handelt; es sind vielmehr die Mitglieder des sozialen Systems Unternehmung, die denken und handeln.[42]) Durch kollektive Lernprozesse werden die in einer

---

35)   Vgl. SELZNICK [Leadership]; SNOW, HREBINIAK [Strategy]; HITT, IRELAND [Competence].

36)   Vgl. PRAHALAD, HAMEL [Competence] Im folgenden wird auf die deutsche Übersetzung zurückgegriffen. Vgl. PRAHALAD, HAMEL [Kernkompetenzen]. Vgl. auch HAYES, WHEELWRIGHT, CLARK [Manufacturing].

37)   Vgl. PAVITT [Characteristics].

38)   Vgl. LEONARD-BARTON [Capabilities]; SCHOEMAKER [Vision]; MEYER, UTTERBACK [Product].

39)   Vgl. HOFER, SCHENDEL [Formulation].

40)   Vgl. ITAMI, ROEHL [Assets].

41)   TEECE, PISANO, SHUEN [Capabilities], 22.

42)   Vgl. ausführlich MORGAN [Images], insbesondere 373; sowie Kapitel 8, 371ff.

Unternehmung vorhandenen Wissensbestände generiert und verändert. Lediglich aus Gründen der sprachlichen Vereinfachung wird in der weiteren Untersuchung von dem Verhalten der Unternehmung gesprochen. Auch das Wissen einer Unternehmung erhält in den weiteren Ausführungen nur aus Zweckmäßigkeitsgründen eine konzeptuelle bzw. formale Existenz unabhängig von seinen Erzeugern.[43])

Eine Kernkompetenz wird in der vorliegenden Arbeit als Wissensmenge, die mögliche Wettbewerbsvorteile einer Unternehmung aufzeigt bzw. erzeugt definiert. Eine derartige Wissensmenge beinhaltet drei verschiedene, interdependente Wissensdimensionen eine inhaltliche, eine politische und eine kulturelle Dimension, wobei der Anteil des Beitrags einer der drei Dimensionen an einer Kernkompetenz in verschiedenen Unternehmungen sehr unterschiedlich ausfallen kann.[44])

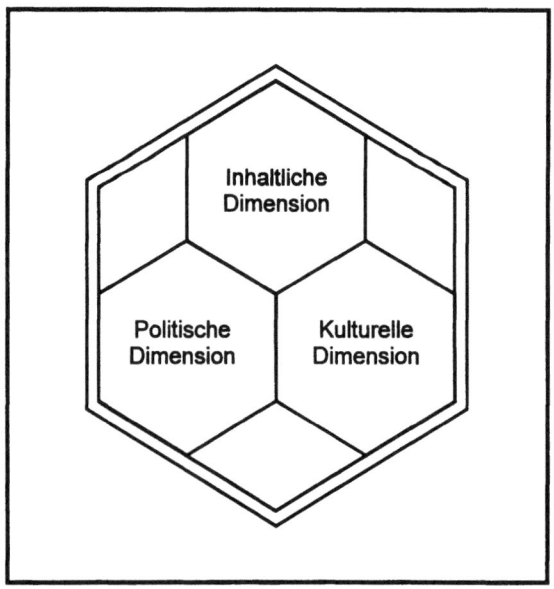

Abbildung 14: Dimensionen der Kernkompetenzen

43)   Vgl. hierzu auch SIKORA [Betriebswirtschaftslehre], 197 sowie die dort angegebene Literatur.
44)   Eine ähnliche Perspektive wird in dem Ansatz von LEONARD-BARTON verfolgt. Die Autorin untersucht in ihrer empirischen Studie den Einfluß von Kernkompetenzen auf den Produktentwicklungsprozeß, unterscheidet jedoch vier verschiedene Wissensdimensionen. Vgl. LEONARD-BARTON [Capabilities], 113ff.

(1) Inhaltliche Dimension

In dem Wissen und den Fertigkeiten der Mitarbeiter einer Unternehmung kommt die inhaltliche Dimension der Wissensmenge, welche Kernkompetenzen konstituiert zum Ausdruck.

Wie bereits erläutert erfolgt die Wissensbildung eines sozialen Systems durch dessen Mitglieder. Eine Veränderung des Wissens eines sozialen Systems ist nur durch verschiedene Austauschbeziehungen mit der Umwelt eines Systems möglich. Das soziale System Unternehmung ist eingebettet in ein übergeordnetes Ökosystem, welches als komplexes Netzwerk interdependenter Beziehungen begriffen werden kann und zahlreiche Subsysteme beinhaltet. Eine Unternehmung bzw. deren Mitglieder sehen sich folglich unterschiedlichen Umwelten ausgesetzt. Je nach der zugrundeliegenden Perspektive läßt sich das übergeordnete Ökosystem als Umwelt begreifen oder eines der jeweiligen Subsysteme dieses Supersystems. Jede Unternehmung ist als soziales System gleichzeitig in verschiedene derartige Subsysteme eingebettet und steht in mehr oder weniger starkem Austausch mit den übrigen Subsystemen. Darüber hinaus besteht auch die Unternehmung selber wieder aus verschiedenen Subsystemen, die miteinander durch vielfältige interdependente Beziehungen verbunden sind. Die kleinste für die vorliegende Untersuchung relevante Subsystemeinheit bildet ein einzelne Mensch. Jedes menschliche Mitglied einer Unternehmung ist gleichzeitig Mitglied verschiedener sozialer Sub- oder Supersysteme. Neben seiner Mitgliedschaft in dem sozialen System Unternehmung ist er z. B. auch Mitglied einer Abteilung oder eines Teams innerhalb der Unternehmung, Mitglied des übergeordneten Gesellschaftssystems mit dessen zahlreichen Subsystemen (wie z. B. Familie, Sportverein). Sämtliche von außen auf ein Subsystem einwirkenden Impulse setzen Lernprozesse in Gang und verändern das Wissen dieses Subsystems.

Das inhaltliche Wissen einer Unternehmung beinhaltet folglich sämtliche unternehmungsspezifische Techniken und Wissensbestände der Mitarbeiter. Viele für die Herstellung der Produkte einer Unternehmung benötigte Fertigkeiten sind z. B. über mehrere Mitarbeitergenerationen historisch überliefert worden. Es kann sich hierbei um ingenieurwissenschaftliche Kenntnisse, sprachliche Befähigungen, handwerkliche Fertigkeiten oder sonstige professionelle Fähigkeiten handeln. Der Prozeß des Wissenserwerbs in einer Unternehmung wird darüber hinaus auch durch die Ergebnisse technologischer Forschung sowie die Erkenntnisse der Grundlagenwissenschaften (als Output des Wissenschaftssystems) beeinflußt. Das Wissen der Mitarbeiter wird darüber hinaus auch durch ihre vielfältigen gesellschaftlichen Rollen geprägt. Die inhaltliche Wissenskomponente bildet die Grundvoraussetzung einer Kernkompetenz und die Basis für die Innovationsfähigkeit einer Unternehmung. Durch die Fähigkeit der Erweiterung und Veränderung des inhaltlichen Wissens sind die Mitglieder einer Unternehmung in der Lage sowohl die täglichen Routinen zu bewältigen als auch für solche Probleme Lösungen zu entwickeln, die keine Routineprobleme darstellen. Dies gilt insbesondere im Falle von Problemlösungen, welche in Gruppenarbeit entwickelt werden. Die Zusammenarbeit in Teams ermöglicht in vielen Fällen erst ein Ergebnis. Dabei greifen die Mitarbeiter zum Teil unbewußt auf die aus ihren jeweils heterogenen Erfahrungen resultierenden Wissensbestandteile zurück, so daß sie in der Regel nicht einmal in der Lage sind, die vollzogenen Denkschritte vollständig zu artikulieren.

Das inhaltliche Wissen ist i.a.R. eingebettet in verschiedene technische Systeme. Die technischen Systeme beinhalten Wissensbestände aus zumeist verschiedenen individuellen Quellen. Es handelt sich bei diesen Systemen um Artefakte (hierzu zählen z. B. Computerprogramme, Maschinen oder schriftliche Aufzeichnungen in Form von Büchern oder Aktennotizen) durch die versucht wird, das in den Köpfen der Mitarbeiter über Jahre angesammelte und gespeicherte Wissen zusammenzutragen und in strukturierter Weise festzuhalten. Auf diese Weise schaffen solche Produktions- bzw. Informationssysteme eine Wissensbasis, welche über das kumulierte Wissen der verschiedenen Wissensträger weit hinausgeht. Die technischen Systeme beinhalten sowohl Wissen welches in Form allgemeiner statistischer Datenbasen vorliegt als auch prozedurale Wissensbestände. Beispiele sind etwa Baupläne, Herstellungsverfahren, Verfahrensrichtlinien, Handbücher, Konstruktionszeichnungen oder Rezepturen bestimmter Produkte. Auch das in den technischen Systemen verankerte Wissen ist historisch gewachsen und es läßt sich häufig noch ein Bezug zu den ersten Produkten einer Unternehmung herstellen.

(2) Politische Dimension

Die politischen oder Managementsysteme steuern die Prozesse des Wissenserwerbs und der Wissenskontrolle. Es lassen sich dabei formeller und informeller Wissenserwerb unterscheiden. So können die Mitarbeiter ihr Wissen etwa durch interne Aus- und Weiterbildung oder durch die Teilnahme an externen Fortbildungsmaßnahmen erweitern. Darüber hinaus erfolgt ein Wissenserwerb auch durch beiläufige Lernprozesse im Laufe des praktischen Unternehmungsalltags sowie u. U. durch Kooperationsbeziehungen mit Partnern oder Konkurrenten. Schließlich können die Mitarbeiter ihr Wissen auf der Basis eigener Anstrengungen während ihrer Freizeit bewußt oder unbewußt erweitern. Interne Weiterbildungsmaßnahmen durch eigene Mitarbeiter einer Unternehmung, welche versuchen, ihre Fertigkeiten an neue Unternehmungsmitglieder weiterzugeben können besonders effektiv sein, weil die Ausbilder aus ihrer eigenen praktischen Erfahrung in der Unternehmung wissen, welche Kenntnisse für die täglich anfallenden Problemstellungen von besonderer Bedeutung sind bzw. welche Fehler es zu vermeiden gilt. Gleichzeitig erkennen sie im praktischen Umgang mit den von ihnen ausgebildeten Mitarbeitern potentielle Nachholbedarfe für den Unterricht. Daneben ist ein externer Wissenserwerb für die Entwicklungsfähigkeit einer Unternehmung unverzichtbar. Das System erhält auf diese Weise neuen Input von außen. Zum einen können so die bisherigen Kenntnisse erweitert werden. Andererseits wird häufig nur durch den Kontakt mit der Außenwelt ein ständiges Hinterfragen der Güte eigener Vorgehensweisen ermöglicht.

Durch die Steuerung der Prozesse des Wissenserwerbs und der Wissenskontrolle sollen die Managementsysteme das Verhalten der Mitarbeiter regeln und durch kollektiv verbindliche Entscheidungen koordinieren. Die politischen Systeme entwickeln sich im Laufe der Geschichte einer Unternehmung in Abhängigkeit der sich verändernden Interpretationen der Unternehmungsmitglieder bezüglich ihrer organisationalen Rollen in der Unternehmung.[45]) Die Möglichkeit der Erlangung von Wettbewerbsvorteilen und überdurchschnittlichen Gewinnen basiert folglich nicht alleine auf dem inhaltlichen Wissen innerhalb einer Unternehmung. Es kann vielmehr erforderlich sein, durch organisationsstrukturelle Maßnahmen die Zusammenarbeit von Mitarbeitern zu fördern, da Probleme häufig nur im Team gelöst werden können. Die Einzigartigkeit einer Unternehmung kommt nicht selten darin zum Ausdruck, daß die vorhandenen Fähigkeiten besser koordiniert und flexibel, d. h. ggf. in immer neuen Verwendungen eingesetzt und fortlaufend erweitert werden. Wie gesehen sind die Mitarbeiter einer Unternehmung neben ihrer Mitgliedschaft in diesem sozialen System auch in verschiedene andere soziale Systeme eingebunden. Die Managementsysteme sind daher niemals in der Lage sämtliche Prozesse des Wissenserwerbs zu steuern bzw. zu kontrollieren. Zahlreiche Einflüsse entziehen sich vielmehr einem direkten Managementeingriff.

---

45)   Vgl. hierzu auch GIDDENS [Constitution].

(3) Kulturelle Dimension

Die dritte konstituierende Dimension der Kernkompetenzen beinhaltet die den anderen Dimensionen zugrundeliegenden Werte und Normen.

Durch diese kulturellen Aspekte werden die Orientierungsgrundlagen einer Unternehmung geschaffen, welche die Grundvoraussetzung für den Zusammenhalt der verschiedenen Teildimensionen darstellen. Hiervon werden die Inhalte sowie die Strukturierung von Wissen in einer Unternehmung beeinflußt. So üben die zugrundeliegenden Werte und Normen etwa einen Einfluß darauf aus, welche Bedeutung in einer Unternehmung der Generierung spezifischen Wissens (etwa ingenieurwissenschaftliche Kenntnisse oder kostenrechnerisches Wissen) beigemessen wird. Auch die Art und Weise der Wissensbildung und -kontrolle unterliegt kulturellen Einflüssen. Beispielsweise werden potentielle neue Mitarbeiter in einigen Unternehmungen nach ihren Studienabschlüssen beurteilt, während andere Unternehmungen der Berufserfahrung ein größeres Gewicht beimessen. Die Kontrolle kann von einer strengen Überwachung des Wissensbildungsprozesses durch hierarchische Managementsysteme bis hin zu eher lockeren Formen der Gewährung umfangreicher Freiräume zur Initiierung kreativer Prozesse des Wissenserwerbs reichen. In einigen Unternehmungen sind etwa nur solche Aktivitäten erwünscht, welche unmittelbar nachweisbare Ergebnisse hervorbringen. Demgegenüber herrscht in anderen Unternehmungen ein eher innovationsförderndes Lernklima vor, bei dem auch Irrtümer in gewissem Umfang akzeptiert und dementsprechend nicht sanktioniert werden. Bei 3M geht man z. B. davon aus, daß die Mitarbeiter auch aus ihren Fehlern lernen können. So erzählen Firmenangehörige häufig, daß die Produktidee der "Post-it-Notes" im Zuge der Entwicklung eines Klebstoffes zufällig entstand, da der Klebstoff nicht die nötige Haftung aufwies. Während man Versuche unternahm diesen Produktfehler auszuräumen entstand die Idee der Haftnotizen. Inzwischen bietet 3M ein breites Sortiment unterschiedlicher Haftnotizen an. Selbst die physischen Systeme werden durch die in einer Unternehmung vorherrschenden Werte- und Normensysteme beeinflußt. So werden in streng hierarchischen Unternehmungen z. B. verstärkt solche Konfigurationen eingesetzt, welche die Aufgaben der Mitarbeiter stark vorstrukturieren, während autonomiebetonte Systeme eher vernachlässigt werden.

Wie die zuvor diskutierten Dimensionen entwickeln sich auch die Werte und Normen einer Unternehmung im Laufe der Firmengeschichte. Nicht selten sind sie in erheblichem Maße durch die Gründer der Unternehmung bzw. frühere Mitarbeiter geprägt worden. In der Literatur ist vor allem diese letzte Dimension, welche die in einer Unternehmung vorhandenen Werte und Normen beinhaltet, weitgehend vernachlässigt bzw. losgelöst von den anderen Dimensionen diskutiert worden.[46] Dies ist um so gravierender, als die Entwicklungsfähigkeit einer Unternehmung in entscheidendem Maße von einem besseren Verständnis dieser Dimension abhängt. Darüber hinaus sind die kulturellen Aspekte einer Unternehmung die am schwierigsten zu verändernden Faktoren.

(4) Zwischenfazit

Kernkompetenzen werden in einer Unternehmung institutionalisiert, d. h. sie sind Teil der Organisationswirklichkeit.[47] Wie zuvor dargelegt sind alle drei Wissensdimensionen durch die Unternehmungsgeschichte beeinflußt und geprägt worden. Gerade der Aspekt der Geschichtlichkeit begründet die besondere Bedeutung der Kernkompetenzen im Hinblick auf die Wettbewerbs- und Entwicklungsfähigkeit einer Unternehmung. Aufgrund der bestehenden Kernkompetenzen und dem dadurch ermöglichten Rückgriff auf den bestehenden Wissensfundus kann es einer Unternehmung z. B. gelingen ihre Entwicklungskosten für neue Produkte gegenüber Konkurrenten erheblich zu senken. Während materielle Produkte von aktuellen oder potentiellen Wettbewerbern analysiert und anschließend kopiert werden können[48] ist dies für die durch kollektive Lernprozesse in der Organisation im Laufe der spezifischen Unternehmungsgeschichte erlangten Kernkompetenzen nicht ohne weiteres möglich. Bei einem Großteil der organisationalen Wissensbestände handelt es sich um nicht vollständig artikulierbares Wissen oder "tacit knowledge"[49]. Diese Wissensbestände, welche das Handeln der Unternehmungsmitglieder leiten und die Kernkompetenzen ausmachen sind nur in beschränktem Maße formulier- und strukturierbar und können dementsprechend aufgrund ihrer Einzigartig-

---

46)   Eine Ausnahme bildet etwa BARNEY, welcher untersucht, inwiefern die Unternehmungskultur einen Wettbewerbsvorteil darstellen kann. Vgl. BARNEY [Organizational Culture]. Vgl. daneben auch PENROSE [Theory]; BEST [Competition].

47)   In der Literatur wird häufig von der "organization's taken-for-granted reality" gesprochen. Diese wird durch die in einer Unternehmung im Laufe der Zeit gefällten Entscheidungen sowie deren historische Entwicklung geprägt. Vgl. hierzu auch LEONARD-BARTON [Capabilities], 114 sowie die von der Autorin angegebene Literatur.

48)   So ist etwa die Konstruktion einer Maschine i.d.R. nachvollziehbar und auch die Bestandteile einer neuen Zahnpasta lassen sich durch chemische Analysen identifizieren und nachahmen.

49)   Vgl. zum Begriff der "tacit knowledge" NELSON, WINTER [Theory]. Vgl. hierzu auch POLANYI [Knowledge].

keit für die betreffende Unternehmung die Grundlage langfristiger Wettbewerbsvorteile bilden:

"Was die Handelnden über ihr Handeln und die entsprechenden Handlungsgründe wissen - ihre Bewußtheit (knowledgeability) als Handelnde - ist ihnen weitgehend in der Form des praktischen Bewußtseins präsent. Dieses praktische Bewußtsein (practical consciousness) umfaßt all das, was Handelnde stillschweigend darüber wissen, wie in den Kontexten des gesellschaftlichen Lebens zu verfahren ist, ohne daß sie in der Lage sein müßten, all dem einen direkten diskursiven Ausdruck zu verleihen."[50]) Gerade der Aspekt der Unbewußtheit macht deutlich, daß derartige Wissensbestände firmenspezifisch sind und von anderen Unternehmungen nicht ohne weiteres kopiert werden können. Sie stellen für eine Unternehmung einen Wert dar, ohne daß dieser konkret bemessen werden könnte. Der Wert einzelner Mitarbeiter läßt sich dementsprechend nicht aufgrund ihrer formalen Stellung innerhalb der Unternehmung messen. Ebenso korrespondiert die Höhe der gezahlten Vergütungsleistungen nicht mit der Höhe des Verlustes, den eine Unternehmung bei einem Ausscheiden der Mitarbeiter u. U. erleidet. So ist der Verlust an substantiellem Erfahrungswissen z. B. für eine Unternehmung nicht ohne weiteres auszugleichen. In vielen Fällen ist die Leistung eines gesamten Teams in entscheidendem Maße von dem Beitrag einer einzelnen Person abhängig. Würde diese Person etwa die Unternehmung verlassen, so wäre i.a.R. eine Verschlechterung der Leistungen eines solchen Teams zu erwarten.

b) Probleme im Zusammenhang mit den Kernkompetenzen einer Unternehmung

Die bisherigen Ausführungen haben verdeutlicht, daß den Kernkompetenzen hinsichtlich der langfristigen Entwicklungsfähigkeit einer Unternehmung eine entscheidende Bedeutung zukommt. Nicht die Unternehmung selbst handelt, sondern die in ihr agierenden Menschen. Aufgrund der Tatsache, daß die Kernkompetenzen einer Unternehmung durch deren Mitglieder erworben und entwickelt werden sowie des besonderen Einflusses kultureller Aspekte ist den Kernkompetenzen neben ihren zuvor beschriebenen positiven Eigenschaften andererseits immer auch ein destruktives Potential inhärent.

---

50)   GIDDENS [Konstitution], 36. Im Original vorgenommene Hervorhebungen wurden weggelassen.

Zum einen gestaltet sich die Bestimmung der eigenen Kernkompetenzen - nicht zuletzt aufgrund deren immateriellen Charakters - für zahlreiche Unternehmungen als eine schwierige Aufgabe. Darüber hinaus erfolgen auch die Weiterentwicklung und ein flexibler Einsatz von Kernkompetenzen in Unternehmungen keineswegs automatisch. Nachfolgend sollen die den Kernkompetenzen inhärenten Probleme genauer analysiert werden.

(1) Schwierigkeiten bei der Bestimmung von Kernkompetenzen

Die Kernkompetenzen einer Unternehmung beinhalten einen großen Anteil unbewußter Wissenskomponenten. Dieser Aspekt der Unbewußtheit von Wissensbeständen begründet nicht zuletzt die Schwierigkeit einer eindeutigen Bestimmung der eigenen Kernkompetenzen. Die Mitglieder einer Unternehmung sind aufgrund der Komplexität der Unternehmungsrealität sowie ihrer begrenzten Rationalität und eingeschränkten Informationsverarbeitungskapazität nicht in der Lage, die Wirklichkeit objektiv und erschöpfend zu erfassen.[51] Bei der Bestimmung von Kernkompetenzen handelt es sich daher nicht um reine Wahrnehmungsaufgaben. Die Kernkompetenzen bzw. immateriellen Wissensbestände einer Unternehmung stellen keine gegenständlichen Tatbestände dar. Es kann dementsprechend keine objektiven Maßstäbe zur Bewertung der in einer Unternehmung vorherrschenden besonderen Fähigkeiten und Kenntnisse geben. Die Mitglieder einer Unternehmung können nur durch kognitive Erkenntnisprozesse, vor dem Hintergrund der eigenen Erfahrungen, Wertvorstellungen und Geisteshaltungen zu einer eigenen Sicht dieser Wissensbestände gelangen. Infolgedessen werden die Kernkompetenzen einer Unternehmung von verschiedenen Unternehmungsmitgliedern u. U. sehr unterschiedlich beurteilt. Zudem wird ein Denken in Kompetenzen und Wissensbeständen insbesondere in solchen Unternehmungen, die stark endproduktorientiert sind, häufig erschwert. Darüber hinaus können auch mikropolitische Gründe eine entwicklungsorientierte Beurteilung der eigenen Kernkompetenzen behindern und dazu führen, daß die Mitarbeiter ihre Unternehmungswirklichkeit selektiv wahrnehmen.

Divergierende Sichtweisen, Machtaspekte und Interessenkonflikte können in einer Unternehmung niemals ausgeschlossen werden. Derartige mikropolitische Gesichtspunkte entfalten jedoch nicht zwangsläufig und ausschließlich destruktive Wirkungen. Viel-

51)   Vgl. z. B. WINTER [Case], 109.

mehr beinhalten sie u. U. gerade ein äußerst konstruktives und innovationsförderndes Potential und können so einer Verkrustung in der Unternehmung entgegenwirken. Voraussetzung hierfür ist allerdings, daß die in einer Unternehmung geltenden Wertvorstellungen einer konstruktiven Lösung von Konflikten und einer Nutzung dieses Potentials nicht entgegenstehen. Nur durch die Initiierung argumentativer Diskurse innerhalb der Unternehmung kann es gelingen, die auftretenden Konflikte konstruktiv zu beheben und im Interesse einer langfristigen Wettbewerbs- und Entwicklungsfähigkeit zu nutzen. Gleichzeitig bilden sie die Voraussetzung für eine bestmögliche Beurteilung der eigenen Kernkompetenzen.

(2) Entwicklungshemmendes Potential der Kernkompetenzen

Während die Kernkompetenzen die Voraussetzung für eine flexible Anpassung an veränderte Bedingungen und eine dynamische Weiterentwicklung einer Unternehmung darstellen können, bergen sie gleichzeitig die potentielle Gefahr relativer Starrheit. Es wurde zuvor darauf hingewiesen, daß Kernkompetenzen institutionalisiert werden und somit als Teil der Unternehmungswirklichkeit charakterisiert werden können. Häufig vergessen die Unternehmungsmitglieder, daß diese Unternehmungsrealität nicht eine faktische Gegebenheit darstellt, welche unveränderbar ist. "Organizations frequently fall victim to past glories, hopes for the future, and wishful thinking."[52] Eine derartige Immunisierung birgt die Gefahr, daß ein notwendiger Änderungsbedarf nicht erkannt bzw. als Bedrohung empfunden wird. Dies gilt sowohl für das inhaltliche Wissen der Mitglieder einer Unternehmung als auch bezüglich der technischen Systeme. Wurden naturwissenschaftliche Fähigkeiten und Kenntnisse in einer Unternehmung etwa bisher als nachrangig oder unbedeutend beurteilt, sind massive Probleme vorprogrammiert, wenn neue Entwicklungen fortan gerade solche Kenntnisse erfordern. Gleichzeitig können beispielsweise Probleme entstehen, wenn die Entwicklung neuer Produkte hohe Anforderungen an die vorhandenen Produktionssysteme nach sich zieht. Umfangreiche Anpassungsmaßnahmen können dann etwa dazu führen, daß eine geplante Produktauslieferung nur unter erheblichen Verzögerungen erfolgen kann.

Wie zuvor dargelegt, bilden die verschiedenen Wissensdimensionen nur als integriertes Ganzes eine Kernkompetenz. So ermöglichen neue technische Systeme beispielsweise

---

52)   GRANT [Theory], 121.

für eine Unternehmung nur dann Vorteile im Wettbewerb, wenn sie mit neuen Fähigkeiten der Mitarbeiter einhergehen. Andererseits werden gute Mitarbeiter nur dann zu einer Weiterentwicklung ihrer Fähigkeiten bereit bzw. motiviert sein, wenn die in der Unternehmung vorhandenen technischen Systeme kompatibel zu diesen neuen Fähigkeiten sind. Veraltete Systeme wirken sich demgegenüber negativ auf die Lernbereitschaft der Mitarbeiter aus. Auch ein tradiertes und entwicklungsfeindliches Managementsystem kann die Erweiterung der inhaltlichen Wissenskomponente be- bzw. verhindern.

Darüber hinaus können sich die in einer Unternehmung vorherrschenden Kernkompetenzen auf die Möglichkeiten der Gewinnung neuer qualifizierter Mitarbeiter auswirken. Zum einen birgt eine zu starke Konzentration auf die bisherigen Kernkompetenzen die Gefahr, daß ein Ergänzungsbedarf nicht erkannt wird. So könnte beispielsweise die Entwicklungsfähigkeit einer Unternehmung der chemischen Industrie dadurch eingeschränkt werden, daß die angebotenen Produkte zwar äußerst innovativ, jedoch am Markt vorbei entwickelt werden. Eine solche Gefahr besteht z. B., wenn die Mehrzahl der leitenden Positionen von Chemikern besetzt ist, welche keinen Bedarf zur Erweiterung des in der Unternehmung vorhandenen kaufmännischen Wissens sehen oder aus politischen Gründen von einer Besetzung der Führungspositionen durch Kaufleute absehen. Andererseits kann es in einer solchen Unternehmung schwierig sein, hochqualifizierte Kaufleute anzuwerben, da letztere sich bewußt sind, daß sie in einer Chemieunternehmung eine Minderheit darstellen.

Für die Führungskräfte einer Unternehmung ist es zudem nicht immer leicht, das richtige Verhältnis zwischen Autonomieeinräumung und gesamtunternehmerischer Ausrichtung zu gewährleisten. Entwicklungsfähigkeit setzt einerseits voraus, daß eine Unternehmung über gute Mitarbeiter verfügt und zum anderen daß es gelingt, deren Verhalten im Hinblick auf die gesamtunternehmerische Mission oder strategische Intention zu koordinieren. Das setzt voraus, daß die Mitarbeiter genug Freiräume erhalten, um kreativ arbeiten zu können und keine Veranlassung haben, die Unternehmung zu verlassen bzw. innerlich zu kündigen. Andererseits bedarf es jedoch klarer Orientierungsgrundlagen, welche die in einer Unternehmung verfügbare Energie auf die gesamtunternehmerischen Bedürfnisse ausrichten. Im obigen Beispiel einer Chemieunternehmung würde etwa das Know-how von Marketingspezialisten nur dann wirklich zum Tragen kommen, wenn sie aktiv in den Produktentwicklungsprozeß integriert würden und zwischen ihnen und den Chemikern offene und gleichberechtigte Diskurse stattfinden könnten.

Die kulturelle Dimension wurde zuvor als diejenige Dimension charakterisiert, welche durch die Schaffung von Orientierungsgrundlagen den Zusammenhalt aller Wissensdimensionen bewirken kann. Während ein solcher Zusammenhalt das Anliegen sämtlicher Unternehmungen ist, birgt gerade diese Dimension ein destruktives Potential und kann sich ggf. entwicklungshemmend auswirken. In Kapitel C wurden denkbare negative Auswirkungen der Unternehmungskultur bereits ausführlich diskutiert. Neben diesen allgemeinen Faktoren können auch diejenigen Kräfte, welche eine Kernkompetenz ausmachen und der Unternehmung zu ihrem Erfolg verhelfen, sich ins Gegenteil umkehren. Ein solcher Fall kann z. B. eintreten, wenn die Unternehmungsmitglieder den Eindruck haben, ihr hoher Einsatz werde nicht honoriert und sich das auf ihr weiteres Verhalten auswirkt. Neue Werte werden sich nur konstruktiv entwickeln, wenn das diesen Werten entsprechende Verhalten der jeweiligen Mitarbeiter seitens der Führungskräfte einer Unternehmung gewürdigt wird und letztere sich ihrerseits wertkonform verhalten.

Auch Machtaspekte können negative Einflüsse auf das Klima haben und die Lernbereitschaft der Mitarbeiter verringern. Des weiteren können neue Teilnehmer in einem Projektteam die vormals gute Zusammenarbeit negativ beeinflussen. Daneben wurde bereits darauf hingewiesen, daß sich auch das Ausscheiden wichtiger Mitarbeiter besonders gravierend auf die Entwicklungsfähigkeit einer Unternehmung auswirken kann. Neben dem Verlust an substantiellem Wissen resultieren nicht selten erhebliche Friktionen in der Unternehmung. Ein solches Bild wird auch durch die Evidenz von empirischen Studien bestätigt, welche die Auswirkungen des Ausscheidens verschiedener Führungskräfte akquirierter Unternehmungen im Anschluß an die Akquisition untersucht haben. Neben den internen und externen symbolischen Effekten eines solchen Mitarbeiterverlustes konnten erhebliche Verschlechterungen in der Leistung nachgewiesen werden.[53]

---

53)   Vgl. hierzu auch statt anderer CANNELLA, HAMBRICK [Departure]; PITTS [Diversification]; RAVENSCRAFT, SCHERER [Performance].

II. Bausteine einer theoretischen Fundierung der Diversifikation[54]

Es wurde eingangs die Frage gestellt, ob sich überhaupt plausible Argumente für eine Diversifikationsstrategie finden. Das zum Teil ernüchternde Bild der Praxis zahlreicher diversifizierter Unternehmungen verstärkt die Zweifel an dem Wert einer solchen Strategie und scheint diejenigen Kritiker zu bestätigen, die die Diversifikation als grundsätzlich ineffektiv bezeichnen. Auf der anderen Seite ist ein Großteil der heute in den Industrieländern erfolgreich operierenden Unternehmungen in starkem Maße diversifiziert. Viele derartige Unternehmungen können auf eine langjährige Firmengeschichte zurückblicken und waren in der Lage ihre Identität trotz des zunehmend härter werdenden Wettbewerbs zu erhalten und blieben zudem profitabel. In der Praxis werden zahlreiche Diversifikationsmotive angeführt, wobei die Vermutung naheliegt, daß die artikulierten Motive nicht selten ex post Rechtfertigungen von Diversifikationsstrategien darstellen, deren tatsächliche Motivation nicht durchschaubar wird. Auch in der Literatur finden sich umfangreiche Motivauflistungen. Derartige Auflistungen können als Schemata zur Klassifikation denkbarer Diversifikationsfälle dienen; sie bergen andererseits jedoch die Gefahr einer starken Vereinfachung der tatsächlichen Entscheidungssituation von - mit dynamischen Wettbewerbsbedingungen konfrontierten - Unternehmungen. Demgegenüber trugen verschiedene theoretische Ansätze über Diversifikationsmotive zumindest ansatzweise zu einer Erklärung der weiten Verbreitung von Mehrproduktunternehmungen bei. Auch derartige Erklärungsansätze liefern andererseits keine umfassende theoretische Fundierung der Diversifikation. Es wurde zuvor begründet, daß ein ressourcenorientierter Ansatz der Unternehmung als vielversprechend für einen solchen Zweck beurteilt wird. Nachfolgend wird die Diversifikation daher vor dem Hintergrund der zuvor charakterisierten ressourcenorientierten Sicht expliziert.

---

54) Die vorliegende Untersuchung wurde in besonderem Maße durch "The Theory of the Growth of the Firm" von PENROSE geprägt. Die Arbeit der Autorin stellt eine Pionierleistung auf dem Gebiet der Entwicklung eines "Ressource-based-approach" dar und hat Eingang in fast alle weiteren ressourcenorientierten Ansätze gefunden. Vgl. im weiteren daher auch die Ausführungen bei PENROSE [Theory]; insbesondere Kapitel VII und VIII.

1. Diversifikationsanreize

Wie gesehen sind die Ressourcen einer Unternehmung z.T. in verschiedenartiger Verwendung einsetzbar und brauchen sich nicht im Prozeß der Leistungserstellung auf. Aufgrund der Unvollkommenheit der Märkte und der zum Teil hohen Transaktionskosten sind sie darüber hinaus nicht vollständig mobil. Eine Unternehmung verfügt daher zu jedem Zeitpunkt ihrer Geschichte über produktive Leistungen bzw. Wissensbestände, die zahlreiche produktive Möglichkeiten erzeugen. Darüber hinaus verändern sich die produktiven Möglichkeiten einer Unternehmung im Zeitablauf durch verschiedene Lern- und Entwicklungsprozesse. Während ein Teil dieses Potentials in die bestehenden Bereiche investiert werden kann, entstehen andererseits im Laufe der Zeit Situationen, in denen eine Einproduktstrategie keine sinnvolle Nutzung des gesamten Potentials produktiver Möglichkeiten gewährleistet. Das kann zum einen dadurch begründet sein, daß die interne Wachstumskapazität sich schneller entwickelt als die bestehenden Produktmärkte, so daß die Expansionsmöglichkeiten in diesen Bereichen beschränkt sind. Andererseits tun sich u. U. neue Investitionsmöglichkeiten auf, die im Vergleich zu den bisherigen Aktivitäten eine höhere Profitabilität versprechen oder die bisherigen Geschäftstätigkeiten ergänzen könnten. Gleichzeitig gehen Anreize zur Diversifikation auch von den seitens der Unternehmung wahrgenommenen Änderungen in den externen Bedingungen aus. So wirken sich etwa die Erwartungen bezüglich des Verhaltens aktueller und potentieller Konkurrenten auf die Entwicklung des produktiven Potentials einer Unternehmung aus. Darüber hinaus verändern die Techniken, die eine Unternehmung einsetzt, um ihre Wettbewerbsposition zu verteidigen bzw. zu stärken, ihr produktives Potential in mehr oder weniger starkem Maße.

Der Begriff Anreiz deutet bereits darauf hin, daß es sich bei jeder Diversifikationsmöglichkeit lediglich um eine denkbare, als profitabel beurteilte, Strategie handelt, was nicht zwangsläufig bedeutet, daß eine solche Strategie tatsächlich die profitabelste Handlungsalternative darstellt. Im Einzelfall wird eine Unternehmung daher vor dem Hintergrund ihrer spezifischen Situation beurteilen müssen, ob die anvisierte Diversifikationsstrategie tatsächlich ergriffen werden soll oder ob nicht andere Alternativen bestehen, die eine noch bessere Nutzung der vorhandenen produktiven Möglichkeiten der eigenen Ressourcen versprechen. Keineswegs kann die Frage, ob die Diversifikation eine sinnvolle Alternative für eine Unternehmung darstellt, eine einfache Ja/Nein Antwort hervorbringen. Im folgenden erfahren diese Zusammenhänge eine differenziertere Betrachtung. Aus analytischen Gründen werden verschiedene Arten von Diversifikationsanreizen abgegrenzt. Tatsächlich lassen sich die verschiedenen Anreizarten in der Praxis nicht immer eindeutig unterscheiden. Es finden sich Unternehmungen, deren Diversifikationsanstrengungen durch einen einzelnen der nachfolgenden Anreize ausgelöst werden. Häufig sind die Diversifikationsauslöser jedoch miteinander verwoben, so daß eine Diversifikationsstrategie sich nicht auf einen einzelnen der nachfolgend explizierten Aspekte zurückführen läßt.

a) Die wettbewerbsstrategischen Rahmenbedingungen als Diversifikationsmotor

Angesichts der zunehmenden Intensität und Dynamik der Wettbewerbsbedingungen, mit denen Unternehmungen konfrontiert werden, sind die von ihnen angebotenen Produkte ständig durch die Aktionen potentieller Konkurrenten bedroht, die ihrerseits versuchen, durch ein kostengünstigeres oder qualitativ höherwertiges Angebot die Nachfrage der Konsumenten auf die eigenen Produkte umzulenken. Häufig versuchen Unternehmungen, und hier v. a. Großunternehmungen, durch protektionistische Abschirmmaßnahmen die eigene Position zu verteidigen bzw. das Ausmaß des Wettbewerbs zu beschränken. So wird z. B. durch die Anwendung von Kampfpreisen oder die Errichtung sonstiger Eintrittsbarrieren versucht, eine Abschottung gegenüber der Konkurrenz zu erreichen. Während derartige Maßnahmen zeitlich begrenzt durchaus die beabsichtigten Wirkungen erzielen mögen, bieten sie spezialisierten Unternehmungen auf die Dauer keinen sicheren und absoluten Schutz vor den Einflüssen des Wettbewerbs und gravierenden Änderungen in der Nachfrage nach den von diesen erzeugten Produkten. Daher liegt es nahe, nach Möglichkeiten zu suchen, auf die durch die dynamischen Wettbewerbsbedingungen induzierte Bedrohung einzuwirken bzw. das bestehende Risiko zu verringern. Vor diesem Hintergrund erscheint es grundsätzlich nur konsequent, die eigenen Aktivitäten auf ein möglichst breites Spektrum unterschiedlicher Produkte auszudehnen. Auf diese Weise bewahrt eine Unternehmung sich vor einer allzu einseitigen Spezialisierung und wird im Falle eines Nachfragerückgangs in einem Produktbereich weniger verwundbar. Eine solche Argumentation ist seit langem weitverbreitet und noch immer werden umfangreiche Diversifikationsaktivitäten mit Risikostreuungsargumenten rechtfertigt. Während die Diversifikation für spezialisierte Unternehmungen sicher eine Möglichkeit darstellen kann, auf sich verändernde Bedingungen zu reagieren und die eingeschränkten Wachstumsmöglichkeiten zu erweitern, haben die zum Teil ernüch-

ternden Erfahrungen der Praxis andererseits gezeigt, daß eine derart pauschale Befürwortung umfangreicher Diversifikationsstrategien mit äußerster Vorsicht zu genießen
ist. Nicht nur einseitig spezialisierte Unternehmungen sind durch die aktuellen Wettbewerbsbedingungen bedroht. Gleichermaßen bieten auch solche Unternehmungen, deren
Geschäftstätigkeiten keinerlei Spezialisierung aufweisen eine breite Angriffsfläche für
aktuelle und potentielle Konkurrenten.

Der Zusammenhang zwischen den Einflüssen des Wettbewerbsgeschehens und der Diversifikation von Geschäftsaktivitäten ist wesentlich komplexer. Es wurde bereits festgehalten, daß Wettbewerbsvorteile nur dann von langfristiger Dauer sein können, wenn
aktuelle oder potentielle Konkurrenten ihrerseits nicht in der Lage sind, die aus der verfolgten Strategie resultierenden Wettbewerbsvorteile zu generieren. Das bedeutet, daß
die bevorteilte Unternehmung nur dann eine Chance hat, den durch die eigenen Produkte erzielten Wettbewerbsvorteil langfristig erhalten zu können, wenn es ihr gelingt, in
bezug auf diese Produkte wettbewerbsfähig zu bleiben. Je stärker die aktuelle Wettbewerbssituation einer Branche durch schnelle technologische Entwicklungen und ständige Verkürzungen der Produktlebenszyklen gekennzeichnet ist, desto größer sind die
resultierenden Anforderungen an die Unternehmung. Jeder Produktbereich einer Mehrproduktunternehmung ist durch den Wettbewerb ebenso bedroht wie die spezialisierte
Einproduktunternehmung. Diversifiziert eine Unternehmung in solche Bereiche, für die
sie nicht bereits über umfangreiches Know-how verfügt, so heißt dies, daß sie die erforderlichen Kompetenzen zuerst aufbauen bzw. erwerben muß. Dynamische Wettbewerbsbedingungen erzeugen somit einerseits starke Diversifikationsanreize bzw. lassen
sich als Diversifikationsmotor bezeichnen. Indem sie zu einer fortlaufenden Entwicklung des produktiven Potentials einer Unternehmung beitragen, ergeben sich für eine
Unternehmung ständig neue Anwendungsmöglichkeiten für die bestehenden Kompetenzen. Auf der anderen Seite ist der Umfang der Diversifikationsaktivitäten durch derartige Wettbewerbsvoraussetzungen aufgrund der von diesen erzeugten Notwendigkeit einer permanenten Weiterentwicklung vorhandener Kompetenzen wiederum eingeschränkt. Jeder einzelne Produkttyp eines Diversifizierers ist durch mehr oder weniger
starken Wettbewerb in seinem relevanten Markt bedroht. Je weiter die verschiedenen
Geschäftsaktivitäten sich hinsichtlich der verwendeten technologischen und marktlichen
Voraussetzungen unterscheiden, desto größer sind daher die Aufwendungen, die erforderlich werden, damit jeder Bereich wettbewerbsfähig bleibt. Aufgrund dieser besonderen Erfordernisse sind folglich auch diversifizierte Unternehmungen gezwungen, eine
gewisse Spezialisierung vorzunehmen und eine Balance zwischen der Weiterentwick-

lung bestehender Geschäftsaktivitäten und der Ausdehnung auf neue Betätigungsfelder zu finden.

Die durch eine Weiterentwicklung des produktiven Potentials einer Unternehmungen entstehenden spezifischen Diversifikationsanreize werden im folgenden genauer betrachtet.

b) Spezifische Diversifikationsanreize durch die Entwicklung der produktiven Möglichkeiten einer Unternehmung

Diversifikationsanreize resultieren aus Veränderungen des produktiven Potentials einer Unternehmung und den Änderungen der von einer Unternehmung wahrgenommenen externen Bedingungen. Das produktive Potential einer Unternehmung stellt die Gesamtheit der denkbaren Verwendungsmöglichkeiten der Ressourcen einer Unternehmung dar. Bliebe dieses Potential unverändert und würden die aktuellen Produktbereiche eine effiziente Auslastung der vorhandenen Ressourcen ermöglichen, so bestünde grundsätzlich kein Anlaß, nach neuen Verwendungsmöglichkeiten für diese Ressourcen zu suchen. Aufgrund der Tatsache, daß sich das produktive Potential einer Unternehmung fortlaufend durch aktive Lernprozesse sowie im Laufe der normalen Geschäftstätigkeiten verändert, können hingegen Diversifikationsanreize entstehen.

Unternehmungen sind nicht nur mit der Produktion von Gütern und Leistungen beschäftigt. Um die von ihnen hergestellten Produkte am Markt veräußern zu können, bedarf es daneben mehr oder weniger umfangreicher Verkaufsanstrengungen. Auch die Distributionsaktivitäten einer Unternehmung können Diversifikationsanreize generieren. Vor allem Unternehmungen, die aufgrund des Spezialisierungsgrades ihrer Produktionsprozesse an ein enges Produktspektrum gebunden sind und Unternehmungen, deren verwendete Produktionstechnologien einer starken Nachahmungsgefahr ausgesetzt sind, werden von einer solchen Form des Diversifikationsanreizes berührt. Diversifikationsgelegenheiten dieser Kategorie können sich insbesondere dann ergeben, wenn die eingesetzten Werbestrategien weniger auf ein spezifisches Produkt abgestellt sind, als vielmehr auf die Herstellerunternehmung. Bei einem reinen Preiswettbewerb steht das betreffende Produkt für den Nachfrager im Mittelpunkt des Interesses, während die Produzenten i.a.R. unbekannt bleiben bzw. die Kaufentscheidung nicht beeinflussen. Zwingt die ihn konfrontierende Wettbewerbssituation einen Hersteller hingegen, umfangreiche Verkaufsanstrengungen zu unternehmen, so werden neben dem Produktimage auch das Marken- und/oder Unternehmungsimage relevant. Insbesondere solche Produktarten, deren Qualität schwer meß- bzw. vergleichbar ist, bei denen der Kundennutzen folglich sehr stark durch verschiedene Service oder Dienstleistungsaspekte geprägt wird, rücken das Marken- oder Herstellerimage in den Mittelpunkt der Betrachtung. Setzt eine Unternehmung umfangreiche Distributionsaktivitäten ein, um sich in einem Markt zu plazieren, so tritt sie in mehr oder weniger starken Kontakt zu ihren potentiellen oder aktuellen Kunden. Auf diese Weise versucht sie, das Vertrauen ihrer Nachfrager zu gewinnen und sich gegenüber der Konkurrenz abzugrenzen. Auch eine starke Stellung am Markt kann eine Voraussetzung für eine erfolgreiche Diversifikation darstellen. Das Gelingen einer Diversifikationsstrategie wird jedoch sowohl durch die Marktposition als auch von den technologischen Fähigkeiten einer Unternehmung bestimmt. Ebenso wie eine in technologischer Hinsicht kompetente Unternehmung durch mangelndes Distributions- oder Marketing Know-how geschwächt werden kann, reicht es für den Erfolg von Diversifikationsstrategien i.a.R. nicht aus, lediglich über eine starke Marktposition zu verfügen. Solange eine Unternehmung in den Marktbereichen operiert, in denen sie über eine besondere Marktstellung verfügt, kann sie sich auf der Basis dieser Position u. U. eine gewisse Zeit gegenüber der Konkurrenz behaupten und auch eine geographische Ausdehnung auf der Basis der aktuellen Geschäftstätigkeiten mag ihr gelingen. Je weiter sie sich jedoch von den ursprünglichen Geschäftsfeldern entfernt, desto schwieriger wird es, allein auf der Basis einer starken Marktposition in den angestammten Bereichen erfolgreich zu sein. Zum einen basieren Branchen, in denen die technologische Kompetenz von untergeordneter Bedeutung ist, grundsätzlich auf relativ einfachen oder standardisierten Produktionsverfahren. Wie gesehen beruhen langanhaltende Wettbewerbsvorteile auf einzigartigen firmenspezifischen Fähigkeiten. Ein hoher Grad an Standardisierung verwendeter Technologien macht hingegen anfällig für das Eindringen von Konkurrenten. Darüber hinaus beschränkt ein Mangel an technologischen Kompetenzen die Expansionsmöglichkeiten einer Unternehmung.

Je intensiver sich der Austausch zwischen Hersteller und Abnehmer gestaltet, desto größer sind die Einflüsse dieser Kundenbeziehungen auf das Verhalten des Herstellers. Kunden können die Endverbraucher sein oder alle diejenigen Abnehmer, für die ein Hersteller als Vorlieferant auftritt und die dessen Produkte weiterverarbeiten. Sind zwischen Hersteller und Endabnehmer verschiedene Handelsstufen zwischengeschaltet, so übt der Handel die Funktion des unmittelbaren Kunden aus. Bei einer Betrachtung der internen Wertschöpfungskette eines Herstellers können darüber hinaus auch interne

- 183 -

Kunden abgegrenzt werden. So lassen sich etwa die verschiedenen Wertschöpfungsstufen als Lieferanten bzw. Abnehmer charakterisieren. Die Kundenwünsche beeinflussen die an die Produkte des Herstellers gestellten Anforderungen. Bei einem engen Austausch zwischen Lieferant und Kunde, wird letzterer sich neben der grundsätzlichen Produktbeschaffenheit auch für technische Aspekte der von ihnen benötigten Produkte interessieren. Will ein Produzent einmal aufgebaute, gute Beziehungen zu seinen Kunden nicht gefährden, so ist er - zumindest in gewissem Maße - gezwungen, deren besondere Bedürfnisse und Wünsche bei der Herstellung seiner Produkte zu berücksichtigen, was sich wiederum auf die Prozesse des Wissenserwerbs sowie die Fähigkeiten und Kompetenzen des Herstellers auswirkt. Der Hersteller wird für seine Kunden mehr und mehr zu einem Problemlöser und das Verhältnis zwischen Lieferant und Abnehmer geht häufig weit über eine rein verkaufsorientierte Geschäftsbeziehung hinaus. Verfügt der Abnehmer darüber hinaus über eine besondere Machtposition im Verhältnis zum Hersteller so greift er u. U. in erheblichem Maße in die Abläufe der Herstellerunternehmung ein. Eine solche Beziehung besteht z. B. häufig zwischen den Zulieferern der Automobilindustrie und deren Abnehmern. Ein intensives Verhältnis zwischen Lieferant und Kunde besteht zudem bei einer Einbeziehung interner Abnehmer, da der reibungslose Ablauf der gesamten Wertschöpfung innerhalb einer Unternehmung von den vielfältigen internen Lieferanten-/Abnehmerbeziehungen zwischen den verschiedenen Bereichen abhängt. Durch die von den Kunden ausgehenden Impulse verändern sich die produktiven Möglichkeiten eines Herstellers. So ist der Hersteller z. B. gezwungen, sein vorhandenes Wissen zu verbessern, wenn der Kunde mit der ihm angebotenen Qualität der Produkte nicht zufrieden ist. Das kann sich sowohl auf technische Qualitätsmerkmale von Produkten beziehen als auch auf die Qualität des Lieferservice oder anderer Dienstleistungen. Unter Umständen verfügt ein Hersteller bereits über das nötige technische Wissen und die vom Kunden wahrgenommenen Qualitätsmängel sind auf die fehlende Koordination von Prozessen zurückzuführen. In einem solchen Fall bedürften die koordinativen oder organisatorischen Fähigkeiten des Herstellers der Verbesserung. Indem ein Hersteller - ausgelöst durch die verschiedenen Anforderungen seiner internen und externen Kunden - an der Verbesserung der bestehenden Kompetenzen arbeitet, entstehen ständig neue Wissensbestände und produktive Potentiale, die im Zeitablauf zu weiteren Diversifikationsanreizen werden können. Darüber hinaus wird die Diversifikation der bestehenden Aktivitäten u. U. auch dadurch erforderlich, daß die Kunden eines Herstellers den Wunsch äußern, mehrere Produkttypen aus einer Hand zu beziehen. Der Produzent kann daher u. U. gezwungen sein, auch die Herstellung komplementärer Produkte in sein Produktionsprogramm aufzunehmen, um wichtige Kunden nicht an Konkurrenten zu verlieren, die ihrerseits in der Lage wären, derartige Kundenbedürfnisse zu befriedigen. So stellte Singer Nähmaschinen z. B. Nähmaschinentische her, um den Verkauf ihrer Nähmaschinen zu fördern.[55])

Die produktiven Möglichkeiten einer Unternehmung entwickeln sich darüber hinaus auch durch die von ihr durchgeführten Forschungs- und Entwicklungsaktivitäten. Wie gesehen erfordert die ständige Bedrohung der eigenen Wettbewerbsstärke durch die Konkurrenz, daß eine Unternehmung ihr bestehendes Wissen fortlaufend aktualisiert und weiterentwickelt. Auch die im Laufe der Zeit aufgebauten Kundenbeziehungen regen derartige Aktivitäten an. Zahlreiche Unternehmungen - insbesondere Großunternehmungen - haben zu diesem Zweck eine Institutionalisierung von Forschung und Entwicklung (im folgenden F&E) vorgenommen. In der industriellen Produktion wurde seit jeher ein gewisses Maß an Zeit und Ressourcen darauf verwendet, die in die Produktionsprozesse eingehenden Materialien und Maschinen im Hinblick auf bisher unbekannte Eigenschaften oder Möglichkeiten zu erforschen sowie das technologische Potential weiterzuentwickeln. Der intensivierte Wettbewerb führte dazu, daß die systematische F&E-Arbeit zunehmend an Bedeutung gewonnen hat und auch außerhalb der reinen Industrieforschung immer wichtiger wird. Spezialisierte Unternehmungen sind ständig durch Nachahmungsversuche der Konkurrenten bedroht. Änderungen in den Kundenbedürfnissen oder Strukturkrisen können zudem dazu führen, daß die Nachfrage nach den Produkten einbricht. Darüber hinaus ist auch das Wachstum derartiger Unternehmungen durch das Wachstumspotential des Marktes bzw. den erreichbaren Marktanteil begrenzt. Andererseits hängen die produktiven Möglichkeiten einer Unternehmung aus einer ressourcenorientierten Perspektive grundsätzlich nicht von dem Wachstum gegebener Produkte ab, sondern werden in erster Linie von den in einer Unternehmung vorhandenen Ressourcen und deren Fähigkeiten bestimmt. Da der Einfluß des Wettbewerbs auf die Dauer nicht allein durch protektionistische Abschirmmaßnahmen o. ä. verhindert werden kann, liegt es für eine Unternehmung folglich nahe, in die Weiterentwicklung des produktiven Potentials zu investieren. Sie ist gefordert, ihre Kompetenzbasis sowohl im Bereich der verwendeten Produktions- und Produkttechnologien sowie im Marketing dem neuesten Entwicklungsstand anzupassen bzw. durch eigene Innovationsaktivitäten an der Weiterentwicklung von Prozessen, Produkten und Marketingtechniken zu arbeiten, um den Bedrohungen aktueller und potentieller Konkurrenten standhalten zu können. Die Geschwindigkeit, mit der Produktentwicklungen durchgeführt werden und die vorhandenen Kompetenzen erweitert werden, bestimmen mehr denn je über die Erfolge und Mißerfolge von Unternehmungen. Die F&E-Aktivitäten

---

55)   Vgl. TEECE, PISANO, SHUEN [Capabilities], 30.

einer Unternehmung stellen einen Nährboden zur Entstehung neuer Erkenntnisse und Wissensbestände dar. Durch das neue Wissen erweitern sich in der Regel die produktiven Möglichkeiten einer Unternehmung, so daß neben einem effizienten Einsatz in den bestehenden Produktbereichen neue produktive Leistungen entstehen, die u. U. Wettbewerbsvorteile in neuen Bereichen versprechen und somit Diversifikationsanreize bilden. Für eine Weiterentwicklung der bestehenden Kompetenzen ist es dabei grundsätzlich unerheblich, ob die Forschungsaktivitäten vor dem Hintergrund der Überzeugung ergriffen wurden, daß auf diese Weise neue produktive Möglichkeiten erzeugt würden, oder ob eine Unternehmung sich nur aufgrund der Bedrohung durch den sie konfrontierenden Wettbewerb gezwungen sieht, F&E-Aktivitäten zu unternehmen. Trotz dieser positiven Eigenschaften der Erweiterung bestehenden Wissen und der Investition in Innovationstätigkeiten und deren besonderen Bedeutung angesichts schwieriger Wettbewerbsbedingungen, gilt es auch hier, das geeignete Maß zu finden. Forschung um der Forschung willen zu betreiben, in der Hoffnung unbegrenzte produktive Möglichkeiten zu erzeugen, ist mindestens genauso gefährlich für die Wettbewerbs- und u. U. sogar die Überlebensfähigkeit einer Unternehmung, wie das Versäumnis ausreichender Zukunftsinvestitionen in die Weiterentwicklung der eigenen Fähigkeiten. Die Durchführung umfangreicher F&E erfordert ausreichende Investitionsmittel, die wiederum nicht von allen Unternehmungen und zu jedem Zeitpunkt aufzubringen bzw. zu rechtfertigen sind. Gerade die Entscheidung über die erforderliche Höhe sowie die Zeiten der Investition in überlebenswichtige bzw. erfolgversprechende F&E-Aktivitäten fordern das Management einer Unternehmung in hohem Maße. Langfristig werden nur diejenigen Unternehmungen erfolgreich sein, die rechtzeitig die richtigen Weichen stellen und ihre Investitionsmittel zukunftsorientiert einsetzen. Daß eine solche Aufgabe vor dem Hintergrund der aktuellen wettbewerbsstrategischen Rahmenbedingungen ein hohes Maß an unternehmerischem Geschick verlangt, mag nachfolgendes Beispiel verdeutlichen: So führte beispielsweise die Entwicklung von Scheibenbremsen dazu, daß ein Großteil der in die technologische Entwicklung von Trommelbremsen geflossenen Investitionen wertlos wurden.[56] Vor dem Hintergrund der durch den Wettbewerb induzierten Erfordernisse wird die Diversifikation einerseits also zunehmend wichtiger. Aufgrund der erforderlichen Aufwendungen für eine fortlaufende Weiterentwicklung des in einer Unternehmung vorhandenen Wissens ermöglicht andererseits nur ein gewisses Maß an Spezialisierung die Aufrechterhaltung der Wettbewerbsfähigkeit sämtlicher Geschäftsaktivitäten einer Unternehmung. Um auch langfristig erfolgreich operieren zu können, sind Diversifizierer daher gezwungen, ihre Geschäftsaktivitäten aus einer relativ über-

---

56)   Vgl. TEECE, PISANO, SHUEN [Capabilities].

schaubaren Anzahl technologischer Basen zu entwickeln. Nur Unternehmungen die aufgrund ihrer besonderen Bedingungen über die notwendigen Ressourcen verfügen, um in einem weiten Spektrum unterschiedlicher Betätigungsfelder auf dem neuesten Stand der technologischen und marktlichen Entwicklung zu bleiben, sind in der Lage, trotz einer geringen Spezialisierung erfolgreich zu sein bzw. zu bleiben.

c) Diversifikation als Antwort auf Nachfrageänderungen

Die bisherigen Ausführungen erklärten die Diversifikation mit den spezifischen produktiven Möglichkeiten einer Unternehmung bzw. den Anreizen, die von einer fortlaufenden Innovationstätigkeit von Konkurrenten in einem dynamischen Wettbewerbsumfeld ausgehen. Darüber hinaus werden Diversifikationsstrategien teilweise auch als Reaktion auf die diversen Probleme ergriffen, die aus unvorteilhaften Nachfrageentwicklungen resultieren. Der Hauptunterschied zu den bisher berücksichtigten Diversifikationsanreizen besteht darin, daß die grundsätzliche Diversifikationsabsicht bei den nachfolgend diskutierten Fällen schon besteht, bevor die Unternehmung eine spezifische Diversifikationsmöglichkeit wahrnimmt. Vor dem Hintergrund ihres Diversifikationswunsches sucht sie vielmehr nach passenden Diversifikationsgelegenheiten. Das bedeutet andererseits nicht, daß eine solche Unternehmung ihre spezifischen Voraussetzungen unberücksichtigt lassen könnte; ihre potentiellen Diversifikationsmöglichkeiten werden ebenfalls durch das jeweils vorhandene produktive Potential begrenzt. Sie bilden im Falle der Diversifikation als Antwort auf Nachfrageänderungen jedoch nicht den ursprünglichen Diversifikationsauslöser.

Die Nachfrage nach gegebenen Produkten einer Unternehmung ist grundsätzlich Veränderungen unterworfen. Im günstigsten Fall wächst die Produktnachfrage; es können andererseits jedoch auch mehr oder weniger starke Nachfrageschwankungen bis hin zu einem dauerhaften Nachfragerückgang eintreten. Darüber hinaus werden Nachfrageänderungen auch durch Interventionen von Wettbewerben beeinflußt, etwa indem diese die gleichen Produkte günstiger oder in verbesserter Qualität anbieten oder aufgrund des Angebotes interessanter Produktalternativen in der Lage sind, bisherige Käufer einer anderen Unternehmung abzuwerben. Veränderungen der Produktnachfrage wirken sich grundsätzlich auf die Ressourcensituation einer Unternehmung aus. Während merkliche Steigerungen der Nachfrage dazu führen können, daß die in einer Unternehmung vorhandenen Ressourcen überfordert sind können starke Nachfragerückgänge zu einer Unterauslastung der Kapazitäten des aktuellen Ressourcenpools führen. Es lassen sich grundsätzlich temporäre Nachfrageschwankungen und solche Änderungen der Nachfrage unterscheiden, die dauerhafter Natur sind.

(1) Vorübergehende Nachfrageänderungen

Zahlreiche Produkte sind grundsätzlich saisonalen oder periodischen Nachfragefluktuationen unterworfen. Das gilt z. B. für Kleidung, bestimmte Sorten an Lebensmitteln, Heizungen, Klimaanlagen, u.v.m. Für Unternehmungen, die derartige Mode- oder saisonabhängige Produkte herstellen ergeben sich prinzipiell Einnahmeschwankungen. Sie werden daher i.a.R. bestrebt sein, nach Lösungen zu suchen, diesen Schwankungen der Einkommenssituation entgegenzuwirken. In einer solchen Lage kann es für eine Unternehmung interessant sein, eine Diversifikationsstrategie in Erwägung zu ziehen. Die Diversifikation stellt dann eine sinnvolle Problemlösung dar, wenn die Herstellung des ursprünglichen Produktes in keinem Konflikt zu der Produktion eines neuen Produkttyps steht. Im Idealfall lassen sich die Ressourcen während der Dauer des Nachfragerückgangs des alten Produktes für die Herstellung eines neuen Produktes einsetzen, und sind bei einer Rückkehr zum ursprünglichen Nachfragenniveau wieder problemlos für das alte Produkt einsetzbar. Ein solcher Fall wäre etwa dann gegeben, wenn die beiden Produkte durch eine gegenläufige Nachfrageentwicklung gekennzeichnet sind oder das neue Produkt während der Dauer eines Nachfragerückgangs des alten Produktes auf Lager produziert werden kann. Nur so kann eine Verbesserung der Gesamtrendite gewährleistet werden.

Konflikte entstehen hingegen immer dann, wenn im Falle eines erneuten Anstiegs der Nachfrage des ursprünglichen Produktes die notwendigen Ressourcen in die Herstellungsprozesse des neuen Produktes eingebunden sind. Da die Nachfrageschwankungen sich nicht immer eindeutig vorhersehen lassen und auch die potentiellen Einkünfte aus den verschiedenen Verwendungen grundsätzlich nicht eindeutig bestimmbar sind, ist eine Aufteilung des produktiven Potentials auf die alternativen Verwendungen u. U. schwierig. Eine Diversifikationsstrategie läßt sich als Antwort auf die Probleme vorübergehender Nachfrageschwankungen jedoch nur dann plausibel begründen, wenn sie zu einer Verbesserung der Gesamtrendite beiträgt. Die Unternehmung muß daher ent-

scheiden, ob sie vor dem Hintergrund ihrer Prognosesituation mit großer Wahrscheinlichkeit von einer Verbesserung ihres Gesamteinkommens ausgehen kann. Dient eine
Diversifikation hingegen lediglich einer besseren zeitlichen Verteilung der zu erzielen-
den Einkommen bei gleichzeitiger Verschlechterung der Gesamtrendite so wird sie
i.a.R. keine lukrative Strategie darstellen, es sei denn die Unternehmung verfolgt gleichzeitig noch andere Motive (etwa steuerliche Aspekte oder Mitarbeiterzufriedenheit) mit
dieser Strategie. Andererseits wird eine Unternehmung sich bei schwierigen Prognose-
bedingungen für diejenige Alternative entscheiden, die als die relativ sicherere Einkommenssituation beurteilt wird. Unternehmungen deren Produkte in hohem Maße
zyklischen Nachfrageänderungen ausgesetzt sind, werden beispielsweise häufig versuchen, ihre Aktivitäten auf Produkte auszudehnen, die in weniger starkem Maße von
temporären Nachfrageänderungen betroffen sind.

(2) Generelle Nachfrageunsicherheit

Einige Unternehmungen versuchen sich durch eine Diversifikationsstrategie gegen die
generelle Möglichkeit abzusichern, daß die Nachfrage nach ihren Produkten dauerhaft
einbrechen könnte. Wieder andere Unternehmungen wären grundsätzlich gezwungen zu
diversifizieren, um im Falle eines dauerhaften Nachfragerückgangs nach ihren Ba-
sisprodukten erfolgreich bleiben zu können. Häufig merken derartige Unternehmungen
einen solchen Bedarf jedoch zu spät, so daß der Nachfragerückgang sie unerwartet trifft
und sie daher nicht darauf vorbereitet sind und es ihnen folglich nicht gelingt, eine erfolgreiche Diversifikation durchzuführen. Unternehmungen, in denen ein unternehmerisches Denken und Handeln praktiziert wird sind demgegenüber eher in der Lage, dauerhafte Nachfragerückgänge, die auf Änderungen der Kundenbedürfnisse oder technologischen Entwicklungen u.ä. beruhen, frühzeitig zu antizipieren. Sie dehnen ihre Geschäftsaktivitäten rechtzeitig auf neue Gebiete aus bzw. arbeiten bereits im Vorfeld an
der Entwicklung der erforderlichen Kompetenzen. Auf diese Weise schaffen sie die
Grundlage, auch dann noch erfolgreich bestehen zu können, wenn der tatsächliche
Nachfragerückgang eintritt.

2. Externe Diversifikation

Die Diversifikation durch Akquisition, Fusion o. ä. wurde bisher weitgehend vernachlässigt.[57]) Die externe Diversifikationsstrategie ist in der Praxis von besonderer Relevanz und erfährt daher im folgenden eine gesonderte Betrachtung. Zahlreiche Autoren,
die in ihren Arbeiten eine Diskussion der Diversifikation in Aussicht stellen, berichten
tatsächlich über die Akquisition, was auf den Stellenwert schließen läßt, den sie einer
solchen Strategie beimessen. Auf der anderen Seite wird diese Diversifikationsstrategie
von einigen Autoren aufgrund der zum Teil äußerst negativen empirischen Evidenz als
wenig erfolgversprechend beurteilt.

Bei der Verfolgung interner Diversifikationsstrategien dehnt die Unternehmung ihre
Geschäftsaktivitäten vor dem Hintergrund eines internen Wissenserwerbs aus. Sie expandiert ihre Geschäftsaktivitäten durch die Errichtung neuer Unternehmungsteile und
die Schaffung bzw. das Betreten neuer Märkte. Die Expansionsmöglichkeiten einer solchen Strategie sind jedoch in verschiedener Hinsicht beschränkt. Zunächst ist die interne
Entwicklung des erforderlichen Know-hows bzw. der benötigten Kompetenzen i.a.R.
sowohl langwierig als auch kostspielig. Darüber hinaus kann eine Ausdehnung der Geschäftsaktivitäten zum Teil durch das Bestehen hoher Eintrittsbarrieren in den angestrebten Märkten erschwert bzw. verhindert werden.

Im Vergleich dazu läßt sich eine Ausdehnung der Unternehmungsaktivitäten mittels
Akquisition grundsätzlich wesentlich schneller und oft auch kostengünstiger realisieren,
da bereits bestehende Unternehmungen oder Produktionsstätten (i.d.R. einschließlich
der Mitarbeiter, die über das erforderliche Erfahrungswissen verfügen) aufgekauft werden. Aufgrund der Tatsache, daß die aufgekaufte Unternehmung bereits Marktteilnehmer ist erleichtert sich der Eintritt in neue Märkte bei einer solchen Strategie im Vergleich zu der internen Diversifikationsvariante erheblich. Zum einen kann eine Unternehmung als Ganzes Gegenstand eines Kaufs bzw. einer Übernahme sein. Daneben besteht jedoch auch die Möglichkeit, Teile anderer Unternehmungen (z. B. einen einzelnen
Geschäftsbereich, ein Team erfahrener Techniker, spezialisierter Arbeiter, Manager o. ä.
oder einzelne Know-how-Träger) durch Akquisition in die eigene Unternehmung ein-

---

57)   Im folgenden wird der Begriff Akquisition zur Bezeichnung sämtlicher Formen der externen
    Diversifikation verwendet. Nur in solchen Fällen, in denen eine Abgrenzung für den Sachzu-
    sammenhang relevant ist, werden die anderen externen Diversifikationsformen explizit ge-
    nannt.

zugliedern. Die Akquisition stellt folglich eine Strategie dar, durch welche in Unternehmungen die benötigte Wissensbasis aufgebaut werden kann, um einen Eintritt in neue Geschäftsbereiche zu ermöglichen. Für stark spezialisierte Unternehmungen mit geringer Finanzmittelbasis und eingeschränkten Möglichkeiten der Kapitalbeschaffung stellt eine solche Strategie u. U. sogar die einzige Möglichkeit dar, ihre Geschäftsaktivitäten zu diversifizieren.

a) Ökonomische Voraussetzungen einer externen Diversifikationsstrategie

Die Akquisition wird im allgemeinen dann die bevorzugte Diversifikationsstrategie bilden, wenn die potentiell erforderlichen Kosten des Kaufs aus Sicht der aufkaufenden Unternehmung geringer sind als die im Rahmen einer internen Diversifikationsstrategie erwarteten Kosten. Grundvoraussetzung einer Akquisitionsstrategie ist das Zusammentreffen von Käufer (akquirierende Unternehmung) und Verkäufer (akquirierte Unternehmung). Es stellt sich zunächst die Frage, welche Gründe bewirken, daß der Preis für eine akquirierte Unternehmung geringer ausfällt als deren Wert bzw. der Höhe der geschätzten Aufwendungen, die erforderlich wären, wenn der Käufer eine interne Diversifikationsstrategie verfolgen würde. Denn nur unter diesen Voraussetzungen resultiert für einen Käufer ein berechtigtes Interesse, eine andere Unternehmung zu erwerben. Andererseits muß sich wiederum ein Verkäufer finden, der eine Veranlassung hat, seine Unternehmung an einen anderen zu verkaufen, anstatt weiter unabhängig mit eigener Identität am Markt zu operieren. Nachfolgend werden die Voraussetzungen für eine Akquisitionsstrategie analysiert. Ausgeklammert werden dabei diejenigen Fälle, in denen sich eine Käuferunternehmung durch unlautere Wettbewerbsmethoden oder den Mißbrauch von Macht gegenüber einem potentiellen Verkäufer eine Akquisitionsgelegenheit ermöglicht.

(1) Verkäuferinitiative

Zunächst ergeben sich Akquisitionsmöglichkeiten immer dann, wenn die Eigentümer einer Unternehmung aus persönlichen Interessen einen Verkauf ihrer Unternehmung anstreben. Ein Grund kann beispielsweise darin bestehen, daß Eigentümer gerne über größere Bestände an liquiden Mitteln verfügen möchten oder nicht länger bereit sind, das Risiko zur Aufrechterhaltung der Unternehmung zu tragen. Auch Altersgründe spielen in diesem Zusammenhang eine Rolle; so etwa wenn sich kein geeigneter Nachfolger für die Übernahme der Geschäfte findet, die Eigentümer sich aber dennoch gerne aus dem aktiven Geschäftsleben zurückziehen möchten. Bleiben die wirtschaftlichen Erfolge über einen längeren Zeitraum aus, so kann sich ebenfalls der Wunsch einstellen, sich von den Geschäften zu trennen. Neben diesen persönlichen Gründen läßt sich eine Reihe weiterer Aspekte abgrenzen. Zum einen sind Unternehmungen teilweise an der Börse unterbewertet, so daß sie lukrative Kaufobjekte für solche Unternehmungen darstellen, die glauben über die Mittel zu verfügen, das tatsächliche Erfolgspotential nach dem Kauf zu nutzen. Daneben können auch steuerliche Gründe dazu bewegen, eine Veräußerung von Unternehmungen oder deren Teilen in Betracht zu ziehen.

Akquisitionsgelegenheiten können sich ferner auch dann ergeben, wenn eine Unternehmung so stark gewachsen ist, daß eine erfolgreiche Fortführung der Geschäftstätigkeiten umfangreiche organisationsstrukturelle Veränderungen voraussetzen bzw. ein Konfigurationswechsel erforderlich würde. Kleine Unternehmungen werden häufig von dem Eigentümer selber bzw. einer kleinen Gruppe von Personen geführt. Ab einer gewissen Größe sind diese Personen mit dem Management der Gesamtunternehmung überfordert. Um auch weiterhin effizient zu wirtschaften werden veränderte Distributions- und Produktionsstrukturen erforderlich, nimmt die Bedeutung fortlaufender Innovationen zu usw. Solange eine Unternehmung sehr klein und überschaubar ist sind auch die Anforderungen an die Entscheidungsfindung weniger komplex. Mit zunehmender Komplexität einer Unternehmung bedarf es hingegen ausgefeilter Instrumente des Controlling, der Hinzuziehung von Steuer, Rechts- u.ä. Experten. Auch die Beschaffung der nötigen Finanzmittel wird zunehmend schwieriger und stellt relativ kleine Unternehmungen vor Probleme. Während zahlreiche Unternehmungen eine solche Transformation erfolgreich - und für Außenstehende manchmal kaum merklich - vollziehen wird in anderen Unternehmungen der Veränderungsbedarf entweder nicht erkannt, oder es besteht eine Abneigung gegen die Notwendigkeit tiefgreifender Änderungen. Alleineigentümer sträuben sich z. B. häufig dagegen, einen Teil ihrer Macht an andere Personen abzugeben und wehren sich deshalb gegen die Aufnahme von Experten oder versäumen es, durch eine Rechtsformänderung bessere Ausgangsbedingungen für ihre Unternehmung zu schaffen, was im schlimmsten Fall dazu führen kann, daß die Unternehmung ineffizient wird und scheitert. Vor die Wahl gestellt, einen Machtverlust hinzunehmen oder ihre Unternehmung zu veräußern bevorzugen derartige Eigentümer u. U. einen Verkauf.

(2) Käuferinitiative

Neben der von einem potentiellen Verkäufer ausgehenden Initiative zum Verkauf einer Unternehmung kann eine Akquisitionsgelegenheit überdies auch durch besondere Aspekte einer Käuferunternehmung ausgelöst werden. Besitzt eine Unternehmung besondere Fähigkeiten (z. B. eine besondere Marketingexpertise, technologisches Wissen,...), von denen sie sich eine profitable Expansion auf ihren bestehenden Märkten bzw. das erfolgreiche Eindringen in neue Märkte verspricht, so besteht grundsätzlich ein Anreiz zur Diversifikation. In einem solchen Fall geht die betreffende Unternehmung folglich davon aus, daß sie gegenüber Konkurrenten einen Wettbewerbsvorteil besitzt, weil diese ihrerseits nicht über derartige Kompetenzen verfügen. Unabhängig davon, ob sich ein lukratives Kaufobjekt finden läßt, besteht für eine solche Unternehmung ein Expansionsanreiz. Würde die durch die spezifischen Fähigkeiten einer Unternehmung angeregte Expansion - im Falle ihrer Durchführung - einen merklichen Einschnitt in die aktuelle Marktsituation bewirken, so kann sich dies gegebenenfalls in starkem Maße auf den Wert der anderen Unternehmungen auswirken. Wissen die bisherigen Marktteilnehmer z. B. von der geplanten Expansionsstrategie des Konkurrenten und glauben sie ihrerseits ebenfalls an dessen potentiellen Wettbewerbsvorteil, so beeinflußt dies deren eigene Positionseinschätzung. Erwarten sie etwa eine ernsthafte Bedrohung seitens dieses potentiellen Konkurrenten, so müssen sie davon ausgehen, daß dessen Handlungen ihre eigene Renditesituation verschlechtern wird. Ist die empfundene Bedrohung sehr stark, so kann das dazu führen, daß jeder der aktuellen Marktteilnehmer zu einem potentiellen Verkäufer für die (potentiell) bevorteilte Unternehmung werden kann. Die Höhe des erwarteten Wettbewerbsvorteils bestimmt im Falle eines Zusammentreffens von konkreter Verkaufsofferte und ernsthafter Kaufabsicht über den Preis des Kaufobjektes. Je höher der erwartete Wettbewerbsvorteil des Konkurrenten aus Sicht der potentiellen Verkäuferunternehmung ausfällt, desto geringer wird sie ihren eigenen aktuellen Marktwert bemessen und desto niedriger wird die von ihr als akzeptabel empfundene Kaufpreiserwartung ausfallen. Auf der anderen Seite richtet sich die Summe, die der Käufer höchstens zu zahlen bereit sein wird, nach dessen Erwartungen bezüglich einer potentiellen Expansion. Handelt es sich bei der beabsichtigten Expansion um ein großes Projekt, dessen Durchführung erhebliche Finanzmittel erfordert, so wäre der Kauf einer bereits im Markt agierenden Unternehmung, die eine schnelle Realisierung der geplanten Expansion ermöglicht, entsprechend lukrativ. Im Falle eines Kaufs könnten die notwendigen Aufwendungen für die Errichtung der erforderlichen Gebäude, die Installierung eines adäquaten Distributionssystems, den Aufbau von Kunden- und Lieferantenbeziehungen u.v.m. entfallen bzw. erheblich reduziert werden, so daß der Käufer selbst zu einem hohen Kaufpreis von einer Akquisitionsstrategie profitieren würde.

Ein anderer Fall tritt dann ein, wenn die aktuellen Marktteilnehmer über solche Aktiva verfügen, die für die angestrebten Expansionsmaßnahmen des bevorteilten Konkurrenten unentbehrlich sind.[58] Denkbar sind etwa die Verfügungsgewalt über immaterielle Aktiva, wie Patente oder Markennamen, im Eigentum befindliche materielle Aktiva, wie z. B. bestimmte Grundstücke oder spezialisierte Produktionsanlagen sowie die Beschäftigung erfahrener Experten mit einzigartigen Spezialkenntnissen. Unter diesen Voraussetzungen stellt der potentielle Wettbewerbsvorteil einer solchen Unternehmung nicht länger die gleiche Bedrohung dar wie im o. g. Beispiel, so daß auch der Wert der anderen Marktteilnehmer nicht per se abnimmt. Vielmehr befindet sich die spezialisierte Unternehmung trotz ihres Vorteils nun in einer gewissen Abhängigkeitssituation von den Marktteilnehmern, die über das/die benötigte(n) Aktivum(a) verfügen. Dennoch kann die Unternehmung trotz dieses Abhängigkeitsverhältnisses, zu dem Entschluß gelangen, daß die angestrebte Expansionsstrategie - im Falle der Möglichkeit eines Erwerbs der benötigten Aktiva - die erfolgversprechendste Strategie darstellt. Unter diesen Voraussetzungen stellt sich die Verhandlungsposition der übrigen Marktteilnehmer grundlegend anders dar. Im weiteren wird davon ausgegangen, daß die betreffenden Aktiva für den potentiellen Verkäufer so bedeutsam sind, daß nur ein Verkauf der Gesamtunternehmung für diesen als rentabel beurteilt wird. Aus Verkäufersicht - vorausgesetzt die Unternehmung ist sich ihrer besonderen Position bewußt - wird nur ein Preis akzeptabel sein, der oberhalb des von ihr geschätzten aktuellen Wertes ihrer Unternehmung liegt. Der potentielle Käufer wird seinerseits jedoch nur dann bereit seinen, eine Kaufsumme in dieser Höhe zu akzeptieren, wenn es sich bei der von ihm anvisierten Expansionsstrategie um ein Projekt extremer Bedeutung und Größenordnung handelt.

---

58)   Damit überhaupt eine Grundlage für eine potentielle Akquisition besteht muß vorausgesetzt werden, daß die übrigen Marktteilnehmer ihrerseits nicht in der Lage bzw. nicht willens sind, die seitens des potentiellen Käufers geplante Expansionsstrategie durchzuführen.

Ein solcher Fall wäre etwa dann gegeben, wenn die Nettorendite der geplanten Expansion erheblich über dem aktuellen Wert der Verkäuferunternehmung liegt. Je kleiner die Größe der über die benötigten Aktiva verfügenden Unternehmung im Vergleich zur Größe des potentiellen Käufers bzw. dessen Expansionsprogramm ist, desto größer wird die Bereitschaft des letzteren sein, einen entsprechenden Preis zu akzeptieren. Sind die beiden Wettbewerber hingegen etwa gleich stark und können hinsichtlich ihres produktiven Potentials als komplementär charakterisiert werden, so bietet sich u. U. eine Zusammenführung der beiden Konkurrenten an.

(3) Verschmelzung zweier Unternehmungen

Von Verschmelzung kann immer dann gesprochen werden, wenn zwei Unternehmungen ihre Identität aufgeben und zusammen in eine neu gegründete Unternehmung eingehen. Eine derartige Kombination zweier vormals unabhängig wirtschaftender Unternehmungen wird grundsätzlich immer dann erfolgen, wenn beide Unternehmungen sich von dem Zusammenschluß eine Steigerung ihres ursprünglichen Wertes versprechen. Der Übergang zwischen einer Akquisitionsstrategie und einer Verschmelzung ist zum Teil fließend "... often it is merely a matter of convenience, or personal prestige or manoeuvering, or of the respective reputations of the two firms, that determines whether a given merger will be technically an acquisition of one of them by the other or a merger on equal terms."[59] In weiten Teilen gelten genau diejenigen Voraussetzungen, die zuvor als Gründe für die Akquisition diskutiert wurden. Der Unterschied besteht in der Hauptsache darin, daß im Falle der Verschmelzung nicht eine der beiden Unternehmungen über einen besonderen Vorteil verfügt oder eine relativ stärkere Machtposition besitzt. Die Verschmelzung wird vielmehr immer dann interessant, wenn zwei Unternehmungen durch die Kombination ihrer produktiven Potentiale glauben in die Lage versetzt zu werden, eine erfolgreiche Expansionsstrategie durchzuführen. Prinzipiell unterscheiden sich verschiedene Unternehmungen, selbst wenn sie demselben Industriezweig angehören, im Hinblick auf ihre produktiven Möglichkeiten. Es kann sich daher ein Fall entwickeln, in dem zwei Unternehmungen in der Ausdehnung auf ein bestimmtes Geschäftsgebiet die profitabelste Verwendung ihres jeweiligen produktiven Potentials sehen. Handelt es sich für beide Unternehmungen um den gleichen Aktivitätenbereich, so würden sie im Falle einer Expansion in Konkurrenz treten und sich gegenseitig behin-

---

59)   PENROSE [Theory], 172.

dern. Beurteilen beide Unternehmungen die angestrebte Expansionsstrategie als besonders relevant für die weitere Entwicklung ihrer Geschäftsaktivitäten, so kann eine Kombination der beiden zu einer Besserstellung beider Akteure führen und folglich eine sinnvolle und gewinnbringende Strategie darstellen. Ökonomische Argumente für eine Verschmelzung liegen u. U. auch dann vor, wenn zwei expansionswillige Unternehmungen über komplementäre produktive Möglichkeiten in bezug auf die Verwendung der gleichen Rohmaterialien verfügen und sich bei einer getrennten Durchführung einer Expansionsstrategie gegenseitig behindern würden. Auch in diesem Fall könnten beide Unternehmungen von einer Kombination ihrer Aktivitäten profitieren.

(4) Erwerb von Geschäftsbereichen

Auf den ersten Blick unterscheidet sich der Erwerb einer Gesamtunternehmung kaum von dem Kauf einzelner Geschäftsbereiche, so daß das zuvor Gesagte größtenteils auch im Hinblick auf eine Einigung zwischen dem Verkäufer eines Geschäftsbereichs und dem Anbieter eines solchen Bereiches gilt. Wird andererseits davon ausgegangen, daß zwischen den verschiedenen Bereichen einer Unternehmung vielfältige Interdependenzen bestehen, so daß der Wert der Gesamtunternehmung höher ist als die Summe der Einzelwerte der Geschäftsbereiche, so wird deutlich, daß der Verkauf eines solchen Geschäftsbereiches u. U. erhebliche Auswirkung auf die veräußernde Gesellschaft haben kann. Nachfolgend sollen die Besonderheiten des Verkaufs von Geschäftsbereichen herausgearbeitet werden.

Wie gesehen dehnten Unternehmungen ihre Geschäftstätigkeiten im Zuge ihrer Diversifikationsanstrengungen auf ihnen unvertraute Geschäftsbereiche aus. Werden die ursprünglichen Diversifikationserwartungen nicht erfüllt oder wird ein Geschäftsbereich unprofitabel, so kann eine Veräußerung eines solchen Bereiches in Erwägung gezogen werden, in der Hoffnung etwaige Diversifikationsfehler auf diese Weise beheben zu können. Ein solcher Schritt wird nicht zuletzt dadurch erleichtert, daß die meisten derartigen Unternehmungen eine Divisionalorganisation angenommen haben, in der die verschiedenen Geschäftsbereiche als weitgehend autonome Einheiten geführt werden.

Stellt ein Geschäftsbereich den Gegenstand eines Verkaufs dar, so sind einige der zuvor diskutierten persönlichen Aspekte, wie das Fehlen eines geeigneten Nachfolgers, die

Notwendigkeit der Hinzuziehung von Experten u.ä. nicht relevant. Überschneidungen in den Voraussetzungen ergeben sich demgegenüber dann, wenn es in erster Linie darum geht, eine bessere Verwendung der eigenen Ressourcen bzw. deren produktiven Möglichkeit zu erzielen. Geschäftsaktivitäten, die für eine Unternehmung eine äußerst profitable Nutzung des eigenen produktiven Potentials darstellen, bilden für andere Unternehmungen u. U. lediglich einen Ballast bzw. eine Behinderung, da sie nicht zu einer effizienten Nutzung der vorhandenen Ressourcen und deren Fähigkeiten beitragen. Wird z. B. das Management einer diversifizierten Unternehmung durch einen relativ unprofitablen Geschäftsbereich unnötig gefordert, so kann es sich anbieten, diesen Bereich abzustoßen, um das vorhandene Managementpotential für diejenigen Aufgaben freizusetzen, die einen wichtigeren Beitrag zum langfristigen Erfolg der Gesamtunternehmung leisten. Der abgestoßene Geschäftsbereich mag demgegenüber für eine Unternehmung mit anderen spezifischen Fähigkeiten eine Bereicherung darstellen. Der akzeptierte Kaufpreis bestimmt sich für den potentiellen Käufer wie im Falle der zuvor beschriebenen Akquisition einer Gesamtunternehmung. Der vom Verkäufer akzeptierte Verkaufserlös ist davon abhängig, welchen Wert dieser dem in einem zur Disposition stehenden Geschäftsbereich unnötig gebundenen Potential an Ressourcen und Fähigkeiten beimißt. Je höher die durch eine alternative Verwendung erwarteten Erlöse sind, desto niedriger ist die Untergrenze, zu der eine Verkaufseinwilligung erfolgen wird.

Eine Diversifikationsstrategie beinhaltet immer ein gewisses Maß an Unsicherheit. Zum einen ist es ex ante häufig schwer zu entscheiden, ob die in einer Unternehmung vorhandenen Kompetenzen eine erfolgreiche Expansion in eine bestimmte Richtung ermöglichen werden. Andererseits lassen sich auch die externen Entwicklungen in einem dynamischen Wettbewerbumfeld niemals genau vorhersehen. Um erfolgreich agieren zu können, ist eine Unternehmung daher fortlaufend gezwungen, über die langfristig profitabelste Verwendung ihres produktiven Potentials sowie über dessen Entwicklung nachzudenken. Hieraus resultieren kontinuierlich Situationen, in denen der Verkauf oder Kauf von Geschäftsbereichen in Erwägung gezogen wird. Die Möglichkeit, komplette Geschäftsbereiche zu erwerben bzw. zu verkaufen stellt gleichzeitig eine Chance und eine Gefahr für die Entwicklungsfähigkeit von Unternehmungen dar. Zunächst werden umfangreiche Diversifikationsmöglichkeiten auf diese Weise erleichtert, da ein Erwerb eine schnellere Ausdehnung der eigenen Geschäftstätigkeit ermöglicht als eine interne Diversifikationsstrategie. Auch die Bereitschaft zu umfangreichen Diversifikationsaktivitäten wächst durch die Möglichkeit, Diversifikationsirrtümer durch den Wiederverkauf eines Geschäftsbereichs ex post in gewissem Maße revidieren zu können. Durch die Förderung der Experimentierfreudigkeit von Unternehmungen entstehen zahlreiche

Innovationsimpulse, die ansonsten wegfallen würden. Auf der anderen Seite zeigen die praktischen Erfahrungen, daß die grundsätzliche Möglichkeit des Abtrennens ganzer Geschäftsbereiche nicht grundsätzlich vor irreversiblen Fehlern bewahrt. Vielmehr scheiterten zahlreiche Diversifizierer gerade wegen ihrer allzu gewagten Expansionsstrategien.

b) Einsatz einer externen Diversifikationsstrategie

Die bisherigen Ausführungen bezogen sich in erster Linie auf die grundsätzlichen Anreize und Voraussetzungen einer externen Diversifikationsstrategie. Wie gesehen geht von einer Akquisitionsstrategie aufgrund der aufgezeigten Vorteile ein gewisser Reiz aus. Damit eine Akquisitionsstrategie tatsächlich erfolgreich sein kann, reicht es andererseits nicht aus, daß Käufer und Verkäufer zusammentreffen und sich über eine Kaufsumme einigen können. Vielmehr erfordert eine externe Diversifikationsstrategie umfangreiche Integrationsanstrengungen, wenn die Unternehmung sich von einer reinen Finanzholding unterscheiden soll.[60] Die vielfältigen Probleme einer solchen Strategie wurden bereits in den vorherigen Kapiteln umfassend diskutiert und die empirische Evidenz zeigt, daß gerade allzu euphorische Erwartungen der beteiligten Akteure in vielen Fällen dazu führten, daß vorschnelle Entscheidungen getroffen wurden, da die für eine profitable Entwicklung der Gesamtunternehmung erforderlichen Voraussetzungen im Vorfeld nur unzureichend geprüft wurden. So werden häufig gerade die erforderlichen Integrationsleistungen bzw. die hierfür anfallenden Kosten unterschätzt. Der Vorteil niedriger Kaufsummen relativiert sich jedoch, wenn die Integrationskosten die durch die Strategie ermöglichten Renditen überkompensieren. Gelingt es auf Dauer nicht, eine Integration der Gesamtunternehmung zu erzielen, so besteht darüber hinaus auch die Gefahr feindlicher Übernahmen.

Die externe Diversifikationsstrategie ermöglicht zwar eine schnelle Ausdehnung der eigenen Geschäftsaktivtitäten; aus einer rein kauftechnischen Betrachtung lassen sich u. U. umfangreiche Expansionen durchführen. Eine langfristige Entwicklungsfähigkeit der resultierenden Gesamtunternehmung ist andererseits nur dann erzielbar, wenn die Expansionsgeschwindigkeit der Fähigkeit einer Integration der verschiedenen Geschäfts-

---

60)   Derartige Zusammenschlüsse auf der Basis reiner Finanz- oder Machtinteressen mögen zum
        Teil beabsichtigt sein. Sie bilden jedoch nicht den Gegenstand der vorliegenden Untersuchung.

aktivitäten angepaßt wird. Keineswegs stellt sie eine Möglichkeit dar, unrentable Unternehmungen problemlos in erfolgreich operierende Konzerne zu verwandeln. Vielmehr bergen allzu umfangreiche Akquisitionsaktivitäten die Gefahr, daß die Entwicklungsfähigkeit einer Unternehmung nicht kompatibel ist zu der aus einer Expansion resultierenden Unternehmungsgröße. Zwar wurde die grundsätzliche Möglichkeit und teilweise Notwendigkeit eines Rückzugs aus einem einmal aufgekauften Bereich angesprochen. Andererseits ist ein solches Auflösen bzw. Wiederverkaufen von Teilen einer Unternehmung oder Geschäftsbereichen nicht problemlos möglich. Zunächst ist eine solche Transaktion i.a.R. mit hohen Kosten verbunden, was sich negativ auf den Erfolg der Gesamtunternehmung auswirken kann bzw. in extremen Fällen das Überleben gefährden kann. Zum einen kann der Wert der in diesen Bereichen gebundenen Ressourcen u. U. erheblich sinken, wenn ihr produktives Potential auf andere Verwendungen umgelenkt wird. Andererseits findet sich nicht automatisch ein Käufer, der bereit ist, einen angemessenen Preis für die abzustoßenden Bereiche zu zahlen. Grundsätzlich sind Unternehmungen daher motiviert, die einmal ergriffenen Geschäftstätigkeiten auch dann noch fortzuführen, wenn sie nicht die erwarteten Renditen erzielen. Es läßt sich somit festhalten, daß die Akquisition nicht zwangsläufig die erfolgversprechendste Expansionsform darstellt. Vielmehr gilt es, im Einzelfall zu prüfen, ob eine Akquisitionsstrategie als geeignete Expansionsstrategie infrage kommt.

3. Vertikale Integration

Die vertikale Integration stellt einen weiteren wichtigen Teilaspekt innerhalb der allgemeinen Diversifikationsdiskussion dar, der im folgenden aufgegriffen wird. Der Großteil der bisherigen Diskussion behält auch für die vertikale Vorwärts- oder Rückwärtsintegration Gültigkeit. Es sollen an dieser Stelle daher lediglich diejenigen Aspekte berücksichtigt werden, die eine Besonderheit dieser Diversifikationsform bilden. Grundsätzlich stellt eine vertikale Rückwärtsintegration aus einer ressourcenorientierten Sicht nur dann eine sinnvolle Strategie dar, wenn sie zu einer merklichen Kostenreduzierung gegenüber der ursprünglichen Situation führt. Zunächst scheint es sich bei einer solchen Strategie grundsätzlich um eine Make-or-buy-Entscheidung zu handeln, da die betreffende Unternehmung vor der Wahl steht, die erforderlichen Rohstoffe oder Vorprodukte am Markt zu erwerben oder sie selber herzustellen. Eine solche ausschließliche Betrachtung der Kostendifferenz zwischen eigener Herstellung bestimmter Produkte bzw. deren

Kauf würde jedoch die Möglichkeit einer alternativen Ressourcenverwendung und somit die evtl. anfallenden Opportunitätskosten vernachlässigen. So ist z. B. der Fall denkbar, daß die Make-Alternative zwar grundsätzlich günstiger ausfällt als die Buy-Variante; unter Umständen könnte die Unternehmung grundsätzlich dennoch besser gestellt sein, wenn sie sich für die Buy-Variante entscheiden würde. Eine solche Situation tritt dann ein, wenn die für die Make-Entscheidung benötigten Ressourcen in einer anderen Verwendung eine höhere Rendite erzielen würden. Auch bei dieser Diversifikationsform sollte daher grundsätzlich geprüft werden, in welcher Verwendung das produktive Potential einer Unternehmung den höchstmöglichen Ertrag verspricht. Durch die vertikale Rückwärtsintegration soll zunächst grundsätzlich die Beschaffung gesichert werden. Hierzu zählen folglich alle Probleme, die in Zusammenhang mit der Beschaffung der benötigten Ressourcen (Lieferung der benötigten Güter in der richtigen Menge und der benötigten Qualität zum richtigen Zeitpunkt) entstehen. Einige Unternehmungen wählen diese Diversifikationsform jedoch auch, um der allgemeinen Unsicherheit vorzubeugen bzw. der potentiellen Gefahr von Fluktuationen in der Beschaffung zu begegnen. Die vertikale Rückwärtsintegration kann darüber hinaus dazu beitragen, die Kosten einer effizienten Organisation der Produktionsabläufe zu senken.

Für die vertikale Vorwärtsintegration gelten weitgehend die gleichen Überlegungen wie für eine vertikale Rückwärtsintegration. Bei einer solchen Strategie werden neue Produkte oder Produktkomponenten nachgelagerten Distributionsstufen in das bestehende Produktprogramm aufgenommen. Lassen sich die neuen Produkte über das vorhandene Distributionssystem vertreiben, so kann der Vertrieb u. U. mit den vorhandenen Ressourcen durchgeführt werden. Bedarf es hingegen veränderter Distributionsstrukturen, neuer Vertriebstechniken u.ä. so steht die Unternehmung vor den gleichen Aufgaben, die alle Diversifizierer zu bewältigen haben, wenn sie in neue Märkte eindringen.

Wie die anderen Formen der Diversifikation soll auch die vertikale Integration eine Unternehmung letztendlich dazu befähigen, wettbewerbsfähig und profitabel zu sein. Sie wird entweder ergriffen, um einen möglichst günstigen Einsatz des vorhandenen produktiven Potentials zu gewährleisten oder als Antwort auf vielfältige Unwägbarkeiten auf der Beschaffungs- oder Absatzseite, die einen reibungslosen Ablauf der Wertschöpfungsprozesse behindern. Einige Unternehmungen erkennen im Nachhinein, daß eine Integration nicht die erwarteten Erfolge erbringt und reduzieren ihre Fertigungstiefe im Nachhinein wieder. Dies kann u. U. eine sinnvolle Strategie sein, wenn sich eine profitablere Verwendung für die durch die Integration gebundenen Ressourcen findet. Es gilt auch für diese Diversifikationsstrategie, daß eine Entscheidung immer vor dem

Hintergrund des produktiven Potentials der eigenen Ressourcen und deren alternativen Verwendungsmöglichkeiten erfolgen muß. So kann die Fortführung einer einmal effizient organisierten Integration zum Teil auch dann noch vorteilhaft sein, nachdem die ursprüngliche Veranlassung einer Integration wegfällt.

4. Das Konzept der Kernkompetenzen[61])

Die bisherigen Ausführungen haben gezeigt, daß die Frage, ob eine Diversifikation grundsätzlich eine sinnvolle Strategie für eine Unternehmung darstellen kann, die in einem dynamischen Wettbewerbsumfeld agiert, sich nicht allgemeingültig beantworten läßt. Eine Unternehmung hat eine Vielzahl unterschiedlicher strategischer Möglichkeiten, ihre Aktivitäten zu organisieren. Sowohl die Unternehmung selber als auch die sie umgebende Umwelt sind keine statischen Gebilde oder Zustände, sondern ständigen - mehr oder weniger starken - Veränderungen unterworfen. Aus einer entwicklungsorientierten Perspektive bedarf es daher fortlaufender Entscheidungen über den Einsatz des in einer Unternehmung vorhandenen produktiven Potentials sowie dessen Weiterentwicklung. Eine Unternehmung sollte ihre Strategien daher an den Potentialen der von ihr kontrollierten Ressourcen ausrichten. Im Zentrum der Betrachtung steht dabei die Gesamtheit der Fähigkeiten- bzw. Kompetenzbasen einer Unternehmung. "For an individual firm, whether it is a single-line business or widely diversified, the critical task is to use its available resources to the greatest end they can support."[62]) Verspricht die Diversifikationsstrategie eine bessere Nutzung des produktiven Potentials einer Unternehmung so sollten die Aktivitäten einer Unternehmung entweder in einem bestehenden Spezialisierungsbereich diversifiziert werden oder neue Bereiche aufgenommen werden.

In Kapitel C wurde dargelegt, daß vor gut zwanzig Jahren die Methodik der Portfolioplanung als Instrument der strategischen Planung eingeführt wurde, um diversifizierte Unternehmungen bei ihren strategischen Entscheidungen zu unterstützen. Den Diversifizierern wurde empfohlen, ihre Tätigkeitsbereiche in strategische Geschäftsfelder (SGF) oder Geschäftseinheiten (SGE) aufzuteilen und vor dem Hintergrund einer Beurteilung des Potentials einer jeden Geschäftseinheit über die Verteilung von Investitionsmitteln zwischen den verschiedenen Einheiten zu entscheiden. Die als förderungs-

---

61)   Vgl. zu nachfolgenden Ausführungen auch PRAHALAD, HAMEL [Kernkompetenzen].

62)   PETERAF, M.A. [Cornerstones], 189.

würdig befundenen Geschäftsbereiche sollen weiter ausgebaut werden, während im Falle unrentabler Geschäftsbereiche eine Desinvestitionsstrategie empfohlen wird. Eine solche Mittelverteilung zwischen den verschiedenen Einheiten soll schließlich dazu führen, daß die Gesamterträge der Unternehmung optimiert werden.

Insbesondere die veränderte Konkurrenzsituation sowie das vielfache Scheitern diversifizierter Unternehmungen führten jedoch dazu, daß die Schwächen dieses Konzeptes zunehmend erkannt werden. Insbesondere erweist sich das Konzept der SGE bzw. SGF in bezug auf die langfristige Wettbewerbs- und Entwicklungsfähigkeit einer diversifizierten Unternehmung als nicht adäquat. An dieser Stelle sollen die Kritikpunkte nicht erneut diskutiert werden. Es wird hier auf die kritische Diskussion der Portfoliomanagement-Methode in den Ausführungen zu Kapitel C verwiesen.[63]) Das Konzept der SGE wurde an dieser Stelle nochmals kurz aufgegriffen, um es von dem alternativen Konzept der Kernkompetenzen abzugrenzen.

a) Allgemeine Abgrenzung eines Konzeptes der Kernkompetenzen

Wie zuvor gesehen stehen bei einem ressourcenorientierten Ansatz die zugrundeliegenden Kernkompetenzen im Mittelpunkt der Betrachtung. Gemäß eines strategischen Konzeptes der Kernkompetenzen wird eine Unternehmung demnach nicht in Strategische Geschäftseinheiten oder -felder aufgeteilt, sondern stellt einen Ressourcenpool dar, welcher Kernkompetenzen hervorbringt, die durch kollektive Lernprozesse erworben werden und die Basis des unternehmerischen Handelns darstellen. So verstanden läßt sich eine diversifizierte Unternehmung mit einem Baum vergleichen, der von einem Wurzelgeflecht aus Kernkompetenzen genährt und erhalten wird. Diese Wurzeln nähren die Kernprodukte der Unternehmung, welche aus einer oder mehreren Kernkompetenzen hervorgehen können. Die Kernprodukte sind Bestandteile oder Baugruppen und gehen mit einem beachtlichen Wertschöpfungsanteil in die Endprodukte des Diversifizierers ein. Sie lassen sich mit dem Stamm des Baumes sowie dessen dicksten Ästen vergleichen. Demgegenüber verkörpern die Geschäftseinheiten, welche ihrerseits aus

---

63) Vgl. Kapitel C.II.2.a (1). Für eine Kritik des Konzeptes der Strategischen Geschäftseinheiten bzw. Strategic Business Units vgl. daneben auch CLARKE, BRENNAN [Synergy].

den Kernprodukten hervorgehen die dünneren Zweige. Sie sind es, die letztendlich die Endprodukte (Blätter, Blüten und Früchte) des Diversifizierers produzieren.[64]

Die Unternehmung entwickelt sich folglich durch ihre Kernkompetenzen. Während die kurzfristige Wettbewerbsfähigkeit durch das Preis-Leistungsverhältnis der aktuell angebotenen Endprodukte bestimmt wird, sind die langfristige Wettbewerbs- und Überlebensfähigkeit demgegenüber davon abhängig, daß eine Unternehmung ihre vorhandenen Fähigkeiten und Kompetenzen flexibel einsetzt, um immer neue Zukunftschancen zu nutzen bzw. zu kreieren. Eine derartige Sicht bedeutet insbesondere für solche Führungskräfte ein Umdenken, welche "die Autonomie der Geschäftseinheiten lieber nicht antasten oder eher dem Druck der Quartalsergebnisse gehorchen möchten."[65]

Eine ausschließliche Bewertung nach Endprodukten verkennt die eigentliche Quelle des Erfolgs einer Unternehmung. Aus strategischer Sicht determinieren nicht ein Produkt oder ein gesamtes Produktsortiment den Erfolg der Unternehmung, sondern das produktive Potential der Ressourcen, welches in den Kernkompetenzen zum Ausdruck kommt. Kernkompetenzen wurden bereits als unternehmungsindividuelle Wissensvorräte definiert, welche durch kollektive Lernprozesse und in einer historischen Entwicklung innerhalb der Unternehmung entstehen. Eine Unternehmung ist dann in der Lage anhaltend überdurchschnittliche Gewinne zu erzielen, wenn es ihr gelingt, eine nichtimitierbare Basis von Kernkompetenzen aufzubauen und diese zur Herstellung immer neuer Produkte langfristig flexibel einzusetzen.

b)   Die Bedeutung eines Konzeptes der Kernkompetenzen für die Entwicklungsfähigkeit einer Unternehmung

Eine ausschließliche Betrachtung der Endprodukte verstellt den Blick für die tieferliegenden Strategien und Fähigkeiten einer Unternehmung. Eine kompetenzorientierte Sichtweise verdeutlicht, wie im folgenden gezeigt werden wird, daß heterogen erscheinende Produkte durchaus eine starke Verwandtschaft aufweisen können, wenn die ihrer Entwicklung und Herstellung zugrundeliegenden Kernkompetenzen die gleichen sind.

---

64)   Vgl. zu dieser Baummetapher auch PRAHALAD, HAMEL [Kernkompetenzen], 69. Andere Autoren verwenden andere Aspekte bzw. Metaphern zur Charakterisierung dieser Zusammenhänge. Vgl. etwa SCHOEMAKER [Vision], insbes. 75; MEYER, UTTERBACK [Product].

65)   PRAHALAD, HAMEL [Kernkompetenzen], 69.

Ein Diversifizierer, der aus produktorientierter Sicht als weitverzweigter Konglomerat charakterisiert wird, kann auf einem integrierten Geflecht von Kernkompetenzen beruhen und demnach ein wesentlich höheres Entwicklungspotential aufweisen als eine diversifizierte Unternehmung, deren Produkte nur scheinbar verwandt sind. Aus einer kompetenzorientierten Sicht bedeutet eine Diversifikationsstrategie somit nicht die Abkehr von einer Spezialisierung. Die besonderen Vorteile einer diversifizierten Unternehmung werden nicht an den von ihr angebotenen Produkten festgemacht. Die von einer Unternehmung produzierten Endprodukte stellen immer nur eine denkbare Verwendung des produktiven Potentials dar. Eine Beurteilung der Entwicklungsfähigkeit erfolgt vielmehr anhand der in einer solchen Unternehmung bestehenden Kernfähigkeiten oder -kompetenzen. So nutzte Kodak etwa vor einigen Jahren freigewordene Potentiale seiner Ressourcen durch eine Diversifizierungsstrategie. Kodaks Kernkompetenzen lagen im Bereich der Phototechnologie. Aufgrund der bereits hohen Marktanteile in den angestammten Produktbereichen "Kleinbildfilme und Kameras" sowie der geltenden kartellrechtlichen Bestimmungen mußte die Unternehmung sich damals nach Expansionsmöglichkeiten außerhalb dieser Märkte umsehen. Aufgrund der vielfältigen Einsatzmöglichkeiten phototechnologischen Know-hows (z. B. im Bereich Kinofilm, medizinischer und industrieller Röntgenfilmanwendungen, Mikrofilm u.v.m.), diversifizierte Kodak seine Aktivitäten, um auf diese Weise die Leistungen der aktuellen Ressourcen besser zu nutzen.[66]

Erfolgreiche Diversifizierer besitzen eine spezialisierte Ressourcen- oder Wissensbasis, welche die Voraussetzung für die weitere Entwicklung der Unternehmung sowie deren Anpassung an veränderte Wettbewerbsbedingungen darstellt.[67] An dieser Stelle wird deutlich, warum es einigen diversifizierten Unternehmungen gelingt, trotz einer nach außen äußerst heterogen anmutenden Produktpalette überdurchschnittlich erfolgreich und langfristig wettbewerbsfähig zu sein, während andere Unternehmungen mit scheinbar "verwandteren" Produkten mit ihren Strategien scheitern. Zwischen den verschiedenen Geschäftsbereichen einer diversifizierten Unternehmung wird i.a.R. sehr hart um finanzielle Ressourcen gekämpft. Demgegenüber besteht in den meisten derartigen Unternehmungen kein interner Wettbewerb um die Mitarbeiter und deren Kompetenzen, welche letztlich die wichtigsten Ressourcen einer Unternehmung darstellen. Gemäß eines Konzeptes der Kernkompetenzen besteht jedoch eine entscheidende Aufgabe diversifizierter Unternehmungen im langfristigen Aufbau und einer permanenten Weiterentwicklung der bestehenden Kernkompetenzen. Im Gegensatz zu einem Konzept der

---

66)   Vgl. hierzu PETERAF [Cornerstones], 188.

67)   Vgl. auch TEECE [Theory], 54.

SGE stellt die Profitabilität eines Geschäftsbereiches daher nicht die primäre Entscheidungsgrundlage für die Zuweisung finanzieller Mittel dar. Entscheidend sind vielmehr
der aktuelle und potentielle Beitrag, den die verschiedenen Geschäftsbereiche an der
Weiterentwicklung und dem Ausbau bestehender Kernkompetenzen haben. Der Auf-
und Ausbau der erforderlichen Kompetenzbasen erfolgt zum einen durch interne Entwicklungen. Erhält eine Unternehmung hingegen die Möglichkeit die fehlenden Kompetenzen von außen zu erwerben, so kann andererseits eine Akquisition, insbesondere vor
dem Hintergrund der o. g. Vorteile einer solchen Strategie die sinnvollere Alternative
darstellen. Darüber hinaus wird es u. U. erforderlich sein, die eigenen Kernkompetenzen
durch die Kooperation mit Konkurrenten - etwa im Rahmen Strategischer Allianzen
oder gemeinsam durchgeführter Produktentwicklungsprojekte - weiterzuentwickeln.

PENROSE wies bereits 1959 darauf hin, daß Diversifikationsstrategien auf der Basis
spezialisierter Technologiebasen in Verbindung mit einer starken Marktstellung die
größten Erfolgsaussichten aufweisen. Eine solche Kombination beinhaltet ein umfangreiches produktives Potential, das wiederum die Grundlage zahlreicher Expansionsstrategien - sowohl interner als auch externer Art - bildet. Auch eine derart vorteilhafte Situation läßt sich langfristig allerdings nur aufrechterhalten, wenn die vorhandenen
Kompetenzen permanent ausgebaut und weiterentwickelt werden. Unabdingbar ist darüber hinaus jedoch die Fähigkeit eines flexiblen Einsatzes der vorhandenen Kompetenzen, da die produktiven Möglichkeiten nur dann zu einem Erfolg für eine Unternehmung werden können, wenn sie rechtzeitig erkannt und sinnvoll genutzt werden. Das
kann z. B. bedeuten, daß die Mitarbeiter und die technischen Systeme, welche die inhaltliche Komponente der verfügbaren Wissensbestände bilden, in Abhängigkeit von
den jeweiligen Anforderungen bei Bedarf in neuer Zusammensetzung eingesetzt werden
müssen. Unter Umständen bedarf es zudem der Einstellung neuer Mitarbeiter mit kom-
plementären Fähigkeiten. Des weiteren bedürfen auch die Managementsysteme sowie
die kulturelle Dimension einer permanenten Weiterentwicklung.

E. Entwicklungsfähigkeit diversifizierter Unternehmungen

Aus ressourcenorientierter Perspektive wurde ein Bezugsrahmen der Entwicklungsfähigkeit konzipiert. Es wurde festgehalten, daß ein dauerhafter Erfolg diversifizierter Unternehmungen davon abhängt, ob es gelingt, das vorhandene produktive Potential der Ressourcen aufzudecken, weiterzuentwickeln und die daraus resultierenden produktiven Möglichkeiten zu nutzen. Im Anschluß erfolgt eine Explikation der Ansatzpunkte einer entwicklungsorientierten Konzeption diversifizierter Unternehmungen. Im Mittelpunkt steht die Frage, wie diversifizierte Unternehmungen ihre Kernkompetenzen und unternehmungsspezifischen Fähigkeiten (weiter)entwickeln können, um sich den schwierigen und rapide ändernden wettbewerbsstrategischen Rahmenbedingungen flexibel anzupassen und darüber hinaus langfristig profitabel zu sein. Obwohl die Kompetenzen ein langfristiges Unternehmungswachstum - in seiner ursprünglichen Bedeutung - erst ermöglichen und somit die Wettbewerbs- und Entwicklungsfähigkeit einer diversifizierten Unternehmung maßgeblich determinieren, reicht es keineswegs aus, Kompetenzen zu besitzen. Die durch die firmenspezifischen Fähigkeiten oder Kernkompetenzen erlangten Wettbewerbsvorteile sind vielmehr durch aktuelle oder potentielle Konkurrenten bedroht, die stets bemüht sein werden, erfolgreiche Strategien nachzuahmen bzw. durch eine Weiterentwicklung eigener Fähigkeiten derartige strategische Vorteile zunichte zu machen.

Die kurzfristige Wettbewerbsfähigkeit wird durch das Preis-Leistungsverhältnis der aktuell angebotenen Endprodukte bestimmt. Wettbewerbsbeeinflussende Merkmale sind in diesem Zusammenhang etwa das Design und die Qualität der Produkte, die Prozeßeffizienz und ähnliche Aspekte. Eine langfristige Wettbewerbs- und Überlebensfähigkeit ist demgegenüber davon abhängig, daß eine Unternehmung neben einer Orientierung an der Effizienz und den Merkmalen ihrer bestehenden Produkte und Leistungen einen flexiblen Einsatz sowie eine Weiterentwicklung der vorhandenen Fähigkeiten und Kompetenzen gewährleistet. Daß der Begriff Wettbewerb über den bloßen Preiswettbewerb hinaus auch auf Produkt-, Prozeß- und organisatorischen Wettbewerb ausgedehnt wurde, ist SCHUMPETER zu verdanken. Gemäß seiner Auffassung entstehen Erträge durch den unternehmerischen Schöpfergeist und die Risikobereitschaft sog. Unternehmer bzw. Entrepreneure, die ständig neue Entwicklungen hervorbringen, welche die vorherigen Entdeckungen obsolet werden lassen. In einem solchen "Prozeß schöpferischer Zerstörung" sieht der Autor eine Grundvoraussetzung für die Innovationsfähigkeit einer Wirtschaft.[1]) Eine alleinige Betrachtung revolutionärer Veränderungen schließt jedoch diejenigen Entwicklungen aus, die auf graduellen Veränderungen beruhen. Der Begriff "Innovation" bezeichnet daher in der weiteren Untersuchung allgemein die Veränderung von Routineaktivitäten.[2]) Als solcher beinhaltet er zum einen radikale Veränderungen im Sinne der SCHUMPETERschen revolutionären Innovationen. Daneben umfaßt diese Begriffsdefinition jedoch auch allmähliche Veränderungen in Form evolutionärer Innovationen.

Um auch langfristig entwicklungsfähig zu bleiben, bedarf es einer dynamischen Perspektive; es gilt, die in einer Unternehmung vorherrschende Wissensbasis zu hinterfragen, weiterzuentwickeln und ständig nach potentiellen neuen Anwendungsmöglichkeiten für bestehende Fähigkeiten zu suchen. Kernkompetenzen wurden bereits als unternehmungsindividuelle Wissensvorräte definiert, die durch kollektive Lernprozesse und in einer historischen Entwicklung innerhalb der Unternehmung entstehen. Eine Unternehmung ist dann in der Lage, anhaltend überdurchschnittliche Gewinne zu erzielen, wenn sie über eine nichtimitierbare Basis von Kernkompetenzen verfügt und diese gewinnbringend einsetzt. Erfolgreichen Unternehmungen gelingt es entwicklungsfähig zu sein, d. h. einen strategischen Kurs zu verfolgen, der einerseits eine gewisse Kontinuität und Stabilität gewährleistet und andererseits dynamische Anpassungen ermöglicht, die durch neue Einsichten in die Wettbewerbssituation initiiert werden. Nachfolgend werden die Ansatzpunkte einer Konzeption der Entwicklungsfähigkeit - in Korrespondenz zu den zuvor identifizierten Dimensionen einer Kernkompetenz - auf einer technologischen, einer organisatorischen und einer kulturellen Ebene expliziert. Zwischen den drei Ebenen bestehen umfangreiche Interdependenzen, so daß aus analytischen Zwecken zwar eine getrennte Darstellung erfolgt, Überschneidungen andererseits aber unvermeidbar und z.T. auch intendiert sind.

---

1)   Vgl. SCHUMPETER [Theory]; ders. [Capitalism].

2)   Er lehnt sich damit an das Begriffsverständnis von NELSON und WINTER an. Vgl. NELSON, WINTER [Theory].

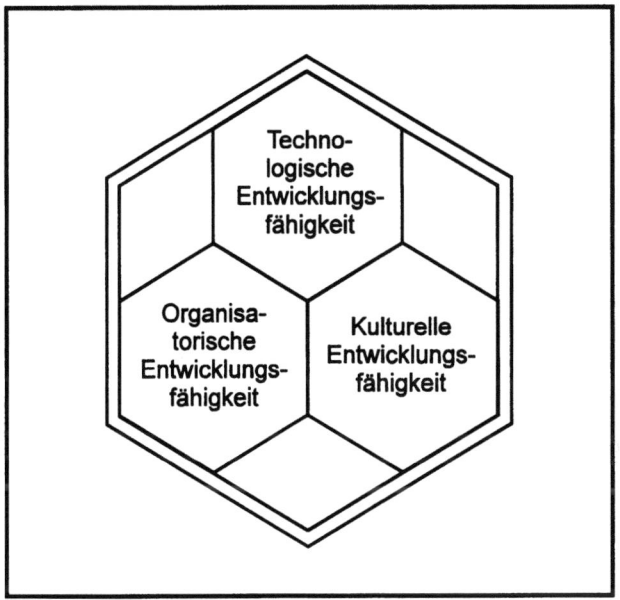

Abbildung 15: Ebenen der Entwicklungsfähigkeit

I. Technologische Entwicklungsfähigkeit

Die technologische Entwicklungsfähigkeit betrifft die inhaltliche Ebene der Kernkompetenzen diversifizierter Unternehmungen. Um langfristig wettbewerbsfähig zu bleiben,
muß das in einer Unternehmung vorhandene inhaltliche Wissen weiterentwickelt werden. Neue Erkenntnisse verwandter Forschungsgebiete müssen geprüft und wenn möglich einbezogen werden. Eine Wissensbasis, die Produktinnovationen hervorbringt und
gegenüber der Konkurrenz Wettbewerbsvorteile ermöglicht, ist ständig bedroht durch
technologische Neuerungen. Gelingt es den potentiellen Wettbewerbern eine verbesserte
Technologie zu entwickeln, so wird eine solche Wissensbasis, die ursprünglich innovativ und gewinnbringend eingesetzt wurde, u. U. obsolet. Nicht zuletzt aufgrund der
Langfristigkeit und Schwierigkeit der Veränderung bestehender Kernkompetenzen, ist
es daher entscheidend, permanente Verbesserungsmöglichkeiten zu institutionalisieren
und eine fortlaufende Weiterentwicklung der bestehenden technologischen Basen zu

forcieren. Im Mittelpunkt der technologischen Entwicklungsfähigkeit stehen nicht nur Gestaltungsfragen, vielmehr geht es auch um die Erforschung des Gegenstandsbereichs. Ziel der Erforschung bildet dabei die Möglichkeit, bestehendes Wissen zu verändern. Dabei geht es sowohl um die Entwicklung des nötigen Wissens zur effektiven und effizienten Erfüllung der Routinetätigkeiten als auch um die Schöpfung neuer Wissensbestände bzw. Generierung von Innovationen.

1. Einflußbereiche der Wissensgenerierung in Unternehmungen

Die inhaltliche Wissensdimension einer Unternehmung beinhaltet Bestandteile verschiedener Wissensbereiche. Diese verschiedenen Wissenskomponenten wirken sich auf die Entwicklungsfähigkeit diversifizierter Unternehmungen aus und beeinflussen die Möglichkeiten einer Unternehmung, sich im Wettbewerb zu behaupten bzw. erfolgreich agieren zu können. Es lassen sich drei verschiedene Einflußbereiche unterscheiden: die theoretischen Wissenschaften, die Technologische Forschung und der Bereich praktischen Wissens einer Unternehmung. Erfolgreichen Unternehmungen gelingt es, die jeweils relevanten wissenschaftlichen und technologischen Forschungsergebnisse einzubeziehen und durch eigene Aktivitäten zur Weiterentwicklung ihrer bestehenden Kompetenzen beizutragen. Das kann u. U. bedeuten, daß auch solche Erkenntnisse berücksichtigt werden müssen, die in benachbarten Technologien oder Nachbardisziplinen entwickelt werden und auf den ersten Blick in keinem direkten Zusammenhang zu den eigenen Geschäftsaktivitäten stehen. So werden Pharmaunternehmungen z. B. Neuerungen auf dem Gebiet der Biotechnologie zur Kenntnis nehmen müssen, wenn sie langfristig in der Lage sein wollen, wettbewerbsfähige Produkte anzubieten.

a)   Die Forschungsergebnisse der theoretischen Wissenschaften

Die Entwicklung des in einer Unternehmung vorhandenen inhaltlichen Wissens wird zunächst von den Forschungsergebnissen der Wissenschaften beeinflußt. Es lassen sich die reinen Wissenschaften bzw. die Grundlagenforschung und die Angewandten Wissenschaften bzw. die Angewandte Forschung unterscheiden. Während erstere (wie etwa

Mathematik, Logik u.ä.) versuchen, ein systematisches und methodisches wissenschaftliches Fundament für eine Wissenschaftsdisziplin zu schaffen, interessiert sich die Angewandte Forschung für solche wissenschaftlichen Aktivitäten, die sich um die Umsetzung und Auswertung vorgegebener theoretischer Erkenntnisse für die Mathematik, die Naturwissenschaften, Medizin, Psychologie u.ä. Wissenschaftsbereiche bemühen. Häufig hängen die Entwicklungsmöglichkeiten der in einer Unternehmung zur Anwendung gelangenden Verfahren von der Geschwindigkeit ab, mit der sich der Stand der wissenschaftlichen Forschung erweitert. Auch wenn Unternehmungen nicht direkt durch die theoretischen Wissenschaften beeinflußt werden, können sich neue wissenschaftliche Erkenntnisse dennoch indirekt - über den Wettbewerb - auf sie auswirken. Gelingt es Konkurrenten etwa, derartige Erkenntnisfortschritte oder Wissensbestandteile für die Entwicklung und Herstellung innovativer Produkte zu nutzen, so kann sich das negativ auf die Nachfrage nach den Produkten desjenigen Wettbewerbers auswirken, der die neuen wissenschaftlichen Beiträge nicht berücksichtigt. Ermöglichen die Konkurrenten aus Sicht der Abnehmer durch die von ihnen angebotenen Produkte z. B. eine verbesserte Problemlösung, so werden die Erzeugnisse des ursprünglichen Lieferanten obsolet.

Die Ergebnisse der wissenschaftlichen Grundlagenforschung und der Angewandten Forschung wirken sich also auf die Entwicklungsfähigkeit von Unternehmungen aus. Es handelt sich bei einem solchen Einfluß aber nicht um eine unveränderliche Restriktion des eigenen Verhaltens. Der Output wissenschaftlicher Systeme stellt prinzipiell keine exogene Rahmenbedingung für Unternehmungen dar. Vielmehr kann die Praxis ihrerseits die wissenschaftliche Forschung beeinflussen. So kann sie beispielsweise Forschungsvorhaben unterstützen bzw. vorantreiben, die sie für die eigene Entwicklung als besonders relevant beurteilt oder eine Weiterentwicklung des produktiven Potentials und somit die Wettbewerbs- und Gewinngenerierungssituation zu verbessern versprechen. Der Grad der Einflußnahme hängt wiederum von der Kommunikation zwischen Forschern und Praktikern ab. Unterhält eine Unternehmung beispielsweise intensive Kontakte zu den Institutionen, die wissenschaftlich forschen bzw. partizipiert ihrerseits an der wissenschaftlichen Erforschung, so ist sie in gewissem Maße befähigt, die Forschungsrichtung mitzubestimmen bzw. eigene Anregungen für die weitere Forschung zu geben.

Häufig schließen verschiedene Unternehmungen sich auch zusammen, um gemeinsam bestimmte Forschungsarbeiten durchführen zu können bzw. größere Forschungsaufträge erteilen zu können. Derartige Zusammenschlüsse von Unternehmungen (z. B. der gleichen Branche o. ä.) erhöhen zum einen den Einfluß der Praxis auf die wissenschaftlichen Institutionen, wie Universitäten, Forschungsinstitute u.ä. Einrichtungen. Zum anderen wird eine umfassende Erforschung in manchen Fällen erst durch derartige Kooperationen möglich, da die nötigen finanziellen Forschungsmittel ansonsten nicht aufzubringen wären.

b)   Die Ergebnisse der Technologischen Forschung[3]

Neben der reinen und angewandten wissenschaftlichen Forschung wird das in einer Unternehmung einsetzbare Wissen auch durch die Forschung der Technologen beeinflußt. Zu der Technologischen Forschung zählt sowohl der Output der außerbetrieblichen Technologischen Forschung, wie z. B. der Bereich der betriebswirtschaftlichen Forschung o. ä. technologischer Forschungsfelder, als auch die innerhalb der Unternehmungen stattfindenden F&E-Aktivitäten. Die Technologische Forschung wird durch verschiedene Institutionen betrieben. So wird zum einen an den Universitäten und deren Forschungsinstituten und sonstigen staatlichen oder privaten Forschungseinrichtungen an technologischen Fragestellungen gearbeitet. Daneben findet Technologische Forschung seitens der Praxis auf der Unternehmungs- oder Branchenebene statt bzw. erfolgt durch einen Zusammenschluß von Forschungsgruppen verschiedener regionaler, nationaler und internationaler Bereiche. Auch die Technologische Forschung profitiert von einem konstruktiven Austausch von Wissenschaft und Praxis bzw. zwischen verschiedenen Forschungsgemeinschaften.

Die theoretischen Grundlagenwissenschaften interessieren sich primär für das Wesen der von ihnen erforschten Gegenstände zum Zwecke des Erkenntnisgewinns und verändern die untersuchten Gegenstände lediglich aus Gründen der Erkenntnisverbesserung. Demgegenüber stellen technologische Forschungsfelder Lerngemeinschaften dar, deren primäres Anliegen darin besteht, unter Rückgriff auf die theoretischen Grundlagenwissenschaften ihren Gegenstandsbereich zu erforschen und zu gestalten. Die Technologische Forschung strebt folglich nicht ausschließlich nach Erkenntnisgewinnung, sondern verfolgt primär ein Gestaltungsziel bzw. bezweckt eine Veränderung der von ihr erforschten Gegenstände.[4] Darüber hinaus stellt die Technologische Forschung eine

---

3)   Vgl. zum Begriff der Technologischen Forschung SIKORA [Betriebswirtschaftslehre].

4)   Vgl. hierzu und im folgenden auch SIKORA [Betriebswirtschaftslehre] sowie die dort angegebene Literatur.

- 211 -

praxisbezogene Forschung dar, da sie vor dem Hintergrund der Erforschung praktischer Probleme erfolgt. Zwar ist auch der Fokus der Angewandten Wissenschaften auf einen gewissen Praxisbezug gerichtet. Die Angewandten Wissenschaften sind jedoch immer mit verschiedenen Anwendungsproblemen konfrontiert, die sich nicht theoretisch lösen lassen, sondern pragmatischer Methoden bedürfen. Diese Problematik bringt AGASSI durch das sog. „HATFIELD's law" zum Ausdruck: „There is always a gap between applied science and the implementation of its conclusions, to be filled by invention. The law is trivial in the sense that applied science does not issue programs for computers which implements its results; it is less trivial if we understand that applied science does not issue programs even for skilled workers without gaps to be filled by inventors."[5]

Produkte der Technologischen Forschung sind folglich Erfindungen, die pragmatische Lösungen technologischer Probleme darstellen, wobei wiederum zwischen radikalen und evolutionären bzw. Primär- und Sekundärerfindungen unterschieden werden kann. Während erstere gänzlich neue Konstrukte produzieren, beschäftigen sich letztere mit der Verbesserung bereits bestehender Gegenstände. Die Technologische Forschung grenzt sich auch insofern von der Angewandten Wissenschaftsforschung ab, als sie sich (u. a.) der technologischen Methode[6] bedient. Die technologische Methode wird im folgenden am Beispiel der Produktentwicklung verdeutlicht.

Phase I: Problemerkennung und -formulierung

Die erste Phase eines technologischen Prozesses dient dem Erkennen und Formulieren eines praktischen Problems. Es kann sich dabei sowohl um die Entwicklung eines neuen Produktes handeln, als auch um verfahrenstechnische Fragestellungen, organisatorische oder soziale Problemstellungen u.v.m. So kann ein Ventilhersteller etwa mit dem Problem konfrontiert sein, ein neues Prüfverfahren zu entwickeln, mit dem er die Lebensdauer der von ihm erzeugten Spezialventile möglichst kostengünstig und zuverlässig testen kann. Eine Unternehmung der Versicherungsbranche könnte andererseits eine Methode zur Unterstützung des Vertriebs bei der Risikobewertung von Großobjekten suchen. Im Bereich der Automobilindustrie würde die Entwicklung eines umweltscho-

5) AGASSI [Confusion], 52. Vgl. in diesem Zusammenhang auch SIKORA [Betriebswirtschaftslehre], 189.

6) Vgl. zur technologischen Methode BUNGE [Philosophy], insbesondere 236. Daneben bedient sich die technologische Forschung der wissenschaftlichen Methode sowie einiger universeller Methoden (etwa mathematische Modellierung, Computersimulation, u.ä.). Vgl. EBENDA.

nenden und sparsamen Kleinwagens, der den spezifischen Anforderungen einer ganz
bestimmten Käuferschicht entsprechen soll, ein solches praktisches Problem darstellen.

Phase II: Designphase

Phase II der technologischen Methode dient dem Design eines Gegenstands, Zustandes
oder Prozesses, der verspricht, zumindest eine Näherungslösung für das in Phase I for-
mulierte Problem darzustellen. Im ersten der o. g. Beispielfälle müßte folglich ein Design entwickelt werden, das die verschiedenen Prüfkriterien - wie etwa Hitzebeständig-
keit, Haltbarkeit des verwendeten Materials, Verschlußeigenschaften u.v.m. - einbezieht. Der Versicherer benötigt demgegenüber ein Design, das die als relevant erachteten Risikomerkmale, (z. B. bezüglich einer potentiellen Brandgefahr o. ä.) beachtet. Im
Automobilbeispiel müßten schließlich die verschiedenen Merkmale des erwünschten
Autos, wie z. B. niedriger Kraftstoffverbrauch, reduzierte Schadstoffemission, geringe
Größenabmessungen usw. in der Designphase Berücksichtigung finden.

Phase III: Modellkonstruktion, Prototyp

Im Anschluß an die Designphase erfolgen die Konstruktion eines Modells sowie eines
Prototyps (in Form einer Maschine, einer Experimentiereinrichtung, eines Computer-
programms, etc.). Vor dem Hintergrund des entwickelten Produktdesigns würden in
dieser Phase folglich ein Modell sowie ein dem späteren Produkt ähnelnder Prototyp
(des Prüfstandes, eines konzeptionellen bzw. DV-gestützten Beurteilungssystems, bzw.
eines Autos) konstruiert werden.

Phase IV: Test-, Bewertungs-, Verbesserungsphase

In einem letzten Schritt werden das zuvor konstruierte Modell bzw. der Prototyp gete-
stet und im Hinblick auf den Problemlösungsbeitrag des in Phase I formulierten Problems bewertet. Je nach der vorgenommenen Bewertung müssen mehr oder weniger
umfangreiche Verbesserungen an dem zugrunde liegenden Modell bzw. dem entwickelten Prototyp vorgenommen werden. Unter Umständen stellt sich in dieser Phase heraus,
daß die ursprüngliche Problemformulierung falsch war. In einem solchen Fall muß das
Problem neu formuliert werden und ggf. wird ein erneuter Durchlauf einzelner oder
sämtlicher Phasen des technologischen Prozesses notwendig. Das Einsetzen und Testen
von Pilotsystemen bzw. Prototypen ermöglicht es den Technologen zu prüfen, ob die

von ihnen entwickelten Entwürfe oder Problemlösungen sich im Hinblick auf das ursprüngliche Problem als funktional erweisen. Häufig werden die Mängel eines theoretischen Entwurfs erst durch eine derartige Funktionalitätsprüfung deutlich, während eine rein theoretische Betrachtungsweise derartige Fehler oder Unzulänglichkeiten nicht aufgedeckt hätte.

Die Durchführung von Forschungs- und Entwicklungsaktivitäten bzw. die Betätigung im Rahmen der Technologischen Forschung erfolgt unter Rückgriff auf wissenschaftliche Erkenntnisse und bereits vorhandenes technologisches und praktisches Wissen innerhalb der Unternehmung. So wird der Produktentwicklungsprozeß z. B. dann erheblich beschleunigt, wenn die Unternehmung bereits über umfangreiche Erkenntnisse verfügt bzw. auf ihre bestehenden Kompetenzen zurückgreifen kann. Andererseits werden oftmals gerade im Rahmen der Durchführung neuer Projekte die destruktiven Aspekte der in der Unternehmung zur Anwendung gelangenden Kompetenzen transparent. Durch die in der Unternehmung durchgeführten F&E-Aktivitäten bzw. den Austausch zwischen internen und externen Technologen, besteht folglich die Gelegenheit, veraltete Wissensbestände zu hinterfragen bzw. neues Wissen zu generieren. Gleichzeitig ermöglichen Projektteams häufig eine bessere Nutzung der in einer Unternehmung vorhandenen Wissensbestände bzw. dienen der Steuerung des Wissenserwerbs. In der Designphase können sich Erkenntnisse der Produktionsingenieure z. B. förderlich auf das Design eines neuen Produktes auswirken, wodurch der Produktentwicklungsprozeß beschleunigt und Produktentwicklungskosten erheblich reduziert werden können. Auch eine frühe Einbeziehung marktlicher Entwicklungen kann dazu beitragen, daß die F&E-Aktivitäten eine gewisse Kanalisierung erfahren und die Unternehmung davor bewahrt wird, am Markt vorbei zu entwickeln (bzw. zu produzieren). Herausgefordert werden die in einer Unternehmung zum Einsatz gelangenden Kompetenzen z. B. auch durch Benchmarking-Aktivitäten, die einen Abgleich der eigenen Fähigkeiten gegenüber den von der Konkurrenz eingesetzten Technologien ermöglichen sollen.

c) Das praktische Wissen

Die Wissensbasis einer Unternehmung wird nicht nur durch die Ergebnisse wissenschaftlicher und technologischer Forschungsarbeit bzw. gezielter Forschungs- und Entwicklungsarbeit beeinflußt. Daneben beinhaltet sie auch das in einer Unternehmung vorhandene praktische Wissen. Hierbei handelt es sich um sämtliche in einer Unternehmung zur Anwendung gelangenden Routinen und Techniken. Zu den in einer Unternehmung eingesetzten Techniken zählen beispielsweise die betriebswirtschaftlichen Techniken, die handwerklichen Techniken, usw. Sie werden den Mitarbeitern durch Ausbildungsmaßnahmen vermittelt bzw. entwickeln sich im Unternehmungsalltag im Laufe der Routineaktivitäten und gemeinschaftlich gesammelter Erfahrungen. Bei dem in einer Unternehmung zur Anwendung gelangenden Wissen handelt es sich zum Teil um mündlich oder schriftlich spezifizierbares, allgemein verfügbares oder objektivierbares Wissen. Derartige Wissensbestände lassen sich in Form von Konstruktionszeichnungen, Computerprogrammen, Rezepturen, Patenten, Handbüchern, u.ä. extern speichern und sind auch, unabhängig von den sie erzeugenden Subjekten, anderen Mitgliedern der Unternehmung zugänglich. Es handelt sich hierbei um die zuvor beschriebenen technischen Systeme, die häufig über mehrere Mitarbeitergenerationen überliefert werden.

Ein großer Anteil des in einer Unternehmung eingesetzten Routinewissens ist jedoch nicht artikulierbar bzw. stellt implizites und vornehmlich intuitives Wissen im Sinne der zuvor angesprochenen „tacit knowledge" dar. Es handelt sich hierbei sowohl um das Wissen einzelner Unternehmungsmitglieder, als auch um gemeinschaftlich erworbenes Erfahrungswissen. Gerade diese unbewußten Wissensbestandteile bergen ein immenses Potential zur Steigerung der Wettbewerbs- und Entwicklungsfähigkeit einer Unternehmung. Erfolgreiche Unternehmungen sind sich dieser wertvollen Wissensbestandteile bewußt und fördern ein kreatives Experimentieren ihrer Mitglieder zum Zwecke der Verbesserung der zum Einsatz gelangenden Routinen oder der Schaffung neuer Anwendungsmöglichkeiten für bisher ungenutzte Fähigkeiten. Häufig wird das vorhandene Potential erst durch den aktiven Austausch zwischen verschiedenen Wissensträgern deutlich. Zudem kann durch die Zusammenarbeit von Mitarbeitern unterschiedlicher Bereiche vielfach eine bessere Nutzung derartiger Kompetenzen erreicht werden.

Auf der einen Seite verändert sich das in einer Unternehmung angewandte praktische Wissen mehr oder weniger automatisch durch beiläufige Lernprozesse, die bei der Durchführung bzw. Anwendung der Alltagsroutinen ablaufen. Neben diesen indirekten Veränderungen kann der Austausch mit der Umwelt andererseits dazu führen, daß das bestehende Wissen bewußt transformiert wird. Erkennen die Mitglieder einer Unternehmung etwa, daß die von ihnen verwendeten Handlungsroutinen oder die eingesetzten Techniken nicht länger adäquat sind, um veränderte Problemstellungen zu bearbeiten, so werden sie versuchen, diese Techniken zu verbessern bzw. alternative Routinen zu schaffen. Impulse zur Transformation des praktischen Wissens können sich darüber hinaus auch dadurch ergeben, daß die im Rahmen der Forschungs- und Entwicklungsaktivitäten erzeugten Innovationen sich auf das Verhalten sowie die zum Einsatz gelangenden Techniken auswirken. Auch organisatorische Entwicklungen oder Veränderungen im Managementsystem können schließlich dazu beitragen, daß Lernprozesse initiiert werden und zu einer Veränderung der bestehenden Handlungsroutinen führen.

2. Die Auswirkungen der technologischen Entwicklungsfähigkeit auf den Erfolg diversifizierter Unternehmungen

Wie zuvor gezeigt, beeinflußt das in den Kompetenzen zum Ausdruck kommende Wissen einer Unternehmung deren produktives Potential sowie die hieraus ableitbaren Gewinnmöglichkeiten und den langfristigen Erfolg einer Unternehmung. Entwicklungsorientierte Unternehmungen werden stets bemüht sein, ihr vorhandenes Wissen durch eigene Anstrengungen weiterzuentwickeln und die Entwicklungen der o. g. unternehmungsexternen Einflußbereiche zu verfolgen und gegebenenfalls für die eigenen Zwekke nutzbar zu machen. Die vorhandenen Fähigkeiten und Kompetenzen bestimmen die produktiven Möglichkeiten einer Unternehmung und beeinflussen, zumindest indirekt, auch deren zukünftige Ausrichtung. Jede Veränderung des aktuellen Wissensstandes erzeugt neue produktive Möglichkeiten und Expansionsgelegenheiten. Diese Potentiale beschränken sich i.a.R. nicht auf die angestammten Bereich einer Unternehmung, sondern können - wie gesehen - auch eine Vielzahl von Diversifikationsanreizen auslösen. So gewinnen die Mitarbeiter etwa im Laufe der F&E-Aktivitäten oftmals neue, interessante Erkenntnisse und entwickeln Fähigkeiten, die neue Anwendungsmöglichkeiten aufzeigen. Die Beschäftigung mit Nachbardisziplinen kann ebenfalls dazu führen, daß ein Interesse entsteht, die bisher verfolgten Geschäftsaktivitäten in mehr oder weniger starkem Maße zu diversifizieren.

Prinzipiell kann eine Unternehmung ihre Geschäftstätigkeit auf grundlegend neue Gebiete ausdehnen. Vor dem Hintergrund der wettbewerbsstrategischen Rahmenbedingungen und rapiden technologischen Entwicklung ist es andererseits überlebenswichtig, neben Investition in neue Geschäftsbereiche auch an einer permanenten Verbesserung der aktuellen Geschäftsaktivitäten zu arbeiten, um die einmal am Markt erreichte Position beibehalten zu können bzw. zu festigen. Der Erwerb neuen Wissens ist immer mit einem gewissen Zeitaufwand verbunden und setzt mehr oder weniger umfangreiche - und zum Teil schmerzliche - Lernprozesse voraus. Aus diesem Grund ist der Einsatz, der erforderlich wird, um die nötige Kompetenz für einen gänzlich neuen Bereich zu erwerben, i.a.R. um so größer, je weiter die Unternehmung sich von ihren ursprünglichen Kompetenzfeldern entfernt. Gleichzeitig steigt die Gefahr aktueller und potentieller Konkurrenz mit zunehmender Dauer eines solchen Wissenserwerbs, da auch die Wettbewerber intensive Anstrengungen unternehmen werden, um ihre zum Einsatz gelangenden Kompetenzen zu verbessern bzw. im Wege der Forschung und Entwicklung Innovationen hervorzubringen, die es ihnen evtl. ermöglichen, die Wettbewerbs- und Gewinnverhältnisse neu zu gestalten.

Darüber hinaus werden durch die notwendige Pflege der verschiedenen Geschäftsbereiche einer Unternehmung umfangreiche Ressourcen gebunden. Auch in diesem Fall wird der Ressourcenbedarf um so größer ausfallen, je weiter die verschiedenen Geschäftsaktivitäten in technologischer Hinsicht voneinander abweichen. Normalerweise wird eine Unternehmung nur eine begrenzte Anzahl technologischer Basen entwickeln können, da der Aufwand, der erforderlich ist, um einen effizienten Geschäftsablauf des gesamten Aktivitätenspektrums zu gewährleisten, ansonsten zu hoch sein würde. Die Entscheidung, ob eine Diversifikationsstrategie eine sinnvolle Handlungsalternative darstellt muß vor dem Hintergrund dieser Sachverhalte getroffen werden. Damit ein Diversifikationsanreiz sich tatsächlich in eine erfolgreiche Diversifikation umsetzen läßt, ist das Management einer Unternehmung gefordert, gründlich zu prüfen, ob die Ausdehnung auf neue Geschäftsfelder wirklich eine effiziente Ressourcenverwendung darstellt. Die empirisch bestätigten Erfahrungen der Diversifikationspraxis haben verdeutlicht, daß zahlreichen Diversifizierern erst im Anschluß an ihre umfangreichen Akquisitionsstrategien bewußt wurde, daß sie nicht über die notwendigen Voraussetzungen verfügten, die eine Integration der neuen Bereiche in die Gesamtunternehmung ermöglicht hätten. Die von ihnen eingeschlagene Strategie wirkte sich vielmehr negativ auf den Unternehmungserfolg aus bzw. gefährdete in einigen Fällen sogar das Überleben des Diversifizierers.

Die Diversifikationsalternative wird prinzipiell immer dann interessant, wenn das produktive Potential in seiner bisherigen Verwendung nicht vollständig genutzt wird bzw. wenn begründete Erwartungen dafür vorliegen, daß eine alternative Verwendung der vorhandenen Ressourcen die langfristige Gewinnposition der Gesamtunternehmung verbessern würde. Bei der internen Diversifikation ist dabei zu entscheiden, wie schnell und mit welchem Aufwand die bestehenden Fähigkeiten auch für die Herstellung neuer

Produkte einsetzbar sind. Darüber hinaus muß geprüft werden, ob eine solche Neuorientierung des produktiven Potentials der bestehenden Ressourcen auf neue Verwendungen, den effizienten Geschäftsablauf in den angestammten Bereichen nicht behindert. Auch das Erwägen der Verfolgung externer Diversifikationsstrategien setzt eine Beurteilung der eigenen Kompetenzschwerpunkte voraus. Die zuvor skizzierten Vorteile einer Akquisitionsstrategie werden um so eher realisierbar, wenn zwischen den bestehenden Technologiebasen und den neu aufzunehmenden Bereichen eine enge Verbindung besteht. Andererseits spielt die externe Diversifikation eine wichtige Rolle, wenn es darum geht, die in der Unternehmung vorhandenen Kompetenzen zu erweitern bzw. komplementäre Fähigkeiten zu erwerben, deren interne Entwicklung entweder gar nicht oder nur durch einen nicht rechtfertigbaren Aufwand möglich wäre. Auch in diesem Fall sollten die aufgekauften Bereiche jedoch in einem engen Verhältnis zu dem vorhandenen produktiven Potential einer Unternehmung stehen bzw. dieses ergänzen.

Gleichzeitig muß jedoch berücksichtigt werden, daß die Entscheidung für eine Diversifikationsstrategie eine langfristige Beeinflussung der Unternehmungssituation darstellt. Unternehmungen sind im Hinblick auf ihre strategischen Entscheidungs- und Handlungsspielräume immer in gewissem Maße durch frühere Weichenstellungen eingeschränkt. Zum einen wird ein Teil des produktiven Potentials der eigenen Ressourcen langfristig in den neuen Verwendungen gebunden. Diversifikationsentscheidungen lassen sich prinzipiell revidieren; in vielen Fällen ist eine Rückkehr zu einem Urzustand jedoch nicht mehr realisierbar bzw. vor dem Hintergrund der hierfür anfallenden enormen Kosten nicht zu rechtfertigen, so daß sie realiter häufig stärker in den Bereich irreversibler Entscheidungen rücken. Auf der anderen Seite erscheint eine Diversifikationsstrategie langfristig nur erfolgversprechend, wenn die Unternehmung im Anschluß an eine solche Strategie über die nötigen Voraussetzungen verfügt, sämtliche ihrer Bereiche und Kompetenzfelder weiterzuentwickeln.

Die langfristige Profitabilität hängt insbesondere davon ab, ob es gelingt, eine Integration neuer und alter Wissensbestände zu erzielen und diese gewinnbringend einzusetzen. Werden die aktuellen Wettbewerbsbedingungen in die Analyse einbezogen, so relativieren sich die zahlreichen Vorteile einer Akquisitionsstrategie, da die Steigerung der Expansionsgeschwindigkeit nicht zwangsläufig die Entwicklungsfähigkeit einer Unternehmung verbessert. Die Integrationsmöglichkeiten hängen von der Lern- und Anpassungfähigkeit der in einer Unternehmung agierenden Mitarbeiter ab. Ändert sich das vertraute Umfeld der Mitarbeiter zu schnell und zu stark, so sind letztere nicht in der Lage, ihr Verhalten den umfangreichen Änderungen schnell genug anzupassen, um mit der Dynamik des Wettbewerbs Schritt halten zu können, wodurch die Erfolgswahrscheinlichkeit einer Unternehmung empfindlich beeinträchtigt werden kann. Der Erfolg einer Eingliederung neuer Bereiche wird daher um so schwieriger zu erreichen sein, je größer die aufgekauften Teile im Vergleich zu der Größe der Gesamtunternehmung sind und desto höher die Anzahl durchgeführter Akquisitionen ist, in denen sich eine Unternehmung engagiert.

Die bisherigen Ausführungen bezogen sich in erster Linie auf die inhaltliche Ebene der Kernkompetenzen bzw. die Einflußbereiche der technologischen Entwicklungsfähigkeit. Im folgenden wird die Managementdimension in die Betrachtung einbezogen, da Wettbewerbsvorteile sich nur realisieren lassen, wenn es auf der organisatorischen oder Managementebene gelingt, die vorhandenen Fähigkeiten flexibel einzusetzen und weiterzuentwickeln.

II. Organisatorische Entwicklungsfähigkeit

Der Erfolg von Unternehmungen steht in keinem eindeutigen Zusammenhang zu der Höhe der Mittel, die in die Forschung und die Entwicklung neuer Technologien investiert werden. Während die Entwicklungsfähigkeit zum Teil von den zur Verfügung stehenden finanziellen Mitteln beeinflußt wird, sind andererseits nicht zwangsläufig diejenigen Unternehmungen am erfolgreichsten, die - unter rein mengenmäßigen Gesichtspunkten - über die meisten Ressourcen verfügen. Die technischen, technologischen und sonstigen inhaltlichen Wissensbestandteile bzw. Fertigkeiten und Fähigkeiten stellen dementsprechend zwar eine notwendige, aber keine hinreichende Bedingung für eine langfristig erfolgreiche Entwicklung einer Unternehmung dar. Erfolgreiche Unternehmungen zeichnen sich vielmehr häufig durch besondere organisatorische oder koordinative Fähigkeiten aus, die die Prozesse des Wissenserwerbs besser koordinieren und einen besseren Einsatz des zur Verfügung stehenden Wissens bzw. der vorhandenen Ressourcen und Fähigkeiten ermöglichen. So ergab die Untersuchung von CLARK und FUJIMOTO zur Produktentwicklung in der Automobilbranche etwa, daß Unternehmungen sich im Hinblick auf die Art und Weise der Koordinierung von Produktentwicklungsaktivitäten z.T. erheblich unterscheiden, was sich wiederum auf die erfolgsbein-

- 219 -

flussenden Merkmale (wie z. B. Kosten, zeitliche Dauer und Qualität der Entwicklungsaktivitäten) auszuwirken scheint.[7])

Auch GARVIN konnte nachweisen, daß die erreichte Qualität der hervorgebrachten
Leistungen stärker von den koordinierenden organisationalen Routinen abhing, als von
der Höhe des investierten Kapitals. Derartige Routinen beinhalten z. B. die Art der In-
formationsgewinnung und -verarbeitung, die Art und Weise, in der Kundenwünsche und
ingenieurwissenschaftliche Kenntnisse koordiniert werden und in den Produkten ihren
Niederschlag finden oder die Koordination von Produktionsaktivitäten und Lieferantenbeziehungen.[8]) Es handelt sich bei den organisationalen Routinen zum einen um diejenigen Fähigkeiten, die eine effiziente Ausführung von Routineaufgaben, d. h. solche
Tätigkeiten, die wiederholt ausgeführt werden müssen, ermöglichen. Von diesen einfachen Routinen lassen sich solche Routinen abgrenzen, die auf die Entwicklung neuer
Fähigkeiten abzielen. So unterstützen derartige Routinen etwa die F&E-Aktivitäten einer Unternehmung, indem sie die Art, den Umfang und die Bereiche der Forschung und
Entwicklung steuern. Gemeinhin kann es qualifizierten Konkurrenten gelingen, ihrerseits die von erfolgreichen Wettbewerbern verwendeten Produktionstechnologien einzusetzen und somit eine Nachahmung anzuvisieren. Verfügen die bevorteilten Unternehmungen jedoch über einzigartige organisatorische Fähigkeiten, die - neben dem Einsatz
der richtigen Technologie - deren Erfolg zugrunde liegen, so wird es den Konkurrenten
in der Regel nicht gelingen, ebenso erfolgreich zu sein, weil sie nicht in der Lage sein
werden, die in einer Unternehmung historisch gewachsenen sozialen Strukturen zu
durchschauen bzw. deren Wirkungen zu erfassen. Einzelne organisationale Routinen
sind zum Teil bereits schwer durchschaubar. Häufig sind die in einer Unternehmung zur
Anwendung gelangenden organisationalen Routinen jedoch in ein komplexes Routine-
system eingebettet. Gelänge es einem Konkurrenten etwa eine Einzelroutine zu kopieren, so wäre es ihm auf diese Weise i.a.R. dennoch nicht möglich, auch den Erfolg der
Unternehmung zu kopieren. So setzt eine Veränderung einer Routineteilmenge in einem
Unternehmungsbereich (z. B. in der Beschaffung oder der Produktion) häufig Änderungen der anderen Teilbereiche des gesamten Routinesystems (etwa im Bereich F&E oder
im Vertrieb) voraus, wenn das gesamte System organisationaler Routinen erfolgreich
bleiben soll.[9])

---

7)   Vgl. CLARK, FUJIMOTO [Performance].
8)   Vgl. GARVIN [Quality].
9)   Vgl. auch TEECE, PISANO, SHUEN [Capabilities].

Die organisatorische Koordination der technologischen Kompetenzen wirkt sich nicht nur auf die Möglichkeit einer Nachahmung durch die Konkurrenz aus, sie kann darüber hinaus auch den Wert des in einer Unternehmung eingesetzten Wissens entscheidend erhöhen. Da die Entwicklung der bestehenden Fähigkeiten und Kompetenzen hohe Investitionen in finanzieller und zeitlicher Hinsicht erfordern, kann es unter Umständen von entscheidender Bedeutung für den langfristigen Erfolg einer Unternehmung sein, wie die zur Verfügung stehenden Mittel auf die verschiedenen Kompetenzbereiche verteilt werden. Es wäre etwa fatal, auch dann noch in bestimmte Kompetenzfelder zu investieren, wenn letztere ihre Marktrelevanz bereits verloren haben oder ein Konkurrent seinerseits über technologisches Wissen verfügt, das ihn in naher Zukunft dazu befähigen wird, die Wettbewerbsposition des ursprünglich erfolgreicheren Wettbewerbers ernsthaft zu bedrohen. So sind Diversifizierer teilweise gescheitert, wenn sie ihre Investitions- und Entwicklungsaktivitäten ausschließlich auf den Erwerb und die Pflege neuer Geschäftsbereiche konzentriert und sich in den angestammten Bereichen auf ursprüngliche Vorteilspositionen verlassen haben.

Werden die älteren Geschäftsbereiche vernachlässigt, so gelingt es den Konkurrenten u. U., einen als langanhaltend geglaubten Wettbewerbsvorteil zu vernichten. Eine diversifizierte Unternehmung kann nur dann entwicklungsfähig sein bzw. bleiben, wenn sie es schafft, sämtliche ihrer Geschäftsbereiche zu entwickeln. Zwar wird die Intensität der Förderung der verschiedenen Bereiche sowohl in zeitlicher als auch in qualitativer Hinsicht sehr unterschiedlich ausfallen. Langfristig bedürfen jedoch alle Geschäftstätigkeiten der fortlaufenden Beachtung und Investition. Unter Umständen kann die kontinuierliche Entwicklung der Gesamtunternehmung auch bedeuten, daß man sich von einem wenig rentablen Bereich wieder trennt, um die vorhandenen Ressourcen und Fähigkeiten effizienter einsetzen zu können. Auch die sinnvolle Expansionsgeschwindigkeit ist folglich von dem in einer Unternehmung vorhandenen produktiven Potential ihrer Ressourcen abhängig. Erfolgt eine Ausdehnung der Geschäftsaktivitäten zu schnell und zu radikal, so wird die Effizienz der Gesamtunternehmung und letztlich der Unternehmungserfolg hiervon beeinträchtigt. Im Extremfall kann sogar das Überleben einer solchen Unternehmung durch einen zu gewagten Expansionskurs gefährdet werden.

Wie zuvor dargelegt, grenzt sich eine Unternehmung durch ihre Kernkompetenzen strategisch von ihren Wettbewerbern ab, wobei die Kernkompetenzen als kollektiv erzeugte Wissensmenge charakterisiert wurden. Um erfolgreich zu sein, reicht es andererseits jedoch nicht aus, daß eine Unternehmung über bestimmte Wissensbestände verfügt. Eine ausschließliche Betrachtung der Ansammlung eines Bestands von Ressourcen und

Fähigkeiten würde die besondere Bedeutung der organisatorischen Komponente im Hinblick auf die langfristige Entwicklungsfähigkeit vernachlässigen. Vielmehr sind es die aus dem Wissen resultierenden Verhaltensweisen oder Handlungen die darüber entscheiden, ob eine Unternehmung langfristigen Erfolg hat. Aufgrund der skizzierten wettbewerbsstrategischen Rahmenbedingungen sehen sich die Unternehmungen mit ständig neuen Handlungssituationen konfrontiert. Nur eine Transformation der in Unternehmungen bestehenden Wissensbasis ermöglicht eine dynamische Anpassung des Verhaltens an veränderte Bedingungen. Das bedeutet, daß die einer diversifizierten Unternehmung zugrundeliegende Wissensbasis permanent hinterfragt und ggf. verändert werden muß.

1. Wissenstransformation als Voraussetzung für die Wettbewerbs- und Entwicklungsfähigkeit diversifizierter Unternehmungen

Im Rahmen der Diskussion der technologischen Entwicklungsfähigkeit wurden die verschiedenen Einflußbereiche des in einer Unternehmung erzeugten Wissens aufgezeigt. Nachfolgend werden nun diejenigen Prozesse untersucht, die eine Modifizierung bzw. Erweiterung bestehender Wissensbasen bzw. eine Transformation des in Unternehmungen eingesetzten Wissens ermöglichen.[10] Daneben werden auch diejenigen Einflüsse berücksichtigt, die einer Förderung derartiger Entwicklungs- bzw. Veränderungsprozesse entgegenstehen.

Die Veränderung von Wissen erfolgt durch Lernen, wobei das in einer Unternehmung vorhandene Wissen immer durch die dort agierenden Menschen verändert wird. Eine Unternehmung stellt kein Wesen mit eigener Persönlichkeit dar, das als solches lernt. Unternehmungen sind vielmehr soziale Systeme, in denen eine Vielzahl von Individuen mit unterschiedlichem Sozialisations- und Erfahrungshintergrund zusammenkommt und es sind die Mitglieder einer Unternehmung, die durch vielfältige Lernprozesse Veränderungen der bestehenden Wissensbasis erst ermöglichen. Gleichzeitig unterscheidet sich

---

10)   Es lassen sich zahlreiche unterschiedliche Lernkonzepte unterscheiden, die das Lernen aus verschiedenen Blickwinkeln und in Anlehnung an unterschiedliche Forschungsrichtungen untersuchen. Vgl. für einen Überblick über derartige Lernkonzepte z. B. ARGYRIS, SCHÖN [Learning]; NORMANN [Capabilities]. Die weiteren Ausführungen lehnen sich eng an das auf individual- und sozialpsychologischen Erkenntnissen beruhende Lernkonzept von ARGYRIS, SCHÖN an. Vgl. ARGYRIS, SCHÖN [Learning] sowie ARGYRIS [Single-Loop].

das in einer Unternehmung vorhandene Wissen aber von dem kumulierten Wissen der einzelnen Systemmitglieder. Es muß somit zwischen individuellem Wissen und organisationalem Wissen bzw. hieraus resultierend zwischen individuellem und organisationalem Lernen unterschieden werden. Die in einer Unternehmung ablaufenden Lernvorgänge werden somit zwar von Individuen vollzogen; diese sind häufig jedoch nur durch kollektive Lernprozesse bzw. durch die Einbindung in die Unternehmung in der Lage, ihr Wissen zu erweitern. "Individuelles Lernen verändert sich, wenn es in den Rahmen einer Gruppe oder formalen Organisation gestellt wird (...). Andererseits ermöglicht die soziale Erfahrung häufig erst individuelle Lernprozesse."[11]) Darüber hinaus ändert sich die Zusammensetzung der Mitglieder einer Unternehmung im Zeitablauf, da einige Mitglieder ausscheiden, während neue hinzukommen.

a) Konzeptionelle Grundlagen des organisationalen Lernens

Eine Konzeption, die Unternehmungen und die in ihnen agierenden Individuen als prinzipiell lern- und entwicklungsfähig begreift muß also diejenigen Aspekte betrachten, die der Transformation des Wissens zugrunde liegen. Menschen handeln vor dem Hintergrund ihres bewußten oder unbewußten Wissens, um bestimmte Ziele und Absichten zu erreichen. Ob eine Unternehmung erfolgreich ist hängt folglich in erster Linie von den aus dem Wissen resultierenden Handlungen ab, wobei Annahmen und Wertvorstellungen bezüglich des als adäquat beurteilten Handelns Aspekte des für eine bestimmte Handlungssituation fehlenden eindeutigen Wissens ersetzen. Diese handlungs- bzw. verhaltenssteuernden Annahmen und Vorstellungen werden auch als Handlungstheorien bezeichnet. ARGYRIS und SCHÖN gehen davon aus, daß Individuen zwei verschiedene Handlungstheorien besitzen, welche die Grundlage ihres Handelns bilden. Die geäußerte Handlungstheorie einer Person ("espoused theory of action") entspricht deren Vorstellungen darüber, wie ihr Handeln in einer bestimmten Problemsituation aussehen würde und ist in der Regel gleichzusetzen mit der Theorie, die eine solche Person i.a.R. gegenüber Außenstehenden verbalisiert, wenn diese sie nach ihrer Vorstellung über ein angemessenes Verhalten befragen. Tatsächlich handelt ein solcher Mensch im allgemeinen jedoch - bewußt oder unbewußt - abweichend von dieser geäußerten oder als ideal erachteten Handlungstheorie. Die der Handlung einer Person tatsächlich zugrundeliegende Theorie wird als praktizierte Handlungstheorie ("theory-in-use") bezeichnet.

---

11)   PAUTZKE [Evolution], 34.

Überträgt man diese Überlegungen auf das soziale System Unternehmung, so ergibt sich folgender Zusammenhang: Die Mitglieder einer Unternehmung handeln nicht nur als Individuen, sondern orientieren sich darüber hinaus - in unterschiedlich starkem Maße - an kollektiven Regelsystemen und der Erreichung gemeinsamer organisationaler Ziele. Innerhalb einer Organisation bestehen für jeden Aufgabenbereich bestimmte Handlungsstrategien, zugrundeliegende Normen sowie verschiedene grundlegende Annahmen, die zusammengenommen eine Handlungstheorie ausmachen. Die Gesamtheit der Handlungstheorien der verschiedenen Bereiche ergibt die globale, gesamtunternehmungsbezogene Handlungstheorie, die ein komplexes System von Normen, Strategien und Annahmen beinhaltet. Eine Analyse des regelgeleiteten Verhaltens der Unternehmungsmitglieder läßt Rückschlüsse auf die organisationalen Handlungstheorien zu, wobei es sich allerdings um eine externe Sicht der organisationalen "theory-in-use" handelt. Eine interne Perspektive ist demgegenüber dadurch gekennzeichnet, daß die dem Handeln der Mitglieder zugrundeliegende Wissensbasis der Unternehmung betrachtet wird. Eine solche Betrachtung erfolgt auf der Grundlage der Vorstellungen oder Annahmen, die jedes Unternehmungsmitglied von der organisationalen "theory-in-use" hat. Das Bild eines einzelnen Mitglieds ist niemals vollständig, so daß es der Kommunikation mit anderen bedarf, um zu einer genaueren Vorstellung bezüglich der zugrundeliegenden organisationalen Handlungstheorien sowie der eigenen Position innerhalb der Unternehmung zu gelangen. Die auf diese Weise gewonnenen Vorstellungen der Unternehmungsmitglieder wirken schließlich verhaltensbeeinflussend.

An dieser Stelle wird auch deutlich, warum sich das Verhalten in Unternehmungen nicht durch direkte Mechanismen beliebig steuern läßt. Das Verhalten der Mitglieder einer Unternehmung wird sowohl durch die individuellen Handlungstheorien als auch durch die in verschiedenen Austauschbeziehungen gewonnenen kollektiven Wertvorstellungen und Annahmen geprägt. Zwischen den Mitgliedern einer Unternehmung bestehen zahlreiche Arbeits- und Sozialbeziehungen, die sich wiederum auf die eigene Positionsbestimmung eines jeden Mitgliedes und dessen Verhalten auswirken. Jeder Versuch einer Verhaltensbeeinflußung muß daher immer mit emergenten Effekten rechnen, die als bewußte oder unbewußte Reaktion auf den Steuerungsversuch entstehen können. Auf der Ebene der individuellen Handlungstheorien können sich bereits insofern nichtintendierte Wirkungen zeigen, als die geäußerte Handlungstheorie einer Person nicht mit dem tatsächlichen Verhalten übereinstimmt. Werden hingegen die komplexen Interaktionsbeziehungen, die den organisationalen Handlungstheorien zugrunde liegen einbezogen, so wird deutlich, daß sich das in einem sozialen System resultierende Verhalten keineswegs eindeutig ableiten oder gar steuern läßt. Darüber hinaus handeln die Mitglieder einer Unternehmung nicht nur im Unternehmungskontext, sondern agieren, wie zuvor dargelegt, in zahlreichen anderen, unternehmungsexternen Kontexten. Diese Bereiche entziehen sich i.a.r. der Einflußnahme des Managements, so daß auch insofern keine gezielte Verhaltenssteuerung möglich ist. Gerade durch diese vielfältigen externen Beziehungen werden andererseits Lernvorgänge ausgelöst und entwickelt das soziale System Unternehmung sich weiter.

b) Steigerung der Entwicklungsfähigkeit durch Lernprozesse höherer Ordnung

Wenn das Verhalten der Unternehmungsmitglieder durch die den Handlungen zugrundeliegenden Handlungstheorien bestimmt wird, kann eine Änderung des Verhaltens also nur erfolgen, wenn die Handlungstheorien modifiziert werden. Letztere wiederum beinhalten die individuelle bzw. organisationale Wissensbasis. Folglich setzt eine Änderung des Verhaltens voraus, daß das zugrunde liegende Wissen durch Lernen transformiert wird. Menschen interagieren mit anderen Menschen. Sind die Interaktionen rekursiv, so entstehen soziale Gruppen oder Organisationen.[12] Die Mitglieder einer Unternehmung sind aufgrund ihrer Einbindung in die Gesellschaft Teilnehmer einer Vielzahl unterschiedlicher sozialer Gruppen. Durch ihre Interaktionsbeziehungen in vielfältigen Kontexten erhalten sie Informationen, die sie wiederum in die Unternehmung einbringen können. Lernprozesse setzen immer dann ein, wenn Menschen mit ihrer Umwelt in Interaktionen treten. Einflüsse von außen wirken sich auf das Wissen des Individuums bzw. der Gruppe aus. Gleichzeitig erfahren Handlungen i.a.R. ein Feedback von außen. Menschen speichern die verschiedenen Feedback Erfahrungen, die sich wiederum auf das zukünftige Handeln auswirken. Der Austausch mit anderen sozialen Gruppierungen oder Systemen bewirkt also ein Hinterfragen der verwendeten Handlungstheorien und ermöglicht auf diese Weise ein Lernen, das wiederum bewußt oder unbewußt ablaufen kann.

---

12)   Vgl. ausführlich KROHN, KÜPPERS [Selbstorganisation].

Es lassen sich grundsätzlich einfache und höhere Lernprozesse unterscheiden.[13]) Einfache Lernprozesse basieren auf einem Verhaltensmodell, das aufgrund der zugrundeliegenden handlungsbestimmenden Variablen stark individualistisch ausgerichtet ist. Eine der Forderungen eines solchen Modells stellt die Definition und Erreichung eindeutiger Ziele dar. Darüber hinaus werden eine Gewinnmaximierung bzw. Verlustminierung angestrebt. Negative Gefühle gilt es bei diesem Handlungsmodell zu vermeiden bzw. zu unterdrücken. Das diesen Verhaltensgrundsätzen folgende Lernen wird als einschleifiges oder "single-loop-learning" bezeichnet. Durch diese Form des Lernens soll eine Aufrechterhaltung der wesentlichen Merkmale der organisationalen "theory-in-use" gewährleistet werden. Bei auftretenden Änderungen innerhalb der Unternehmung bzw. der die Unternehmung betreffenden Umwelt werden erkannte Fehler nur in der Weise korrigiert, die erforderlich ist, um die bestehenden Handlungstheorien weitgehend unverändert zu belassen. Es handelt sich somit um eine defensive Form des Lernens, bei der versucht wird, eine gewisse Konstanz aufrechtzuerhalten, indem Handlungsergebnisse und -strategien sowie die zugrundeliegenden Annahmen innerhalb des bestehenden Normensystems der Unternehmung angepaßt werden. Da die zugrundeliegenden Normen bei dieser Vorgehensweise nicht hinterfragt werden, handelt es sich um einen einschleifigen Feedback-Prozeß. Der Schwerpunkt liegt auf einer ständigen Wiederholung und Verbesserung bestehender Handlungsroutinen. Die geltenden Normen und Regeln sollen nicht verändert werden; vielmehr wird ein Ausnutzen der Spielräume innerhalb des bestehenden Bezugsrahmens angestrebt, um die routinierte Problemhandhabung noch effizienter durchführen und gestalten zu können.

Demgegenüber liegt dem sog. zweischleifigen oder "double-loop-Lernen" ein Verhaltensmodell zugrunde, das wesentlich offener für Kritik ist und von einer interaktionistischen Orientierung geprägt wird. Die handlungsbestimmenden Variablen sind zuverlässige Informationen, freie informierte Wahl und innere Verpflichtung der Handlungsakteure. Dementsprechend beschränken sich die bei dieser Lernform vorgenommenen Veränderungen nicht auf Korrekturen innerhalb des gemeinsamen Normensystems. Auch die zugrundeliegenden Handlungstheorien werden bei dieser Lernform vielmehr hinterfragt und gegebenenfalls modifiziert. Es handelt sich folglich um einen zweischleifigen Feedback-Prozeß bei dem auch die "... Kontexte der Situationsdefinition

---

13)   Die Unterscheidung verschiedener Lernprozesse oder Ebenen geht auf BATESON zurück, der fünf verschiedene Ebenen unterscheidet. Nachfolgend werden jedoch nur die für die vorliegende Themenstellung relevanten Lernebenen berücksichtigt. Es lassen sich dann einschleifige und zweischleifige Lernprozesse unterscheiden. I.a.R. werden die Begriffe des single-loop bzw. double-loop- Lernens benutzt. Vgl. BATESON [Naven]; ARGYRIS, SCHÖN [Learning]; ASHBY [Design].

selbst weiterentwickelt und verbessert werden."[14]) Diese Form des Lernens findet somit auf einer höheren Lernebene statt als das einschleifige Lernen. Im Vordergrund der Betrachtung steht nicht länger die Effizienzsteigerung bestehender Aktivitäten, d. h. der Schwerpunkt liegt nicht auf der Verbesserung bereits vorhandenen Routinewissens. Es geht vielmehr darum, sich die Unzulänglichkeiten der vertrauten "theory in use" für eine neue Problemsituation bewußt zu machen. Gleichzeitig sollen Spielräume für Änderungen des zugrundeliegenden Perzeptions- und Bezugsrahmens geschaffen werden. Von einem Lernen höherer Ordnung kann also immer dann gesprochen werden, wenn Schwächen innerhalb der zugrundeliegenden Normen erkannt werden und diese Problematik durch eine Veränderung des Normensystems etwa durch Prioritätenverschiebung, Neugewichtung oder Umstrukturierung bestehender Normen bzw. Änderung der zugrundeliegenden Handlungstheorien behoben wird.

Das Lernen höherer Ordnung wird der tatsächlichen Problematik diversifizierter Unternehmungen in einem dynamischen Wettbewerbsumfeld gerecht, da es neben einer möglichen Anpassung innerhalb des bestehenden Bezugsrahmens (einschleifiger Feedback-Prozeß) auch Veränderungen des Normensystems berücksichtigt. Auf diese Weise kann der Problematik eines irrtümlichen Festhaltens an bewährten, aber für die zugrundeliegende Problemsituation inadäquaten Verhaltensweisen bzw. Handlungsroutinen entgegengewirkt werden. Die Förderung defensiver Verhaltensweisen stellt ja gerade einen der Hauptmängel der Lernprozesse einfacher Ordnung dar. Die für den Erfolg einer diversifizierten Unternehmung entscheidende Entwicklungsfähigkeit wird durch die zweischleifigen Lernprozesse gefördert. Das Management ist daher gefordert, dazu beizutragen, daß die verschiedenen Mitglieder der Unternehmung ihre Handlungstheorien hinterfragen und gegebenenfalls veränderten Erfordernissen anpassen. Das setzt jedoch voraus, daß auch das Management selber den Bedarf eines zweischleifigen Lernens erkennt und seinerseits über die Fähigkeit verfügt, altvertraute Denk- und Verhaltensmuster kritisch zu überprüfen und auch selber offen ist für notwendige Lernprozesse.

---

14)   Vgl. PAUTZKE [Evolution], 34.

c) Lernhemmende Faktoren und personelle Widerstände gegenüber Veränderungen

Es wurde bereits mehrfach darauf hingewiesen, daß den Menschen im allgemeinen eine Furcht vor Veränderungen bzw. eine Suche nach Stabilität immanent ist und die Angst vor Abweichungen von Altbekanntem ein häufig feststellbares soziales Phänomen darstellt. Jede Neuerung wird somit zunächst einmal als störend oder bedrohlich empfunden. Es reicht folglich nicht aus, daß die Manager einer Unternehmung ein Lernen von oben verordnen. Die Ingangsetzung von Lernprozessen setzt vielmehr in jedem Fall voraus, daß die von den Veränderungen betroffenen Mitglieder einer Unternehmung selber einen Änderungsbedarf verspüren und aktiv an den Veränderungsprozessen beteiligt sind. Den Mitarbeitern einer Unternehmung wird ein notwendiger Änderungsbedarf nicht immer bewußt. Wird ein solcher Bedarf jedoch nicht empfunden oder aber willentlich an altvertrauten Denk- und Handlungsweisen festgehalten, so wirkt das Verhalten lern- und entwicklungshemmend. Denkbare Gründe derartiger Abwehrhaltungen sowie häufig auftretende, lernhemmende oder -verhindernde Faktoren werden im folgenden diskutiert.

Individuen sind aufgrund ihrer eingeschränkten Informationsverarbeitungskapazität und begrenzten Rationalität gezwungen, einen Teil der sie umgebenden Realität - in Form modellhafter Vorstellungen - wahrzunehmen. Je nachdem, welche Aspekte der Wirklichkeit ein Mensch wahrnimmt und welche nicht, resultiert ein unterschiedliches Modell der Realität. Die menschliche Wahrnehmung ist dabei von verschiedenen Einflüssen geprägt. So tendieren Individuen beispielsweise dazu, nur die Aspekte der Realität wahrzunehmen, die sich in ihre vertrauten Denk- und Handlungsrahmen problemlos einfügen. Eine solche Tendenz von Individuen, die sie umgebende Realität nur innerhalb des etablierten Bezugsrahmens wahrzunehmen wird in der psychologischen Forschung als "selektive Wahrnehmung" bezeichnet.[15] Innerhalb sozialer Systeme wird die Neigung, die betreffende Umwelt selektiv zu erfassen noch verstärkt, da die Wahrnehmung eines Individuums nicht ausschließlich auf direktem Wege erfolgt, sondern teilweise auch indirekt durch die kommunizierte Wahrnehmung anderer Systemmitglieder.

---

15) Vgl. ABELS, STENGER [Gesellschaft], 59.

Nicht selten geht im Laufe der Zeit auch das Bewußtsein verloren, daß es sich bei der eigenen Wahrnehmung der Realität um eine solche modellhafte Vorstellung handelt, die eben nicht gleichzusetzen ist mit einer objektiven Wirklichkeit. So kann es vorkommen, daß die Mitglieder einer Unternehmung die handlungsleitenden Konzeptionen nicht hinterfragen und letztere auch dann noch Anwendung finden, wenn die ihnen zugrunde-liegenden Prämissen längst nicht mehr gegeben sind. Probleme werden entweder gar nicht wahrgenommen oder es erfolgt eine Problemverzerrung. Ist die Problemwahrneh-mung jedoch unzutreffend, so können auch die abzuleitenden Methoden oder Maßnah-men nicht problemadäquat sein. Das Handeln in einer Unternehmung ist folglich in ent-scheidendem Maße dadurch geprägt, welches Bild bzw. Modell die Mitglieder dieser Unternehmung von der sie umgebenden Wirklichkeit haben. Solange also die dem Ver-halten in einer Unternehmung zugrunde liegenden Denkrahmen als starre und unabän-derliche Gebilde betrachtet werden, wird auch die Wahrnehmung der Handlungssituati-on starr und unflexibel bleiben. Ein Veränderungsbedarf wird u. U. nicht erkannt, was im schlimmsten Fall das Überleben einer Unternehmung gefährden kann.

Auf die Problematik der nichtartikulierbaren Wissensbestände bzw. der "tacit-knowledge" wurde bereits eingegangen. Häufig merken die Mitglieder einer Unterneh-mung die verhaltensbeeinflussenden Wirkungen derartiger unbewußter Wissensbestände im Laufe der Zeit nicht mehr. Während der Vorteil darin besteht, daß die Menschen ihre Aufmerksamkeit aufgrund der relativ automatisch ablaufenden Handlungsroutinen auf andere problemrelevante Aspekte lenken könnten, besteht andererseits das Risiko vor-schneller Routinehandlungen, ohne die zugrundeliegende Situation aus einer kritischen Distanz neu zu beurteilen. Mit zunehmender Routine wird oft vergessen, daß das zu-grundeliegende Erfahrungswissen durchaus veränderbar ist. Die einem solchen Wissen zugrundeliegenden Denk- und Verknüpfungsleistungen werden nicht länger bewußt wahrgenommen. Der Einfluß der im organisationalen Kontext auftretenden mikropoliti-schen Aspekte wurde bereits diskutiert und sei an dieser Stelle lediglich erwähnt. So kann die Angst von Mitarbeitern vor einem Machtverlust etwa dazu führen, daß not-wendige Lernprozesse behindert werden, indem etwa wichtige Informationen zurückge-halten oder falsche Informationen weitergeben werden.

Schließlich wirkt sich auch der Faktor Zeit auf die Lernfähigkeit von Unternehmungen aus. Die unternehmerische Praxis ist im allgemeinen dadurch gekennzeichnet, daß die zur Verfügung stehende Zeit eine knappe Ressource darstellt. Hieraus resultierend sind die Mitglieder einer Unternehmung gezwungen, ihr Verhalten den in zeitlicher Hinsicht bestehenden Restriktionen anzupassen. Diese zeitlichen Erfordernisse können sich einerseits durchaus positiv auf die Entwicklungsfähigkeit einer Unternehmung auswirken, indem sie etwa dazu führen, daß die Mitarbeiter sich auf die wesentlichen Aufgabenstellungen konzentrieren und in gewissem Maße auch motiviert sein werden, Entscheidungen voranzutreiben, die im Falle unbegrenzter Zeit hinausgezögert würden. Auf der anderen Seite kann ein genereller Mangel an Zeit aber bewirken, daß wichtige Entscheidungen vorschnell getroffen werden. Darüber hinaus besteht die Gefahr, daß kurzfristige Zielsetzungen stärker in den Vordergrund rücken, während die strategischen Anforderungen nur eine ungenügende oder - im Extremfall - gar keine Berücksichtigung finden. In derartigen Fällen neigen die Mitglieder einer Unternehmung etwa verstärkt dazu, ihre vertrauten Verhaltensmuster anzuwenden, anstatt notwendige Lernvorgänge zu initiieren. Lernprozesse folgen dann zumeist einem Modell des einschleifigen Lernens, das mit seiner Forderung der Definition und Erreichung eindeutiger Ziele den aktuellen Erfordernissen besser gerecht zu werden scheint.

Zudem entsteht häufig der irrige Glaube, die knappe zur Verfügung stehende Zeit ließe sich besser nutzen, wenn die wesentlichen Merkmale der organisationalen Handlungstheorie aufrechterhalten bleiben. Um entwicklungsfähig zu sein ist es in vielen Fällen jedoch gerade entscheidend, daß bereits erlerntes, früheres Wissen in neuen Handlungssituationen zugunsten einer geänderten Problemwahrnehmung vernachlässigt wird bzw. altvertraute, aber inadäquat gewordene Perzeptions- und Denkrahmen aufgegeben werden. Eine derartige Vorgehensweise bedeutet nicht, daß zuvor erlernte Wissensbestände ausgelöscht würden. Erworbene Erfahrungen lassen sich nicht einfach ausradieren. Vielmehr geht es darum, mit bereits gemachten Erfahrungen bzw. Wissensbeständen in veränderter Art umzugehen. Das könnte konkret beispielsweise bedeuten, daß Desinformationen oder Wahrnehmungsverzerrungen erkannt und vernachlässigt bzw. ausgeschaltet werden.

2. Koordination des Erwerbs und Einsatzes von Fähigkeiten

Angesichts der Bedingungen des globalen Wettbewerbs wird es für Unternehmungen zunehmend wichtiger, die relevanten Kernkompetenzen zu identifizieren, weiterzuentwickeln und gewinnbringend einzusetzen. Sie sind gefordert, Problemlösungen anzubieten, die den Kundenwünschen gerecht werden und darüber hinaus auch aktiv neue Produkte zu kreieren, für die Bedürfnisse erst noch geweckt werden müssen. Dabei bildet der Faktor Zeit eine entscheidende Variable im Wettbewerb. Eine ausschließliche Betrachtung der Kosten und Qualität von Produkten der Konkurrenz muß zwangsläufig oberflächlich bleiben. Von größerer Bedeutung ist die Frage nach dem zugrundeliegenden Netzwerk von Kernkompetenzen, das dem Wettbewerber letztlich das Anbieten kostengünstiger und qualitativ hochwertiger Produkte ermöglicht. Kernkompetenzen zeichnen sich dadurch aus, daß sie den Zugang zu einer breiten Palette unterschiedlicher Märkte ermöglichen. Langfristig ist vor allem die Fähigkeit, neue Märkte zu schaffen bzw. in entstehende Märkte schnell einzutreten, wettbewerbsentscheidend. Der Erfolg diversifizierter Unternehmungen wird folglich in erster Linie von der Art und Geschwindigkeit des Wissenserwerbs sowie der Fähigkeit eines intelligenten Wissenseinsatzes abhängen. Wie gesehen kann das in einer Unternehmung vorhandene Wissen durch verschiedene Lernprozesse verändert werden. Eine ausschließliche Betrachtung derartiger Wissenstransformationsprozesse würde jedoch die Bedeutung des Wissenstransfers ausklammern. Nur wenn das Wissen der verschiedenen Mitglieder einer Unternehmung an der richtigen Stelle und zum richtigen Zeitpunkt zusammenkommt und richtig umgesetzt wird, läßt es sich erfolgreich nutzen. Um langfristig entwicklungsfähig und erfolgreich sein zu können, bedarf es der Koordination der vielfältigen in einer Unternehmung ablaufenden Prozesse des Wissenserwerbs und des Wissenseinsatzes.

Das politische bzw. Managementsystem ist gefordert, das Verhalten der verschiedenen Unternehmungsmitglieder durch kollektive Regelsysteme zu beeinflussen und im Hinblick auf die strategische Ausrichtung der Gesamtunternehmung durch verbindliche Entscheidungen zu koordinieren. Die Aufgabe des Managementsystems besteht folglich darin, das Arbeits- und Sozialverhalten innerhalb der Unternehmung zu überwachen und zu koordinieren bzw. die kollektive Verbindlichkeit von Plänen und Gestaltungsmodellen sicherzustellen. Die mit diesen Aufgaben betrauten Manager legen Verhaltensnormen fest, die für die Mitglieder der Unternehmung als verbindlich gelten und bei Nichteinhaltung sanktioniert werden können, um auf diese Weise die gesamtunternehmerischen Erfolgsmöglichkeiten zu erhöhen. Eine entwicklungsfördernde Koordination setzt wiederum voraus, daß das Management die Notwendigkeit strategischer Visionen erkennt und in der Lage ist, das in der Unternehmung vorhandene produktive Potential zu entwickeln und gewinnbringend einzusetzen.

Gerade in diversifizierten Unternehmungen, die sich in zahlreichen unterschiedlichen Geschäftsaktivitäten engagieren, ist die Koordination der vorhandenen Fähigkeiten von besonderer Bedeutung und stellt gleichzeitig eine schwierige Aufgabe dar. Wie zuvor dargelegt hängt das Verhalten der Unternehmungsmitglieder von dem Modell ab, das sie von der sie umgebenden Wirklichkeit haben. Auch die zum Einsatz gelangenden Führungs- oder Koordinationsinstrumente werden durch die zugrundeliegende Wirklichkeitskonstruktion geprägt bzw. sind von dem Verständnis abhängig, daß die Führungskräfte einer Unternehmung davon haben, wie das Verhalten in Unternehmungen koordiniert werden soll. Die langfristige Entwicklungsfähigkeit diversifizierter Unternehmungen setzt daher voraus, daß das in diesen Unternehmungen vorherrschende Managementverständnis den aufgezeigten Erfordernissen von in dynamischen Bedingungen agierenden, gewinnstrebenden Unternehmungen gerecht wird.

a) Adäquates Managementverständnis als Voraussetzung für die Entwicklungsfähigkeit von Unternehmungen

(1) Management als geplante Steuerung einfacher Systeme

In neoklassischer Tradition sind Unternehmungen lange Zeit als mechanistische Systeme konzipiert worden.[16] Derartige Unternehmungskonzeptionen benutzen ein Modell, bei dem die Unternehmung, ähnlich einer Maschine, ein System darstellt, das durch vielfältige Input-Outputrelationen gekennzeichnet ist. Sie wird als Gütertransformierer charakterisiert, der eine Reihe von Inputgüter durch Transformation in Outputgüter überführt. Als Inputgüter gehen die Produktionsfaktoren in die Produktion ein und werden anschließend durch die Produktionsprozesse in Outputgüter bzw. Produkte oder Leistungen überführt. Zwischen den Input- und Outputfaktoren wird ein funktionaler Zusammenhang unterstellt, der sich wiederum in Form von Funktionsgleichungen bzw. Produktionsfunktionen beschreiben läßt. So verstanden kann die Unternehmung als ein System vielfältiger Produktionsfunktionen i. S. funktionaler Transformationsrelationen modelliert werden. Für das System wird gleichzeitig eine gewisse Regelmäßigkeit angenommen, die wiederum durch dessen interne Struktur und die kausalen Gesetze der Natur vorbestimmt ist. Das Hauptziel der Unternehmung besteht gemäß eines solchen

---

16)   Die unterschiedliche Konzipierung von Unternehmungen wird in der Literatur umfassend diskutiert. Vgl. statt anderer GHARAJEDAGHI, AKHOFF [Mechanism]; BURNS, STALKER [Systeme].

Modells darin, ein optimales Input-Output-Verhältnis für die Produkte zu erzielen bzw. den Gewinn (definiert als Erlös abzüglich Kosten) zu maximieren.

Zwischen angestrebten Unternehmungszielen (Zwecken) und dem Einsatz bestimmter Mittel der Zielerreichung wird eine determinierte Verknüpfung unterstellt, d. h. mechanistische Unternehmungskonzeptionen gehen von linearen Wirkungsverhältnissen bzw. eindeutigen Ziel-Mittelkausalitäten aus. Entsprechend ist es die Aufgabe des Managements einer Unternehmung, Unternehmungsziele festzulegen und die geeigneten Mittel zur Erreichung dieser Ziele auszuwählen. Dabei wird gleichzeitig davon ausgegangen, daß die anfallenden Probleme wohlstrukturiert sind bzw. sich durch Dekomposition in wohlstrukturierte Probleme überführen lassen, deren Lösung wiederum durch Deduktion abgeleitet werden kann.[17] Planung läßt sich demgemäß als rationales Auswahlproblem definieren, wobei die Planungsträger über eine begrenzte Zahl von Handlungsalternativen zur Lösung der als gegeben angenommenen Probleme verfügen. Vor dem Hintergrund einer systematischen Analyse der verschiedenen Alternativen und unter Berücksichtigung der vorgegebenen Ziele wird anschließend die optimale Alternative rational ausgewählt. Das Management derart konzipierter Unternehmungen wird somit als geplante Steuerung im Sinne eines instrumentellen Humanismus verstanden, bei dem intelligente Führungskräfte (als „Denkende" oder „Planende") Pläne entwickeln, die den ausführenden Mitarbeitern präsentiert werden und von diesen als („Handelnde" oder „Implementierende") realisiert bzw. operativ umgesetzt werden sollen. Einem solchen Verständnis liegt die Annahme zugrunde, daß die Unternehmung sich durch Prozesse der Zielorientierung bzw. instrumentellen Anpassung an einen gegebenen Kontext anpaßt. "The idea that organic forms evolve through a process of goal-oriented or instrumental adaptation to context is a myth fostered by the mechanistic mode of thought which has given us machine technology and so much of modern science."[18] Im Mittelpunkt derartiger Konzeptionen steht der Versuch die Komplexität durch Dekomposition zu reduzieren.. Standardisierte Problemlösungsmethoden sollen die Problemhandhabung vereinfachen und gleichzeitig eine Kontrolle der Zielerreichung erleichtern. Im Idealfall erfüllen die Mitarbeiter klar definierte Aufgabenstellungen, wobei die seitens des Managements vorgegebenen Ziele alle internen und externen Organisationsbeziehungen steuern.

---

17)   Vgl. zu einer Abgrenzung der wohlstrukturierten von den schlechtstrukturierten Problemen SIMON [Structure], 118ff.; ADAM, WITTE [Merkmale], ADAM [Kurzlehrbuch], 12ff.

18)   MORGAN [Corporate Strategy], 347.

- 233 -

Die Arbeitsorganisation mechanistisch konzipierter Unternehmungen ist durch eine extreme Arbeitsteiligkeit und Spezialisierung gekennzeichnet. Die ursprünglichen Aufgaben werden in Elementaraufgaben unterteilt, die einer Mechanisierung zugänglich sind und in der Regel von einer einzelnen Person bzw. einem Stelleninhaber bearbeitet werden können. Arbeitsinhalte und -abläufe einer jeden Stelle werden durch umfassende Vorschriften normiert. Aufgrund der Einfachheit der Aufgaben und deren Formalisierbarkeit wird darüber hinaus die Austauschbarkeit der Mitarbeiter erleichtert.[19] Mechanistisch konzipierte Unternehmungen sind streng hierarchisch organisiert und eine Koordination der Aktivitäten erfolgt in der Hauptsache durch standardisierte Richtlinien, deren Verfolgung gleichzeitig die Basis für eine Kontrolle bildet. So sind Kontrolle und Koordination weitgehend frei von Beurteilungsleistungen auf den verschiedenen organisatorischen Hierarchiestufen. Im allgemeinen wird ein eindeutiges Konzept der Problemhandhabung entworfen, das durch einzelne Eingriffe, Maßnahmen und Strategien durchgesetzt werden kann.

Mechanistische Konzepte lassen sich im Kontext einfacher Systeme durchaus einsetzen und sind darüber hinaus im Hinblick auf die Fragestellungen, für die sie ursprünglich konzipiert wurden, sinnvoll anwendbar.[20] Die Mehrzahl der Probleme sozialer Systeme sind jedoch schlechtstrukturiert, so daß sie einer derartigen Handhabung nicht zugänglich sind. Eine rationale Auswahl ist darüber hinaus schon deshalb nicht möglich, da Unternehmungen soziale Systeme verkörpern, in denen Menschen interagieren, die ihrerseits nur über eine eingeschränkte Informationsverarbeitungskapazität und eine begrenzte Rationalität oder „bounded rationality" verfügen und daher kein Spektrum eindeutiger Handlungsalternativen besitzen, aus dem sie die optimale Alternative rational auswählen könnten. Ansätze, die Unternehmungen als einfache Systeme im Sinne trivialer Maschinen begreifen, die durch lineare Ursache-Wirkungsverhältnisse gekennzeichnet sind, werden der tatsächlichen Situation von Unternehmungen, die in einer sich wandelnden Umwelt agieren daher keineswegs gerecht.[21] Eine auf die Gütertransformationsprozesse reduzierte „Black-Box" Betrachtung klammert gerade diejenigen Aspekte der Unternehmung aus, die für deren Entwicklungsfähigkeit von besonderer Bedeutung sind. So fehlt etwa die Einbeziehung der Möglichkeiten des Wissenserwerbs und des Wissenseinsatzes und auch die verhaltensorientierten Aspekte sozialer Systeme

19) Die in dieser Weise gekennzeichnete Arbeitsorganisation geht auf TAYLOR zurück. In der Literatur sind die Bezeichnungen Taylorismus oder Scientific Management geläufig. Vgl. TAYLOR [Principles].

20) Vgl. hierzu auch die Ausführungen zu D.I.2.

21) Vgl. für eine Abgrenzung trivialer Maschinen bzw. einfacher Systeme gegenüber nichttrivialen Maschinen oder komplexen Systemen VON FOERSTER [Systems].

bleiben unberücksichtigt. Im folgenden werden daher die Merkmale einer Management-konzeption entwickelt, die Unternehmungen als komplexe, lern- und entwicklungsfähige, soziale Systeme begreift.

(2) Management als Entwicklung komplexer Systeme

Unternehmungen sind in erster Linie ökonomische Systeme, deren primäre Aufgabe darin besteht, Sachgüter, Sach- und Dienstleistungen zu produzieren und die damit ver-bundenen Tauschprozesse vorzunehmen. Daneben stellen Unternehmungen komplexe, in eine vielschichtige Umwelt eingebundene, gewinnstrebende soziale Gebilde dar, die nur dann überleben, wenn sie einerseits wettbewerbsfähig sind und andererseits ihre gesellschaftliche Legitimation aufrechterhalten können. Fragen der Unternehmungs-entwicklung lassen sich daher nur erörtern, wenn eine Unternehmungskonzeption zu-grundegelegt wird, die neben den güterwirtschaftlichen Transformationsprozessen von Unternehmungen auch diejenigen Prozesse betrachtet, die es solchen Systemen ermögli-chen, im Zeitablauf überlebens- und entwicklungsfähig zu bleiben. Ein Modell, das der tatsächlichen Komplexität der vielfältigen Unternehmungs-Umwelt-Beziehungen ge-recht werden will, kann die Unternehmung daher nicht als eine Art informationsverar-beitende Maschine betrachten. Eine entwicklungsorientierte Konzeption begreift die Unternehmung vielmehr als ein prinzipiell lern- und entwicklungsfähiges System der Wissensproduktion.[22] Das in der Unternehmung erzeugte Wissen wird für die Ent-wicklung und Herstellung wettbewerbsfähiger Produkte eingesetzt, wobei aufgrund der realiter bestehenden Unsicherheit ex ante nicht sicher ist, ob die hergestellten Produkte die angestrebten Wettbewerbsvorteile tatsächlich ermöglichen werden bzw. die erwarte-ten Gewinne sich realisieren lassen. Zwischen Unternehmungszielen und Mitteln zu deren Erreichung besteht keine determinierte Verknüpfung, so daß das Unternehmungs-verhalten nicht auf eine rationale Auswahl aus einem Spektrum vorgegebener Hand-lungsalternativen reduziert werden kann. Gemäß einer Konzeption, die Unternehmun-gen als „lernende Organisationen" bzw. „lernende Sozialsysteme" begreift, kann eine Unternehmung auf Dauer nur erfolgreich sein, wenn es ihr aufgrund von Lern- und Entwicklungsprozessen gelingt, eine langfristige Anpassung an sich ändernde Bedin-gungen zu erzielen. Werden die tatsächlichen Wettbewerbsbedingungen in die Analyse einbezogen, so besteht die Aufgabe der Unternehmungsmitglieder also darin, ihre Ein-

---

22)   Vgl. statt anderer VON FOERSTER [Systems].

sicht in die komplexen Systemzusammenhänge fortlaufend zu erweitern, um auf diese Weise eine verbesserte Problemwahrnehmung zu ermöglichen und so die Voraussetzungen für ein entwicklungsfähiges Handeln zu schaffen.

Das Management komplexer Systeme unterscheidet sich von geplanter Steuerung, bei der versucht wird, das Verhalten der Mitarbeiter durch administrative Instrumentarien zu dirigieren und zu kontrollieren. (Die Problematik der geplanten Beeinflussung menschlichen Verhaltens wurde bereits mehrfach diskutiert.) Erst wenn das mechanistische Menschenbild der zuvor erwähnten Managementperspektive durch ein systemisches Menschenbild ersetzt wird, kann von einem entwicklungsorientierten Managementverständnis gesprochen werden. Eine derartige Konzeption, die auf modernen, systemtheoretischen Überlegungen beruht, erkennt an, daß die verschiedenen Mitglieder einer Unternehmung sich durch intentionales Handeln und ihre Entscheidungs- und Urteilsfähigkeit auszeichnen. Sie sind es, die als gestaltend Handelnde auftreten und so die Entwicklung einer Unternehmung hervorrufen. Aufgrund ihrer Fähigkeit zu kritischer Reflexion sind die Unternehmungsmitglieder, die durch vielfältige Arbeits- und Sozialbeziehungen miteinander interagieren, in der Lage, ihre Handlungen zu hinterfragen und ihr Wissen durch individuelle und kollektive Lernprozesse zu verändern. Die zentrale Aufgabe des Management besteht darin, die Entwicklung des komplexen Systems Unternehmung zu ermöglichen, wobei eine Integration von Denken und Handeln in den Arbeitsprozessen angestrebt wird. Das bedeutet, daß Kreativität und Lernfähigkeit sämtlicher Unternehmungsmitglieder gefördert werden, um das Wissen bzw. die Fähigkeiten des Gesamtsystems zu verbessern und ein unternehmerisches Denken und Handeln zu ermöglichen.

Management ist folglich nicht gleichzusetzen mit Fremdsteuerung und Komplexitätsreduktion durch Aufgabenzerlegung. Es gilt vielmehr, in einer Unternehmung die Selbstorganisations- und Kooperationspotentiale zu fördern, um die Adaptionsfähigkeit der Gesamtunternehmung zu verbessern. An die Stelle direkter Kontrolle treten indirekte Möglichkeiten der Kontextsteuerung, bei denen es darum geht, lernfördernde Klimata zu schaffen. Auf diese Weise soll dazu beigetragen werden, daß den Mitarbeitern die Problematik falscher Denkrahmen bewußt gemacht wird und sie die Notwendigkeit zweischleifiger Lernprozesse erkennen. Indem argumentative Diskurse zwischen verschiedenen Mitgliedern der Unternehmung ermöglicht bzw. deren Institutionalisierung gefördert werden, werden kollektive Lernprozesse initiiert. Durch einen diskursiven Austausch zwischen verschiedenen Mitgliedern einer Unternehmung kann dem einzelnen die Subjektivität seiner Problemwahrnehmung bewußt gemacht werden. Aufgrund

- 236 -

der Konfrontation der eigenen Sichtweise mit alternativen und ggf. konfliktären Standpunkten erhalten die Unternehmungsmitglieder ein Feedback, und sind gezwungen, die Adäquanz eigener Denk- und Handlungsweisen zu reflektieren. Hierdurch kann die Problemsicht erweitert werden, was sich wiederum auf die Entwicklungsfähigkeit der Gesamtunternehmung auswirkt.

Nicht der einzelne besitzt den Überblick über bzw. die Einsicht in anstehende Probleme. Das soziale System "Unternehmung" entwickelt sich vielmehr durch das Zusammenspiel der verschiedenen Systemmitglieder, wobei die verschiedenen Handlungen nicht die Summe der Einzelhandlungen dieser Mitglieder darstellen. Die Entwicklung einer Unternehmung erfolgt vielmehr auf der Basis zahlreicher emergenter Systemeigenschaften, die sich gerade durch das gemeinsame Agieren der verschiedenen Systemmitglieder ergeben. Die Leistungen der Unternehmung beruhen auf einem nach bestimmten Regeln ablaufenden Zusammenwirken aller Mitarbeiter einer Organisation; sie werden folglich durch eine integrierte Zusammenarbeit von Managern und Nicht-Managern erbracht. Je stärker die Nicht-Manager in die Managementaufgaben einbezogen werden, desto demokratischer oder partizipativer wird das Managementsystem. Auch insofern unterscheidet sich ein entwicklungsorientiertes Managementverständnis von den Auffassungen klassischer Ansätze, bei denen die Manager die Aktivitäten der Arbeiter planen und letzteren lediglich die Ausführungsaufgaben zukommen. Erfolgreiche Unternehmungen haben diese Notwendigkeiten erkannt und sind daher wesentlich flexibler und anpassungsfähiger.[23])

Sie fördern die Zusammenarbeit zwischen den Mitarbeitern unterschiedlicher funktionaler Bereiche und hierarchischer Ebenen. Durch einen solchen Austausch soll die Problemwahrnehmung verbessert werden. Darüber hinaus wird eine Integration der verschiedenen Teilbereiche angestrebt, die ansonsten losgelöst von den Perspektiven der anderen Bereiche arbeiten würden. Neben verschiedenen integrativen Aufgaben soll die bereichsübergreifende Kooperation zudem Lernprozesse auslösen, um eine Entwicklung der bestehenden Kompetenzen zu beschleunigen und einen besseren Einblick in die sich wandelnden Wettbewerbsbedingungen zu erhalten. Bereichsübergreifende Interaktionsbeziehungen erleichtern zudem die Entwicklung und Umsetzung von Innovationen. Ein fruchtbarer Austausch zwischen verschiedenen Ebenen einer Unternehmung kann jedoch nur dann stattfinden, wenn zwischen den verschiedenen Funktionsbereichen sowie zwischen Managern und Nicht-Managern eine Vertrauensbasis besteht, die eine Grund-

---

23)   Vgl. auch die Ausführungen von BEST [Competition], FN 1, 133f.

voraussetzung für innovationsfördernde Team-Beziehungen darstellt. Hier erweist sich eine klassische Top-Down-Machtverteilung als hinderlich. Ein evolutionäres Managementverständnis wirkt sich auf die Hierarchie sowie die Machtverteilungen innerhalb einer Unternehmung aus.

b) Unterstützung der Entwicklungsfähigkeit diversifizierter Unternehmungen durch entwicklungsfördernde Organisationsstrukturen

Entwicklungsorientiertes Management setzt voraus, daß auch organisationsstrukturelle Konstellationen gewählt werden, die eine dynamische Weiterentwicklung der bestehenden Kernkompetenzen ermöglichen. Nachfolgend wird aufgezeigt, welche Implikationen sich aus einer entwicklungsorientierten Sichtweise für die Organisation der vielfältigen Aktivitäten einer diversifizierten Unternehmung ergeben.

Im Laufe der historischen Entwicklung wurde die Divisionalorganisation zur vorherrschenden Organisationsform diversifizierter Unternehmungen. Aus einer Produkt-Marktbetrachtungsweise ermöglichen divisionalisierte Organisationsstrukturen eine bessere Koordination der zahlreichen und oft heterogenen Geschäftsbereiche von Mehrproduktunternehmungen. Durch die weitgehende Autonomie der Geschäftsbereiche (die einzelnen Geschäftsbereiche oder Divisionen sind i.d.R. funktional-hierarchisch organisiert) ist die Zentrale in der Lage - so wird argumentiert - sich stärker auf die globale Konzernstrategie zu konzentrieren und über die Verwendung finanzieller Mittel innerhalb ihres Portfolios verschiedener Geschäftsaktivitäten zu entscheiden. Trotz der aus der Divisionalorganisation resultierenden Autonomieeinräumung wurde auf der anderen Seite versucht, eine Verbindung zwischen den verschiedenen Geschäftsbereichen oder Divisionen herzustellen, um Synergieeffekte nutzen zu können und auf diese Weise dazu beizutragen, daß die Gesamtunternehmung mehr darstellt, als die Summe ihrer Teile. Wird in einer divisional organisierten Unternehmung jedoch eine Konzernstrategie des Portfoliomanagements verfolgt, so lassen sich derartige Effekte kaum erzielen. Die theoretisch vielversprechende Hoffnung einer Koppelung von Portfoliomanagement-Strategie und Synergierealisierung darf angesichts der empirischen Befunde als weitgehend gescheitert bezeichnet werden und es ist PORTER zu verdanken, daß er diese Verbindung als Mythos entlarvt hat. Er zeigt auf, daß sich Synergieeffekte nur dann erzielen lassen, wenn entweder eine Know-how Transferstrategie oder eine Strategie der Aufgabenzentralisierung verfolgt wird. In der Praxis divisional organisierter Unternehmungen ist jedoch auch die Umsetzung derartiger Strategien häufig mit Schwierigkeiten verbunden, da die verschiedenen, autonomen Geschäftsbereiche nicht immer bereit sind, mit ihren Schwesterunternehmungen zu kooperieren.

Der Divisionalorganisation liegt das Prinzip der Division oder Zerlegung zugrunde. Einzelne Bereiche der Unternehmung werden organisatorisch voneinander getrennt, wodurch die Komplexität der Gesamtunternehmung verringert werden soll. Durch ihre Zerlegung in Teilbereiche ist die Divisionalorganisation insbesondere dazu geeignet, Informationsverarbeitungsprozesse zu erleichtern. Demgegenüber erfordert die langfristige Entwicklungsfähigkeit diversifizierter Unternehmungen aus ressourcenorientierter Perspektive, daß Unternehmungen als lernende Organisationen bzw. Systeme der Wissensgenerierung verstanden werden. Dementsprechend sollten vornehmlich solche Organisationsstrukturen eingesetzt werden, deren Fokus nicht alleine auf die Verarbeitung gegebener Informationen gerichtet ist, die vielmehr Prozesse des Lernens neuen Wissens (Transformation) und des Wissenseinsatzes (Transfer) ermöglichen. Die verschiedenen Bereiche einer Unternehmung unterscheiden sich i.a.R. durch voneinander abweichende Perspektiven und Problemsichten. Bestehen zwischen diesen Bereichen keine Austauschbeziehungen, so arbeiten sie weitgehend losgelöst von den Perspektiven der anderen Bereiche, was sich wiederum negativ auf die Wissensgenerierung und Erkenntnisbildung auswirken und im Extremfall die Entwicklung der Gesamtunternehmung hemmen kann. Die Entwicklungsfähigkeit einer Unternehmung ist in besonderem Maße von einer gemeinsamen Erkenntnisbildung auf der Grundlage argumentativer Diskurse abhängig. Letztere setzen wiederum voraus, daß die Mitarbeiter in Interaktion treten, was um so eher der Fall sein wird, wenn die verschiedenen Bereiche nicht institutionell voneinander getrennt werden und keine streng hierarchischen Strukturen eingesetzt werden. Im o. g. Beispiel ist es etwa entscheidend, daß das Erfahrungswissen unterschiedlicher Funktionsträger in den Produktentwicklungsprozeß einfließt und die verschiedenen Teilnehmer sich als Lerngemeinschaft begreifen und gemeinsam versuchen, eine bestmögliche Lösung für die sich ergebenden Probleme zu finden. Nach klassischem Verständnis der Fremdorganisation oder Trennung von Planung und Implementierung verlaufen die Informationsflüsse in einer Unternehmung vorwiegend vertikal und orientieren sich an der vorgegebenen Hierarchie. Wird auch den Nicht-Managern Planungskompetenz zugestanden, werden demgegenüber bereichsübergreifende horizontale Informationsflüsse und Integrationsprozesse relevant.

Die Unternehmung wurde aus ressourcenorientierter Sicht als ein wissengenerierendes System bzw. ein komplexes Netzwerk von Fähigkeiten oder Kompetenzen charakterisiert und es wurde argumentiert, daß ein strategisches Konzept der Kernkompetenzen im Vergleich zu einem Konzept Strategischer Geschäftseinheiten besser geeignet ist, die strategischen Entscheidungen entwicklungsorientierter Diversifizierer zu unterstützen.[24] Ein Netzwerk stellt ein Gebilde dar, das aus Knoten und Kanten besteht. Die verschiedenen Knoten stellen Sende- und Empfangspunkte für verschiedene Austauschbeziehungen dar. Je nach der zugrundeliegenden Perspektive kann es sich hierbei um Individuen, technische Aggregate, Gruppen, Organisationen usw. handeln. Demgegenüber repräsentieren die Kanten die verschiedenen Beziehungen zwischen den Netzwerkknoten. Eine Netzwerkbetrachtung interessiert sich vornehmlich für die zwischen den Knotenpunkten ablaufenden Prozesse, während die Knotenpunkte selber zunächst nur als Einheit betrachtet werden.[25] Je nach der eingenommenen Perspektive oder Betrachtungsebene lassen sich z. B. eine Gruppe oder ein Team innerhalb einer Unternehmung, die Unternehmung selber oder eine Gruppe interagierender Unternehmungen (z. B. Konkurrenten, Hersteller, Kunden, Lieferanten) als Netzwerk auffassen und im Hinblick auf die zwischen ihnen bestehenden Beziehungen analysieren. Auf der organisatorischen Ebene liegt es daher nahe, solche Strukturen einzusetzen, die einen aktiven Austausch zwischen den verschiedenen Wissensträgern der Unternehmung ermöglichen bzw. fördern. Wird eine Unternehmung als Netzwerkstruktur begriffen, so wird es einfacher, die relevanten Wissensträger zu identifizieren und einen Austausch zwischen den verschiedenen Subsystemen zu ermöglichen. Derartige Strukturen entsprechen dem Systemgedanken einer lernenden Organisation, und werden den komplexen Systemzusammenhängen zwischen den verschiedenen Subsystemen einer Unternehmung und den zwischen ihnen ablaufenden vielfältigen Beziehungen besser gerecht. Auch die interorganisatorischen Beziehungen lassen sich als komplexes Netzwerk von Beziehungen zwischen verschiedenen Systemen interpretieren.

Netzwerkstrukturen gehen i.d.R. mit der Bildung von Teams und der Durchführung von Projektarbeit einher, da auf diese Weise der Wissensaustausch zwischen den verschiedenen Knoten eines Netzwerks ermöglicht bzw. verbessert wird. Derartige Organisationsformen ermöglichen eine dynamische Anpassung an veränderte Bedingungen und

---

24) Vgl. zum Netzwerkgedanken in der Betriebswirtschaftslehre ausführlich DELFMANN [Netzwerkprinzip]. Vgl. daneben auch die Ausführungen von DARR [Marketing-Logistik], 186ff. und EHRENSBERGER [Unternehmensintegration], 157ff.

25) Begibt man sich jedoch auf eine andere Betrachtungsebene so läßt sich ein Knotenpunkt selber wiederum als Netzwerk kennzeichnen, so daß die innerhalb dieses Punktes ablaufenden Prozesse analysiert werden können.

fördern so die langfristige Unternehmungsentwicklung. Projekt- oder Teamstrukturen sind dadurch gekennzeichnet, daß mehrere Mitglieder einer Unternehmung eine Gruppe oder ein Team bilden, und gemeinsam an einem Projekt arbeiten. Jedes Teammitglied kann - je nach dem Umfang des jeweiligen Projektes bzw. seiner spezifischen Fähigkeiten - Mitglied weiterer Gruppen, in gleicher oder anderer Zusammensetzung, sein und an einem oder mehreren Projekten arbeiten. Die verschiedenen Teams einer Unternehmung können für kurze Zeiträume bestehen oder mehrere Jahre zusammenarbeiten und auch die Zusammensetzung der verschiedenen Teams ist im Zeitablauf Änderungen unterworfen. Divisionalorganisierte Unternehmungen sind weitgehend durch feststehende Strukturen mit relativ klaren Stellenzuordnungen gekennzeichnet. Demgegenüber sind die Strukturen im Falle der Projekt- oder Teamorganisation relativ flexibel, da unter Rückgriff auf den Ressourcenpool der Gesamtunternehmung temporär veränderliche Ressourcenkombinationen gewählt werden. Während jedoch die Zusammensetzung der verschiedenen Mitglieder einer Unternehmung bei Einsatz von Team- oder Projektstrukturen im Zeitablauf öfter verändert wird, konzentriert sich die Unternehmung andererseits langfristig auf eine beschränkte Anzahl von Ressourcen und Kompetenzen. Der Schwerpunkt der Änderungen bezieht sich hier auf das produktive Potential, während die Divisionalorganisation die Austauschbarkeit der verschiedenen Stelleninhaber aufgrund der starken Zerlegung in Teilbereiche erleichtert und aufgrund ihrer stärkeren Produkt-Markt Betrachtungsweise umfangreiche Akquisitionstätigkeiten fördert.

Die Teamarbeit ist grundsätzlich um so fruchtbarer, je ausgewogener das Verhältnis zwischen Kooperation und Wettbewerb zwischen den Teammitgliedern ist. Im Idealfall begreifen sich die verschiedenen Mitglieder eines Teams als Arbeits- und Lerngemeinschaft und ist die Teamarbeit frei von destruktiven Machtansprüchen der einzelnen Mitglieder. Das setzt wiederum voraus, das jedes Mitglied sich, gemäß seines eigenen Wissensstandes in die Gruppe einbringt und versucht, einen bestmöglichen Beitrag zur Erreichung konstruktiver Ergebnisse und der Erzielung von Lernfortschritten innerhalb der Gruppe zu leisten. Bei Bedarf und in Abhängigkeit der eigenen Fähigkeiten kann das etwa bedeuten, daß das eigene Wissen zur Unterstützung anderer Teammitglieder eingesetzt wird. Neben diesem Kooperationsaspekt kann die zwischen den verschiedenen Mitgliedern bestehende Konkurrenzbeziehung ebenfalls entwicklungsfördernd wirken. In einem guten Team werden die verschiedenen Teilnehmer etwa darauf achten, daß nicht einzelne Mitglieder eine dominierende Stellung innerhalb der Gruppe einnehmen bzw. durch die Verfolgung egoistischer Interessen die Lern- und Entwicklungsfähigkeit des gesamten Teams behindern. Erfolgversprechende Teamarbeit setzt offene und gleichberechtigte Diskurse voraus, bei denen die verschiedenen Perspektiven der einzelnen Gruppenmitglieder berücksichtigt werden und die Lösungswege verfolgt werden, die sich plausibel begründen lassen, d. h. für die - vor dem Hintergrund der vorliegenden Evidenz - die besten Argumente vorgebracht werden können. Das resultierende Ergebnis derartiger argumentativer Diskurse wird i.d.R. eine Kombination der verschiedenen Sichtweisen sein, da Probleme sich häufig nur gemeinschaftlich lösen lassen.

Lernanstöße entstehen in Team- und Projektstrukturen zudem durch die Möglichkeit einer Veränderung der Teamzusammensetzung durch Mitarbeiterrotation und auch die zeitliche Befristung der meisten derartiger Arbeitsformen beinhaltet ein innovationsförderndes Potential und verbessert die Fähigkeit einer dynamischen Anpassung an veränderte Kontexte. Netzwerkstrukturen sind besonders geeignet, um evolutionäre Innovationen zu ermöglichen, die aus den zahlreichen emergenten Effekten der bereichsübergreifenden Zusammenarbeit resultieren. Im Idealfall ermöglichen sie eine Kombination der Vorteile der Kooperation mit den Vorteilen wettbewerblicher Beziehungen. Demgegenüber verhindern stark mechanistische Organisationsformen aufgrund ihrer klar umrissenen Stellenbeschreibungen und ihrem fein ausgearbeiteten System von Plänen, die nötige Kreativität zur Entwicklung derartiger Innovationen. Die effiziente Nutzung gegebener Ressourcen und objektivierbaren Wissens dominiert hier, während der Transfer nicht artikulierbaren Wissens eher behindert wird, so daß Innovationen eher unbedeutend sind. Wenn Veränderungen eintreten, so handelt es sich i.a.R. um radikale Neuerungen oder revolutionäre Innovationen, zumeist durch den Erwerb von Ressourcen oder Unternehmungsteilen oder die Übernahme kompletter Unternehmungen. Eine weitere Möglichkeit der Realisierung radikaler Innovationen durch streng hierarchische Unternehmungen kann auch darin bestehen, daß die Forschungsergebnisse wissenschaftlicher oder technologischer Forschungsgemeinschaften für die Unternehmung genutzt werden.

Es läßt sich festhalten, daß Projekt- und Teamstrukturen grundsätzlich immer dann von Vorteil sind, wenn die Transformation und der Transfer von Wissen von besonderer Bedeutung für die Entwicklungsfähigkeit einer diversifizierten Unternehmung sind bzw. evolutionäre Innovationen angestrebt werden. Bereichsübergreifende Kommunikations- und Austauschprozesse ermöglichen es, unterschiedliche Problemsichten zu berücksichtigen und fördern zweischleifige Lernprozesse. Netzwerkstrukturen sind andererseits problematisch, wenn die verschiedenen Aktivitäten und Interaktionsbeziehungen nicht durch handlungsleitende Orientierungsgrundlagen koordiniert werden. Während die aus solchen Organisationsformen resultierenden emergenten Effekte einerseits also innovationsfördernd sind, bergen sie bei fehlender strategischer Ausrichtung die Gefahr,

- 242 -

allzu chaotisch zu werden, so daß die Unternehmung strategisch verwundbar wird. Die Divisionalorganisation läuft hingegen Gefahr, integrative Aspekte zu vernachlässigen und kurzfristigen Erfolgen unter Umständen mehr Bedeutung beizumessen als der langfristigen Entwicklungsfähigkeit. Aufgrund der zwischen den oftmals heterogenen Geschäftsbereichen fehlenden Verbindung können zudem Probleme der Identität entstehen. Demgegenüber liegt die Stärke der Divisionalorganisation in der Erleichterung von Informationsverarbeitungsprozessen in einem relativ stabilen Umfeld. Zudem eignet sich eine auf dem Prinzip der Teilung oder Zerlegung begründete divisionale Organisationsform besonders für die Durchführung radikaler Innovationen und den Erwerb von Bereichen, die außerhalb der vorherrschenden Kompetenzbasen liegen.[26]

3. Der Einfluß strategischer Branchenfaktoren auf die Entwicklungsfähigkeit

Die vorliegende Untersuchung basiert vornehmlich auf einer unternehmungsinternen, ressourcenorientierten Perspektive. Wie zuvor erläutert stellt eine derartige Sichtweise ein Komplement zu denjenigen Ansätzen dar, die der sog. "Industrial Organisation Tradition" verhaftet sind und in erster Linie eine unternehmungsexterne, branchenorientierte Perspektive einnehmen. Insbesondere der Ansatz von PORTER trug dazu bei, die in einer Branche zusammenwirkenden Wettbewerbskräfte zu verdeutlichen und eine bessere Beurteilung von Branchenstrukturen zu ermöglichen. Nachfolgend wird das Zusammenspiel zwischen den firmenspezifischen Faktoren eines ressourcenorientierten Ansatzes und den Branchenfaktoren einer unternehmungsexternen Branchenbetrachtung herausgearbeitet. Der Strategieentwicklungsprozeß erfolgt aus ressourcenorientierter Sicht vor dem Hintergrund der firmenspezifischen Ressourcen und Kompetenzen. Aufgrund der Tatsache, daß Wissen und Fähigkeiten weder mobil noch unbeschränkt handelbar sind, verfügen Unternehmungen grundsätzlich über heterogene Ressourcen und Fähigkeiten und unterscheiden sich dementsprechend im Hinblick auf ihr strategisches Gewinngenerierungspotential. Um im Wettbewerb erfolgreich zu sein, muß eine Unternehmung das Potential der eigenen Ressourcen erkennen und ausnutzen. Es gilt strategische Aktiva zu generieren, die innovative und einzigartige Produkte und Leistungen hervorbringen und so Wettbewerbsvorteile gegenüber Konkurrenten ermöglichen. Wäh-

---

[26] Vgl. in diesem Zusammenhang auch die Ausführungen von HEDLUND [Model] und BARTLETT, GHOSHAL [M-Form].

rend die unternehmungsspezifischen Ressourcen die Grundvoraussetzung für den Erfolg einer Unternehmung darstellen, dürfen die eigenen Ressourcen und Fähigkeiten andererseits nicht losgelöst von den branchenspezifischen Einflüssen betrachtet werden. Die langfristige Wettbewerbs- und Entwicklungsfähigkeit setzt voraus, daß die Besonderheiten einer Branche Berücksichtigung finden und die Strategieentwicklung die "strategischen Branchenfaktoren" einbezieht.

Als strategische Branchenfaktoren wird die Menge aller Ressourcen und Fähigkeiten bezeichnet, die das Gewinnpotential einer Branche maßgeblich bestimmen. Durch die Marktteilnahme ergeben sich für Unternehmungen komplexe Interaktionsbeziehungen mit Konkurrenten, Kunden, regulierend eingreifenden politischen Institutionen, sowie vielen anderen externen Interessengruppen, die einen Einfluß auf die betreffende Branche ausüben können. Das Zusammenspiel der Wettbewerbskräfte einer Branche beeinflußt die strategischen Branchenfaktoren, die aufgrund der Dynamik des Wettbewerbs ständigen Veränderungen unterworfen sind und sich aufgrund der Unvollkommenheit der Märkte[27] für die Branchenteilnehmer unterschiedlich darstellen. Da nicht alle Unternehmungen einer Branche über die gleichen Ressourcen verfügen und auch der Einfluß der verschiedenen Wettbewerbskräfte nicht homogen ist, ergeben sich die in Kapitel D aufgezeigten Möglichkeiten der Erzielung langanhaltender Wettbewerbsvorteile bzw. überdurchschnittlicher Gewinne. Die Attribute, welche die Ressourcen einer Unternehmung bzw. deren Fähigkeiten aufweisen müssen, um zu Quellen langanhaltender Wettbewerbsvorteile zu werden, sind relative Größen. So sind die Ressourcen bzw. Fähigkeiten einer Unternehmung etwa einzigartig im Vergleich zu den Ressourcen der Wettbewerber. Eine dynamische Perspektive setzt daher voraus, daß das Management eine Beurteilung der aktuellen strategischen Branchenfaktoren sowie deren erwarteter Veränderung in die Entscheidungen bezüglich der Entwicklung der eigenen Ressourcen und Fähigkeiten einbezieht. Dieser Zusammenhang läßt sich am Beispiel der Musikindustrie verdeutlichen. Eine Unternehmung, die im Vergleich zu den übrigen Branchenteilnehmern über einzigartige Fähigkeiten zur Herstellung von analogen Schallplatten verfügt, wird innerhalb dieser Branche nur solange in der Lage sein, Wettbewerbsvorteile zu generieren, wie die hierbei zur Anwendung gelangende Technologie dem neuesten Entwicklungsstand innerhalb der Branche entspricht, ihre Kernkompetenzen folglich eine Schnittmenge zu den strategischen Branchenfaktoren bilden. Setzen sich hingegen digitale Tonträger, wie z. B. CD's o. ä. am Markt durch, so würden die ursprünglichen Wettbewerbsvorteile des Schallplattenherstellers an Bedeutung verlieren bzw. gänzlich

27) Vgl. bezüglich verschiedener Aspekte des Marktversagens AMIT, SCHOEMAKER [Assets], 35f. sowie die dort angegebene Literatur.

entfallen. Wenn dieser Hersteller eine derartige Branchenentwicklung nicht bereits antizipiert und die hierfür erforderlichen Kompetenzen erworben hat, könnte er lediglich versuchen (u. U. in anderen Branchen), neue Anwendungsmöglichkeiten für seine Kernkompetenzen zu finden.

Unternehmungen werden nur dann Wettbewerbsvorteile erzielen, wenn die eigenen Fähigkeiten sich an den strategischen Branchenfaktoren bzw. dem aktuellen und potentiellen Entwicklungsstand einer Branche orientieren. Die Einbeziehung der relevanten Branchenfaktoren wird andererseits dadurch erschwert, daß letztere sich, aufgrund der Komplexität der zu berücksichtigenden Interaktionen, im Vorhinein nicht exakt vorherbestimmen lassen. Im Hinblick auf die Beurteilung der strategischen Branchenfaktoren lassen sich weitgehend die gleichen Probleme anführen, die in Kapitel D.I.4.b) bereits für die unternehmungsspezifischen Kompetenzen diskutiert wurden. Das Gewinngenerierungspotential einer Unternehmung ist um so höher, je besser es dem Management gelingt, die strategischen Entwicklungen innerhalb einer Branche zu beurteilen und die eigenen Kernkompetenzen entsprechend weiterzuentwickeln und sinnvoll einzusetzen. An dieser Stelle wird die Bedeutung des zweischleifigen Lernens erneut deutlich. Ein Festhalten an veralteten Denk- und Handlungsmustern kann die Entwicklungsfähigkeit und letztlich die Überlebensfähigkeit einer Unternehmung empfindlich beeinträchtigen. Eine Vernachlässigung der besonderen Branchenkonstellationen und deren Entwicklung wirkt sich auf die Einschätzung des eigenen Wettbewerbspotentials aus. Erfolge der Vergangenheit können dazu führen, daß eine Unternehmung die dem Verhalten zugrundeliegenden Handlungstheorien nicht überprüft. Um langfristig entwicklungsfähig zu bleiben, müssen auch die zukünftigen zentralen Einflußfaktoren einer Branche Beachtung finden, was unter Umständen eine Veränderung altvertrauter Handlungsmuster voraussetzt.

Wie zuvor dargelegt lassen sich Wettbewerbsvorsprünge, zumindest in langfristiger Hinsicht, nicht durch protektionistische Maßnahmen oder ähnliche Abwehrmechanismen schützen. Das bedeutet, daß sowohl aktuelle als auch potentielle Konkurrenten zu einer Bedrohung für eine ursprünglich bevorteilte Unternehmung werden können. Bezieht eine Unternehmung die strategischen Branchenfaktoren nicht in ihr Entscheidungsverhalten ein, so kann das dazu führen, daß neue Branchenteilnehmer nicht wahrgenommen werden bzw. deren Bedeutung für das zukünftige Wettbewerbsgeschehen unterschätzt wird. Oder die Stärke aktueller Konkurrenten wird falsch bewertet, da letztere bisher nicht in der Lage waren, die eigene Wettbewerbsposition ernsthaft zu gefährden. Aus einer dynamischen Perspektive sind die Konkurrenten ihrerseits in der Lage, ihre Kompetenzbasis durch normale oder außerordentliche Lernprozesse zu verändern und werden stets bemüht sein, den erfolgreicheren Unternehmungen ihre Wettbewerbsvorteile streitig zu machen. Gelingt es diesen derzeitigen oder zukünftigen Branchenteilnehmern, veränderte Bedingungen früher wahrzunehmen und neue, innovative Wege zu beschreiten, so werden sie die Wettbewerbsverhältnisse innerhalb der Branche ggf. zu ihren Gunsten verändern können. Eine Mißachtung von Brancheneinflüssen ist auch dann gegeben, wenn strategisch relevante technologische Neuentwicklungen nicht oder nur ungenügend berücksichtigt werden. Eine solche Nachlässigkeit oder Unachtsamkeit kann die Wettbewerbsposition einer ursprünglich erfolgreichen Unternehmung empfindlich beeinträchtigen. Zahlreiche Unternehmungen haben schmerzlich spüren müssen, daß sie die Dynamik aktueller Wettbewerbsbedingungen unterschätzt hatten, nachdem sie zu spät bemerkten, daß aktuelle oder potentielle Konkurrenten erheblich früher Chancen wahrgenommen hatten, die sich im Nachhinein für sie selber nicht mehr stellten.

Bei der Entwicklung der eigenen Produkte bedarf es grundsätzlich der Einbeziehung einer Branchenbetrachtung. Die Anforderungen an die am Markt angebotenen Produkte ändern sich in Abhängigkeit des Entwicklungsstadiums in dem eine Industrie sich befindet. Zu Beginn der Entwicklung einer Branche ist z. B. das Design der Produkte noch wenig festgelegt und die zum Einsatz gelangenden Kompetenzen sind i.d.R. ebenfalls noch nicht spezifisch. In einem solchen Stadium stehen einer Unternehmung vielfältige Möglichkeiten offen, sich gegenüber ihrer Konkurrenz erfolgreich abzugrenzen. In späteren Stadien der Branchenentwicklung setzt sich häufig ein bestimmtes Produktdesign am Markt durch und bildet den Standard für alle weiteren Entwicklungen. Zu einem solchen Zeitpunkt wären umfangreiche Investitionen in alternative Produktdesigns nicht mehr sinnvoll, da der Wettbewerb in dieser Phase häufig stärker auf der Preisebene entschieden wird. Nimmt der Kunde beispielsweise eine technologische Verbesserung nicht mehr wahr bzw. bringt sie ihm aus seiner Sicht keinen nennenswerten Zusatznutzen, so wird er grundsätzlich nicht bereit sein, die Anstrengungen des Herstellers zu honorieren.

Neben der Beeinflussung durch aktuelle und potentielle Konkurrenten und technologische Veränderungen wird die Branchenentwicklung also auch durch die Bedürfnisse und Ansprüche der aktuellen und potentiellen Kunden geprägt. Sowohl die eigenen Beziehungen zu den Kunden als auch deren Verhältnis zu den übrigen Branchenteilnehmern wirkt sich auf die Stellung einer Unternehmung innerhalb der Branche und ihr Gewinngenerierungspotential aus. Daneben prägen die Gegebenheiten auf der Beschaffungsseite die Entwicklungsmöglichkeiten der verschiedenen Teilnehmer eines Industriezweiges. In Abhängigkeit der aktuellen und potentiellen Lieferantenbeziehungen der verschiedenen Branchenmitglieder ergeben sich unterschiedliche Chancen für jeden einzelnen Teilnehmer, die eigene Wettbewerbsfähigkeit zu erhöhen. Schließlich wird die Branchenentwicklung noch durch verschiedene Umweltfaktoren determiniert. So können etwa die eine Branche betreffenden gesetzlichen Bestimmungen oder der bereits erwähnte Stand der wissenschaftlichen Forschung sich in mehr oder weniger starkem Maße auf den aktuellen oder potentiellen Entwicklungsstand eines Industriezweiges auswirken. Als Beispiel seien etwa die Auswirkungen der im Zuge des wirtschaftlichen Zusammenwachsens in Europa ergriffenen, umfangreichen Deregulierungsmaßnahmen genannt. Sie wirken sich in erheblichem Maße auf die Wettbewerbssituation einzelner Branchen (z. B. Transportsektor und Assekuranz) aus.

Das Zusammenspiel zwischen dem produktiven Potential der Unternehmung und den strategischen Branchenfaktoren verdeutlicht die nachfolgende Abbildung.[28])

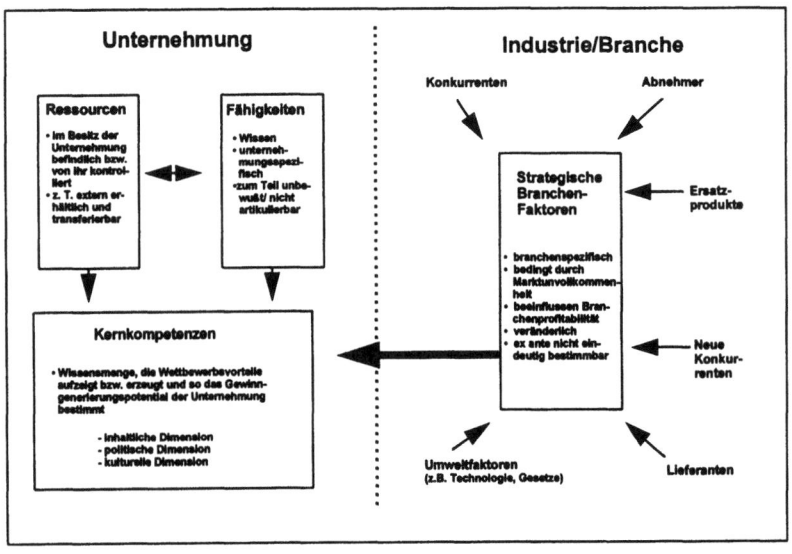

Abbildung 16: Zusammenspiel zwischen produktivem Potential der Unternehmung und
strategischen Branchenfaktoren

---

28)   Die Abbildung wurde in Anlehnung an AMIT, SCHOEMAKER [Assets], 37 erstellt.

4. Die Bedeutung proaktiven Verhaltens für die Entwicklungsfähig-keit

Vor dem Hintergrund der wettbewerbsstrategischen Rahmenbedingungen werden Un-ternehmungen langfristig also nur dann in der Lage sein, wettbewerbsfähig und letztlich überlebensfähig zu bleiben, wenn es ihnen gelingt, mit der sie konfrontierenden Dyna-mik Schritt zu halten und ihre Fähigkeiten geschickt einzusetzen und den veränderten Bedürfnissen anzupassen. Das bedeutet jedoch, daß es nicht ausreicht, sich lediglich reaktiv zu verhalten. Die besten Voraussetzungen werden zukünftig diejenigen Wettbe-werber haben, denen es langfristig gelingt, proaktiv zu sein bzw. durch ihr innovatives Verhalten gestalterisch auf ihre Umwelt einzuwirken. In Praxis und Theorie wird dem-gegenüber teilweise der Eindruck vermittelt, Unternehmungen könnten ihr Handeln nicht beeinflussen, wären vielmehr fremdbestimmt und vollkommen durch ihre Umwelt determiniert. Eine solche externalistische Perspektive[29] unterstellt, daß die Überle-bensfähigkeit von Unternehmungen davon abhängt, daß eine möglichst gute Anpassung an die Umwelt erfolgt. Während gemäß der Kontingenztheorie[30] etwa davon ausge-gangen wird, daß eine Adaption durch eine situative Anpassung (bzw. den "fit") an ver-schiedene exogene Umweltveränderungen erklärt werden kann, postuliert der population ecology view[31], daß Unternehmungen als Ergebnis der Umweltveränderung aufgrund eines Prozesses natürlicher Selektion positiv (sie überleben) oder negativ (sie überleben nicht) selektiert werden. Beide Ansätze unterstellen, daß Unternehmung und Umwelt separate Phänomene darstellen. Moderne systemtheoretische Überlegungen haben hin-gegen aufgezeigt, daß Unternehmungen als soziale Systeme vielmehr in komplexe Öko-systeme eingebettet sind, deren Elemente einem wechselseitigen Einfluß unterliegen, so daß von einer Koevolution zwischen Unternehmung und ihrer Umwelt ausgegangen werden muß. Menschen sind aufgrund der ihnen eigenen kognitiven Fähigkeiten in der Lage, bewußte Entscheidungen zu treffen. Durch ihre Urteilsfähigkeit unterscheiden sich die Akteure eines sozialen Systems bzw. die Mitglieder einer Unternehmung von einfachen biologischen Organismen, indem sie im Gegensatz zu letzteren verstehen, was sie tun, während sie es tun.[32] Demnach werden Unternehmungen nicht einseitig von

---

29)   Eine derartige Perspektive findet sich in verschiedenen Ansätzen strategischer Unterneh-mungsführung. Vgl. hierzu statt anderer MORGAN [Images], 69ff; DERS. [Strategy], 347ff.

30)   Vgl. für einen Überblick der Kontingenztheorie und ihrer Annahmen statt anderer TÜRK [Entwicklungen] sowie die dort angegebene Literatur.

31)   Eine ausführliche Darstellung des population-ecology-view findet sich bei MORGAN [Images], 66ff. Vgl. für eine Kritik an diesem Ansatz z. B. ASTLEY, VAN DE VEN [Perspectives], 254.

32)   Vgl. auch Giddens [Konstitution], 36.

ihrer Umwelt determiniert, sondern wirken ihrerseits auf ihre vielschichtige Umwelt ein und können diese in gewissem Maße verändern.

Die Möglichkeiten einer Beeinflussung der Umwelt werden um so größer, wenn mehrere soziale Systeme durch abgestimmte Handlungen auf ihre Umwelt einwirken. "They can play an active role in shaping their future, especially when acting in concert with other organizations."[33]) Zwischen sozialen Systemen können neben wettbewerblichen Beziehungen zum Teil gleichzeitig Kooperationsbeziehungen bestehen.[34]) Gerade vor dem Hintergrund der schwierigen wettbewerbsstrategischen Rahmenbedingungen wird die interorganisatorische Kooperation zwischen Wettbewerbern zunehmend wichtiger. In der vorliegenden Arbeit wird vornehmlich eine unternehmungsinterne Perspektive eingenommen. Nachfolgend wird das Zusammenspiel zwischen Unternehmungen und ihrer Umwelt daher lediglich gestreift. In Kapitel A wurde jedoch bereits darauf hingewiesen, daß es sich hierbei lediglich um eine Schwerpunktsetzung handelt, die durch die Komplexität der untersuchten Themenstellung erforderlich wird. Durch eine solche Eingrenzung soll die zentrale Bedeutung interorganisatorischer Beziehungen für die Entwicklungsfähigkeit diversifizierter Unternehmungen keineswegs verneint werden.

Aufgrund der enormen Geschwindigkeit technologischer Entwicklungen sind Unternehmungen häufig nicht aus eigener Kraft in der Lage, mit den enormen Veränderungen Schritt zu halten. Oftmals ist es ihnen erst durch die Bildung Strategischer Allianzen, Partnerschaften oder sonstiger Kooperationsbeziehungen möglich, die für ein Überleben im globalen Wettbewerb erforderliche Wettbewerbs- und Entwicklungsfähigkeit zu erlangen bzw. die benötigten Kompetenzen aufzubauen oder zu erwerben. Beispiele solcher interindustrieller Kooperationsbeziehungen sind etwa Joint Ventures zum Zwecke der Durchführung gemeinschaftlicher Projekte, vertikale Integrationsbeziehungen zwischen vor- und nachgelagerten Unternehmungen innerhalb der Wertschöpfungskette, usw. Weitere Kooperationsbeziehungen sind beispielsweise die zwischen Unternehmungen gleicher Industriezweige anzutreffenden Handelskammern, Verbände, Kartelle sowie verschiedene lobbyistische Zusammenschlüsse zum Zwecke der Einflußnahme auf das Wirken des Staates. Auch die oben beschriebenen gemeinschaftlich durchgeführten technologischen Forschungsprojekte stellen derartige kooperative Zusammenschlüsse dar. Ihr Hauptanliegen besteht darin, die Geschwindigkeit und die Güte technologischer Forschung voranzutreiben, um so gegenüber der Konkurrenz Wettbewerbsvorteile zu erzielen. So werden etwa europaweite technologische Forschungsprojekte ein-

---

33)   MORGAN [Images], 70.
34)   Vgl. hierzu auch die Ausführungen von BEST [Competition], Kapitel 1.

zelner Branchen initiiert und staatlich gefördert. Ein solcher Zusammenschluß mit dem Ziel einer gemeinschaftlichen Forschung soll eine Verbesserung der Wettbewerbsposition europäischer Unternehmungen gegenüber der weltweiten Konkurrenz ermöglichen.

Neben den hier aufgezeigten Kooperationsbeziehungen zwischen Unternehmungen einer Branche, Region, oder sonstigen nationalen oder internationalen Gruppierung, läßt sich eine Vielzahl weiterer Vernetzungen unterschiedlicher Teilnehmer des übergeordneten Ökosystems ausmachen, die sämtlich den Nachweis erbringen, daß eine wechselseitige Beeinflussung von System und dessen Umwelt durchaus möglich ist. An dieser Stelle sei auf die Ansätze einiger Wissenschaftler[35]) verwiesen, die eindrucksvolle Versuche darstellen, diese vielfältigen Beziehungsmuster im Hinblick auf denkbare proaktive Gestaltungsfähigkeiten von im Verbund handelnden Organisationen zu analysieren. "The idea of such domain-based organizations is to embrace the organizationenvironment relations of a whole set of constituent organizations so that what were once external relations - e.g. between competing or interdependent firms, ... - now in some measure become internal relations that are open to collaborative action."[36]) Derartige Ansätze dienen einem besseren Verständnis der realen Beziehungsmuster zwischen System und Umwelt, die sich nicht linear-kausal gestalten, sondern vielmehr durch zirkuläre Kausalitäten gekennzeichnet sind. Zudem liefern sie wertvolle Erkenntnisse darüber, wie durch den Zusammenschluß verschiedener Subsysteme eines übergeordneten Systems destabilisierende Turbulenzen vermieden werden können, die immer dann entstehen können, wenn einzelne soziale Systeme egozentrische Versuche unternehmen, die eigenen Ziele gegen das Interesse des übergeordneten Ökosystems durchzusetzen.

III. Kulturelle Entwicklungsfähigkeit

Wie gesehen ist der langfristige Erfolg diversifizierter Unternehmungen vor allem davon abhängig, im Vergleich zur Konkurrenz langfristig schneller und besser in der Lage zu sein, Fähigkeiten zu erwerben oder zu entwickeln, die erforderlich sind, um die Bedürfnisse der aktuellen und potentiellen Kunden zu befriedigen und innovative Produkte und Problemlösungen anbieten zu können, die neue Kundenbedürfnisse schaffen. Auf

---

35)   Vgl. stellvertretend TRIST [Organizations]; DERS. [Directions]; Vgl. auch MORGAN [Images], 71 und die dort systematisierte Literatur.

36)   MORGAN [Images], 71.

der technologischen Ebene wurden die verschiedenen Einflußbereiche aufgezeigt, die dazu beitragen können, daß das in einer Unternehmung vorhandene Wissen fortlaufend weiterentwickelt wird. Durch die Einbeziehung der Managementebene, wurde darüber hinaus der Koordinationsaspekt in die Untersuchung einbezogen, da ein gewinnbringender Einsatz des produktiven Potentials einer Unternehmung bzw. die Erzielung potentieller Wettbewerbsvorteile von der Koordination des Wissenserwerbs und Wissenseinsatzes abhängt. In der bisherigen Untersuchung wurde die kulturelle Dimension demgegenüber nur implizit berücksichtigt. Die Mitglieder einer Unternehmung handeln zum einen als Individuen. Im Rahmen ihrer Zugehörigkeit zu verschiedenen Gruppen und Koalitionen innerhalb der Unternehmung partizipieren sie daneben auch an verschiedenen kollektiven Handlungen. Sie sind durch vielfältige Kommunikations- und Interaktionsbeziehungen miteinander verbunden und steuern durch ihre kognitiven Fähigkeiten - bewußt oder unbewußt - das eigene Verhalten. Nachfolgend werden diejenigen Aspekte entwicklungsfähiger Unternehmungen in die Untersuchung einbezogen, welche die Grundlage eines kohärenten Verhaltens sämtlicher Unternehmungsmitglieder bilden, der Unternehmung - trotz der Vielzahl heterogener und interdependenter Beziehungen - eine langfristige Orientierung geben und so den Zusammenhalt der Gesamtunternehmung ermöglichen.

Durch die Kulturarbeit werden die Orientierungsgrundlagen von Unternehmungen geschaffen. Die Bestandteile der Unternehmungskultur, wie Werte, Regeln, Verhaltensnormen oder Ideen werden von den Unternehmungsmitgliedern erzeugt und zum Teil im Laufe der Firmengeschichte über mehrere Generationen an die nachfolgenden Unternehmungsmitglieder weitergegeben, wobei letztere selber entscheiden können, ob sie auf die historischen Überlieferungen zurückgreifen oder diese verändern bzw. erweitern. Der Transfer kultureller Artefakte erfolgt zu großen Teilen auf einer unbewußten Ebene, etwa durch das Verhalten der Vorgesetzten oder ein Vorleben bestimmter Werte, und enthält viele Aspekte nonverbaler Kommunikation. Die verbale Übermittlung kultureller Faktoren spielt demgegenüber eine untergeordnete Rolle, da die dem Verhalten der Unternehmungsmitglieder zugrundeliegenden Überzeugungen sich häufig nicht artikulieren lassen. Auch die Art und Weise, wie Führungskräfte auf das Verhalten ihrer Mitarbeiter reagieren (etwa die Sanktionierung unerwünschten oder die Förderung erwünschten Verhaltens) oder das Verhalten der Kollegen untereinander (z. B. allgemeiner Umgangston, Integration neuer Kollegen u.ä.), lassen Rückschlüsse auf die in einer Unternehmung gelebten, historisch gewachsenen Werte zu und prägen die Unternehmungskultur.

Durch das Schaffen von Orientierungsgrundlagen erhalten die Unternehmungsmitglieder Handlungsanleitungen, welche die zwischen ihnen ablaufenden Prozesse steuern, ohne daß ihnen von außen ein bestimmtes Verhalten aufoktroyiert wird. Wie gesehen lassen sich erwünschte Verhaltensweisen nicht beliebig administrativ verordnen. Das Verhalten der verschiedenen Unternehmungsmitglieder läßt sich lediglich indirekt beeinflussen, indem etwa ein ganz bestimmtes Lernumfeld erzeugt wird und die Mitarbeiter die Gelegenheit haben, durch einen intensiven Austausch, ihre Problemsicht zu erweitern. Gleichzeitig muß zu jedem Zeitpunkt der Unternehmungsgeschichte damit gerechnet werden, daß ursprünglich nicht intendierte, emergente Wirkungen einsetzen; die Unternehmungsentwicklung stellt somit nicht das Ergebnis einer direkten Handlungsbeeinflussung dar, sondern ist vielmehr ein Resultat der vielfältigen Eigenschaften des sozialen Systems Unternehmung. Die Handlungs- oder Orientierungsgrundlagen bilden darüber hinaus die Voraussetzung für eine Verknüpfung der verschiedenen Subsysteme einer Unternehmung. Sie sind die Grundlage für die Integrität der Unternehmung und für ein kohärentes Zusammenspiel sämtlicher Aktivitäten, durchziehen alle Unternehmungsbereiche und prägen den spezifischen Charakter einer Unternehmung. Sowohl die inhaltliche Wissenskomponente als auch die Koordination von Wissenserwerb und Wissenseinsatz einer Unternehmung werden durch die Werte, Normen und sonstigen kulturellen Faktoren beeinflußt. Wie in Kapitel D bereits dargelegt, beeinflußt die kulturelle Ebene das „WAS", d. h. welches Wissen als relevant betrachtet und erlernt wird. Darüber hinaus prägt sie auch das „WIE" bzw. die Art des Wissenserwerbs und wirkt sich schließlich auf das „WOFÜR" bzw. den internen und externen Wissenseinsatz der Unternehmung aus.

Diversifizierte Unternehmungen können nur dann entwicklungsfähig sein, wenn die Orientierungsgrundlagen ihrer Mitglieder ein entwicklungsorientiertes Verhalten ermöglichen bzw. fördern. Finden derartige Verhaltensweisen hingegen keine Unterstützung oder werden sie womöglich sanktioniert, so wirkt die Kultur eher entwicklungshemmend. Nur wenn die in einer Unternehmung erzeugten kulturellen Objekte einer fortlaufenden Entwicklung und einem flexiblen Einsatz des produktiven Potentials der Unternehmung nicht entgegenstehen, wird ein lernorientiertes, innovationsförderndes Verhalten der verschiedenen Unternehmungsmitglieder ermöglicht. Eine Unternehmung kann folglich nur dann als lernende Organisation charakterisiert werden, wenn ihre Mitglieder auf der Grundlage solcher Orientierungsgrundlagen handeln, die offen sind für Veränderung und Neuerwerb von Wissen und dessen bereichsübergreifenden Transfer innerhalb der Unternehmung. Vor dem Hintergrund eines dynamischen Wettbewerbsumfeldes ist eine lern- und innovationsfördernde Unternehmungskultur eine grundlegende Voraussetzung für die langfristige Anpassungs- und Entwicklungsfähigkeit einer Unternehmung und kann u. U. entscheidend für deren Überleben sein.

1. Ressourcen und Kompetenzen als Determinanten der zukünftigen Ausrichtung von Unternehmungen

Die einer Unternehmung in der Zukunft zur Verfügung stehenden Wahlmöglichkeiten werden durch die Entscheidungen beeinflußt, die in der Vergangenheit getroffen wurden. Zunächst wird durch die zu einem historischen Zeitpunkt getroffenen Entscheidungen ein Teil des produktiven Potentials der Ressourcen gebunden. Zudem handelt es sich bei derartigen Entscheidungen größtenteils um schwer umkehrbare Entscheidungen, da die investierten Mittel nicht immer zurückfließen. Häufig sind die von der Unternehmung erworbenen oder aufgebauten Ressourcen nicht handelbar oder es kann kein geeigneter Abnehmer für diese überschüssigen Aktiva gefunden werden. Das kann z. B. dadurch bedingt sein, daß die für die Suche eines solchen Abnehmers erforderlichen Transaktionskosten zu hoch wären. Oder die anzubietenden Ressourcen oder Unternehmungsteile sind für einen potentiellen Käufer von geringerem Nutzen als für den Verkäufer, so daß sie nur unterwertig verkauft werden könnten. Lassen sich keine sinnvollen alternativen Handlungsmöglichkeiten finden, so würden der Unternehmung also „sunk costs" entstehen, wenn sie sich von diesen Aktiva wieder trennt. Insofern sind Unternehmungen teilweise an derartige unerwünschte Unternehmungsteile gebunden bzw. werden in ihrer Handlungsfreiheit durch die vorhandenen Ressourcen und Fähigkeiten beschränkt. Die Richtung, die eine Unternehmung im Laufe ihrer Firmengeschichte eingeschlagen hat, bestimmt also die zukünftigen strategischen Möglichkeiten einer Unternehmung und somit auch deren potentielle Erfolgsmöglichkeiten.

Wie gesehen sind die langfristige Entwicklungsfähigkeit und das Überleben einer Unternehmung in entscheidendem Maße davon abhängig, ob es der Unternehmung gelingt, eine Balance zwischen dem produktiven Potential der eigenen Ressourcen und den marktlichen Einflüssen zu erzielen. Das setzt wiederum voraus, daß die verschiedenen Geschäftsaktivitäten der Unternehmung unter Berücksichtigung der wettbewerbsstrategischen Rahmenbedingungen weiterentwickelt und koordiniert werden. Aufgrund der oben skizzierten Ressourcenbindung und der Tatsache, daß sich zukünftige Entwicklungen nicht eindeutig vorhersagen lassen, sind im Wettbewerb langfristig diejenigen Un-

ternehmungen am besten gerüstet, denen es gelingt, eine überschaubare Anzahl technologischer Basen aufzubauen, diese fortlaufend weiterzuentwickeln und für die Verbesserung aktueller Geschäftsaktivitäten und die Entwicklung innovativer Produkte einzusetzen. Die Beschränkung auf eine überschaubare Menge produktiver Basen, und deren
intensive Entwicklung ermöglicht es einer Unternehmung im Falle unvorhergesehener
Nachfrageentwicklungen kurzfristig neue Anwendungsmöglichkeiten für diese Fähigkeiten zu finden.

Ein solches Verhalten wird andererseits jedoch nur verfolgt, wenn eine Unternehmung
über die kulturellen Voraussetzungen verfügt, die ein lern- und innovationsförderndes
Verhalten ermöglichen. Durch die Kulturarbeit wird es möglich, die vielfältigen aktuellen und zukünftigen Aktivitäten einer Unternehmung zu einer kohärenten Gesamtheit zu
verbinden. Eine Unternehmung, die ihre Geschäftsaktivitäten aus einer begrenzten Anzahl technologischer Basen entwickelt erhält durch ihre Kernkompetenzen die Basis für
eine langfristige Ausrichtung. Gleichzeitig können die verschiedenen Subsysteme der
Unternehmung ihre Handlungen an den Kernkompetenzen ausrichten und erhalten so
die nötige Orientierung. Für endproduktorientierte Unternehmungen, die eine Vielzahl
heterogener Technologien einsetzen, ist es wesentlich schwieriger, eine gemeinsame
Linie für ihre vielfältigen Geschäftsaktivitäten zu finden. Unterstützen die in einer Unternehmung gelebten Werte und Überzeugungen etwa ein Streben nach schnellen Expansionsmöglichkeiten und die Verfolgung kurzfristiger Gewinnmöglichkeiten, so wird
die langfristige Entwicklungsfähigkeit u. U. vernachlässigt und es entstehen nicht selten
Unternehmungen, deren breites Spektrum an Produkten keine oder nur wenige technologische Gemeinsamkeiten aufweist. Im schlimmsten Fall kann der Wegfall eines Ge-
schäftsfeldes, das über einen langen Zeitraum in der Firmengeschichte im Mittelpunkt
der geschäftlichen Ausrichtung gestanden hat, dazu führen, daß in einer solchen Unternehmung die Handlungsorientierung verloren geht und das System auseinanderbricht.

Werden vor dem Hintergrund schneller Renditemöglichkeiten z. B. umfangreiche
Akquisitionstätigkeiten durchgeführt, ohne das produktive Potential der eigenen Ressourcen bzw. die historisch bedingten Begrenzungen zu berücksichtigen, so besteht die
Gefahr, daß das Management ein Portfolio von Geschäftsbereichen zusammenkauft,
ohne Berücksichtigung der Integrität des Systems, die letztlich eine Voraussetzung für
die Entwicklungsfähigkeit und ein langfristiges Überleben darstellt. Die Manager derartiger Unternehmungen versuchen dann teilweise, eine künstliche Verbindung zu schaffen, indem sie versuchen, ihr Konglomerat heterogener Produkte durch kulturelle Maßnahmen in eine integrierte Einheit zu verwandeln. Handelt es sich bei einer derartigen

Unternehmung allerdings um ein Finanzportfolio, so läßt sich auf diese Weise keine einheitliche Ausrichtung erzeugen. Wie in Kapitel C. III. dargelegt, läßt sich eine Einheit nicht im Nachhinein durch ein - wie auch immer geartetes Kulturmanagement - beliebig erzeugen. Bei den kulturellen Aspekten einer Unternehmung handelt es sich nicht um Faktoren, die am Markt erworben werden können. Die Orientierungsgrundlagen einer Unternehmung müssen vielmehr durch die Unternehmung selber entwickelt werden. Eine solche Entwicklung stellt einen historischen Prozeß dar, so daß ein kultureller Wandel weder einfach noch kurzfristig möglich ist.

Es wurde gezeigt, daß eine Konzeption, die Unternehmungen als Pool von Kernkompetenzen begreift, die im Zeitablauf der innovativen Weiterentwicklung bedürfen und deren Gewinngenerierungspotential von einem flexiblen Einsatz abhängig ist, angesichts dynamischer Wettbewerbsbedingungen eine bessere Grundlage für die Entscheidungen diversifizierter Unternehmungen darstellt als solche Ansätze, die Unternehmungen als Portfolios von Endprodukten betrachten. Die Kernkompetenzen ermöglichen eine Verbindung der verschiedenen Geschäftseinheiten. Sie beeinflussen gleichzeitig den zukünftigen Wissenserwerb und dienen daher als Basis für die Entwicklung neuer Geschäftsaktivitäten. Eine Orientierung an den Kernkompetenzen stellt somit eine Grundvoraussetzung für die Integrität der Unternehmung dar. Aufgrund der zahlreichen Unwägbarkeiten im Zusammenhang mit einer zukünftigen Entwicklung wettbewerblicher Rahmenbedingungen sollten Unternehmungen langfristige Entwicklungspfade verfolgen, die auf ihren unternehmungsspezifischen, einzigartigen Kernkompetenzen beruhen. Das Gewinngenerierungspotential einer Unternehmung wird zu einem großen Teil durch die Fähigkeit bestimmt, vor dem Hintergrund des vorhandenen produktiven Potentials strategische Visionen zu verfolgen und auf diese Weise eine Voraussetzung für die langfristige Ausrichtung der Unternehmung zu schaffen. Es wurde zuvor gezeigt, daß dem Einsatz von Organisationsstrukturen, die stärker auf Netzwerk- oder heterarchische Elemente ausgerichtet sind, ebenfalls eine entscheidende Bedeutung für die Entwicklungsfähigkeit zukommt. Während die in derartigen Organisationsformen ablaufenden Prozesse auf den ersten Blick relativ „ungeordnet" und chaotisch wirken, erhalten die vielfältigen Interaktionsbeziehungen durch handlungsleitende Orientierungsgrundlagen ebenfalls eine Richtung. Das setzt wiederum voraus, daß das Management über Visionen hinsichtlich der groben langfristigen Ausrichtung der von ihnen geführten Unternehmung verfügt und in der Lage ist, diese den dynamischen Entwicklungen anzupassen. Projekt- oder Netzwerkstrukturen können nur dann eingesetzt werden, wenn das Verhalten des Managements durch entwicklungsfördernde Werte und Normen geleitet wird. Das bedeutet jedoch gleichzeitig, daß das Management nicht ausschließlich an den finanziellen Ergebnissen ihrer autonom agierenden Geschäftsbereiche interessiert ist, sondern vielmehr einen Überblick über die relevanten Kompetenzen besitzt und deren Entwicklung fördert. Wird die Unternehmung hingegen als ein Portfolio Strategischer Geschäftseinheiten definiert, so besteht die Gefahr, daß das Augenmerk stärker auf kurzfristige Renditemöglichkeiten gerichtet wird und die langfristige Ausrichtung von untergeordneter Bedeutung ist. Unter Umständen muß die von einer Unternehmung eingeschlagene Entwicklungsrichtung im Zeitablauf veränderten, nicht-antizipierbaren bzw. nicht-antizipierten Bedingungen angepaßt werden. Hat die Unternehmung jedoch eine organische Entwicklung vollzogen, die auf einem integrierten Geflecht von Kernkompetenzen beruht, so wird eine Anpassung in der Regel nicht die Integrität der Unternehmung gefährden.

2. Identität diversifizierter Unternehmungen

Zu Beginn der vorliegenden Arbeit wurde festgestellt, daß diversifizierte Unternehmungen sich in einem Spannungsfeld zwischen der fortlaufenden Expansion und einer unternehmungsinternen Integration ihrer Geschäftsaktivitäten befinden. Ein Blick in die Praxis diversifizierter Unternehmungen macht deutlich, daß es sich hierbei um keine leichte Aufgabe handelt; zahlreiche Mehrproduktunternehmungen sind vielmehr mit Identitätsproblemen konfrontiert. Gerade solche Diversifizierer, die im Laufe ihrer Firmengeschichte umfangreiche Akquisitionen getätigt haben und ihre Geschäftsaktivitäten auf eine Vielzahl neuer Bereiche ausgedehnt haben, beklagen Probleme der Identität. Sie durchlebten entweder schmerzhafte Krisen oder scheiterten gar, weil es nicht gelang, die neuen Bereiche erfolgreich zu integrieren und den Zusammenhalt der Gesamtunternehmung aufrecht zu erhalten. Oftmals gefährdete eine Ausdehnung der Geschäftsaktivitäten auf neue Gebiete auch die gesamtunternehmerische Effizienz. Manager einer diversifizierten Unternehmung, die jede lukrative Diversifikationsgelegenheit wahrnehmen und als günstige Möglichkeit zur Erzielung mengenmäßigen Wachstums interpretieren, vernachlässigen dabei häufig die spezifischen Gegebenheiten der von ihnen geleiteten Unternehmung. Eine reine Produktorientierung und die Hoffnung der neue Bereich "werde sich schon irgendwie in das Gesamtunternehmungsportfolio" einfügen, gefährden den Zusammenhalt bzw. die Identität der Unternehmung. Sind diversifizierte Unternehmungen mit Problemen der Identität konfrontiert, so suchen sie i.d.R. nach Möglichkeiten, die Integrität der Unternehmung zu verbessern und die heterogenen Geschäftsbereiche verbinden zu können. Durch die Entwicklung einer Unternehmungsidentität oder Corporate Identity (CI) wird versucht, eine Klammer zwischen den oft heterogenen Geschäftsbereichen herzustellen, um so deren Zusammenhalt zu ermöglichen. Auf diese Weise soll den in diversifzierten Unternehmungen häufig auftretenden "Zentrifugalkräften"[37]), die erhebliche Spannungen auf das Gesamtsystem ausüben können, entgegengewirkt werden.

Werden sich die Manager einer Mehrproduktunternehmung bewußt, daß das traditionelle Erscheinungsbild der von ihnen geleiteten Unternehmung aufgrund umfangreicher Akquisitionen und Veränderungen in der Ausrichtung nicht länger entspricht, wird nicht selten versucht, durch die Entwicklung eines neuen Erscheinungsbildes, eine Verbesserung des Zusammenhaltes der Gesamtunternehmung zu erzielen. Auf der Suche nach einer (neuen) Identität oder „Corporate Identity" werden dabei mehr oder weniger intensive Anstrengungen unternommen, das Fremdbild oder Image der Unternehmung positiv zu beeinflussen. Die Maßnahmen beschränken sich im Extremfall auf die Entwicklung eines neuen Firmenzeichen oder -logos oder die Einführung anderer Werbeträger, wie etwa die Architektur der Firmengebäude, einheitliche Kleidung, u.ä. Auf diese Weise soll in erster Linie ein ganzheitliches Auftreten der Unternehmung in der Öffentlichkeit erreicht werden. Neben diesen eher PR-bezogenen Wirkungsansprüchen werden durch eine Corporate Identity auch direkte absatzwirtschaftliche Wirkungen angestrebt. So sollen die Vermarktungsmöglichkeiten von Produkten etwa dadurch erhöht werden, daß die Nachfrager positive Assoziationen mit der Unternehmung und deren Produkten verbinden. Die Unternehmungsidentität tritt in diesem Fall, insbesondere bei Produkten, die nicht oder nur in eingeschränktem Maße kommuniziert werden können, an die Stelle einer Produkt- oder Markenidentität. Zahlreiche Unternehmungen erhoffen, eine solche Außenwirkung wirke automatisch auf das interne Verhalten der Unternehmungsmitglieder zurück, wodurch der Zusammenhalt zwischen den verschiedenen Unternehmungsbereichen erzielt werden könne.

Andere Unternehmungen haben erkannt, daß eine Innenwirkung keine zwangsläufige Konsequenz des äußeren Erscheinungsbildes darstellt und beschränken ihre CI-Aktivitäten dementsprechend nicht darauf, Werbeagenturen, Designer oder Architekten zu engagieren, die sie mit dem Entwurf und der Entwicklung neuer Logos, einer einheitlichen Gestaltung der Gebäude u.ä. imagebeeinflussenden Maßnahmen betrauen. Sie setzen CI nicht gleich mit einem abgestimmten Einsatz visueller Elemente wie z.B. Far-

---

37)   Vgl. in diesem Zusammenhang auch OLINS, in: BACHINGER [Expertengespräch], 18.

ben, Schrifttypen, Zeichen, Fahnen etc. Neben derartigen formalen oder gestalterischen Komponenten versuchen die Unternehmungen durch nach innen gerichtete Aktionen dazu beizutragen, daß sich die Mitarbeiter sämtlicher Bereiche mit der Unternehmung identifizieren. Im Mittelpunkt der CI-Aktivitäten steht zum größten Teil der Einsatz von Kommunikationsinstrumenten und sonstigen Mitteln zur direkten Verhaltensbeeinflussung. Der Anspruch an die zum Einsatz gelangenden Maßnahmen ist oftmals sehr weit gefaßt. So werden beispielsweise Aspekte wie Kommunikation, Integration, Motivation der Mitarbeiter, Synergierealisierung, Wir-Bewußtsein u.ä. einbezogen. Die vielfältigen heterogenen Geschäftsbereiche sollen auf diese Weise verbunden und der Gesamtunternehmungserfolg verbessert werden. In der Realität stellt sich jedoch in vielen Fällen heraus, daß es sich bei derartigen Erwartungen um Trugschlüsse handelt und die angestrebte Einheit sich im Anschluß an die eingesetzten Maßnahmen nicht einstellt. Stimmt die gelebte Unternehmungskultur nicht mit den kommunizierten Werten und Überzeugungen überein, so werden Corporate Identity Programme nicht die gewünschten Wirkungen erzielen.

Auf die mangelnde Fähigkeit beliebiger Verhaltenssteuerung wurde bereits mehrfach hingewiesen. Es lassen sich keine allgemeingültigen und einfach anzuwendenden Patentrezepte für die Erzeugung einer Wunsch- oder SOLL-Identität angeben. Die Identität einer Unternehmung läßt sich nicht durch eine - noch so geschickte - Kombination verschiedener Identitätselemente erzeugen bzw. beliebig ändern. Sie ist kein administrativ erzeugbarer Tatbestand, sondern abhängig von den sie schaffenden bzw. erlebenden Subjekten. Manche verlockende Diversifikationsgelegenheit brachte eine Unternehmung nicht zuletzt deshalb in Schwierigkeiten oder sogar an den Rand des Ruins, weil der neue Geschäftsbereich die Integrität der Unternehmung gefährdet. Die Diversifikationsrichtung wird durch die Art der verfügbaren Ressourcen und deren produktives Potential und die Möglichkeiten am Markt bestimmt. Insbesondere in diversifizierten Unternehmungen ist eine strategische Ausrichtung eine Grundvoraussetzung für die Kohärenz der Aktivitäten und dient als Entscheidungsgrundlage für die weitere Entwicklung der Unternehmung. Das bestätigen nicht zuletzt die von zahlreichen Diversifizierern empfundenen Identitätskrisen. Der langfristige Zusammenhalt des sozialen Systems Unternehmung kann auf Dauer nur erreicht werden, wenn aufgrund von klaren Orientierungsgrundlagen eine Einheit der verschiedenen Subsysteme einer Unternehmung erzeugt wird, "which emerges when a particular orientation becomes so firmly a part of group life that it colors and directs a wide variety of attitudes, decisions, and forms of organization, and does so at many levels of experience."[38]) Gelingt es, solche handlungsleitenden Orientierungsgrundlagen zu entwickeln, so können auch diversifizierte Unternehmungen, trotz der vielfältigen und heterogenen Geschäftsaktivitäten, eine Integration der Gesamtunternehmung erzielen, die sich in der Identität äußert. So verstanden läßt sich die Identität folglich als die einer Unternehmung zugrunde liegende Orientierung oder Logik bezeichnen, die historisch gewachsen ist und die Unternehmung von anderen sozialen Systemen abgrenzt.

Soziale Systeme erhalten also nur insofern eine Orientierung, als die in ihnen agierenden Subjekte diese herstellen.[39]) Sie stellt einen Systemzustand dar, der durch die kognitiven Konstruktionsleistungen und Handlungen der an diesem Prozeß beteiligten Unternehmungsmitglieder erzeugt wird. Die langfristige Entwicklung einer Unternehmung kann nicht von einem einzelnen oder einer kleinen Gruppe gesteuert werden. Nicht der einzelne verleiht der Unternehmung ihre Identität und gibt die Richtung vor; es bedarf vielmehr der Beteiligung sämtlicher Unternehmungsmitglieder, um die Effizienz und Wettbewerbsfähigkeit der Gesamtunternehmung zu ermöglichen bzw. zu erhalten.

„Notre environment est aujourd'hui trop vaste, trop complexe, trop changeant pour que nous puissions encore avoir l'illusion - si tel a même jamais été le cas - que seul le capitaine peut mener le bateau au port. Non seulement tout l'équipage doit être sur le pont, être efficace à son poste, mais il nous faut plus encore mobiliser toute son énergie, son intelligence et son esprit d'initiative."[40])

Die Herausforderung entwicklungsfähiger Unternehmungen besteht darin, einen Kurs anzustreben, der weder von opportunistischem Verhalten dominiert wird noch unrealistischen Wunschvorstellungen verfällt. Das Management ist dabei gefordert, vor dem Hintergrund strategischer Visionen und kontextgestaltender Maßnahmen Anstöße zu einer organischen Unternehmungsentwicklung zu geben und die langfristige Orientierung des Systems zu gewährleisten. Dabei sind die im Laufe der Historie entwickelten, besonderen Fähigkeiten ebenso zu berücksichtigen wie die Werte, Überzeugungen und sonstigen langfristig gewachsenen kulturellen Aspekte der Unternehmung. Wird die Unternehmung als komplexes Netzwerk vielfältiger Wissensträger begriffen, die durch selbstorganisierende Prozesse interagieren, so wird auch das kreative Mitarbeiterpotential genutzt, das bei einer auf Komplexitätsreduktion ausgerichteten mechanistischen

---

38) SELZNICK [Leadership] 138f.
39) Vgl. hierzu auch MEYER-FAJE [Bausteine], 99. Vgl. auch MORGAN [Images], 371ff.
40) STRATEGOR [Stratégie], 402.

Fremdsteuerung vernachlässigt wird. Auf diese Weise wird die Wahrscheinlichkeit erhöht, daß sich die Mitarbeiter mit der Unternehmung identifizieren. Das Selbstverständnis der Unternehmung käme dann durch das Verhalten dieser Mitarbeiter im äußeren Erscheinungsbild sowie der Kommunikation zum Ausdruck, ohne daß es der gezielten Gestaltung der Außenwirkung bedürfte.

Der Identitätsbegriff kann zudem kein statischer Begriff sein, der eine Momentaufnahme darstellt, sondern ist Teil eines dynamischen Prozesses der Identitätsbildung. Er kann dementsprechend nicht auf eine formale Gestaltungsaufgabe oder die Kommunikation einer erwünschten SOLL-Identität beschränkt werden. Ein solcher Prozeß muß vielmehr eine intensive Analyse des spezifischen Charakters der eigenen Unternehmung berücksichtigen, bei der die historische Entwicklung des Diversifizierers einbezogen wird. Gleichzeitig muß neben einer Betrachtung der Gesamtunternehmung die Koevolution von Unternehmung und Umwelt berücksichtigt werden. Zwischen einer Unternehmung und ihrer Umwelt besteht eine enge Verknüpfung, so daß eine Veränderung der Beziehungen zwischen Unternehmung und Umwelt immer mit einer Veränderung des Systemzustandes der Unternehmung einhergeht bzw. auf deren spezifischen Charakter zurückwirkt. Die Entwicklung einer Unternehmung läßt sich als historischen Prozeß der Reproduktion und des Wandels in der Kontinuität charakterisieren. Um ihren dauerhaften Bestand und ihre Identität zu sichern, muß sich eine Unternehmung daher fortlaufend durch einen Prozeß der Randbildung, d.h. einen überlebensfähigen Abgrenzungsprozeß gegenüber ihrer Umwelt, reproduzieren.

Indem die Mitglieder der Unternehmung die Beziehungen zu ihrer Umwelt definieren legen sie fest, was zu dem sozialen System Unternehmung gehört und was jenseits der Unternehmungsgrenzen liegt bzw. als Umwelt zu charakterisieren ist. Im Gegensatz zu den Annahmen klassischer Theorien, die von einem gegebenen, statischen Rand ausgehen, basiert eine Konzeption, die Unternehmungen als selbstorganisierende soziale Systeme begreift, auf der Annahme einer vom System (bzw. dessen Mitgliedern) erzeugten, dynamischen Randbildung. KROHN und KÜPPERS haben diesen Prozeß der Randbildung sozialer Systeme am Beispiel des Wissenschaftssystems aufgezeigt. Die System-Umweltbeziehungen, d.h. die Randbildung erfolgt gemäß des Ansatzes der Autoren durch sozialpsychologische Mechanismen, die es den Mitgliedern eines sozialen Systems ermöglichen, Selbstbilder und Fremdbilder zu erzeugen und auf diese Weise System und Umwelt gedanklich voneinander zu trennen.[41]) Entwicklungsfähigen

---

41)   Vgl. ausführlich KROHN, KÜPPERS [Selbstorganisation].

Unternehmungen gelingt es, diese Bilder fortlaufend zu korrigieren und sie den veränderten Bedingungen anzupassen. Demgegenüber droht das System zusammenzubrechen, wenn es den Systemmitgliedern nicht mehr gelingt, sich gegenüber ihrer Umwelt überlebensfähig abzugrenzen.

Diversifizierte Unternehmungen werden nur solange ihre Identität aufrecht erhalten können, wie es ihnen gelingt, solche Geschäftsaktivitäten zu verfolgen, die den historisch gewachsenen Unternehmungscharakter nicht gefährden. Das bedeutet nicht, daß die Unternehmungsentwicklung keine Änderungen zuläßt. Gerade der intensive Wettbewerb zwingt eine Unternehmung dazu, ihr vorhandenes Wissen ständig zu hinterfragen und weiterzuentwickeln. Eine Entwicklung sollte jedoch den spezifischen Fähigkeiten einer Unternehmung gerecht werden. Der strategische Kurs sollte sich an den vorhandenen Ressourcen und deren produktivem Potential ausrichten und auch die Entscheidung einer Durchführung weiterer Diversifikationsaktivitäten muß vor dem Hintergrund der bestehenden Kernkompetenzen getroffen werden. Je größer die Übereinstimmung zwischen den eigenen Fähigkeiten und den für die Aufnahme eines neuen Geschäftsbereichs benötigten Kompetenzen ist, desto einfacher ist es für eine Unternehmung, ihre Geschäftsaktivitäten auf diese Bereiche auszudehnen und zu diversifizieren und desto größer wird die Erfolgswahrscheinlichkeit einer solchen Strategie. Grundsätzlich sollte nur in diejenigen Bereiche investiert werden, die eine sinnvolle Nutzung des produktiven Potentials der eigenen Ressourcen versprechen oder als Ergänzung der bestehenden Fähigkeiten gewertet werden können. Nur wenn die Diversifikationsstrategie dem spezifischen Charakter der Unternehmung gerecht wird, gelingt es, die Identität der Unternehmung zu bewahren. Die Identität einer Unternehmung ist demgegenüber immer dann gefährdet, wenn das Management Geschäftsaktivitäten zusammenbündelt, die keiner spezifischen Logik oder keinem integrierten Geflecht an Kernkompetenzen folgen. Derartige Unternehmungen verlieren an strategischer Schlagkraft, büßen ihre Entwicklungsfähigkeit ein und werden u.U. nicht einmal in der Lage sein, ihr Überleben zu sichern.

Wie gesehen ist ein mechanistischer Interpretationskontext, der die Organisation als hierarchisch geordnetes Stellengebilde postuliert, in dem Individuen versuchen, den "rational" abgeleiteten Stellenanforderungen gerecht zu werden, nicht geeignet, die Entwicklungsfähigkeit einer Unternehmung zu fördern. Nur durch die Änderung dieser grundsätzlichen Annahmen im Bedeutungskontext von Führung und Management können anders verstandene Managementwirklichkeiten entstehen, in denen die Identität nicht eine Eigenschaft oder Fähigkeit ist, die es zu "managen" gilt, sondern ein dynamischer Systemzustand, der sich aus den komplex vernetzten Beziehungen, die Arbeitsorganisation konstituieren, und aus den damit implizierten Prozessen und Strukturen ergibt. So verstanden handelt es sich bei derartigen Beziehungen um Kommunikationsprozesse, deren inhaltliche Bedeutung nicht von den Eigenschaften der Sender und Empfänger abhängt, sondern vom Beziehungskontext, der die impliziten Beziehungsregeln, Interpretationsmuster etc. enthält.

F. Schlußbetrachtung

Vor dem Hintergrund der Frage nach den Gründen für die, zum Teil erheblichen, Erfolgsunterschiede diversifizierter Unternehmungen, bestand das Ziel der vorliegenden Arbeit darin, einen Ansatz zu entwickeln, der es ermöglicht, die Diversifikation in einem dynamischen Wettbewerbsumfeld zu erklären sowie Ansatzpunkte aufzuzeigen, wie diversifizierte Unternehmungen trotz der schwierigen wettbewerbsstrategischen Bedingungen entwicklungsfähig bleiben können. Hierzu sollte zum einen analysiert werden, welche Faktoren langanhaltende Wettbewerbvorteile begründen und somit die Entwicklungsfähigkeit diversifizierter Unternehmungen ermöglichen. Darüber hinaus sollte die Frage beantwortet werden, wie die Entwicklungsfähigkeit diversifzierter Unternehmungen herbeigeführt werden kann.

Aus ressourcenorientierter Perspektive wurde zunächst ein Bezugsrahmen für eine entwicklungsorientierte Konzeption diversifizierter Unternehmungen abgeleitet. Ein ressourcenorientierter Ansatz charakterisiert die Unternehmung als wissengenerierendes soziales System bzw. lernende Organisation. Unternehmungen unterscheiden sich demnach durch das produktive Potential ihrer Ressourcen und sind dann erfolgreich, wenn es ihnen gelingt, dieses Potential so zu koordinieren, daß die entstehenden Produkte und Leistungen Wettbewerbvorteile gegenüber der Konkurrenz erzeugen. Die strategischen Aktiva bzw. das produktive Potential einer Unternehmung initiieren den Strategieentwicklungsprozeß und determinieren ebenfalls das Gewinnpotential einer Unternehmung, wobei die Kompetenzentwicklung den Einfluß strategischer Branchenfaktoren berücksichtigen muß. Die Ressourcenbasis einer Unternehmung determiniert also die unternehmungsspezifischen Fähigkeiten oder Kompetenzen, wobei letztere die Nutzenpotentiale und Wettbewerbvorteile gegenüber Konkurrenten begründen. Die Kernkompetenzen wurden als Wissensmenge definiert, die mögliche Wettbewerbvorteile einer Unternehmung aufzeigt oder erzeugt. Es wurden drei interdependente Wissensdimensionen identifiziert:

- die *inhaltliche Dimension,*

- die politische oder *Managementdimension* und die

- *kulturelle* Dimension

Unternehmungen können nur entwicklungsfähig sein, wenn sie das Zusammenwirken aller Wissensdimensionen berücksichtigen, wobei der Einfluß der verschiedenen Dimensionen in verschiedenen Unternehmungen unterschiedlich ausfallen kann. Es wurde gezeigt, daß ein ressourcenorientierter Ansatz eine bessere Fundierung der Diversifikation ermöglicht, da er der tatsächlichen Entscheidungssituation diversifizierter Unternehmungen besser gerecht wird. Eine solche Perspektive unterscheidet sich von vielen in der vorherrschenden Literatur vorgestellten Ansätzen, welche die Diversifikation entweder als eine Art „Allheilmittel" charakterisieren oder als grundsätzlich ineffiziente Strategie beurteilen. Die Diversifikation ergibt sich aus der in der vorliegenden Arbeit vertretenen Sichtweise vielmehr aufgrund von mehr oder weniger automatischen Prozessen einer organischen Entwicklung des produktiven Potentials einer Unternehmung. Die produktiven Möglichkeiten einer Unternehmung verändern sich im Zeitablauf. Aufgrund der Tatsache, daß Unternehmungen mit dynamischen Wettbewerbsbedingungen konfrontiert werden, sind sie grundsätzlich in gewissem Maße gezwungen, ihre bestehenden Fähigkeiten und Kompetenzen zu erweitern. Neben diesem äußeren Lerndruck erweitert die Unternehmung ihr vorhandenes Wissen ständig durch verschiedene normale und außerordentliche Lernprozesse.

Die Diversifikation wurde nur dann als eine sinnvolle strategische Alternative beurteilt, wenn sie auf einer Logik von Wissen und Kompetenzentwicklung beruht und nicht die Erzielung finanzieller Synergien oder eine schnelle Expansion in den Mittelpunkt stellt. Um entwicklungsfähig zu bleiben, sollten diversifizierte Unternehmungen sich an den bestehenden Kompetenzen orientieren und bereit sein, neue Kombinationsmöglichkeiten der eigenen Fähigkeiten und des Wissens zu erproben. Sie sollten ihre Geschäftsaktivitäten grundsätzlich immer dann diversifizieren, wenn eine Investition in die angestammten Bereiche nicht mehr möglich oder vergleichsweise weniger rentabel ist. Damit die Diversifikation keine Fiktion wird, muß sich eine solche Strategie also an dem produktiven Potential einer Unternehmung ausrichten. Entweder ergeben sich aus den bestehenden Fähigkeiten Diversifikationsmöglichkeiten (da die Kompetenzen einer Unternehmung in vielfältigen Märkten einsetzbar sind), oder eine Diversifikationsstrategie ermöglicht die Ergänzung der bestehenden Kompetenzen. Während eine Akquisitionsstrategie grundsätzlich eine Reihe von Vorteilen gegenüber der interne Diversifikationsvariante aufweist, wurde gezeigt, daß sie andererseits nur dann erfolgversprechend ist, wenn ein Kauf neuer Bereiche der Erzielung von Wettbewerbsvorteilen und Nutzenpotentialen dient bzw. die in einer Unternehmung vorhandenen Kernkompetenzen sinnvoll ergänzt oder erweitert. Unter Umständen ist eine Unternehmung im Zeitablauf gefordert, sich von solchen Bereichen, die den o.g. Zwecken nicht dienen wieder zu trennen, um eine effizientere Nutzung des vorhandenen produktiven Potentials zu ermöglichen. Da strategische Investitionsentscheidungen häufig jedoch den Charakter quasi-irreversibler Entscheidungen annehmen, werden vorschnelle Diversifikationsentscheidungen oftmals bestraft und können im Extremfall sogar das Überleben der Unternehmung gefährden.

Die Diversifikationsforschung hat, insbesondere auf Branchenebene eine Vielzahl von Kriterien entwickelt, um verwandte von nicht-verwandten Unternehmungen abgrenzen zu können. Im Anschluß an empirische Erhebungen von Unternehmungen derartiger Kategorien, wurde anschließend diskutiert, ob die verwandte oder nicht-verwandte Diversifikationsstrategie höhere Erfolge verspricht. Das Spektrum der im Anschluß an die Ergebnisse abgeleiteten Empfehlungen reicht von der fast uneingeschränkten Diversifikationseuphorie mit Empfehlung zunehmender Konglomeratbildung bis hin zu einem „Schuster bleib bei Deinen Leisten". In der vorliegenden Untersuchung wurde gezeigt, daß die Frage der Verwandtschaft anders gestellt werden muß: es geht dann nicht um eine vornehmliche Betrachtung der Endprodukte. Verwandtschaft kann vielmehr nur verstanden werden, wenn die den verschiedenen Geschäftsaktivitäten und Produkten zugrundeliegenden firmenspezifischen Kompetenzen in die Analyse einbezogen werden. So betrachtet kann eine - nach herkömmlicher Definition - breit diversifizierte Unternehmung bzw. ein Konglomerat auf einem eng verwobenen Geflecht von Kernkompetenzen beruhen, die es ihm ermöglichen, wesentlich erfolgreicher und langfristig entwicklungsfähiger zu sein, als eine andere Unternehmung, die gemäß der verschiedenen Diversifikationsindizes als verwandt charakterisiert würde. Eine Produkt-Markt Betrachtung führt u.U. dazu, daß die Notwendigkeit einer Entwicklung der bestehenden Kernkompetenzen nicht erkannt bzw. vernachlässigt wird, was im schlimmsten Fall bewirken kann, daß eine Unternehmung langfristig nicht in der Lage ist, mit den dynamischen Wettbewerbsbedingungen Schritt zu halten bzw. von Konkurrenten überholt oder verdrängt wird, denen es besser gelungen ist, die erforderlichen Kompetenzen aufzubauen und zu entwickeln.

Auf der Basis des Bezugsrahmens wurden im Anschluß die Ansatzpunkte einer Konzeption der Entwicklungsfähigkeit diversifizierter Unternehmungen auf drei Ebenen entwickelt. Basierend auf den zuvor identifizierten Dimensionen der Kernkompetenzen wurden die technologische, organisatorische und kulturelle Entwicklungsfähigkeit abgegrenzt. Auf diese Weise wurde es möglich aufzuzeigen, wie Kernkompetenzen und unternehmungsspezifische Fähigkeiten in diversifizierten Unternehmungen (weiter)entwickelt werden. Zunächst wurde auf der inhaltlichen Ebene die Bedeutung einer technologischen Entwicklungsfähigkeit herausgestellt. Um langfristig erfolgreich operieren zu können, muß das in der Unternehmung zum Einsatz gelangende Wissen fortlaufend weiterentwickelt werden. Neue Erkenntnisse der theoretischen Wissenschaften (Grundlagenforschung und Angewandte Forschung) sind dabei ebenso einzubeziehen, wie die Ergebnisse technologischer Forschung (extern und im Rahmen interner F&E-Aktivitäten). Darüber hinaus ist auch das praktische Wissen einer Unternehmung, d. h. die zur Anwendung gelangenden Routinen und Techniken veränderbar. Neue Erkenntnisse lassen sich andererseits nur entwickeln und sinnvoll einbeziehen, wenn auf der Management- oder organisatorischen Ebene die Voraussetzungen hierfür geschaffen werden. Den Managementsystemen kommt die Aufgabe einer Koordination des Wissenserwerbs und der Wissenskontrolle zu. Das setzt voraus, daß ein Managementverständnis zugrundegelegt wird, daß Management nicht als Steuerung einfacher Systeme, sondern vielmehr als Entwicklung komplexer Systeme begreift. Es gilt Lernprozesse höherer Ordnung zu fördern, indem lernfördernde Kontexte erzeugt werden. Es wurde gezeigt, daß Organisationsstrukturen, die auf den Netzwerkgedanken beruhen und durch den Einsatz von Teams und die Durchführung von Projektarbeit gekennzeichnet sind, innovations- und lernfördernd sind und somit eine Voraussetzung für die Initiierung evolutionärer Innovationen bilden. Darüber hinaus kann es auch notwendig sein, das eigene Wissen durch die interorganisatorische Zusammenarbeit oder kompetitive Kooperation zu erweitern. Erst die Einbeziehung der kulturellen Ebene ermöglicht eine umfassende Analyse der Entwicklungsfähigkeit. Durch die Kulturarbeit erhalten soziale Systeme eine Orientierung und wird eine Verbindung der verschiedenen Subsysteme möglich. Diversifizierte Unternehmungen benötigen Orientierungsgrundlagen, die auf dem Erkennen und Ausbilden von Kernkompetenzen beruhen, die neben ihrem Potential zur Generierung dauerhafter Wettbewerbsvorteile auch die Grundlage für die Kohärenz der vielfältigen Aktivitäten bilden. Gelingt es, solche handlungsleitenden Orientierungsgrundlagen auf der Grundlage eines integrierten Geflechts von Kernkompetenzen zu entwickeln, so können auch diversifizierte Unternehmungen, trotz der vielfältigen und heterogenen Geschäftätigkeiten, eine Integration der Gesamtunternehmung erzielen, die sich in der Identität äußert.

Literaturverzeichnis

A

Aaker, D.A. [Market]
Strategic Market Management, New York et al. 1984.

Aaker, D.A.; Jacobson, R. [Role]
The role of risk in explaining differences in profitability, in: Academy of
Management Journal, Vol. 30 (1987), S. 277-296.

Abell, D.F. [Business]
Defining the Business: The Starting Point of Strategic Planning, Englewood
Cliffs N.J. 1980.

Abell, D.F.; Hammond, J.S. [Market]
Strategic Market Planning: Problems and Analytical Approaches,
Englewood Cliffs N.J. 1979.

Abels, H.; Stenger, H. [Gesellschaft]
Gesellschaft lernen. Einführung in die Soziologie, Opladen 1989.

Adam, D. [Kurzlehrbuch]
Kurzlehrbuch der Planung. Wiesbaden 1980.

Adam, D.; Witte, T. [Merkmale]
Merkmale der Planung in gut- und schlechtstrukturierten
Planungssituationen, in: Wirtschaftsstudium, 8. Jg. (1979), Heft 8, S. 128-
134.

Agassi, J. [Confusion]
The Confusion between Science and Technology in the Standard
Philosophies of Science, in: Rapp, F. (Hrsg.): Contributions to a Philosophy
of Technology, Dordrecht, Boston 1974, S. 40-63.

Agthe, K. [Strategie]
Strategie und Wachstum der Unternehmung, Baden-Baden, Bad Homburg
vor der Höhe 1972.

Albach, H. [Unternehmensplanung]
Strategische Unternehmensplanung bei erhöhter Unsicherheit, in: Zeitschrift
für Betriebswirtschaft 48. Jg. (1978), S. 702-715.

- 267 -

Albert, S.; Whetten, D.A. [Organizational Identity], in: Research in Organizational Behavior, Vol. 7 (1985), S. 263-295.

Alchian, A. [Uncertainty]
Uncertainty, evolution, and economic theory, in: Journal of Political Economy, Vol. 58 (1950), S. 211-221.

Alchian, A.; Demsetz, H. [Production]
Production, information costs, and economic organization. In: American Economic Review, Vol. 62 (1972), S. 777-795.

Allaire, Y.; Firsirotu, M.E. [Theories]
Theories of Organizational Culture. In: Organization Studies, 5. Jg. (1984), S. 193-226.

Allison, G.T. [Essence]
The Essence of Decision: Explaining the Cuban Missile Crisis, Boston, MA 1971.

Alvesson, M. [Organizations]
Organizations, Culture, and Ideology, in: International Studies of Management and Organization, Vol. 17 (1987), S. 4-18.

Amit, R.; Livnat, J. [Diversification]
Diversification Strategies, Business Cycles and Economic Performance, in: Strategic Management Journal, Vol. 9 (1988), S. 99-110.

Amit, R.; Schoemaker, P.J.H. [Assets]
Strategic Assets and Organizational Rent, in: Strategic Management Jounal, Vol. 14 (1993), S. 33-46.

Andrews, K.R. [Concept]
The Concept of Corporate Strategy, Homewood, IL 1971.

Ansoff, H.I. [Strategies]
Strategies for Diversification, in: Harvard Business Review, Vol. 35 (1957), S. 113-124.

Ansoff, H.I. [Corporate Strategy]
Corporate Strategy, New York, 1965.

Ansoff, H.I. [Management-Strategie]
Management-Strategie, München, 1966.

- 268 -

Ansoff, H.I. [Shape]
The Changing Shape of the Strategic Problem. In: Schendel, D.E.; Hofer, C.W. (Hrsg.): Strategic Management, A New View of Business Policy and Planning, Boston, Mass. 1979.

Ansoff, H.I.; Brandenburg, R.G.; Portner, F.E.; Radosevich, R. [Acquisition]
Acquisition Behavior of U.S. Manufacturing Firms, Nashville, TN, 1971.

Ansoff, H.I.; Kirsch, W.; Roventa, P. [Unschärfenpositionierung]
Unschärfenpositionierung in der strategischen Portfolio-Analyse, in: Zeitschrift für Betriebswirtschaft, 51. Jg. (1981), Heft 10, S. 963-988.

Ansoff, H.I.; Leontiades, J.C. [Portfolio-Management]
Strategic Portfolio-Management, European Institute for Advanced Studies in Management, Working Paper, 16/76, Brüssel 1976. (Zitiert nach Bühner [Strategie], a.a.O.).

Ansoff, H.I.; Weston, J.F. [Merger]
Merger Objectives and Organization Structure, in: Quarterly Review of Economics and Business, Vol. 3 (1963), S. 49-58.

Arbeitskreis Hax [Synergie], siehe Arbeitskreis "Die Unternehmung im Markt" [Synergie], a.a.O.

Arbeitskreis "Die Unternehmung im Markt"
[Synergie]
Synergie als Bestimmungsfaktor des Tätigkeitsbereiches (Geschäftsfelder und Funktionen) von Unternehmungen, in: Zeitschrift für betriebswirtschaftliche Forschung, 44. Jg. (1992), Nr. 11, S. 963-973.

Arbeitskreis 'Diversifizierung' der Schmalenbachgesellschaft
[Diversifizierungsprojekte]
Diversifizierungsprojekte - Betriebliche Probleme ihrer Planung, Organisation und Kontrolle. In: Zeitschrift für betriebswirtschaftliche Forschung, 25. Jg. (1973), S. 293-335.

Argyris, C. [Single-Loop]
Single-Loop and Double-Loop Models in Research on Decision Making, in: Administrative Science Quarterly, Vol. 21 (1976), S. 363-377.

Argyris, C.; Schön, D.A. [Learning]
Organizational Learning: A Theory of Action Perspective, Reading. Mass., 1978.

- 269 -

Armour,A.; Teece, D. [Structure]
Organizational Structure and Economic Performance. A Test of the
Multidivisional Hypothesis, in: Bell Journal of Economics, Vol. 9 (1978), S.
106-122.

Arnould, R.J. [Growth]
Conglomerate Growth and Profitability, in: Garoian, L. (Ed.), Economics of
Conglomerate Growth, Department of Agricultural Economics, Oregon
State University, Corvallis (Oregon), 1969, S. 72-80.

Ashby, W.R. [Design]
Design for a Brain, New York 1958.

Astley, W.G.; Van de Ven, A.H. [Perspectives]
Central Perspectives and Debates in Organization Theory, in:
Administrative Science Quarterly, Vol. 28 (1983), S. 245-273.

Auerbach, A.J.; Reishus, D. [Taxes]
Taxes and the Merger Decision. In: Coffe, J.; Lowenstein, L. (Hrsg.):
Takeovers and Contests for Corporate Control, Oxford 1987, S. 157-187.

B

Bachinger, R. (Hrsg.) [Expertengespräch]
Expertengespräch. Corporate Identity, München 1986.

Bain, J.S. [Organization]
Industrial Organization, New York 1968.

Balakrishnan, S. [Prognostics]
The Prognostics of Diversifying Acquisitions, in: Strategic Management
Journal, Vol. 9 (1988), S. 185-196.

Balkin, D.B.; Gomez-Mejia, L.R. [Compensation]
Matching compensation and organizational strategies, in: Strategic
Management Journal, Vol. 11 (1990), S. 153-169.

Barley, S.P. [Semiotics]
Semiotics and the study of occupational and organizational cultures. In:
Administrative Science Quarterly, Vol. 28 (1983), S. 393-413.

Barney, J.B. [Organizational Culture]
Organizational Culture: Can it be a source of sustained competitive
advantage?, in: Academy of Management Review, Vol. 11 (1986), No. 3, S.
656-665.

Barney, J.B. [Firm]
Firm Resources and Sustained Competitive Advantage, in : Journal of
Management, Vo. 17 (1991), No. 1, S. 99-120.

Bartlett, C.; Ghoshal, S. [Borders]
Managing Across Borders: New Organizational Responses, in: Sloan
Management Review, Vol. 29 (1987), S. 43-53.

Bartlett, C.; Ghoshal, S. [Managing]
Managing Across Borders. Boston 1989.

Bartlett, C.; Ghoshal, S. [M-Form]
Beyond the M-Form: Toward a Managerial Theory of the Firm, in: Strategic
Management Journal, Vol. 14 (1993), S. 23-46.

Bateson, G. [Naven]
Naven, Stanford 1960.

Baumol, W.J. [Behavior]
Business Behavior, Value and Growth, New York 1959.

Baumol, W.J.; Panzar, J.C.; Willig, R.D. [Markets]
Contestable Markets and the Theory of Industry Structure, San Diego et al.
1988.

Bea, F.X. [Diversifikation]
Diversifikation und Kooperation, in: Der Betrieb, 41. Jg. (1988), Heft 50, S.
2521-2526.

Beattie, D.L. [Diversification]
Conglomerate Diversification and Performance: A Survey and Time Series
Analysis, in: Applied Economics, Vol. 12 (1980), S. 251-273.

Beer, S. [Brain]
Brain of the Firm, The Managerial Cybernetics of Organizations,
Harmondsworth, 1972.

Berg, N.A. [Management]
What's Different about Conglomerate Management? In: Harvard Business
Review, Vol. 47 (1969), No. 6, S. 112-120.

Berg, N.A. [Role]
Corporate Role in Diversified Companies. In: Taylor, B: ; McMillan, K. (eds.), Business Policy: Teaching and Research, Bradford, 1973.

Berger, P.L.; Luckman,T. [Construction]
The Social Construction of Reality. Garden City, New York 1967.

Berle, A.A.; Means, G.C. [Corporation]
The modern Corporation and Private Property, New York 1933.

Best, M.H. [Competition]
The New Competition. Institutions of Industrial Restructuring, Cambridge 1990.

Best, W.J.; Seger, R.E. [Synergy]
Synergy Benefits in Distribution: Easy to See, Harder to Get. In: M&A Europe, No. 6 (1989), S. 44-49.

Bettis, R.A. [Performance]
Performance Differences in Related and Unrelated Diversified Firms, in: Strategic Management Journal, Vol. 2 (1981), S. 379-393.

Bettis, R.A.; Chen, A. [Structure]
Organizational Structure and Financial Market Performance: A Preliminary Test. Working paper, Dallas, 1986. (Zitiert nach Hoskisson [Structure], a.a.O.).

Bettis, R.A.; Hall, W.K. [Diversification]
Diversification strategy, accounting, determined risk, and accounting determined return, in: Academy of Management Journal, Vol. 25 (1982), No. 2, S. 254-264.

Bettis, R.A.; Hall, W.K. [Business]
The Business Portfolio Approach - Where it Falls Down in Practice, in. Long Range Planning, Vol. 16 (1983), No. 2, S. 95-104.

Bettis, R.; Mahajan, V. [Risk]
Risk/Return Performance of Diversified Firms, in: Management Science, Vol. 31 (1985), No. 7, S. 785-799.

Bhadgat, S.; Shleifer, A.; Vishny, R. [Takeovers]
Hostile takeovers in the 1980s: A return to corporate specialization, Washington DC 1990.

Biggadike, E.R. [Business]
The Risky Business of Diversification, in: Harvard Business Review, Vol.
57 (1979), S. 103-111.

Biggadike, E.R. [Diversification]
Corporate Diversification: Entry, Strategy and Performance, Cambridge,
Mass. 1979.

Birkigt, K.; Stadler, M.M. [Grundlagen]
Corporate Identity - Grundlagen, in: Birkigt, K.; Stadler, M.M.; Funck, H.J.
Corporate Identity, Grundlagen, Funktionen, Fallbeispiele, 4. Aufl.,
Landsberg am Lech 1988, S. 17-63.

Birkigt, K.; Stadler, M.M.; Funck, H.J. [Corporate Identity]
Corporate Identity - Grundlagen, Funktionen, Fallbeispiele, 4. Aufl.,
Landsberg am Lech 1988.

Bleicher, K. [Unternehmungspolitik]
Unternehmungspolitik und Unternehmungskultur: Auf dem Wege zu einer
Kulturpolitik der Unternehmung. In: Zeitschrift für Organisation, 53. Jg.
(1984), S. 494-500.

Bleicher, K. [Organisationskulturen]
Organisationskulturen und Führungsphilosophien im Wettbewerb, in:
Zeitschrift für betriebswirtschaftliche Forschung, 35. Jg. (1983), S. 135-146.

Böckel, J-J. [Diversifikation]
Diversifikation durch Unternehmenserwerb, Wiesbaden 1972.

Brauchlin, E.; Wehrli, H.P. (Hrsg.) [Management]
Strategisches Management: Lehrbuch mit Fallstudien, München et al. 1991.

Bühner, R. [Divisionalisierung]
Divisionalisierung in der Bundesrepublik Deutschland. In: Der Betrieb, 30.
Jg. (1977), Nr. 26/27, S. 1205-1207.

Bühner, R. [Portfolio-Risikoanalyse]
Portfolio-Risikoanalyse der Unternehmensdiversifikation von
Industrieaktiengesellschaften, Zeitschrift für Betriebswirtschaft, 53. Jg.
(1983) S. 1023-1041.

Bühner, R. [Strategie]
Strategie und Organisation. Analyse und Planung der
Unternehmensdiversifikation mit Fallbeispielen. Wiesbaden 1985.

Bühner, R. [Market]
Market performance and managerial motive for diversification in West
German corporations. In: McGee, J.; Thomas, H. (Eds.). Strategic
Management researc: A European perspective, New York 1986, S. 123-138.

Bühner, R. [Diversification]
Assessing International Diversification of West German Corporations, in:
Strategic Management Journal, Vol. 8 (1987), No. 1., S. 25-37.

Bühner, R. [Spartenorganisation]
Spartenorganisation. In: Frese, E. (Hrsg.), Handwörterbuch der
Organisation, 3. Aufl., Stuttgart 1992, Sp. 2274-2287.

Bühner, R. [Strategie]
Strategie und Organisation. Analyse und Planung der
Unternehmensdiversifikation mit Fallbeispielen., 2. Aufl. Wiesbaden 1993.

Bühner, R.; Möller, P. [Information]
The Information Content of Corporate Disclosures of Divisionalization
Decisions. In: Journal of Management Studies, Vol. 22 (1985), S. 309-326.

Bühner, R.; Spindler, H.-J. [Synergieerwartungen]
Synergieerwartungen bei Unternehmenszusammenschlüssen, in: Der Betrieb
(1986), S. 601-606.

Bunge, M. [Systems]
Treatise on Basic Philosophy. Vol. 4. Ontology II: A World of Systems.
Dordrecht et al. 1979.

Bunge, M. [Exploring]
Treatise on Basic Philosophy. Vol. 5. Epistemology and Methodology I:
Exploring the World. Dordrecht, Boston, Lancaster, 1983.

Bunge, M. [Understanding]
Treatise on Basic Philosophy. Vol. 6. Epistemology and Methodology II:
Understanding the World. Dordrecht et al. 1983.

Bunge, M. [Philosophy]:
Treatise on Basic Philosophy. Vol. 7. Epistemology and Methodology III:
Philosophy of Science and Technology. Part II: Life Science, Social Science
and Technology. Dordrecht, Boston, Lancaster, 1985.

- 274 -

Buono, A.F.; Bowditch, J.L.; Lewis, J.W.III [Dynamics]
The Cultural Dynamics of Transformation: The Case of Bank Merger. In:
Kilmann, R.; Covin, T. & Associates: Corporate Transformation:
Revitalizing Organizations for a Competitive World, San Francisco 1988, S.
497-522.

Burgman, R.J. [Explanation]
A Strategic Explanation of Corporate Acquisition Success, unpublished
doctoral dissertation, Purdue University, 1983. (Zitiert nach Simmonds
[Diversification], a.a.O.).

Burns, R.; Stalker, G.M. [Systeme]
Mechanistische und organische Systeme des Managements, in: Mayntz, R.
(Hrsg.) Bürokratische Organisation. Köln, Berlin 1971, S. 147-154.

Buzzel, R.D.; Gale, B.T. [Strategy]
The PIMS-Principles. Linking Strategy to Performance, New York, London
1987.

Buzzel, R.D.; Gale, B.T. [PIMS]
Das PIMS-Programm. Strategien und Unternehmenserfolg, Wiesbaden
1989.

C

Cannella, A.A. Jr.; Hambrick, D.C. [Departure]
Executive Departure and Acquisition Performance, in: Strategic
Management Journal, Vol. 14 (1993), S. 137-152.

Capon, N.; Hulbert, J.M.; Farley, J.U.; Martin, L.E. [Diversity]
Corporate diversity and economic performance: The impact of market
specialization, in: Strategic Management Jounral, 9 (1988), S. 61-74.

Carrol, D.T. [Search]
A Disappointing Search for Excellence, in: Harvard Business Review, Vol.
63 (1983), No. 3, S. 78-88.

Carrol, G.R. [View]
A Sociological View on Why Firms Differ, in: Strategic Management
Journal, Vol. 14 (1993), S. 237-249.

Carter, J.R. [Synergy]
In Search of Synergy: A Structure-Performance Test. In: Review of
Economics and Statistics, Vol. 59 (1977), S. 279-289.

Cavanagh, R.E.; Clifford, D.K. [Lessons]
Lessons from America's Midsized Growth Companies, in: The McKinsey
Quaterly (1983), S. 2-23.

Caves, R.E.; Porter, M.E.; Spence, M.A.; Scott, J.T. [Competition]
Competition in the Open Economy: A Model Applied to Cananda,
Cambridge, MA 1980.

Chaffee, E. [Models]
Three Models of Strategy. In: Academy of Management Review, Vol. 10
(1985), S. 89-98.

Chandler, A.D. [Scale]
Scale and Scope. : The Dynamics of Industrial Capitalism. Cambridge, MA
1990.

Chandler, A.D. [Strategy]
Strategy and Structure. Chapters in the History of the Industrial Enterprise,
Cambridge 1977.

Chandler, A.D. [Hand]
The Visible Hand. Cambridge, Mass., London, 1977.

Chandler, A.D. [Functions]
The Functions of the HQ Unit in the Multibusiness Firm, in: Strategic
Management Journal, Vol. 12 (1991), S. 31-50.

Chandler, A.D.; Tedlow. [Capitalism]
The Coming of Managerial Capitalism. A Casebook on the History of
American Economic Institutions, Homewood, IL 1985.

Chang, S.J.; Choi, U. [Strategy]
Strategy, Structure and Performance of Korean Business Groups: A
Transactions Cost Approach, in: Journal of Industrial Economics, Vol. 37
(1988), No. 2, S. 141-158.

Chang, Y.; Thomas, H. [Impact]
The Impact of Diversification Strategy on Risk-Return Performance, in:
Strategic Management Journal, Vol. 10 (1989), No. 3, S. 271-284.

Chatterjee, S. [Types]
Types of synergy and economic values: the impact of acquisitions on
merging and rival firms, in: Strategic Management Journal, Vol. 7 (1986), S.
119-139.

Chatterjee, S.; Wernerfelt, B. [Link]
The Link between Resources and Type of Diversification: Theory and Evidence, in: Strategic Management Journal, Vol. 12 (1991), S. 33-48.

Christensen, K.H.; Montgomery, C.A. [Performance]
Corporate Economic Performance: Diversification Strategy Versus Market Structure, in: Strategic Management Journal, Vol. 2 (1981), No. 4, S. 327-343.

Clark, K.; Fujimoto, T. [Performance]
Product Development Performance: Strategy, Organization and Management in the World Auto Industries, Cambridge, 1991.

Clark, R. [Hook-up]
Horizontal Hook-up, in: CA Magazine, July 1989, S. 25-33.

Clarke, Ch.J.; Brennan, K. [Synergy]
Building Synergy in the Diversified Business, in: Long Range Planning, Vol. 23 (1990), No. 2, 9-16.

Clifford, D.K.; Cavanagh, R.E. [Spitzengewinner]
Spitzengewinner. Strategien erfolgreicher Unternehmungen, Düsseldorf, Wien 1986.

Coenenberg, A.G.; Sautter, M.T. [Bewertung]
Strategische und finanzielle Bewertung von Unternehmungsakquisitionen, in: Die Betriebswirtschaft, 48. Jg. (1988), Heft 6, S. 691-710.

Coffee, J.C. Jr.; Lowenstein, L.; Rose-Ackerman, S. (Hrsg.) [Knights]
Knights, Raiders, and Targets: The Impact of Hostile Takeovers, New York 1988.

Conner, K.R. [Comparison]
A Historical Comparison of Resource Based Theory and Five Schools of Thought Within Industrial Organization Economics: Do We Have a New Theory of the Firm? In: Journal of Management, Vol. 17 (1991), No. 1, S. 121-154.

Crozier, M. [Phenomena]
The bureaucratic phenomena. Chicago, 1964.

D

Darr, W. [Marketing-Logistik]
Integrierte Marketing-Logistik, in: Delfmann, W. (Hrsg.), Schriftenreihe „Integrierte Logistik und Unternehmensführung", Wiesbaden 1992.

Davidson, K.M. [Impact]
Looking at the Strategic Impact of Mergers, in: The Journal of Business Strategy, Vol. 2 (1981), No. 1, S. 13-22.

Davidson, K.M. [Megamergers]
Do Megamergers Make Sense? In: Journal of Business Strategy, No. 3 (1987), S. 40-48.

Deal, T.; Kennedy, A.E. [Cultures]
Corporate Cultures. Reading, MA 1982.

Delfmann, W. [Netzwerkprinzip]
Das Netzwerkprinzip als Grundlage integrierter Unternehmensführung, in: Delfmann, W. u.a. (Hrsg.): Der Integrationsgedanke in der Betriebswirtschaftslehre, Helmut Koch zum 70. Geburtstag, Wiesbaden 1989, S. 87-113.

Delfmann, W.; Darr, W.; Simon, R.-P. [Grundlagen]
Grundlagen der Marketing-Logistik, Arbeitsbericht Nr. 85 des Seminars für Allgemeine Betriebswirtschaftslehre, Betriebswirtschaftliche Planung und Logistik, Köln 1990.

Delfmann, W. [Logistik]
Logistik als zentraler Erfolgsfaktor von Wettbewerbsstrategien für den Europäischen Binnenmarkt, in: Betriebswirtschaftliche Forschung und Praxis, 3 (1992), S. 185-200.

Denison, D.R. [Culture]
Bringing Corporate Culture to Strategic Planning. In: Business Horizons, 3. Jg. (1984), S. 5-22.

Didrichsen, J. [Development]
The Development of Diversified and Conglomerate Firms in the United States, 1920-1970, in: Business History Review, Vol. 46 (1972), No. 2, S. 202-219.

Dierickx, I.; Cool, K. [Asset]
Asset Stock accumulation and sustainability of competitive advantage, in: Management Science, Vol. 35 (1989), S. 1504-1511.

- 278 -

Dodd, P. [Merger]
Merger proposals, management discretion and stockholder wealth, in: Journal of Economics, Vol. 8 (1980), No. 2, S. 105-137.

Döhmen, H.P. [Anlässe]
Anlässe, Ziele und Methodik der Diversifikation. Dargestellt am Beispiel einer Unternehmung der Asphaltindustrie, Bergisch Gladbach, Köln 1991.

Dörner, D. [Logik]
Die Logik des Misslingens, Reinbek, 1989.

Dosi, G.; Teece, D.; Winter, S. [Theory]
Toward a theory of corporate coherence: Preliminary remarks. Working Paper 1990.

Dubofsky, P.; Varadarajan, P.R. [Diversification]
Diversification and Measures of Performance: Additional Empirical Evidence, in: Academy of Management Journal, Vol. 30 (1987), No. 3, S. 597-608.

Dülfer, E. (Hrsg.) [Organisationskultur]
Organisationskultur: Phänomen - Philosophie - Technologie, 2. erw. Aufl., Stuttgart 1991.

Duhaime, I.M.; Schwenk, C.R. [Conjectures]
Conjectures on cognitive simplifications in acquisition and divestment decision making, in: Academy of Management Review, Vol. 10 (1985), S. 287-295.

Dundas, K.N.M.; Richardson, P.R. [Product]
Implementing the Unrelated Product Strategy, in: Strategic Management Journal, Vol. 3 (1982), No. 4, S. 287-301.

Dunst, K.H. [Portfolio]
Portfolio Management: Konzeption für die strategische Unternehmensplanung, 2. Aufl., Berlin, New York 1983.

Dyllick, T.. [Management]
Management als Sinnvermittlung, in: gdi impuls 3 (1983), S. 4-12.

E

Edwards, C. D. [Bigness]
Conglomerate bigness as a source of Power. In: National Bureau of Economic Research, *Business Concentration and Price Policy*, Princeton, NJ 1955, S. 331-359.

Ehrensberger, S. [Unternehmensintegration]
Synergieorientierte Unternehmensintegration. Grundlagen und Auswirkungen, in: Delfmann, W. (Hrsg.), Schriftenreihe „Integrierte Logistik und Unternehmensführung", Wiesbaden 1993.

Ellwood, J.W. [Effects]
The Effects of mergers and acquisitions on the governance of the modern corporation. In: Logue, D.E. (Hrsg.) Handbook of modern finance, S. 29B1-29B69). Boston 1987. (Zitiert nach Schweiger, D.; Walsh, J. [Mergers])

Ezzamel, M.A.; Hilton, K. [Divisionalization]
Divisionalization in British industry: A preliminary study. In: Accounting and Business Research, Vol. 10 (1980), S. 197-211.

F

Feinberg, R.M. [Sales]
Sales at risk: A test of the mutual forbearance theory of conglomerate behavior, in: Journal of Business, Vol. 58 (1985), S. 225-241.

Fiol, C.M. [Culture]
Managing Culture as a Competitive Resource: An Identity-Based View of Sustainable Competitive Advantage, in: Journal of Management, Vol. 17 (1991), No. 1, S. 191-211.

Foerster, H. v. [Systems]
On Self-Organizing Systems and Their Environments, in Yovits, M.C.; Cameron, S. (eds.), Self-Organizing Systems, Oxford, New York 1960, S. 31-50.

Foerster, H. v. [Konstruieren]
Das Konstruieren einer Wirklichkeit. In: Watzlawick, P. (Hrsg.): Die erfundene Wirklichkeit. München 1984, S. 39-60.

- 280 -

Foerster, H. v. [Principles]
Principles of self-organization - In a sociomanagerial context. In: Ulrich, H.; Probst, G.J.B. (Hrsg.): Self-Organization and management of social systems, Heidelberg 1984.

Fowler, K.L.; Schmidt, D.R. [Determinants]
Determinants of tender offer post-acquisition performance, in: Strategic Management Journal, Vol. 10 (1989), S. 339-350.

Frankus, H.J. [Fusionskontrolle]
Fusionskontrolle bei Konglomeraten. Berlin 1972.

Frese, E. [Unternehmungsführung]
Unternehmungsführung, Landsberg am Lech 1987.

Frese, E. [Unternehmungen]
Exzellente Unternehmungen - Konfuse Theorien. Kritisches zur Studie von Peters und Waterman, in: Die Betriebswirtschaft, 45. Jg. (1985), Nr. 5, S. 604-606.

Friedman, A.; Gibson, R. [Philip Morris]
Philip Morris Co. is bidding $90 a share for Kraft Inc. in $11 billion tender offer, in: Wall Street Journal, 18.10.1988, S. A3. (Zitiert nach Trautwein, [Merger] a.a.O).

Frost, P.J.; Moore, L.F.; Louis, M.R.; Lundberg, C.C. (Hrsg.) [Culture]
Organizational Culture, Beverly Hills, 1985.

G

Gälweiler, A. [Portfolio-Management]
Portfolio-Management, in: Zeitschrift für Organisation, Heft 4 (1980), S: 183-190.

Ganz, M. [Diversifikationsstrategie]
Diversifikationsstrategie. Wertsteigerung durch den Einstieg in neue Geschäftsfelder, Stuttgart, Zürich 1992.

Gebert, F. [Diversifikation]
Diversifikation und Organisation. Die organisatorische Eingliederung von Diversifikationen. Frankfurt a.M. et al. 1983.

Geringer, J.M.; Beamish, P.W.; daCosta, R.C. [Diversification]
Diversification Strategy and Internationalization, in: Strategic Management Journal, Vol. 10 (1989), S. 109-119.

Gharajedaghi, J.; Ackoff, R.L. [Mechanisms]
Mechanisms, Organisms and Social Systems, in: Strategic Management Journal, Vol. 5 (1984), S. 289-300.

Giddens, A. [Constitution]
The Constitution of Society: Outline of the Theory of Structuration. Cambridge, 1984.

Giddens, A. [Konstitution]
Die Konstitution der Gesellschaft: Grundzüge einer Theorie der Strukturierung, Frankfurt, New York 1988.

Gilbert, X., Strebel, P. [Strategies]
Strategies to Outpace the Competition, in: The Journal of Business Strategy, Vol. 8 (1987), S. 28-36.

Gilmore, J.S.; Coddington, D.C. [Diversification]
Diversification Guides for Defense Firms. In: Harvard Business Review, Vol. 44 (1966), No. 3, S. 144ff.

Gilson, R.J.; Scholes, M.S.; Wolfson, M.A. [Taxation]
Taxation and the Dynamics of Corporate Control: The Uncertain Case for Tax-Motivated Acquisitions. In: Coffee et al. [Knights], a.a.O., S. 271-299.

Goffman,E. [Presentation]
The Presentation of Self in Everyday Life. New York 1959.

Golbe, D.L.; White, L.J. [Time]
A Time Series Analysis of Mergers and Acquisitions in the U.S. Economy. In: Auerbach, A.J. (Hrsg.) Takeovers: Causes and Consequences, Chicago 1988.

Goldsmith, W.; Clutterback, D. [Streak]
The Winning Streak. Britain's Top Companies Reveal their Formulas for Success, London 1984.

Gomez-Mejia, L.R. [Structure]
Structure and Process of Diversification, Compensation Strategy, and Firm Performance, in: Strategic Management Journal, Vol. 13 (1992), S. 381-397.

Gorecki, P.K. [Measurement]
The Measurement of Enterprise Diversification, Review of Economics and
Statistics, Vol. 56 (1974) S. 399-401.

Gort, M. [Diversification]
Diversification and Integration in American Industry, Princeton, 1962.

Gort, M. [Disturbance]
An economic disturbance theory of mergers, in: Quarterly Journal of
Economics, Vol. 83 (1969), S. 624-642.

Grant, R.M. [Multinationality]
Multinationality and performance among British manufacturing companies,
in: Journal of International Business Studies, Vol. 18 (1987), No. 3, S. 79-
89.

Grant, R.M. [Theory]
The Resourced-Based Theory of Competitive Advantage, in: California
Management Review, 33 (1991), S. 114-135.

Grant, R.M.; Jammine, A.P. [Performance]
Performance Differences between the Wrigley/Rumelt Strategic Categories,
in: Strategic Management Journal, Vol. 9 (1988), S. 333-346.

Grant, R.M.; Jammine, A.P.; Thomas, H. [Diversity]
Diversity, Diversification and Probability among British Manufacturing
Companies, 1972-84. In: Academy of Management Journal, Vol. 31 (1988),
S. 771-801.

Gregory, K.L. [Paradigms]
Native-view paradigms: Multiple cultures and culture conflicts in
organizations, in: Administrative Science Quarterly, Vol. 28 (1983), S. 359-
376.

Grinyer, P.H.; Yasai-Ardekani, M. ; Al-Bazzaz, S. [Strategy]
Strategy, Structure, Size and Bureaucracy, in: Academy of Management
Journal, Vol. 24 (1981), No.3, S. 471-486.

Grinyer, P.H.; Yasai-Ardekani, M. ; Al-Bazzaz, S. [Structure]
Strategy, Structure, the Environment and Financial Performance in 48
United Kingdom Companies, in: Academy of Management Journal, Vol. 23
(1980), No.2, S. 193-220.

Grinyer, P.H.; McKiernan, P.; Yasai-Ardekani, M. [Market]
Market, Organizational and Managerial Correlates of Economic
Performance in the U.K. Electrical Engineering Industry, in: Strategic
Management Journal, Vol. 9 (1988), No.4, S. 297-318.

Grüter, H. [Unternehmungsakquisitionen]
Unternehmungsakquisitionen. Bausteine eines Integrationsmanagements,
Bern 1991.

Grüter, H. [Integrationsstrategien]
Integrationsstrategien akquirierter Unternehmungen. In: Die Unternehmung
1 (1993), S. 45-54.

Gutenberg, E. [Unternehmensführung]
Unternehmensführung: Organisation und Entscheidung, Wiesbaden 1962.

Gutenberg, E. [Grundlagen]
Grundlagen der Betriebswirtschaftslehre, 1. Bd.: Die Produktion, 24. Aufl.,
Berlin, et al. 1983.

H

Haase, K.D. [Segment-Bilanzen].
Segment-Bilanzen. Rechnungslegung diversifizierter Unternehmen,
Wiesbaden, 1974.

Hainzl, M. [Strategie]
Strategie der Stärke. Unternehmenspotentialorientierte Diversifikation,
Wien 1987.

Harris, B.C. [Organization]
Organization, the effect of large corporations, Ann Arbor, Mich. 1983.

Hartfelder, D. [Führungsstil]
Man wollte doch den "harten Führungsstil" abbauen... und nun propagiert
man schon wieder "hartes Kulturdenken", in: io Management-Zeitschrift,
54. Jg. (1985), Nr. 10, S: 459-461.

Hartmann, P. [Divisionsorganisation]
Divisionsorganisation in Produktionsunternehmen. Bochum 1974.

Haspeslagh, P. [Portfolio Planning]
Portfolio Planning: Uses and Limits, in: Harvard Business Review, Vol. 60
(1982), No. 1, S. 58-73.

Haspeslagh, P. [Concept]
Toward a Concept of Corporate Strategy for the Diversified Firm,
Forschungsarbeit Nr. 816 Graduate School of Business, Stanford 1985.
(Zitiert nach Haspeslagh; Jemison [Akquisitionsmanagement], a.a.O.).

Haspeslagh, P. [Acquisitions]
Making Akquisitions Work, in: Acquisitions Monthly, No. 1 (1986), S. 14-
16.

Haspeslagh, P.; Berg, N. [Diversification]
Diversification and Mergers: Some Trends and Results. Arbeitspapier Nr.
79-2, der Harvard Graduate School of Administration, Cambridge 1979.
(Zitiert nach Haspeslagh; Jemison [Akquisitionsmanagement], a.a.O.).

Haspeslagh, P.; Jemison, D.B. [Managing]
Managing Akquisitions, New York 1991.

Haspeslagh, P.; Jemison, D.B. [Akquisitionsmanagement]
Akquisitionsmanagement: Wertschöpfung durch strategische
Neuausrichtung des Unternehmens, Frankfurt, New York 1992. Aus dem
Engl. von Patricia Künzel.

Hax, A.C.; Majluf, N.S. [Use]
The Use of the Growth-Share Matrix in Strategic Planning, in: Interfaces,
Vol. 13 (1983), S. 46-60.

Hax, A.C.; Majluf, N.S. [Matrix]
The Use of the Industry Attractiveness-Business Strength Matrix in
Strategic Planning, in: Interfaces, Vol. 13 (1983), S. 54-71.

Hayes, R.H.; Abernathy W.J. [Managing]
Managing our way to economic decline, in: Harvard Business Review, Vol.
58 (1980) , No. 4, S. 67-77.

Hayes, R.H.; Wheelwright, S.C.; Clark, K.B. [Manufacturing]
Dynamic Manufacturing: Creating the Learning Organization, New York
1988.

Hedley, B. [Strategy]
Strategy and the "Business Portfolio", in: Long Range Planning (1977), S.
9-15.

Hedlund, G. [Model]
A Model of Knowledge Management and the N-Form Corporation, in:
Strategic Management Journal, Vol. 15 (1994), S. 73-90.

Hennart, J.-F.; Park, Y.-R. [Greenfield]
Greenfield vs. Acquisition: The Strategy of Japanese Investors in the United
States, in: Management Science, Vol. 39 (1993), No. 9, S. 1054-1070.

Hill, C.W.L. [Performance]
Conglomerate Performance Over the Economic Cycle, in: Journal of
Industrial Economics, Vol. 32 (1983), No. 2, S. 197-211.

Hill, C.W.L. [Organization]
Internal Organization and Enterprise Performance, in: Managerial and
Decision Economics, Vol. 6 (1985), S. 210-216.

Hill, C.W.L.; Snell, S.A.. [Control]
External Control, Corporate Strategy, and Firm Performance in Research-
intensive Industries, in: Strategic Management Journal, Vol. 9 (1988), No. 6,
S. 577-590.

Hill, C.W.L.; Snell, S.A.. [Effects]
Effects of Ownership Structure and Control on Corporate Productivity, in:
Academy of Management Journal, Vol. 32 (1989), No. 1, S. 25-46.

Hinterhuber, H.H.; Winter, L.G. [Unternehmungskultur]
Unternehmungskultur und Corporate Identity, in: Dülfer, E. (Hrsg.)
Organisationskultur: Phänomen - Philosophie - Technologie, Stuttgart 1991.

Hitt, M.; Ireland, R.D. [Competence]
Corporate distinctive competence, strategy, industry and performance, in:
Strategic Management Journal 6 (1985), S. 273-293.

Hitt, M.; Ireland, R.D. [Strategy]
Strategy, Contextual Factors, and Performance, in: Human Relations, Vol.
38 (1985), No. 8, S. 793-812.

Hitt, M.; Ireland, R.D. [Peters]
Peters and Waterman Revisited: The Unended Quest for Excellence, in:
Academy of Management Executive Vol. 1 (1987), No. 2, 91-98.

Hofer, C.W.; Schendel, D. [Formulation]
Strategy Formulation: Analytical Concepts. St. Paul MN, 1978.

Hoffmann, F. [Führungsorganisation]
Führungsorganisation. Band I: Stand der Forschung und Konzeption.
Tübingen 1980.

Hoffmann, F. [Erfolgsfaktoren]
Kritische Erfolgsfaktoren - Erfahrungen in großen und mittelständischen Unternehmungen -, in: Zeitschrift für betriebswirtschaftliche Forschung, 38. Jg. (1986), Nr. 10, S. 831-843.

Hoffmann, F. [Diversifikation]
So wird Diversifikation zum Erfolg. Ergebnisse einer empirischen Untersuchung in der Bundesrepublik. In: HARVARDmanager, IV. Quartal (1989), Heft 4, S. 52-58.

Hogarty, T.E. [Profits]
Profits from merger: The evidence of fifty years, in: St. John's Law Review, Vol. 44 (1970), S. 378-391.

Holderness, C.G.; Sheehan, D.P. [Raiders]
'Raiders or saviors?' The evidence on six controversial investors, in: Journal of Financial Economics, 14 (1985), S. 555-579.

Holleis, W. [Unternehmenskultur]
Unternehmenskultur und moderne Psyche, Frankfurt a.M., New York 1987.

Holzmann, O.J.; Copeland, R.M.; Hayya, J. [Income]
Income Measures of Conglomerate Performance, in: Quarterly Review of Economics and Business, Vol. 15 (1975), S. 67-78.

Hoskisson, R.E. [Structure]
Multidivisional Structure and Performance: The Contingency of Diversification Strategy, in: Academy of Management Journal, Vol. 30 (1987), No. 4, S. 625-644.

Hoskisson, R.E. [Growth]
Corporate Growth Strategy and Implementation of the Multidivisional Structure. The Effect on Risk, Return, and Growth. In: Southwest Academy of Management Proceedings (1987), S. 33-37.

Hoskisson, R.E.; Galbraith, C.S. [Effect]
The Effect of Quantum Versus Incremental M-Form Reorganization on Performance: A Time-series Exploration of Intervention Dynamics. In: Journal of Management, Vol. 11 (1985), S. 55-70.

Hünerberg, R. [Synergie]
Synergie, in: Management-Enzyklopädie, Bd. 8, 2. Aufl., Landsberg am Lech 1984, S. 917-922.

I

Itami, H.; Kagono, T.; Yoshihara, H.; Sakuma, A. [Diversification]
Diversification strategies and economic performance, in: Japanese
Economic Studies, Vol. 11 (1982), No. 1, S. 78-110.

Itami, H.; Roehl, T. [Assets]
Mobilizing Invisible Assets, Cambridge 1987.

J

Jacobs, S. [Erfolgsfaktoren]
Strategische Erfolgsfaktoren der Diversifikation. Wiesbaden 1992.

Jantsch, E. [Universe]
The Self-Organizing Universe, Scientific and Human Implications of the
Emerging Paradigm of Evolution, Oxford, New York 1980.

Jarrell, G.A.; Brickley, J.A.; Netter, J.M. [Market]
The Market for Corporate Control: The Empirical Evidence since 1980. In:
Journal of Economic Perspectives, Vol. 2 (1988), S. 21-48.

Jemison, D.B.; Sitkin, S.B. [Acquisitions]
Corporate acquisitions: A process perspective, in: Academy of Management
Review, Vol. 11 (1986), S. 145-163.

Jensen, M.C. [Takeovers]
Takeovers - Folklore and Science, in: Harvard Business Review, No. 6
(1984), S. 109-121.

Jensen, M.C.; Murphy, K. [Performance]
Performance pay and top management incentives, Harvard Business School
Working Paper, 1988. (Zitiert nach Trautwein, [Merger], a.a.O.).

Jensen, M.C.; Ruback, R.S. [Market]
The Market for Corporate Control - The Scientific Evidence, in: Journal of
Financial Economics, No. 4 (1983), S. 5-50.

Johnson, S.C.; Jones, C. [Products]
How to Organize for New Products, in: Harvard Business Review, Vol. 35
(1957), No. 3, S. 49-62.

Johnson, G.; Thomas, H. [Context]
The Industry Context of Strategy, Structure and Performance: the U.K. Brewing Industry, in: Strategic Management Journal, Vol. 8 (1987), No. 4, S. 343-361.

K

Kaplan, S. [Management]
Management buyouts: Efficiency gains or value transfers, in: Harvard Business Scholl. Working Paper 1988. (Zitiert nach Trautwein [Merger], a.a.O.).

Kasper, H. [Organisationskultur]
Organisationskultur. Über den Stand der Forschung, Wien 1987.

Keats, B.W.; Hitt, M.A. [Model]
A Causal Model of Linkages among Environmental Dimensions, Macro Organizational Characteristics, and Performance, in: Academy of Management Journal, Vol. 31 (1988), No. 3, S. 570-598.

Keegan, W.J. [Competition]
International Competition: The Japanese challenge, in: Journal of International Business Studies, Vol. 15 (1984), No. 3, S. 189-193.

Kern, W. [Produktionswirtschaft]
Industrielle Produktionswirtschaft, 4. neu bearbeitete und erweiterte Aufl., Stuttgart 1990.

Kerr, J.L. [Diversification]
Diversification Strategies and Managerial Rewards: An Empirical Study, in: Academy of Management Journal, Vol. 28 (1985), No. 1, S. 155-179.

Kerr, J.L.; Slocum, J.W. [Cultures]
Managing corporate cultures through reward systems, in: Academy of Management Executive, Vol. 1 (1987), S. 3-15.

Kets de Vries, M.F.R.; Miller, D. [Personality]
Personality, culture and organization, in: Academy of Management Review (1986), No. 11, S. 266-279.

Kieser, A. [Morgensprache]
Von der Morgensprache zum 'gemeinsamen HP-Frühstück'. Zur Funktion von Werten, Mythen, Ritualen und Symbolen - 'Organisationskulturen'- in der Zunft und im modernen Unternehmen. Arbeitspapier des Instituts für Allgemeine Betriebswirtschaftslehre und Organisation der Universität Mannheim, Mannheim 1987.

Kilmann, R.H.; Saxton, M.J.; Serpa, R. [Introduction]
Introduction: Five Key Issues in Understanding and Changing Culture, in: Kilman et al. [Control], a.a.O., S. 1-16.

Kilmann, R.H.; Saxton, M.J.; Serpa, R. (Hrsg.) [Control]
Gaining Control of the Corporate Culture, San Francisco, London 1985.

Kim, W.C.; Hwang, P.; Burgers, W.P. [Diversification]
Global Diversification Strategy and Corporate Profit Performance, in: Strategic Management Journal, Vol. 10 (1989), No. 1, S. 45-57.

Kirsch, W.; Esser, W.-M.; Gabele, E. [Management]
Das Management des geplanten Wandels von Organisationen, Stuttgart 1979.

Kitching, J. [Mergers]
Why do Mergers miscarry? In: Harvard Business Review, Vol. 45 (1967), S. 84-101.

Klage, J.P. [Corporate Identity]
Corporate Identity im Kreditwesen, Wiesbaden 1991.

Klaus, P. [Strategie-Theorien-Dschungel]
Durch den Strategie-Theorien-Dschungel... Zu einem Strategischen Management Paradigma? In: Die Betriebswirtschaft 47. Jg. (1987), Nr. 1, S. 50-64.

Klemm, M. [Nutzung]
Die Nutzung synergetischer Potentiale als Ziel strategischen Managements unter besonderer Berücksichtigung von Konzernen, Dissertation, Köln 1990.

Knyphausen, D. zu [Firms]
Why are Firms different? Der "Ressourcenorientierte Ansatz" im Mittelpunkt einer aktuellen Kontroverse im Strategischen Management, in: Die Betriebswirtschaft 53. Jg. (1993), Nr. 6, S. 771-792.

Kobi, J.-M.; Wüthrich, H.A. [Unternehmenskultur]
Unternehmenskultur verstehen, erfassen und gestalten, Landsberg am Lech 1986.

- 290 -

Koch, H. [Unternehmensplanung]
Integrierte Unternehmensplanung, 2. Aufl., Wiesbaden 1982.

Köster, J. [Identitätskrisen]
Identitätskrisen. Zur Pathologie des Gesichtsverlustes. In: Birkigt, Stadler [Corporate Identity]; 4. Aufl., S. 347-352.

Kotler, P. [Marketing-Management]
Marketing-Management, 4. Aufl., Stuttgart 1989.

Kotter, J. [Managers]
The General Managers. New York, 1982.

Kreikebaum, H. [Unternehmensplanung]
Strategische Unternehmensplanung, 3. Aufl., Stuttgart et al 1989.

Kreilkamp, E. [Management]
Strategisches Management und Marketing: Markt und Wettbewerbsanalyse, strategische Frühaufklärung, Portfolio-Management, Berlin; New York 1987.

Krüger, W. [Management]
Management von Akquisitionsobjekten, in: Zeitschrift für Organisation, 57. Jg. (1988), Nr. 6, S. 371-377.

Krüger, W. [Peters]
Hier irrten Peters und Waterman, in: HARVARDmanager, 11. Jg. (1989), Nr. 1, S.13-18.

Krystek, U. [Unternehmungskultur]
Unternehmungskultur und Akquisition, in: Zeitschrift für Betriebswirtschaft, 62. Jg. (1992), Heft 5, S. 539-565.

Kunz, R.M. [Diversifikation]
Diversifikation und Performance. Erfolgsaussichten von Diversifikationsstrategien. WWZ-Forschungsbericht Nr. 2, Wirtschaftswissenschaftliches Zentrum der Universität, Basel 1992.

Kunz, R.M. [Diversifikationsstrategien]
Diversifikationsstrategien und Unternehmenserfolg, in: Die Unternehmung, 47. Jg. (1993), Nr. 4, S. 293-310.

Kusewitt, J.B. Jr. [Study]
An Exploratory Study of Strategic Acquisition Factors Relating to Performance, in: Strategic Management Journal, Vol. 6 (1985), S. 151-169.

L

Lamont, B.T.; Anderson, C.R. [Mode]
Mode of Corporate Diversification and Economic Performance, in:
Academy of Management Journal, Vol. 28 (1985), No. 4, S. 926-933.

Learned, E.P.; Christensen, C.R.; Andrews, K.R.; Guth, W.D. [Business]
Business Policy. Text and Cases, Homewood, IL 1969.

Lecraw, D.J. [Diversification]
Diversification strategy and performance. In: Journal of Industrial
Economics, Vol. 33 (1984), S. 179-198.

Leidecker, J.K.; Bruno, A.V. [Success Factors]
Identifying and Using Critical Success Factors, in: Long Range Planning,
Vol. 17 (1984), No. 1, S. 23-32.

Lenz, R.T. [Capability]
Strategic Capability: A Concept and Framework for Analysis, in: Academy
of Management Review, Vol. 5 (1980), No. 2, S. 225-234.

Leonard-Barton, D. [Factory]
The Factory as a Learning Laboratory, in: Sloan Management Review, Vol.
34 (1992), S. 23-38.

Leonard-Barton, D. [Capabilities]
Core Capabilities and Core Rigidities: A Paradox in Managing New Product
Development, in: Strategic Management Journal, Vol. 13 (1992), S. 111-
125.

Leontiades, M. [Mischkonzerne]
Mischkonzerne verändern die Welt. Düsseldorf et al. 1987.

Leontiades, M. [Rewards]
The Rewards of Diversifying into Unrelated Businesses, in: Journal of
Business Strategy, No. 4 (1986), S. 81-87.

Lewellen, W.G.; Huntsman, B. [Pay]
Managerial pay and corporate performance, In: American Economic Review
(1970), S. 710-720.

Lewis, J.D. [Partnerships]
Partnerships for Profit: Structuring and Managing Strategic Alliances, New
York 1990.

Lieberman, M.; Montgomery, D.B. [Advantages]
First-mover advantages, in: Strategic Management Journal, Vol. 9 (1988), S. 41-58.

Lingenfelder, M. [Marketingorientierung]
Die Marketingorientierung von Vertriebsleitern als strategischer Erfolgsfaktor. Eine theoretische Analyse und empirische Bestandsaufnahme in der Markenartikelindustrie, Berlin 1990.

Lippman, S.A.; Rumelt, R.P. [Imitability]
Uncertain Imitability: An Analysis of Interfirm Differences in Efficiency under Competition, in: Bell Journal of Economics, Vol. 13 (1982), No. 2 , S. 418-438.

Löbler, H. [Diversifikation]
Diversifikation und Unternehmenserfolg: Diversifikationserfolge und - risiken bei unterschiedlichen Marktstrukturen und Wettbewerb, Wiesbaden 1988.

Loescher, S.M. [Measurement]
Bureaucratic measurement, shuttling stock shares, and shortened time horizons: Implications for economic growth, in: Quarterly Review of Economics and Business, Vol. 24 (1984), S. 1-23.

Loomis, C.J. [Stars]
Corporate Stars that Brightened a Dark Decade, in: Fortune v. 30. April 1984, S. 130-138.

Loomis, C.J. [Secrets]
Secrets of Superstars, in: Fortune v. 24. April 1989, S. 42-48.

Lorange, P. [Planning]
Divisional Planning: Setting Effective Direction, in: Sloan Management Review, Vol. 17 (1975), S. 77-91.

Lorange, P. [Corporate Planning]
Corporate Planning: An Executive Viewpoint, Englewood, Cliffs N.J. 1980.

Lorsch, J.W. [Culture]
Managing Culture: The invisible barrier of strategic change, in: California Management Review Vol. 28 (1986), No. 2, S. 95-109.

Lubatkin, M. [Market]
A Market Model Analysis of Diversification Strategies and Administrative
Experience on the Performance of Merging Firms, unpublished doctoral
dissertation, University of Tennessee, 1982. (Zitiert nach Simmonds
[Diversification], a.a.O.).

Lüttringhaus, G. [Diversifizierung]
Diversifizierung und Anpassung: Die Notwendigkeit betrieblicher
Anpassungen als Ursache und Folge von Diversifizierungen. Diss., Köln
1973.

Luffman, G.A. Reed, R. [Strategy]
The strategy and performance of British industry, 1970-80, London 1984.

Luthans, F. [Behavior]
Organizational Behavior, 5th ed. New York et al. 1989.

Lynch, H.H. [Performance]
Financial Performance of Conglomerates, Arbeitspapier, Division of
Research, Harvard Business School, Boston 1971.

M

MacDonald, J.M. [R&D]
R&D and the Directions of Diversification, in: Review of Economics and
Statistics, Vol. 67 (1985), No. 4, S. 583-590.

Mahler, W.R. [Company]
The Diversified Company, Wyckoff, NJ 1992.

Mahoney, J.T.; Pandian, J.R. [View]
The Resource-based View within the Conversation of Strategic
Management, in: Strategic Management Journal, Vol. 13 (1992), S. 363-
380.

Maidique, M.A.; Hayes, R.H. [Art]
The Art of High-Technology-Management, in: Sloan Management Review,
Vol. 26 (1984), S. 17-31.

Malekzadeh, A.R.; Nehavandi, A. [Fit]
The fit between strategy and culture in mergers, in: Academy of
Management Best Paper Proceedings (1987), S. 41-45.

Mandelker, G. [Risk]
Risk and return: The case of merging firms, in: Journal of Economics, Vol. 1 (1974), No. 4, S. 303-335.

March, J.G. (Ed.) [Handbook]
Handbook of Organizations, Chicago 1965.

Maremont, M.; Mitchell, R. [Pillsbury]
Pillsbury could be a grand coup for Grand Met, in: Business Week, 17.10.1988, S. 30.

Markides, C. [Refocusing]
Corporate Refocusing and Economic Performance. Diss. Boston, 1990.

Markowitz, H. [Portfolio]
Portfolio Selection, in: Journal of Finance (1952), S. 77-91.

Marks, M.L.; Mirvis, P. [Merger]
Merger Syndrome: Stress and Uncertainty. In: Mergers and Acquisitions (1985), S. 50-55.

Marris, R. [Theory]
The Economic Theory of Managerial Capitalism, New York 1964.

Mason, R.H.; Gondzwaard, M.B. [Performance]
Performance of conglomerate firms: A portfolio approach, in: Journal of Finance, Vol. 31 (1976), S. 39-48.

Matenaar, D. [Vorwelt]
Vorwelt und Organisationskultur. Vernachlässigte Faktoren in der Organisationstheorie. In: Zeitschrift für Organisation, 42. Jg. (1983), S. 19-27.

Matenaar, D. [Entwicklungstendenzen]
Entwicklungstendenzen der Unternehmenskulturforschung, in: Seidel, Wagner [Organisation], a.a.O., S. 325-338.

Matsusaka, J.G. [Takover]
Takeover motives during the conglomerate merger wave, Chicago 1990. (Zitiert nach Shleifer; Vishny [Takeovers])

Mayer, G. [Divisionalisierung]
Divisionalisierung - Beispiel eines geplanten Wandels von Organisationen. Eine empirisch-explorative Studie, Diss., Ulm 1974.

Mayntz, R. (Hrsg.). [Organisation]
Bürokratische Organisation. Köln, Berlin 1971.

McCallum, J.S. [Miracle]
'The Japanese miracle', in: Business Quarterly (Canada), Vol. 51(1986), No.
2, S. 41-47; zitiert nach Smothers, N.P. [Patterns], a.a.O.

McCann, J.E.; Gilkey, R. [Forces]
Joining Forces, New York 1988.

McKelvey, W. [Systematics]
Organizational Systematics: Taxonomy, evolution, classification, Los
Angeles 1982.

Melicher, F.W.; Rush, D.F. [Performance]
The Performance of Conglomerate Firms: Recent Risk and Return
Experience, in: Journal of Finance, Vol. 28 (1973), S. 381-388.

Mensching, H. [Desinvestition]
Desinvestition von Unternehmungsteilen, Frankfurt et al. 1986.

Meyer-Faje, A. [Bausteine]
"Bausteine" für eine identitätsfördernde Managementstrategie, in: Die
Unternehmung, Nr. 2 (1992), S. 89-100.

Meyer, M.H.; Utterback, J.M. [Product]
The Product Family and the Dynamics of Core Capability, in: Sloan
Management Review, Vol. 34 (1993), S. 29-47.

Michel, A.; Shaked, I. [Business]
Does Business Diversification Affect Performance? In: Financial
Management, Vol. 13 (1984), S. 18-25.

Mintzberg, H. [Structuring],
The structuring of organizations. A synthesis of the research, Englewood
Cliffs 1979.

Mintzberg, H. [Strategy]
The strategy concept I: Five Ps for strategy, in: California Management
Review, Fall (1987), S. 11-24.

Mintzberg, H. [Grenzen],
Von den Grenzen formaler Planung. Strategie als Handwerk, in: Harvard
Manager, Nr. 1 (1988), S. 73-80.

Mintzberg, H. [Context]
The Diversified Context, in Quinn, J.B.; Mintzberg, H.; James, R.M. The
Strategy Process. Concepts, Contexts, and Cases, Englewood Cliffs, New
Jersey 1988, Chapter twelve.

Mintzberg, H. [Definition],
Opening up the definition of strategy, in: The Strategy Process. Concepts,
Contexts and Cases Englewood Cliffs, New Jersey 1988, S. 13-20.

Mintzberg, H. [Strategy Formation]
Strategy Formation - Schools of Thought. In: Fredrickson, J.W. (Hrsg.):
Perspectives on Strategic Management. New York 1990, S. 105-235.

Mintzberg, H. [Management]
Mintzberg über Management. Führung und Organisation. Mythos und
Realität, Wiesbaden 1991.

Möller, W. [Erfolg]
Der Erfolg von Unternehmenszusammenschlüssen: Eine empirische
Untersuchung, München 1983.

Montgomery, C.A. [Diversification]
Diversification, market structure and firm performance: An extension of
Rumelt's model, unpublished doctoral dissertation, Purdue University, 1979.
Zitiert nach Simmonds [Diversification], a.a.O.

Montgomery, C.A. [Measurement]
The Measurement of firm diversification: Some more empirical evidence,
in: Academy of Management Journal, Vol. 25 (1982), S. 299-307.

Montgomery, C.A. [Product]
Product-Market Diversification and Market Power, in: Academy of
Management Journal, Vol. 28 (1985), No. 4, S.789-798.

Montgomery, C.A.; Singh, H. [Diversification]
Diversification strategy and systematic risk, in: Strategic Management
Journal, Vol. 5 (1984), S. 181-191.

Montgomery, C.A. Wernerfelt, B. [Diversification]
Diversification, Ricardian rents, and Tobin's q. In: Rand Journal of
Economics, Vol.19 (1988), S. 623-632.

Morgan, G. [Images]
Images of Organization, Beverly Hills et al. 1986.

Morgan, G. [Strategy]
Rethinking Corporate Strategy: A Cybernetic Perspective, in: Human
Relations, Vol. 36 (1983), No. 4, S. 345-360.

Morris, W.T. [Diversification]
Diversification, in: Management Science (1958), S. 382-392.

Mueller, D.C. [Theory]
A theory of conglomerate mergers, in: Quarterly Journal of Economics, Vol.
83 (1969), S. 643-659.

Mueller, D. C. [Effects]
The Effects of Conglomerate Mergers: A Survey of the Empirical Evidence,
in: Journal of Banking and Finance, Vol. 1 (1977), S. 325-347.

Müller-Stewens, G.; Schreiber, K. [Anbindung]
Zur organisatorischen Anbindung des Akquisitionsprozesses im
Käuferunternehmen, in: Die Unternehmung, 47. Jg. (1993), Nr. 4, S. 275-
292.

Müller-Stewens, G.; Spickers, J. [Akquisitionsmanagement]
Akquisitionsmanagement als Organisation des Wandels, in: Staehle, W.H.;
Sydow, J. (Hrsg.) Managementforschung 3, Berlin, New York 1993, S. 271-
308.

N

Nahavandi, A.; Malekzadeh, A.R. [Acculturation]
Acculturaton in Mergers and Acquisitions, in: Academy of Management
Review, Vol. 13 (1988), S. 79-90.

Napier, N.K.; Smith, M. [Product diversification]
Product diversification performance criteria and compensation at the
corporate manager level, in: Strategic Management Journal, Vol. 18 (1987),
S. 195-201.

Nayyar, P.R. [Measurement]
On the Measurement of Corporate Diversification Strategy: Evidence from
large U.S. Service Firms, in: Strategic Management Journal, Vol. 13 (1992),
S. 219-235.

Nehls, R.G. [Diversifikation]
Diversifikation: Vieles glänzt, wenig paßt. Chancen, Risiken und
Vorgehensweisen von Elektronikunternehmen, in: Harvard Manager, No. 3
(1988), S. 57-62.

Nelson, R. R. [Firms]
Why do firms differ, and how does it matter? In: Strategic Management Journal, Vol. 12 (1991), S. 61-74.

Nelson, R.R.; Winter, S.G. [Theory]
An Evolutionary Theory of Economic Change. Cambridge, London 1982.

Neuberger, O.; Kompa, A. [Firma]
Wir die Firma. Der Kultur um die Unternehmenskultur. Psychologie heute - Buchprogramm, Weinheim, Basel 1987.

Nicolis, G.; Prigogine, I. [Self-Organization]
Self-Organization in Non-equilibrium Systems, From Dissipative Structures to Order Through Fluctuations, New York 1977.

Nielsen, R.P. [Strategy]
Cooperative Strategy, in: Strategic Management Journal, Vol. 9 (1988), S. 475-492.

Nieschlag, R.; Dichtl, E.; Hörschgen, H. [Marketing]
Marketing, 16. Aufl., Berlin 1991.

Nord, W.R. [Culture]
Can Organizational Culture be Managed? A Synthesis, in: Frost et al. [Culture], a.a.O., S. 187-193.

Normann, R. [Capabilities]
Developing Capabilities for Organizational Learning, in: Pennings, J.M. and Associates: Organizational Strategy and Change. San Francisco et al. 1985, S. 217-248.

Nystrom, P.C.; Starbuck, W.H. [Crises]
To Avoid Organizational Crises, Unlearn. In: Organizational Dynamics, Vol. 12 (1984), S. 53-65.

O

Oliver, C. [Determinants]
Determinants of interorganizational relationships: Integration and future directions, in: Academy of Management Review, Vol.15 (1990), S. 241-265.

Ouchi, W.G. [Theory]
Theory Z. How American Business Can Meet The Japanese Challenge, New York 1981.

P

Palepu, K. [Diversification]
Diversification strategy, profit performance and the entropy measure, in: Strategic Management Journal, Vol. 6 (1985) S. 239-255.

Panzar, J.C.; Willig, R.D. [Economies]
Economies of scale and economies of scope in multioutput production, Bell Labaratories Economic Discussion Paper, No. 33, 1975. (Zitiert nach Baumol; Panzar; Willig [Markets]).

Panzar, J.C.; Willig, R.D. [Economies of scope]
Economies of, in: The American Economic Review (1981), S. 268-272.

Parkhe, A. [Diversity]
Interfirm Diversity, Organizational Learning, and Longevity in Global Strategic Alliances, in: Journal of International Business Studies, No. 4 (1991), S. 579-601

Pascale, R.T. ; Athos, A.G. [Art]
The Art of Japanese Management. Applications for American Executives. New York 1981.

Pascale, R.T. ; Athos, A.G. [Geheimnis]
Geheimnis und Kunst des japanischen Managements, München, 1982.

Pask, G. [Control]
"Organic Control and the Cybernetic Method" , in: Cybernetica 1 (1958), S. 155-173

Pasquier, M. [Rentabilité]
La rentabilité des stratégies de diversification: synthèse des recherches empiriques, Arbeitspapier Nr. 4 des Instituts für Marketing und Unternehmensführung der Universität Bern, Bern 1989.

Pasquier, M. [Diversification]
Diversification et recherche de nouveaux domaines d'activités stratégiques, Editions Universitaires Fribourg, Freiburg, 1991.

Pasquier, M. [Performances]
Diversification et performances, in: Die Unternehmung, Nr. 5 (1993), S. 493-502.

Pautzke, G. [Evolution]
Die Evolution der organisatorischen Wissensbasis. Bausteine einer Theorie des organisatorischen Lernens. In: Kirsch, W. (Hrsg.), Münchener Schriften zur angewandten Führungslehre, Nr. 58, München 1989.

Pavitt, K. [Characteristics]
Key characteristics of the large innovating firm, in: British Journal of Management, Vol. 2 (1991), S. 41-50.

Penrose, E.T. [Limits]
Limits to the Growth and Size of Firms, in: American Economic Review, Vol. 45 (1955), S. 531-543.

Penrose, E.T. [Theory]
The Theory of the Growth of the Firm, Oxford 1959 (1972).

Penrose, E.T. [Growth]
The Growth of the Firm. A Case Study: The Hercules Powder Company, in: Business History Review, Vol. 34 (1960), S. 1-23.

Penrose, E.T. [Years]
The Theory of the Growth of the Firm: Twenty-five Years Later. Acta Universitatis Upsaliensis, Uppsala, 1985.

Perlmutter, H.V.; Heenan, D.A. [Cooperate]
Cooperate to compete globally, in: Harvard Business Review, March-April 1986, S. 136-152.

Peteraf, M.A. [Cornerstones]
The Cornerstones of Competitive Advantage: A Resource-Based View, in: Strategic Management Journal, Vol. 14 (1993), S. 179-191.

Peters, T.J.; Austin, N. [Leistung]
Leistung aus Leidenschaft, "A Passion For Excellence". Über Management und Führung, Hamburg 1986.

Peters, T.J.; Waterman, R.H. [Search]
In Search of Excellence, New York 1982.

Peters, T.J.; Waterman, R.H. [Suche]
Auf der Suche nach Spitzenleistungen. Was man von den bestgeführten US-Unternehmen lernen kann, 6. Aufl. Landsberg am Lech 1984.

Pettigrew, A. [Strategy]
Strategy formulation as a political process, in: Journal of International
Management Studies, Vol. 7 (1977), S. 78-87.

Picini, R. [Mergers]
Mergers, Diversification and the Growth of Large Firms 1948-1965. In: St.
John's Law Review (1970), S. 44. (Zitiert nach Haspeslagh; Jemison
[Akquisitionsmanagement], a.a.O.)

Piccini, R.A. [Analysis]
An analysis of the merger activity of large industrial firms: 1948-1965,
unpublished doctoral dissertation, Columbia University, 1970. (Zitiert nach
Simmonds [Diversification], a.a.O.)

Pitts, R.A., [Incentive]
Incentive Compensation and Organization Design, in: Personnel Journal,
Vol. 53 (1974), No. 5, S. 338-344, 348.

Pitts, R.A., [Diversification]
Diversification Strategies and Organizational Policies of Large Diversified
Firms, in: Journal of Economics and Business, Vol. 28 (1976), No. 3, S.
181-188.

Pitts, R.A., [Relationship]
The Strategy-structure Relationship: An Exploration into Causality, paper
presented at the National Academy of Management Meeting, Detroit, 1979.
Zitiert nach Simmonds [Diversification], a.a.O.

Pitts, R.A., [Theory]
Towards a Contingency Theory of Multibusiness Organization Design, in:
Academy of Management Review, Vol. 5 (1980), No. 2, S. 203-210.

Pitts, R.A., Hopkins, H.D. [Diversity]
Firm Diversity: Conceptualization and Measurement, in: Academy of
Management Review, Vol. 7 (1982), No. 4, S. 620-629.

Polanyi, M. [Knowledge]
Personal Knowledge. Towards a post-critical philosophy, Chicago 1958.

Porras, J.; Berg, P.O. [Research]
Research methodology in organization development: An analysis and
critique. In: Journal of Applied Behavioral Science, Vol. 14 (1978), No. 2,
S. 151-174.

Porras, J.; Berg, P.O. [Impact]
The Impact of Organization Development. In: Academy of Management
Review, Vol. 3 (1978), S. 249-266.

Porter, M.E. [Strategy]
Competitive Strategy, New York 1980.

Porter, M.E. [Advantage]
Competitive Advantage, New York 1985.

Porter, M.E. [Diversifikation]
Diversifikation - Konzerne ohne Konzept, in: Harvard Manager, IV. Quartal
1987, Heft 4, S. 62-79.

Porter, M.E. [Competitive advantage]
From competitive advantage to corporate strategy, in: Harvard Business
Review (1987), S. 43-59.

Porter, M.E. [Wettbewerbsvorteile]
Wettbewerbsvorteile: Spitzenleistungen erreichen und behaupten, Frankfurt,
New York 1986.

Porter, M.E. [Wettbewerbsstrategie]
Wettbewerbsstrategie. Methoden zur Analyse von Branchen und
Konkurrenten, Frankfurt 1985.

Porter, M.E. [Theory]
Towards a Dynamic Theory of Strategy, in: Strategic Management Journal,
Special Issue, Winter (1991), S. 95-117.

Power, D.J. [Companies]
Acquiring Small and Medium Sized Companies: A Study of Corporate
Decision Behavior, unpublished doctoral dissertation, University of
Wisconsin-Madison, 1982. Zitiert nach Simmonds [Diversification], a.a.O.

Power, D.J. [Acquisition]
Acquisition decision making, in: Mergers and Acquisitions, Vol. 18 (1983),
No. 2, S. 63-65.

Prahalad, C.K.; Bettis, R. [Logic]
The Dominant Logic: A new linkage between diversity and performance, in:
Strategic Management Journal, Vol. 7 (1986), S. 485-501.

Prahalad, C.K.; Hamel, G. [Competence]
The Core Competence of the Corporation, in: Harvard Business Review, Vol. 68 (1990), No. 3, S. 79-91.

Prahalad, C.K.; Hamel, G. [Kernkompetenzen]
Nur Kernkompetenzen sichern das Überleben. In: Harvard Manager, Jg. 13 (1991), Nr. 2, S. 66-78.

Pras, B. [Mesures]
Mesures de la diversification des grandes entreprises: une comparaison d'indices, Working Paper 91-10 des European Institute for Advanced Studies in Management, Brüssel 1991.

Probst, G.J.B.; Scheuss, R.W. [Ordnung]
Die Ordnung von sozialen Systemen. Resultat von Organisieren und Selbstorganisation, in: ZfO, Jg. 53 (1984), S. 480-488.

Q

Quinn, J.B. [Strategies]
Strategies for Change, Homewood, IL 1980.

Quinn, J.B.; Mintzberg, H.; James, R.M. [Process]
The Strategy Process. Concepts, Contexts, and Cases, Englewood Cliffs, New Jersey 1988.

R

Raither, F. [Schwierigkeiten]
Schwierigkeiten beim Umgang mit wirtschaftlich-ökologischen Systemen. In: Balck, H.; Kreibich, R. (Hrsg.): Evolutionäre Wege in die Zukunft, Weinheim, Basel 1991, S. 128-161.

Ramanujam, V.; Varadarajan, P. [Research]
Research on Corporate Diversification: A Synthesis, in: Strategic Management Journal, Vol. 10 (1989), S. 523-551.

Ravenscraft, D.J. [Structure]
Structure-Profit Relationship at the Line of Business and Industry Level, in: Review of Economics and Statistics, Vol. 65 (1983), No. 1, S. 22-31..

Ravenscraft, D.J.; Scherer, F.M. [Mergers]
Mergers, Sell-Offs, and Economic Efficiency, Washington 1987.

Ravenscraft, D.J.; Scherer, F.M. [Performance]
Mergers and managerial performance. In: Coffee et al. [Knights], a.a.O.,
S.194-210.

Reed, R.; Luffman, G.A. [Diversification]
Diversification: The Growing Confusion, in: Strategic Management Journal,
Vol. 7 (1986), S. 29-35.

Reid, S.R. [Mergers]
Mergers, Managers, and the Economy, New York 1968.

Rhoades, S. A. [Power]
Power, Empire Building, and Mergers, Lexington, MA 1983.

Ricardo, D. [Principles]
Principles of Political Economy and Taxation, London 1817.

Richardson, G.B. [Limits]
The Limits to a Firm's Rate of Growth, in: Oxford Economic Papers, Vol.
16 (1964), S. 9-23.

Riley, P. [Account]
A Structuralist Account of Political Cultures. In: Administrative Science
Quarterly, Vol. 28 (1983), S. 414-437.

Rodenstock, R. [Diversifikationsplanung]
Diversifikationsplanung, in: HDW der Planung, hrsgg. v. Szyperski, N.;
Winand, U., Stuttgart 1989, Sp. 296-304.

Roll, R. [Hypothesis]
The hubris hypothesis of corporate takeovers, in: Journal of Business, Vol.
59 (1986), S. 197-216.

Ropella, W. [Synergie]
Synergie als strategisches Ziel der Unternehmung, in: Staehle, W.H. (Hrsg.)
Mensch und Organisation, Nr. 17, Berlin, New York 1989.

Roventa, P. [Portfolio-Analyse]
Portfolio-Analyse und Strategisches Management, 2. Aufl. München 1981.

Rumelt, R.P. [Strategy]
Strategy, Structure, and Economic Performance, Cambridge, Mass., 1974.

Rumelt, R.P. [Diversification]
Diversification, Strategy and Profitability, in: Strategic Management Journal, Vol. 3 (1982), No. 4, S. 359-369.

Rumelt, R.P. [Performance]
Strategy, Structure, and Economic Performance, 2nd ed., Boston, Mass., 1986.

Rüttinger, R. [Unternehmenskultur]
Unternehmenskultur. Erfolg durch Vision und Wandel, 1986.

S

Sackmann, S.A. ['Kulturmanagement']
'Kulturmanagement': Läßt sich Unternehmenskultur 'machen'? In: Sandner, K. (Hrsg.) Politische Prozesse in Unternehmen, Berlin et al. 1989, S. 157-183.

Sackmann, S.A. [Organisationskultur]
Organisationskultur: Die unsichtbare Einflußgröße. In: Gruppendynamik, Jg. 14 (1983), S. 393-406.

Salter, M.S. [Stages]
Stages of Corporate Development, in: Taylor, B.; MacMillan, K. Business Policy: Teaching and Research, Bradford 1973, S. 65-91.

Salter, M.S.; Weinhold, W.A. [Diversification]
Diversification Through Acquisition: Strategies for Creating Economic Value, New York 1979.

Salter, M.S.; Weinhold, W.A. [Acquisitions]
Choosing Compatible Acquisitions, in: Harvard Business Review, Vol. 59 (1981), No. 1, S. 117-127.

Sandler, G. [Synergie]
Synergie: Konzept, Messung und Realisation. Verdeutlicht am Beipsiel der horizontalen Diversifikation durch Akquisition, Bamberg 1991.

Sandner, K. [Mythen]
"... von Mythen und Märchen, Kulturpflege und Sinn-Management" - Organisationskultur als Gegenstand der Organisationsforschung, in: Die Betriebswirtschaft, 48. Jg.(1988), Nr. 5, S. 651-670.

Schein, E.H. [Culture]
Organizational Culture and Leadership, San Francisco 1985.

Schein, E.H. [Organisationskultur]
Soll und kann man eine Organisationskultur verändern? In: gdi impuls 2 (1984), S. 31-43.

Scherer, F.M. [Structure]
Industrial Market Structure and Economic Performance, Chicago 1970.

Scherer, F.M. [Market]
Industrial Market Structure and Economic Performance, 2.nd ed. Chicago 1980.

Scherer, F.M.; Beckenstein, A.; Kaufer, E.; Murphy, D.R. (Hrsg.) [Economics]
The Economics of Multi-Plant Operation, Cambridge, MA 1975.

Schermerhorn, J.R., Jr. [Determinants]
Determinants of interorganizational cooperation, in: Academy of Management Journal, Vol. 18 (1975), S. 846-856.

Schierenbeck, H. [Grundzüge]
Grundzüge der Betriebswirtschaftslehre, 10. Aufl. München, Wien 1989.

Schneidewind, D. [Entscheidungsfindung]
Entscheidungsfindung in japanischen Unternehmen, in: Zeitschrift für Betriebswirtschaft, 61. Jg. (1991), Heft 3, S. 291-308.

Schoeffler, S.; Buzzell, R.D.; Heany, D.F. [Impact]
Impact of Strategic Planning on Profit Performance, in: Harvard Business Review, Vol. 52 (1974), No. 2, S. 137-145.

Schoemaker, P.J.H. [Vision]
How to Link Strategic Vision to Core Capabilities, in: Sloan Management Review, Vol. 34 (1992), No. 3, S. 67-81.

Scholz, C. [Organisationskultur]
Organisationskultur: Zwischen Schein und Wirklichkeit, in: Zeitschrift für betriebswirtschaftliche Forschung, 40. Jg. (1988), Nr. 3, S. 243-272.

Schreyögg, G. [Konsequenzen]
Zu den problematischen Konsequenzen starker Unternehmenskulturen. Diskussionsbeitrag Nr. 125 des Fachbereichs Wirtschaftswissenschaft der Fernuniversität Hagen, Hagen 1988. [Organisationskultur], a.a.O., S. 201-214.

Schreyögg, G. [Unternehmenskulturen]
Kann und darf man Unternehmenskulturen ändern? In: Dülfer, E.
[Organisationskultur], a.a.O., S. 201-214.

Schüle, F.M. [Diversifikation]
Diversifikation und Unternehmenserfolg. Eine Analyse empirischer
Forschungsergebnisse, Wiesbaden 1992.

Schumpeter, J.A. [Theory]
The Theory of Economic Development, Cambridge, MA 1934.

Schumpeter, J.A. [Capitalism]
Capitalism, Socialism, and Democracy, New York 1950.

Schwalbach, J. [Diversifizierung]
Diversifizierung, Risiko und Erfolg industrieller Unternehmen, Habil.,
Koblenz 1987.

Schwalbach, J. [Unternehmen]
Diversifizierung von Unternehmen und Betrieben im Verarbeitenden
Gewerbe, in: Zeitschrift für betriebswirtschaftliche Forschung, 37. Jg.
(1985), Nr. 7-8, S. 567-578.

Schwarz, H.J. [Diversifikation]
Diversifikation - unternehmerisches Abenteuer oder
Unternehmenssicherung, Nürnberg 1988.

Schweiger, D.; Walsh, J. [Mergers]
Mergers and Acquisitions: An Interdisciplinary View. In: Rowland, K.M.;
Ferris, G.R. (Hrsg.): Research in Personnel and Human Resource
Management, Greenwich CT, 1990, S. 41-107.

Scott, B.R. [Stages]
Stages of Corporate Development - Part I, Harvard Business School, 9 - 371
- 294 BP 998. (Zitiert nach Bühner [Strategie], a.a.O.).

Scott, B.R. [State]
The industrial state: Old myths and new realities, in: Harvard Business
Review (1977), S. 133-145.

Scott, J.T. [Contacts]
Multimarket contact and economic performance, in: Review of Economics
and Statistics, Vol. 64 (1982), S. 368-375.

- 308 -

Seidel, E.; Wagner, D. (Hrsg.) [Organisation]
Organisation. Evolutionäre Interdependenzen von Kultur und Struktur der
Unternehmung, Wiesbaden 1989.

Selznick, P. [Leadership]
Leadership in Administration: A sociological interpretation, Evanston, IL
1957.

Shelton, L.M. [Business]
Strategic business fits and corporate acquisition: Empirical evidence, in:
Strategic Management Journal, Vol. 9 (1988), S. 279-287.

Shleifer,A.; Vishny, R.W. [Takeovers]
Takeovers in the 60's and the 80's: Evidence and Implications, in: Strategic
Management Journal, Vol. 12 (1991), S. 51-59.

Siddharthan, N.S.; Lall, S. [Growth]
Recent growth of the largest U.S. multinationals, in: Oxford Bulletin of
Economics and Statistics, Vol. 44 (1982), S. 1-13.

Sikora, K. [Systemgrenzen]
Systemgrenzen und Planung, in: Handwörterbuch der Planung 1989, Sp.
1953-1970.

Sikora, K. [Rationalitätsverständnis]
Das Rationalitätsverständnis der Organisationswissenschaft als
retardierendes Moment der Organisationsentwicklung? In: Twardy, M.
(Hrsg.) Fachdidaktik und Organisationsentwicklung, Beiträge zum 3.
Symposion Fachdidaktik, Sonderband 3, Wirtschafts-, Berufs- und
Sozialpädagogische Texte, Köln 1988.

Sikora, K. [Betriebswirtschaftslehre]
Betriebswirtschaftslehre als ökonomische Soziotechnologie im Sinne von
MARIO BUNGE. In: Fischer-Winkelmann, W.F. (Hrsg.) Das Theorie-Praxis-
Problem der Betriebswirtschaftslehre. Tagung der Kommission
Wissenschaftstheorie, Wiesbaden 1994, S.176-220.

Simmonds, P.G. [Diversification]
The Combined Diversification Breadth and Mode Dimensions and the
Performance of Large Diversified Firms, in: Strategic Management Journal,
Vol. 11 (1990), S. 399-410.

Simon, H.A. [Structure]
The Structure of Ill-Structured Problems, in: AI, Vol. 4 (1973), S. 181-201.

Simon, H.A. [Models]
Models of Man, Social and Rational, New York, 1957.

Singh, H. [Acquisition]
Corporate Acquisition and Economic Performance, unpublished Doctoral
Dissertation, University of Michigan, 1984. Zitiert nach Simmonds
[Diversification], a.a.O.

Skinner, B.F. [Futurum II]
Futurum II, Reinbek b. Hamburg 1972.

Smircich, L. [Concepts]
Concepts of Culture and organizational analysis. In: Administrative Science
Quarterly, Vol. 28 (1983), S. 339-358.

Smith, K.V.; Schreiner, J.C. [Portfolio]
A Portfolio Analysis of Conglomerate Diversification, in: Journal of
Finance, Vol. 24 (1969), S. 413-428.

Smothers, N.P. [Patterns]
Patterns of Japanese Strategy: A Strategic Combinations of Strategies, in:
Strategic Management Journal, Vol. 11 (1990), S. 521-533.

Snow, C.C.; Hrebiniak, L.G. [Strategy]
Strategy, distinctive competence, and organizational performance, in:
Administrative Science Quarterly, Vol. 25 (1980), S. 317-335.

Staudt, T.A. [Program]
A Program for Product Diversification. In: Harvard Business Review, Vol.
32 (1954), No. 6, S. 121ff.

Steer, P.; Cable, J. [Organization]
Internal Organization and Profit. An Empirical Analysis of Large U.K.
Companies. In: Journal of Industrial Economics, Vol. 27 (1978), S. 13-30.

Steiner, G.A. [Management]
Top Management Planning. New York 1969.

Steiner, P.O. [Mergers]
Mergers: Motives, Effects, Policies, University of Michigan Press, Ann
Arbor, MI 1975.

Sterngold, J. [Nabisco]
The Nabisco battle's key moment, in: New York Times, 2 December 1988,
S. D15.

Stigler, G. [Monopoly]
Monopoly and Oligopoly by Merger, in: American Economic Review
(1950), S. 23-24.

Stinchcombe, A.C. [Structure]
Social Structure and Organizations. In: March [Handbook], a.a.O., S. 142-
193.

Strategor [Stratégie]
Stratégie, structure, décision, identité. Politique générale d'entreprise, Paris
1988.

T

Tafertshofer, A. [Corporate Identity]
Corporate Identity. Magische Formel als Unternehmensideologie, in: Die
Unternehmung 36 Jg. (1982), Heft 1, S. 11-25.

Tanneberger, A. [Corporate Identity]
Corporate Identity. Studie zur theoretischen Fundierung und Präzisierung
der Begriffe Unternehmenspersönlichkeit und Unternehmensidentität, Diss.,
Hannover 1987.

Taylor, F.W. [Principles]
The principles of scientific management. New York 1911.

Teece, D.J. [Organization]
Internal Organization and Economic Performance: An Empirical Analysis of
the Profitability of Principal Firms. In: Journal of Industrial Economics,
Vol. 30 (1981), S. 173-199.

Teece, D.J. [Economies]
Economies of Scope and the Scope of the Enterprise, in: Journal of
Economic Behavior and Organization, Vol.1 (1980), S. 223-247.

Teece, D.J. [Theory]
Towards an economic theory of the multiproduct firm, in: Journal of
Economic Behavior and Organization, Vol. 3 (1982), S.39-63.

Teece, D.J.; Pisano, G.; Shuen, A. [Capabilities]
Dynamic Capabilities and Strategic Management, Working Paper,
University of California, Berkeley, 1992.

Thompson, R.S. [Organization]
Internal Organization and Profit. A Note. In: Journal of Industrial
Economics, Vol. 30 (1981), S. 201-211.

Tichy, N. [Change]
Managing strategic change: Technical, political, and cultural dynamics. New
York 1983.

Töpfer, A. [Erfolgsfaktoren]
Erfolgsfaktoren des strategischen Marketing in deutschen Unternehmen, in:
Wieselhuber, N.; Töpfer, A. (Hrsg.), Strategisches Marketing, Landsberg am
Lech 1984, S. 49-66.

Trautwein, F. [Merger]
Merger Motives and Merger Prescriptions, in: Strategic Management
Journal, Vol. 11 (1990), S. 283-295.

Trist, E.L. [Organizations]
Referent Organizations and the Development of Inter-Organizational
Domains. In: Human Relations, Vol. 36 (1983), S. 269-284.

Trist, E.L. [Directions]
New Directions of Hope: Recent Innovations Interconnecting
Organizational, Industrial, Community and Personal Development. In:
Regional Studies, Vol.13 (1979), S. 439-451.

Türk, K. [Entwicklungen]
Neuere Entwicklungen in der Organisationsforschung. Ein Trend Report,
Stuttgart 1989.

U

Ulrich, P. [Systemsteuerung]
Systemsteuerung und Kulturentwicklung, in: Die Unternehmung, 38. Jg.
(1984), S. 303-325.

Ulrich, W. [Heuristics]
Critical Heuristics of Social Planning. A New Approach to Practical
Philosophy, Bern, Stuttgart 1983.

V

Varadarajan, P.R.. [Diversity]
Product Diversity and Firm Performance: An Empirical Investigation, in:
Journal of Marketing, Vol. 50 (1986), S. 43-57.

Varadarajan, P.; Ramanujam, V. [Diversification]
Diversification and Performance: A Reexamination Using a New Two-
dimensional Conceptualization on Diversity in Firms, in: Academy of
Management Journal, Vol. 30 (1987), No. 2, S. 380-393.

Varadarajan, P.; Ramanujam, V. [Sources]
Strategic and Organizational Sources of Superior Corporate Performance,
Manuskript für: Glass, H.E. (Ed.), Handbook of Business Strategy:
1988/1989 Yearbook, New York 1989.

Varela, F.G.; Maturana, H.R.; Uribe, R. [Autopoiesis]
Autopoiesis: The Organization of Living Systems, "Its Characterization and
a Model," in: Bio-Systems 5 (1974), 187-196.

Venohr, B. [Marktgesetze]
"Marktgesetze" und strategische Unternehmensführung. Eine kritische
Analyse des PIMS-Programms, Wiesbaden 1988.

Very, P. [Stratégies]
Stratégies de Diversification, Nouvelles Perspectives, Paris 1991.

Vizjak, A. [Wachstumspotentiale]
Wachstumspotentiale durch Strategische Partnerschaften. Bausteine einer
Theorie der externen Synergie. München, 1990.

W

Wacker, P.-A. [Erfahrungskurve]
Die Erfahrungskurve in der Unternehmensplanung: Analyse und empirische
Überprüfung, München 1980.

Wächter, H. [Kritik]
Zur Kritik an Peters und Waterman. Stellungnahme zum Beitrag von Erich
Frese, in: Die Betriebswirtschaft, 45. Jg. (1985), Nr. 5, S. 608-609.

Walter, G.A. [Culture]
Culture Collisions in Mergers and Acquisitions. In: Frost et al. [Culture], a.a.O., S. 301-314.

Waterman, R.H. [Leistung]
Leistung durch Innovation: Strategien zur unternehmerischen Zukunftssicherung, Hamburg 1988.

Weiss, L.W. [Extent]
The Extent and Effects of Aggregate Concentration, in: Journal of Law and Economics, Vol. 26 (1983), S: 429-466.

Welge, M.K. [Synergie]
Synergie, in: Grochla, E.; Wittmann, W. (Hrsg.), HWB, 4. Aufl. Stuttgart 1976.

Wells, J.R. [Search]
In Search of Synergy, Diss., Harvard University, Boston (Mass.), 1984.

Wensley, R. [PIMS]
PIMS and BCG: New horizons or false dawn? In: Strategic Management Journal, Vol. 3 (1982), S. 147-158.

Wensley, R. [Marketing]
Strategic Marketing: Betas, Boxes, or Basics. In: Journal of Marketing, Vol. 45 (1981), S. 173-182.

Wernerfelt, B. [View]
A Resource-based View of the Firm. In: Strategic Management Journal, Vol. 5 (1984), S. 171-180.

Weston, J.F.; Mansinghka, S.K. [Tests]
Tests of Efficiency and Performance of Conglomerate Firms, in: Journal of Finance, Vol. 27 (1973), S. 919-936.

Weston, J.F.; Smith, K.V.; Shrieves, R.E. [Performance]
Conglomerate performance using the capital asset pricing model, in: Review of Economics and Statistics, Vol. 54 (1972), S. 357-363.

Wilkins, A.L.; Ouchi, W.G. [Cultures]
Efficient Cultures: Exploring the Relationship between Culture and Organizational Performance, in: Administrative Science Quarterly, Vol. 28 (1983), S. 468-481.

Willers, H.G.; Siegert, T. [Mergers & Acquisitions]
Mergers & Acquisitions - Ein strategisches Instrument, in: Henzler, H.A.
(Hrsg.), Handbuch Strategische Führung, Wiesbaden 1988, S. 259-275.

Williamson, O.W. [Economics]
The Economics of Discretionary Behavior, Englewood Cliffs, NJ 1964.

Williamson, O.W. [Markets]
Markets and hierarchies: Analysis and antitrust implications, New York
1975.

Willke, H. [Systemtheorie]
Systemtheorie entwickelter Gesellschaften. Dynamik und Riskanz moderner
gesellschaftlicher Selbstorganisation, Weinheim et al. 1989.

Winter, S.G. [Essay]
An essay on the theory of production, in: Hymans, S.H. (ed.), Economics
and the world around it, Ann Arbor 1982.

Winter, S.G. [Case]
The Case for "Mechanistic" Decision Making, in: Pennings, J.M and
Associates: Organizational Strategy and Change, San Francisco et. al. 1985,
99-113.

Wittek, B.F. [Unternehmensführung]
Strategische Unternehmensführung bei Diversifikation, Berlin, New York
1980.

Wrigley, L. [Autonomy]
Divisional Autonomy and Diversification. Unpublished DBA Dissertation,
Harvard Business School 1970. Zitiert nach Bühner, R. [Strategie], a.a.O.

Z

Zentes, J. [Marketing]
Marketing. In: Bitz, M. u.a. (Hrsg.): Vahlens Kompendium der
Betriebswirtschaftslehre, Bd. 1., München 1989, S. 311-382.

Zucker, L.C. [Role]
The Role of Institutionalization in Cultural Persistence. In: American
Sociological Review, Vol. 42 (1977), S. 726-743.

MIX
Papier aus verantwortungsvollen Quellen
Paper from responsible sources
FSC® C105338

If you have any concerns about our products,
you can contact us on
ProductSafety@springernature.com

In case Publisher is established outside the EU,
the EU authorized representative is:
Springer Nature Customer Service Center GmbH
Europaplatz 3, 69115 Heidelberg, Germany

Printed by Libri Plureos GmbH
in Hamburg, Germany